源于1755年，日内瓦湖之岛，
至今屹立如昔
VACHERON CONSTANTIN
Manufacture Horlogère, Genève, depuis 1755.
江詩丹頓

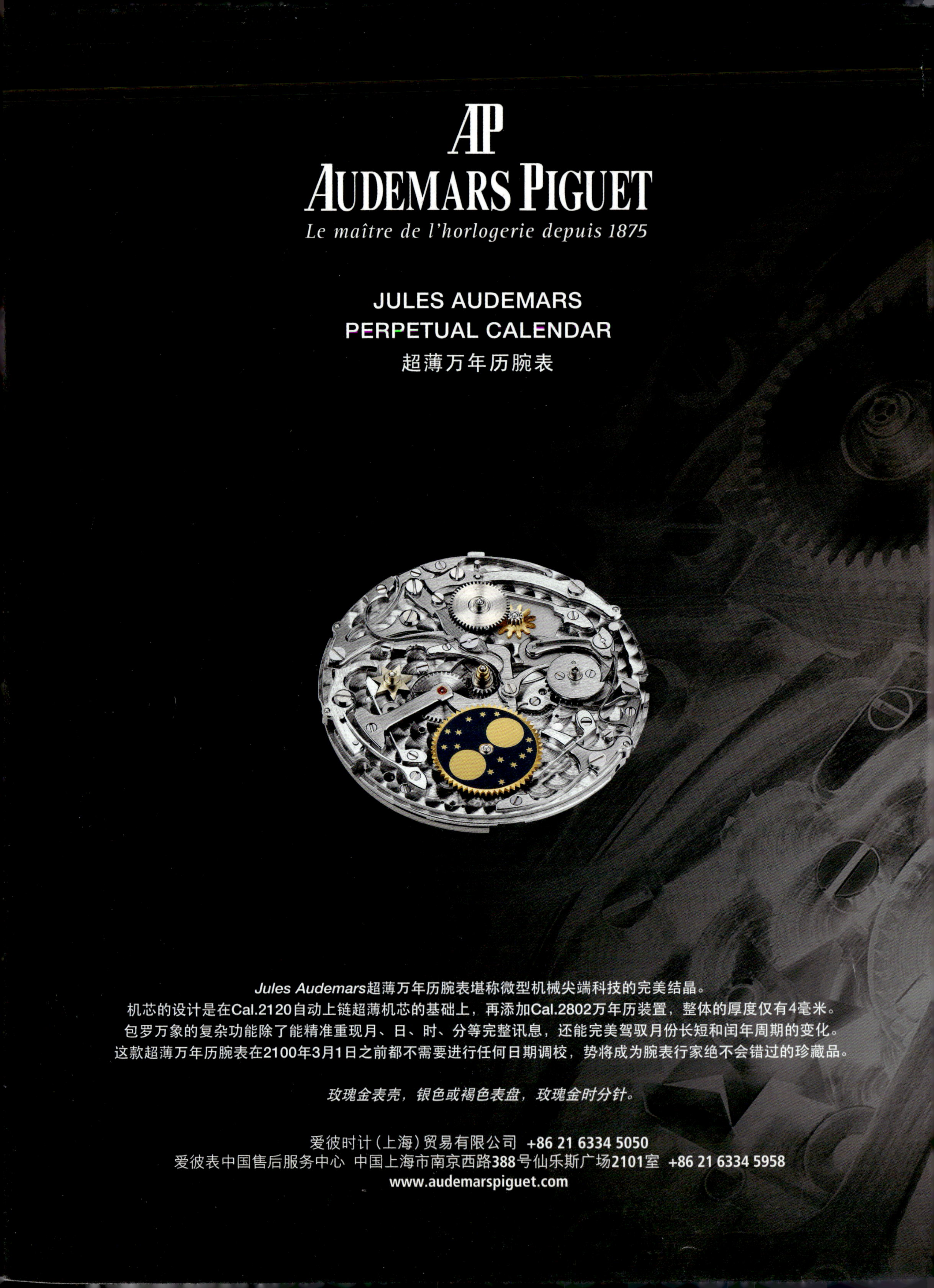
AUDEMARS PIGUET
Le maître de l'horlogerie depuis 1875
JULES AUDEMARS
PERPETUAL CALENDAR
超薄万年历腕表
Jules Audemars超薄万年历腕表堪称微型机械尖端科技的完美结晶。
机芯的设计是在Cal.2120自动上链超薄机芯的基础上，再添加Cal.2802万年历装置，整体的厚度仅有4毫米。
包罗万象的复杂功能除了能精准重现月、日、时、分等完整讯息，还能完美驾驭月份长短和闰年周期的变化。
这款超薄万年历腕表在2100年3月1日之前都不需要进行任何日期调校，势将成为腕表行家绝不会错过的珍藏品。
玫瑰金表壳，银色或褐色表盘，玫瑰金时分针。
爱彼时计（上海）贸易有限公司 +86 21 6334 5050
爱彼表中国售后服务中心 中国上海市南京西路388号仙乐斯广场2101室 +86 21 6334 5958
www.audemarspiguet.com

AUDEMARS PIGUET
SWISS MADE

《2011–2012年名表年鉴》于6月30日正式面世，这是迄今为止中国市场面世最早的名表年鉴。不是哗众取宠，更不是炒作，而是真心实意为一如既往支持过我们的钟表品牌、企业、经销商、表迷和读者奉献一部他们期待和盼望已久的钟表宝典。

每次出差，我都会去当地的表店看看，一是欣赏最新的表款；二是与店长或店员聊聊天，了解钟表市场的最新动态；三是看看《名表》杂志和《名表年鉴》在表店的摆放和阅览情况。去年9月我去上海开会，顺便进到一家品牌专卖店，发现书架上只有2008年和2009年《名表年鉴》，却没有2010年《名表年鉴》，有些纳闷，店员告诉我，是他们正在轮流带回家看呢。一位店员还告诉我，她刚来店里工作，老一些的同事就向她推荐这本年鉴，告诉她：要了解钟表，要了解钟表这个行业，你就从这本年鉴开始，它内容很丰富，信息量很大，而且非常实用。看着他们是真心喜欢，我答应再送他们一本，结果几个店员都忙着给我留地址，我都一一满足了他们的愿望。

秉承我们一贯的宗旨：年鉴每年都要增加新的栏目和内容，使它真正成为钟表的工具书，成为钟表的宝典，通过它来点亮读者的钟表知识之路。今年的《名表年鉴》增加了新栏目——名表档案，这里汇集了100个品牌的基本信息，其中包括：品牌logo、中英文名称、创始人、创始年份、产地、表款系列、进入中国时间等等，这对读者了解钟表品牌是一个非常直接的途径，相信大家会喜欢这个版块。

从2001年我们建立"中国百家商场钟表零售信息监测网"，到2002年创办中国大陆第一本《名表》文化杂志，再到2005年编制中国大陆第一本《名表年鉴》，我们立足中国这片土地上，引进和推荐了许多国际特别是瑞士著名的钟表品牌，其宗旨就是要让中国的消费者有更多的消费选择；让中国的民族钟表品牌学习、借鉴和了解国际品牌的钟表文化和经营理念，逐步从模仿、创新到腾飞。10年来，我们见证了中国钟表市场从小到大，从低迷到繁荣的发展历程，更是见证了中国民族品牌和中国钟表人进入并屹立国际钟表舞台的历史进程。

作为中国的钟表人和媒体人，我们始终保持清醒的头脑，内心总有一种责任和担当，因此，敢于面对来自各方面的压力，孜孜不倦地致力于推动和引导中国钟表行业和钟表市场朝着稳步、健康的方向发展。

岁月如金
尼古拉斯·凯奇（Nicolas Cage）珍视生命中的每一个瞬间以及与万宝龙腕表共度的时光。尼古拉斯凯世（Nicolas Rieussec）腕表，书写时间的艺术。
单按钮计时码表，MB R200 自制自动上链机芯，30 分钟与 60 秒钟计时转盘由跨桥连接，72 小时储能装置，在瑞士里诺(Le Locle)万宝龙表厂打造。
万宝龙·总有非凡故事
MONT BLANC

图书在版编目（CIP）数据
2011—2012年名表年鉴 / 孔繁金主编. —北京：中信出版社，2011.7
ISBN 978-7-5086-2869-1
Ⅰ. 2… Ⅱ. ①孔… Ⅲ. 钟表—世界—2011~2012—年鉴 Ⅳ. TH714.5-54
中国版本图书馆CIP数据核字（2011）第112957号

名表年鉴
FAMOUS WATCH
2011-2012 永久保存版

主编：孔繁金
执行主编：张明明
编辑：屈琳　生翼
编辑助理：孟庆净　杨文婧　海燕
市场推广：李征　黄伟华

《2011—2012年名表年鉴》读者服务部
地址：北京市闹市口大街1号院3号楼419室
邮编：100031
电话：+86-10-58528205
传真：+86-10-58528200
电邮：famouswatch@126.com

2011—2012年名表年鉴
2011—2012 NIAN MING BIAO NIAN JIAN

策划推广：中信出版社（China CITIC Press）
出版发行：中信出版集团股份有限公司（北京市朝阳区惠新东街甲4号富盛大厦2座 邮编 100029）
（CITIC Publishing Group）
承 印 者：北京雅昌彩色印刷有限公司
开　　本：787mm×1092mm　1/16　　印　　张：21　　字　　数：20千字
版　　次：2011年7月第1版　　印　　次：2011年7月第1次印刷
书　　号：ISBN978-7-5086-2869-1/G·707
广告经营许可证：京朝工商广字第8087号（1-1）
定　　价：260.00元

格拉苏蒂 – 传承165年的制表工艺
Senator Chronometer 德国天文台表
Glashütte ORIGINAL
格拉苏蒂表 德国制造
议员系列德国天文台认证表 经认证的德国精密创新技术和经典优雅设计 拥有优秀机械结构的58型手动上链机芯 秉承格拉苏蒂值得骄傲的手工制表传统 欲知更多详情请登陆 www.glashuette-original.com (中文/English/Deutsch)
格拉苏蒂旗舰店：北京市东城区东长安街1号东方新天地W2一层010-85180618
北京：名表城新东安分店 010-65280067 / 0390 新宇三宝名表店 010-65257366 英皇崇光店 010-63105191 陀飞轮君悦店 010-85150808 陀飞轮银泰店 010-85171788 燕莎友谊商城店 010-64673950
大连：大连锦华 0411-82690035 沈阳：卓展时代广场店 024-22795588 沈阳1928 024-23416598-806 沈阳秋林店 024-23834888 太原：亨吉利国贸中心店 0351-8689400 长春：中孚世界名表 0431-88960033
哈尔滨：亨吉利欧罗巴店 0451-84567877 盛时新宇三宝表行 0451-53659800 呼和浩特：恒达利源维多利商厦店 0471-2263319 天津：亨得利钟表 022-27110108 西安：亨吉利豪门店 029-87263153
乌鲁木齐：亨吉利世纪金花百货 0991-4857076 上海：迪生钟表珠宝 021-62199319 东方商厦 021-64870000-1305 陀飞轮外滩18号店 021-63238853 杭州：万象城店 0571-89705710 杭州大厦 0571-85063043
南京：金鹰国际商城店 025-84722805 昆明：金龙百货 0871-3119081 成都：群光广场店 028-65970067 重庆：重庆美达（大都会店）023-63726231/63533004 深圳：金光华店 0755-82611129
格拉苏蒂热线电话：400-670-1845 格拉苏蒂上海维修服务中心：021-64267968

CONTENTS

CONTENTS

新款快报
Updated Report of New Watch

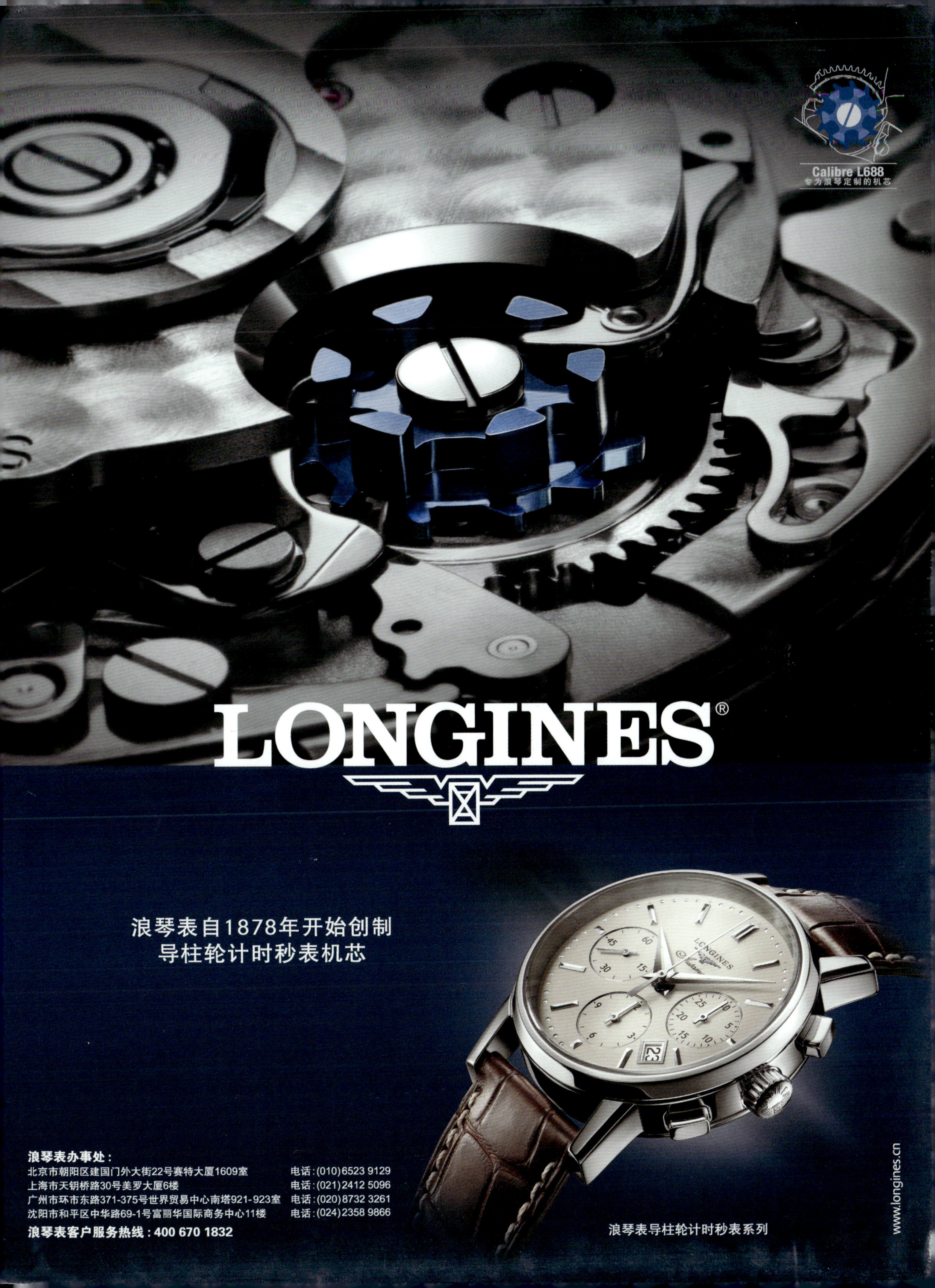
Calibre L688
专为浪琴定制的机芯
LONGINES®
浪琴表自1878年开始创制
导柱轮计时秒表机芯
浪琴表办事处：
北京市朝阳区建国门外大街22号赛特大厦1609室 电话：(010)6523 9129
上海市天钥桥路30号美罗大厦6楼 电话：(021)2412 5096
广州市环市东路371-375号世界贸易中心南塔921-923室 电话：(020)8732 3261
沈阳市和平区中华路69-1号富丽华国际商务中心11楼 电话：(024)2358 9866
浪琴表客户服务热线：400 670 1832
浪琴表导柱轮计时秒表系列
www.longines.cn

CONTENTS

CONTENTS

新款快报
Updated Report of New Watch

Tissot
Heritage 1941
天梭一典藏1941复刻限量版
RMB 57,000
18K玫瑰金
全球限量发售333款
声光辅助测距
罗盘测速
雕花底盖
北京 (010) 6523 9128 上海 (021) 2412 5114 广州 (020) 8761 6626 沈阳 (024) 2358 9833
请登录 www.tissot.ch, 查询天梭特约零售商店
TISSOT
SWISS WATCHES SINCE 1853
INNOVATORS BY TRADITION

CONTENTS

TITONI
瑞士梅花表
shaping
moments of life
珍惜过去 拥抱未来 | www.titoni.ch
Master Series
中国办事处 | 北京 (010) 6709 2115 | 上海 (021) 6360 5010 | 广州 (020) 8384 2123 | 重庆 (023) 6310 7336
TITONI LTD. | 2540 Grenchen Switzerland | Phone +41 32 654 57 00 | Fax +41 32 654 57 01

国际腕表

2011年的市场环境可以说能够让每个行业中的人士都感到身心愉悦。从瑞士钟表工业联合会的数据看，2010年瑞士钟表出口额全年均保持着稳步复苏和增长，而2011年前两个月相比去年同期增长了18.1%，相比2009年，更是有28.9%的大幅增长，其中增长势头最快的三个国家是俄罗斯、新加坡和中国，都有着翻一番以上的增长。Baselworld参展商委员会主席Jacques J. Duchêne表示："这无疑是绝佳的一年，参展商的销售达到了一个极高的水平，对未来的预期也是非常之高。实际上，今年前两个月的数据也非常肯定地表现出了这点。"

而高级钟表所处的奢侈品市场整体也表现出强劲的复苏和增长，根据

最新流行趋势

万事达卡中心的数据，2010年11月5日至12月24日，全球零售消费总额上升至5840亿美元，其中奢侈品消费整体上涨了6.7%，但是消费者相比以往更加注重奢侈品本身具有的技术及工艺，而不只是价格。在服装及服饰方面，80%以上的受访者反映“愿意花费更多的钱在‘并非只能穿着一季’的服饰上。”由此看来，奢侈品正走在良性增长道路上。珠宝方面也表现出“真正的复苏”，同样是在2010年11月5日至12月24日的消费旺季中，珠宝销售相比2009年增长了16%，而人们在珠宝方面的选择则重新回归于钻石。De Beers目前占有全球40%的钻石贸易，2010年上半年该公司的销售量增长84%，达到26亿美元。

国际腕表最新流行趋势

宇舶200万欧元Big Bang腕表

挑战奢华极限

在如此一片大好的市场环境中，各品牌也有了更大的空间和信心施展拳脚。比如今年巴塞尔钟表展中最闪亮的一颗明星莫过于宇舶的200万欧元Big Bang陀飞轮腕表。继之前的100万美元腕表之后，这款全新的奢华腕表的身价不只翻了一倍，按现行的汇率再加上消费税后，其人民币价格已超2000万，据我所知，这个价格又使它夺得了“最贵之腕表”的名号。在宇舶展位顶层的中央，一个独立的展柜向人们呈现出它夺目的光芒，表壳及表带由18K白金打造，内部搭载Cal.6003手动上链陀飞轮机芯，余下的，在目光可及的地方，全部缜密地镶满了“巴黎柳丁”式的方形顶级美钻。钻石总数达637颗，总重为141克拉。与之相比，之前的100万美元腕表为橡胶表带，表壳及表盘上镶嵌的钻石总数为451颗，但总重只有约31克拉，看来这款全新腕表200万欧元的定价并不算贵。

另一款给我们留下深刻印象的是格拉夫的一款镂空限量版腕表，由于该品牌与珠宝、钻石有着深厚渊源，因此在制作设计腕表时，品牌将经典的圆钻切割方式引入了表壳的设计，从侧面看去，正如一颗放大的圆形钻石的上半部，表镜成为钻石的台面，而钻石的每个切面、棱角及腰线都在表壳上得到了完美的体现。在格拉夫今年的新款中，便有这样一款令人不禁屏气凝神的腕表——Master Graff镂空限量版腕表，腕表内搭载有一枚通透无比的手动上链陀飞轮机芯，为了达到最佳的通透度，其基板和夹板全部采用蓝宝石水晶制成，同时尽可能少地使用金属部件，发条盒也经过镂空处理，能直接观察到内部的发条。机芯还采用了复杂的陀飞轮结构，但经过镂空处理后又显得格外简洁精炼，所有零件似乎悬浮于表壳内，美不胜收。在品牌原创的醒目表壳上，每个切面都由钻石“填充”，之所以使用“填充”一词，是因为这上面的钻石并非我们常见的圆形、方形等所有形状，而是格拉夫品牌根据表壳造型而特别切割打磨而成的三角形或梯形钻石，与表壳配合得完美无间。钻石晶莹的光芒搭配同样晶莹剔透的机芯，使其虽然在钻石数量上不及宇舶，但它的璀璨光芒却毫不逊色。

格拉夫Master Graff镂空限量版腕表

ENICAR
OF SWITZERLAND
OFFICIALLY CERTIFIED CHRONOMETER
瑞士英纳格天文台表
征服世界最高峰的智慧
1956年瑞士登山队首次成功征服世界绝顶高峰珠穆朗玛峰。当时陪伴瑞士登山队勇闯高峰的正是ENICAR腕表。这证明了ENICAR在极地严苛的环境下仍能保持时刻准确。
ENICAR
AUTOMATIC
DIAMOND 18K GOLD CHRONOMETER
SUN
SWISS MADE
CH325 Versailles 18K
英纳格上海南京西路久光百货专卖店 (021) 62880533
英纳格办事处 | 上海 (021) 63868877 | 北京 (010) 58790799
www.enicar.com

国际腕表最新流行趋势

梵克雅宝高级珠宝腕表

自1920年代以来，高级珠宝腕表便成为梵克雅宝珠宝腕表的主要组成部分，也是品牌重要的独特标记。而品牌今年的一款珠宝更是显得格外唯美，以绿宝石和蓝宝石镶嵌的攀藤植物及花叶构成腕表的表带，优雅地缠绕于手腕之上，两个由钻石及黑玛瑙组成的猴子穿梭其间，使腕表瞬间具有鲜活的生气，一朵醒目的红色花朵造型成为腕表的焦点，轻轻推起，一个由白色珍珠贝母制作的表盘便显露出来，如同是在花瓣遮掩下的瑰宝一般神秘、宝贵。

继续提升自主技术实力

除了这些奢华璀璨的腕表之外，良好的市场环境也不断催生出新技术或前卫的设计，特别是在这个竞争激烈的市场中，不前进在一定程度上便意味着倒退，不断完善自身的技术能力同时不断探索而寻求一些突破也是各品牌的努力方向。在这方面，机芯仍旧是大多数品牌努力提升的基础。今年，我们惊喜地看到汉米尔顿也推出了自主研发的机芯，虽然借助集团内部资源，汉米尔顿有着得天独厚的优势，我们依然可以看到"自产"仍然是如今制表行业中的一个大趋势。新款机芯共推出了两个型号，分别为Cal.H21及Cal.H31，主要区别在于其附加功能上。H21具有时、分、星期、日历及计时功能；H31没有星期显示，但是增加了时间的秒钟显示。二者的其他技术特性则基本一致。从结构上看，其原型来自于ETA7750系列机芯，具有过硬的素质及品质。经过汉米尔顿重新设计改良后，我们可以直观地看到自动摆砣下面的夹板布满了字母"H"装饰，摆轮夹板部分的快慢针也经过重新设计，形成鲜明的品牌特色。技术上，新款机芯加长了发条，使动力储存达到了60小时。在擒纵系统中使用了反转游丝，进一步提高走时的稳定性。在品牌今年的新款腕表中，"Pan Europ"成为品牌首款搭载Cal.H31的腕表，其设计带我们重温了1971年的传奇表款，也同样是在那一年，汉米尔顿成为如今Swatch集团的一员。

汉米尔顿Pan Europ腕表

汉米尔顿自主机芯H21

ERNEST BOREL
1856
浪漫在“芯”
祖尔斯系列是以瑞士依波路表创始人的名字命名，以彰显其155年来对钟表业的深远卓越贡献，延续了品牌“浪漫，优雅”理念！
搭载瑞士制造高级自动机芯，将独具匠心的回拨指针式日历、指针式周历与一目了然的动能显示完美融合，是依波路发展史上有纪念价值的一款自动腕表！
Romantic Moment
浪漫时刻　瑞士依波路表
GK9238-4929BR
18K玫瑰金表
全球限量288只
零售价：RMB 76,800
瑞士依波路表iphone App让您随时随地完美体验品牌带来的浪漫、优雅、积极的文化内涵，获取最新产品信息。
浏览App store
搜索Ernest borel
立即下载App
瑞士依波路表
上海旗舰店：上海市淮海中路595号
电话：(21)53862954
www.ernestborel.ch

国际腕表最新流行趋势

欧米茄在重新回归"钟表制造商"后，今年不负众望推出了自主研发的全新计时码表机芯——Cal.9300/9301。从机芯设计上看，延续了之前品牌自主机芯一贯的设计及装饰风格。采用18K玫瑰金摆砣及桥式摆轮夹板，表面经由放射状日内瓦条纹装饰，品牌称其为"阿拉伯式日内瓦条纹"，极具品牌特色。擒纵系统当然是采用了欧米茄独有的同轴擒纵系统，同时还采用了硅质的摆轮游丝进一步提升腕表性能。在计时组件部分，欧米茄采用了导柱轮与垂直离合系统的组合，其中导柱轮能够提高计时操作的敏捷性，使机芯的反应更加迅速灵敏，垂直离合系统可使计时指示部分的动力获取更加顺畅，指示更加精确。这款机芯的诞生，可以说标志着欧米茄与全面实现自产机芯的目标已触手可及。而首款搭载这一机芯的是具有传奇色彩的超霸系列腕表，经典的表壳造型依然如故，而从表盘上我们可以看到这款机芯在计时指示方面的不同之处。曾经的三个小表盘变成了两个，取而代之的是3时位的小表盘能够同时显示计时小时及分钟，这种设计使读取计时时间如同读取当前时间一样直观，表盘也更加简洁。除了不锈钢款式外，同时还有玫瑰金及铂金款，分别搭配有陶瓷表盘及黑色珐琅盘。

伯爵Emperador Coussin超薄自动上链陀飞轮腕表

伯爵Cal.1270P自动上链陀飞轮机芯

欧米茄超霸同轴计时表

欧米茄Cal.9301机芯

超薄机芯一直是伯爵品质所在，曾经的600P手动上链陀飞轮机芯也一直是最纤薄的陀飞轮机芯。今年，伯爵创造性地将超薄自动上链机芯与超薄陀飞轮机芯合二为一，打造了这枚Cal.1270P超薄自动上链陀飞轮机芯，厚度仅为5.55mm，采用椅垫造型，可谓精致钟表制作工艺的代表。更加巧妙的是，在这枚机芯中，令人赏心悦目的金制微型摆砣也同时位于机芯正面，从表盘即可直接欣赏到，上面装饰有品牌名称及伯爵家族的家徽。它与陀飞轮装置左右呼应，令人目不暇接。表盘也采用蓝宝石水晶制成，可直接看到机芯内部的装饰细节，可谓是对如今高级制表传统的一次突破。

说到超薄机芯，我们再来看一款帕玛强尼的腕表——Tonda 1950。腕表设计体现出了帕玛强尼设计风

CITIZEN®
伟大的革新 来自强大的意志力
当"不可能",被精妙的创想推翻;
当惰性,被强烈的好奇心击败;
当陈旧思维,被不断的思考打破;
当意志力足够强大时,它,就会在不远的前方等待着你。
这就是革新。
国际影星:金城武
■多局接收电波信号 ■自动接收信号校对时间 ■26个世界城市时间显示 ■JIS1型防磁功能 ■撞击侦测功能
■指针修正功能 ■万年历 ■光动能节电功能 ■防水10个大气压 ■防反射涂层蓝宝石玻璃 ■不锈钢表壳表带
Eco-Drive
电波表
CB0011-51L
西铁城(中国)钟表有限公司 www.citizen.com.cn
Citizen和Eco-Drive是日本法人西铁城控股株式会社的注册商标
Eco-Drive®

国际腕表最新流行趋势

帕玛强尼Tonda 1950腕表

沛纳海Radiomir 47mm 3日动力储存铂金腕表

帕玛强尼Cal.PF701自动上链机芯

沛纳海Cal.P3000手动上链机芯

格的核心内容：小巧、精炼。4个人体工程学设计的圆形表耳更是凸显了品牌的标识性。腕表内部搭载了最新研发的Cal.PF701超薄自动上链机芯，直径30mm，厚度仅为2.6mm，夹板线条优美，各细节的工艺也是细腻有加。在机芯的一侧，配有950铂金微型摆砣，将机芯的美学特征推向了极致。

沛纳海的一款全新机芯也是极尽简约，编号为Cal.P3000，为纯粹的手动上链机芯，除了配有双发条盒使动力储存延长至3日以外，再无其他。机芯设计具有鲜明的品牌辨识性，特别是其桥式造型的摆轮夹板，如同品牌标志性的表冠护桥。而另外两个大型夹板则覆盖了机芯大部分的轮系，整体构成了一组极为坚固的结构。这款Radiomir 47mm 3日动力储存铂金腕表便是搭载了这枚全新机芯，其功能设计可谓是与机芯相得益彰，棕色的表盘竭尽简约，仅有时、分两根指针，小时刻度采用圆点与条形交替呈现，与原有的大数字设计截然不同。直径47mm的表壳采用铂金制成，防水深达100米。表底盖装配大型蓝宝石水晶玻璃窗口，以展现机芯精美的内部结构。

宝珀今年在机芯方面也有新动向，以一款全新的Cal.66CM8机芯打造了一款全日历月相腕表，同时还融合了单按钮计时功能。腕表在设计上不但更加注重表盘的易读性，同时还能够为佩戴者提供简便的调校方式，从设计到功能都延续着品牌一贯的简约与优雅。

每年表展上的新创意及新技术也是最大的看点之一，我们继续再来看宝珀的另一款L-Evolution系列腕表。从腕表

国际腕表最新流行趋势

宝珀Villeret系列全日历月相腕表

宝珀L-Evolution系列腕表

正面，每个人可能都会认为这是L-Evolution系列的一个延续款，具有陀飞轮及大日历显示功能，当翻看背面时，相信都会不由得发出惊叹声——一个动力储存盘被安置在了摆砣上，显示着机芯长达7天的动力储存。同时可以随着摆砣随意旋转，其中的玄妙不言而喻。

万宝龙再次推出了一款令人叹为观止的陀飞轮腕表，展现出品牌结合传统与现代的崭新技术革新成就。其核心在于其陀飞轮装置中应用了几个世纪以前的圆柱形游丝结构，与当代广泛应用的平面游丝相比，圆柱形游丝在收缩运转时具有无可比拟的统一性，即游丝的每一圈曲线都能保持与其圆心距离一致。这种结构可以消除传统游丝出现重心偏差而影响走时精确度的现象。万宝龙维莱尔1858系列Tourbillon Bi-Cylindrique双圆柱形游丝陀飞轮腕表不但具有陀飞轮装置，更配有内外两个圆柱形游丝，其游丝曲线方向相反，由此一来，游丝之间即可自行校正运转过程中可能出现的偏差。双圆柱形游丝结构由万宝龙维莱尔表厂的工程师研制，从未出现于腕表之内，更从未装配于陀飞轮之内！而搭载这一结构的腕表则更加引人入胜，表盘下方，是一组精妙的时间显示部件，或称为“神秘时间”。时、分指针印制于两个蓝宝石水晶片上，机芯通过带动水晶片旋转，从而显示时间。同时这款腕表的表盘也被取消，佩戴者可以清晰地看到“神秘时间”部件的运转。

此外，笔者还发现在腕表的功能方面还有个小小的潮流似乎正在悄悄兴起，

万宝龙维莱尔1858系列Tourbillon Bi-Cylindrique陀飞轮腕表

WEST END WATCH Co
W
ORIGINAL SWISS WATCHES SINCE 1886
瑞士瓦斯针表
杰出的军表品牌
Helius Collection（赫利乌斯系列）
敬请光临：
成都亨得利/沈阳商业城/乌鲁木齐友好商场/兰州亚欧/西宁王府井百货/银川巍雅斯专卖店
昆明百大新纪元广场/拉萨百货大楼（排名不分先后）
www.westendwatchco.ch

国际腕表最新流行趋势

爱马仕Arceau系列腕表

宇舶Key of Time概念腕表

我称其为"玩弄时间"。记得几年前，法兰穆勒曾经推出过一款名为"Magic Hours"的腕表，在正常状态时，时、分指针静止重叠在12时位，只有在按住9时位的按钮时，指针才会指示正常的时间。今年，爱马仕以一款全新的"Arceau"腕表再进一步演绎了这种创意。表盘上具有时、分及回跳式日历共三根指针，正常状态下，这款腕表与其他没什么不同，当按动表壳9时位的按钮，"啪"！时、分指针瞬间跳到接近12时的位置，日历指针也隐藏在表盘下面，再细心些观察就能发现，这时腕表指示的根本不是时间，分针指示着"01"分，时针则"前不着村，后不着店"的在11时和12时之间。时间似乎消失了，表盘上一下子沉寂下来，但它的内部则依旧一刻不停地运转，再次按下9时位按钮，日历指针再次现身，时、分指针也重新准确地指示当前的时间。这项功能有什么用？我想每个人在生活中或多或少地都会有一些场景希望时间停止或消失吧，它就是做这个用的。

宇舶今年也推出了一款前卫的概念腕表，名为"时间之匙(Key of Time)"，与Arceau腕表不同的是，它不是让时间"消失"，而是将时间"变速"，同时还不会影响腕表正常的走时。从它酷炫的外观就能体会到它的与众不同之处。在表壳6时位还配有一个垂直旋转的陀飞轮，如此的特立独行，真是令人目瞪口呆。

而更加令人称奇的还属豪雅的一款全新概念腕表。我想应该是从V4腕表开始，每隔不久豪雅都会将一款令人难以置信的腕表呈现出来。V4之后是搭载Cal.360机芯的1/100秒计时腕表；去年是无游丝擒纵系统；而今年，我有些不敢相信自己的耳朵——振频高达每小时3,600,000次的mikrotimer flying 1000概念计时腕表！将品牌一直保持的最高振频速度纪录又提高了整整10倍。为了实现如此令人难以想象的速度，豪雅取消了传统的擒纵系统中的摆轮，在我看来，取而代之的是一个铝制的圆形砝码，为这部分提供必要的惯性使其保持运转。游丝部分虽然仍以传统游丝形式为基础，但在硬度、长度等诸多方面进行了优化，使其能够实现如此之快的运转频率，同时能够降低重力及振动对擒纵系统的影响。同样，如此之快的运转速度对动力的消耗也是惊人的，品牌资料中介绍，在开启计时功能之后，腕表的动力只能维持150秒。因此，为了保持腕表正常走时的需要，与之前的

NIVADA
1926
赫斯系列 |
Hermes Series
6063 经典男装石英腕表
Hermes
源 自 1 9 2 6 年 的 瑞 士 品 牌
NIVADA
Since 1926
尼维达
源自瑞士
中国客户服务热线:400 887 8138 www.nivadawatch.com

国际腕表最新流行趋势

豪雅Mikrotimer Flying 1000概念计时码表

1/100秒计时腕表一样，机芯内采用了两套擒纵系统，另一套负责时间的擒纵系统为传统的每小时28,800次振荡频率，在不开启计时功能的情况下，机芯可提供42小时的动力储存。

格拉苏蒂PanoMatic Luna腕表

女人也爱机械

曾经大多数人都会认为，腕表是男人的专属，以至于除了那些时尚品牌以外，很多顶级的钟表制造商很少会专为女性设计制作腕表，而最常见的方法是将现有的男装腕表的尺寸缩小，提供给女性客户。如今，越来越多的女人更加独立、自主，她们不满足于只是佩戴“小号男表”，她们似乎要求在钟表世界中与男性有同样平等的地位。

在格拉苏蒂，女性一直与男性一样享受着正统的德国制表工艺。今年，品牌再次为女性呈现了一款唯美的腕表——PanoMatic Luna。腕表名称有“月神”的含义，由白色或黑色珍珠贝母制作的表盘更是如同一轮圆月散发着皎洁光芒。表盘布局依然是品牌特有的偏心设计，但在细节上竭力打造出更适合女性的委婉动人气质。左侧的时间显示盘没有醒目的刻度环，而是通过似隐似现的白色线条将其区分出来。同时还配有钻石装点的小时刻度。右侧依然是优雅的月相显示及大日历视窗，窗口的线条显得更加柔和。这款腕表内搭载了Cal.90-12自动上链机芯，透过蓝宝石水晶表镜，格拉苏蒂传统的工艺之美尽情展现，如四分之三夹板、蓝色螺丝以及格拉苏蒂特色装饰等。

同时在机芯方面一向一视同仁的品牌还有雅克德罗，事实上，在雅克德罗的腕表中，很多表款很难作明确的分类，表壳直径更像是用了“统一尺码”，但是从很多细节设计上，依然能够明显感觉出腕表或妩媚或阳刚的气质。今年品牌便有这样一款极为纯美的腕表推出，搭载自动上链机芯，表壳直径为39mm，但从它独到的装饰工艺看，无疑更适合女性。腕表的功能极为简洁，只在12时位有一个时、分显示盘，剩下的表盘空间由白色珍珠贝母制成，同

源自瑞士日内瓦1685年
Emile Chouriet
SUN 8
AUTOMATIC
Detail is Luxury
奢 华 源 自 细 节
Gold Prince
金王子号
GOLD PRINCE：全自动机械机芯，星期日历显示，精钢表壳，18K金圈口镶嵌12颗天然钻石，表盘刻度镶嵌11颗天然钻石，18K金表冠，蓝宝石水晶玻璃表镜及透明后盖，鳄鱼皮表带，表扣镶18K金LOGO，30米防水。
中国总代理：亨吉利世界名表中心 Tel:(0755)8601 8606 http://www.emile-chouriet.ch
特约零售网点：北京·上海·深圳·沈阳·长春·武汉·重庆·南京·杭州·西安·哈尔滨·昆明·石家庄·长沙·宁波·乌鲁木齐
南昌·银川·大同·洛阳·呼和浩特·天津·福州·太原·济南·大庆·包头·宝鸡·保定·延安·苏州·淮安·常州
无锡·绍兴·襄阳·湘潭·衡阳·曲靖·东莞·惠州·三亚
香港洲际免税店·香港钻表城·香港铜锣湾百老汇店·香港弥敦道中兴表行·香港中环生发表行
Emile Chouriet
艾米龙表

国际腕表最新流行趋势

雅克德罗Petite Heure Minute腕表

百达翡丽Ref.7059追针计时腕表

美度贝伦赛丽III天文台女款腕表

时利用珍珠贝母本身的厚度，施以精妙的技法在其上雕刻出细密且美轮美奂的纹路，使幻彩的珍珠贝母同时展现出奇妙的光影效果。目前这款腕表有18K玫瑰金、18K白金及镶钻款式，每一款表盘的纹路也各有千秋，各限量制作88枚，实属不可多得的艺术品。

百达翡丽今年也对女性表示出特别的重视，在之前的Ladies First计时腕表之后，今年品牌将著名的Ref.5959重新塑造成了一款充满女性特质的计时腕表。5959的名号用“如雷贯耳”不足为过，是多少收藏家举着钞票却只能望眼欲穿的顶级作品，而能真正收入囊中的却是极少数的幸运儿，在各类拍卖会中，被买家抬上300万人民币以上的高价也已是司空见惯的事情。百达翡丽选择这款腕表重塑为女装腕表，足以看出品牌对女性的重视。新款腕表编号为Ref.7059R，与5959如同一对龙凤胎，相同的表壳造型、尺寸，只是材质上为女性选用了玫瑰金并配有钻石装点，表盘则同样显得非常柔美。其内部同样搭载了Cal. CHR 27-525 PS手动上链机芯。直径27.3mm，厚度也只有5.25mm，为目前最小巧的双追针计时机芯，同时百达翡丽坚持采用最传统的工艺及技术打造这款机芯，其产量绝对会少到令人抓狂。除此之外，百达翡丽还另有一款重量级女装腕表——7000，其尺寸与7059相当，内部则搭载了自动上链的三问报时机芯，声音明亮悦耳，功力可见一斑。

无论是Ref.7000还是Ref.7059，从它预期的产量及价格来看，都决定了它只能是提供给少数人享有。不过在很多更具亲和力的品牌中，我们同样也可以发现不少为女性打造的高品质机械腕表，比如美度今年全新的贝伦赛丽系列中便有这样一款女装腕表，典雅经典的外形诠释出品牌对于美的独到理解，简洁的表壳造型取材于小提琴的优美曲线，表盘中心由精细的放射状纽索纹装饰，黑色罗马数字刻度部分则采用了拉丝打磨，使表盘具有鲜明的层次感。腕表内搭载了一枚高品质自动上链机芯，其走时精准度更是通过了COSC天文台的认证。以笔者来看，美度对机芯的品质同样非常看重，不但其性能得到了权威认可，在装饰及美观方面同样做得一丝不苟。如此一款内外兼修的腕表，在价格方面，其竞争力还是很强的。

宝齐莱在推出了全新自产机芯CFB A1000之后，一直在不断地完善其功能及应用范围，当然，品牌也没有让这款机芯成为男士的独享。今年，宝齐莱推出了一系列全新的女装腕表，内部搭载了以CFB A1000为基础的升级版机

LUCKY·彩宝
KANA卡纳
SWAROVSKI GEMSTONES 依波 联合出品
www.kanawatch.com www.ebohr.cn 4007 007 998

国际腕表最新流行趋势

宝齐莱柏拉维EvoTec BigDate女装腕表

芯——CFB A1003，在原有的基础上增加了大日历显示功能，同时对传统的日历运转机制进行了改良，使其运转更加敏捷、高效。腕表的外形依然延续了首款搭载自产机芯的柏拉维Evo Tec系列腕表的外形，但在尺寸上略有缩小，为38.54×39.25mm，从尺寸上看，恐怕很难将其归类为女装腕表，但是经过一番别样的装点之后，却使得它格外妩媚动人。表盘由白色或黑色的珍珠贝母制成，再搭配钻石刻度或外圈，组成了一幅晶莹炫彩的景致。同时，宝齐莱还准备了不同材质及颜色的表带，以搭配女性百变的气质。除此之外，这个系列的腕表同样也有素雅历练的款式，男性佩戴也非常适宜。

百年灵宇宙时间计时腕表

计时码表与异地时区逐渐流行

与其他的复杂功能相比，计时功能有着自身独特的魅力。无论是陀飞轮或是万年历，这些功能都是全自动的自主运转，包括三问报时，也只是需要人手启动一下即可。而计时功能则能为佩戴者提供更多的操作乐趣。同时，也因为具有计时功能的机芯大多体积稍大，盘面指示复杂，所以也一直都是以男表居多，这或多或少也为这项功能赋予了些许男性气质。

计时功能自身所含的技术性，也为制表师或品牌提供了更大挥洒创意的空间，所以我们才得以见到如此种类繁多的计时腕表。比如之前说到的豪雅1/1000秒计时腕表，欧米茄及汉米尔顿的全新自产计时机芯，以及宝珀最新的Cal.66CM8机芯也融合了计时功能。可以说，很多品牌可以没有陀飞轮，没有万年历，但至少会有一些计时表款。

与航空密不可分的百年灵品牌一直将精准与计时视为自己的支柱，1999年起，品牌所有的腕表均要经过COSC天文台测试；2009年，百年灵首款自产机芯"B01"便是一枚优质的自动计时机芯；今年，这枚机芯得到了一次小幅升级，编号为Cal.04。在保持优异计时性能的同时，增加了第二时区指示功能，并且为佩戴者提供了十分便捷的调校方式。当您做跨时区旅行的时候，只需拔出表冠到第二档，按照时差小时数快速地向前或向后调整时针，如果涉及日期变更的话，日历显示也会随之同步变更。另一根红色的24小时指针会始终保持指示出发地的时间，时区变更只在几秒钟内完成，非常简便及人性化。搭载这枚机芯的是一款名为Chronomat GMT的腕表，有着与Chronomat 01腕表相同的外形，但也同样可以在细节上发现一些改变。坚固的表壳具有500米的防水性能，同时配有单向旋转外圈，无论在空中、陆地或是水下，都能有绝佳的表现。

不得不说瑞宝品牌也是计时码表领域中的领头者，在品牌今年的全新表款中，我们便发现了一款绝美的计时腕表——Balance。表壳依然是品牌固有的经典外形，目光移至表盘，则是一副全新的动人画面。表盘由纯银制成，并以典型玑镂工艺细密地刻满花纹以区分不同的功能区域。其中，左右对称的两个大大的扇形区域尤其引人注目，如同一对蝴蝶的翅膀。左边的区域标有0至30数字刻度，搭配一根回跳式秒针，每一分钟都能欣赏到两次回跳动作，如同在挥动翅膀一般，右侧为日历指针，在每月最后一天的子夜，会

国际腕表最新流行趋势

瑞宝Balance双回拨腕表

万国柏涛菲诺系列计时腕表

豪利时大表冠X1专业飞行表

豪利时BC3飞行大赛限量表

自动回跳到起点位置。计时秒针依然在传统的中心位置，30分钟计时盘及12小时计时盘则分列于表盘12时位及6时位，使表盘整体布局均衡有致。驱动这枚腕表的是La Joux—Perret 8310自动上链计时机芯，瑞宝同时还是第一家采用该款机芯的品牌，每小时振频28,800次，动力储存46小时。整体经过细致的打磨修饰，令鉴赏家为之动心。

万国今年重新塑造了柏涛菲诺系列腕表，其中便有一款优雅的计时腕表。不同于品牌其他系列的计时腕表，这款腕表并不大肆张扬自己的运动特质，而是令人不禁联想起20世纪60年代的跑车或雅致隽永的意大利快艇，它集优雅与活力于一身，纵使岁月流逝，其魅力丝毫不减。

全新的计时腕表体型略有增大，为42mm，内部搭载久经考验的79320型自动上链机芯。而在表壳设计上更显细致均衡，更加圆滑的表壳轮廓与流畅的表耳尤其赏心悦目。与之搭配的是精巧的计时按钮，如同喇叭状的设计则来自于意大利跑车的驾驶室中。表盘的搭配设计则更显素雅秀气，条形小时标记搭配优美的柳叶形指针，并备有黑色及银色两种表盘可供选择。同时可供选择的还有鳄鱼皮质及米兰式金属织网两种表带，均与腕表内敛隽永气质完美协调。这款金属表带备有三种不同的长度，并且能以5mm为单位进行调整，确保完美贴合任何尺寸的手腕。

豪利时今年也有多款不错的计时腕表发布，其中最引人注目的莫过于这款大表冠X1专业飞行腕表，硕大的表壳尺寸达到了46mm，经过铜色PVD处理，其设计灵感来源于1947年的首架载人超音速飞机Ball X1，为了向那次历史性的飞行表达敬意，在两个计时按钮上，分别标有“X”及“I”字样，表盘内配有飞行滑齿，方便飞行员快速地进行一些数值的计算。表盘上指针及刻度的设计同样也格外清晰醒目，具有绝佳的读时性。

同样是豪利时，去年隆重问世的BC3腕表在今年特别添加了第二时区显示功能，由表盘中心的一根红色如同小飞机形状的指针指示第二时区时间。这款腕表同样是专为飞行员打造，2010年在美国内华达州举办的Reno航空飞行大赛中，首次参赛并夺得亚军的瑞士飞行员Don Vito Wypraechtiger正是佩戴着BC3系列腕表完成比赛。为了庆祝他所取得的优异成绩，这款BC3飞行限量腕表应运而生，

中国境内客服热线：400-700-5858 www.fiyta.com.cn
揽月陀飞轮 GA8096
全球限量100枚
FIYTA 飛亞達

国际腕表最新流行趋势

表壳有钛合金打造，并配有螺旋锁紧表冠，保证其100米的防水性能，只限量发售1000枚。

说到第二时区功能，笔者也是有切身感受，自从买了第一款带有第二时区功能的腕表后，这次参加Basel表展，的确是备感方便，比起用手机查看或看着表盘计算来说，抬抬手腕便能清楚家里的时间，也是件非常愉悦的事。所以，对于需要经常往来于世界各地的人来说，一款两地时或世界时腕表是必不可少的。在今年的新款腕表中，各品牌似乎不约而同地格外关注两地时或世界时腕表。最后，我们来速览一些这样的腕表，如果您还没有两地时，赶快寻找个〝目标〞吧。

首先看一款非比寻常的世界时区腕表——江诗丹顿Patrimony Traditionnelle世界时间腕表。从表盘上密密麻麻的地区名称便能看出这款腕表似乎不像我们经常见到的世界时腕表。确实，目前除了我们熟知的24个时区以外，还另有一些国家将本国的时差精确到半小时甚至15分钟，为了能准确全面地显示这些地区的时差，江诗丹顿特别研发了这款全新的2460 WT自动上链机械机芯，具有日内瓦品质印记，可以显示全世界37个时区的时间，涵盖了所有能想到的地区，包括与世界标准时间（UTC）相差半小时或15分钟的时区。这项独一无二的特性，使其成为传承系列的又一标志性表款，展现出江诗丹顿在多时区腕表方面的研发能力。

劳力士蚝式恒动探险家II型腕表

江诗丹顿Patrimony Traditionnelle世界时间腕表

爱彼Jules Audemars两地时间腕表

接下来是前文中一直没有露面的劳力士，在去年重塑的探险家I型腕表之后，今年我们见到了全新的探险家II型腕表，表壳尺寸增加到42mm，搭载Cal.3187型自动机芯。表盘上，第二时区指针回归于1971年首款腕表的设计，采用大尺寸、醒目的橙色设计，时、分指针及刻度也较以往有明显的加大，加之一贯被人称道的夜光效果，无论何时都能为佩戴者提供绝佳的读时效果。加大尺寸的表壳，大型的夜光指针、刻度及那根鲜艳的第二时区指针，相信已有不少人为之心动了。

爱彼也将一个非常经典的功能及盘面设计转移到了Jules Audemars系列的表壳中，精雕细琢的银色或黑色表

RANGE1
ROSSINI
锐意进取 冠领时光
YD5541 T04A
罗西尼全新“锐冠”运动腕表
2011第二十二届中国（深圳）国际钟表展览会（6.30—7.3）· 欢迎莅临品鉴
• Tel: 0756-3333805 WWW.ROSSINI.COM.CN
Time always follows me
时间因我存在

国际腕表最新流行趋势

艾美匠心系列
双回拨腕表

宝曼双时区拱
廊男式腕表

盘经过细腻的雾面抛光处理，从表盘2时位开始，分别配有日历显示盘、第二时区时间及昼夜显示盘、动力储存指针。整体搭配协调大方，彼此融为一体，尽显名家风范。

Swatch集团旗下的宝曼品牌也为男士们准备了一款双时区腕表——Arcade Gent Dual Time双时区拱廊男式腕表。腕表没有过多的繁复的设计，只是干净简单的线条，深黑色表盘上，具有两个圆形的时间显示盘，内部搭载两枚独立的石英机芯，可分别随意设置不同的时间，同时两个表盘刚好组成数字"8"，相信它能给佩戴者带来好运。

双回拨腕表一直是艾美的招牌表款，在经过由典雅到现代的蜕变之后，今年又为我们呈现出一款蓝色表盘的玫瑰金腕表。特别的是，这款腕表表盘的蓝显得格外深邃，同时采用放射状拉丝纹理打磨装饰。18K玫瑰金指针在其上闪烁着点点光芒，具有很强的立体感，仿佛悬浮于表盘之上。腕表内搭载Cal.ML191自动上链机芯，直径约为37.2mm，是目前尺寸最大的自动机芯之一，透过透明表背，可以尽情地饱览其打磨装饰及机芯运转的韵律。

雅典在双时区腕表方面也有着自己的独到之处，只需按动表壳左侧的按钮，便可在不同时区之间自由切换。这项独有的系统同时也应用在"经理人双时区"系列的女装腕表中。今年，最新款腕表经过重新妆点，推出了多款不同"妆容"的腕表，每款均由不同的钻石装点，其尺寸更是达到了40mm，与前一代表款相比，更显典雅气派。

积家在制作双时区腕表方面可谓有着得天独厚的优势，其Reverso系列独有翻转式表壳成为两地时腕表的绝佳平台。通过一正一反两面表盘显示两个时间，是那么地顺其自然，而这类腕表，积家很早就已经开始做了，不论是男款或是女款，其独到之处便是两面表盘，内部由一个机芯驱动。新款Grande Reverso Duoface大型双面腕表拥有大器的尺寸和布局考究的表盘，带给人无限的审美享受和一目了然的时间显示。正面为经典的Reverso风格表盘，12时位配有一个弧形日历视窗，反面为黑色的第二时区盘，同时具有日、夜显示，通过一个快调按钮可使这面的指针以小时为单位快速移动，并丝毫不会

雅典经理人
双时区女表

TIAN WANG
天王表
Golden Knight
光耀人生 活得精彩
Glory life Wonderful life
金骑士系列
Golden Knight
18K玫瑰金表圈，深棕色牛皮表带
进口优质全镂空手上弦机械机芯
蓝宝石表镜
中国驰名商标
TEL：0755—81719888（20线） FAX：0755—28066409 www.tianwangwatch.cn

国际腕表最新流行趋势

积家Grande Reverso Duoface双面腕表

宝玑5717 Hora Mundi腕表

朗格Saxonia Dual Time双时区腕表

影响正面表盘的时间。这不但可作为双时区腕表佩戴，还可以作为两种不同颜色、风格的表盘交替佩戴。

朗格今年最新的一款双时区腕表尤为简洁唯美。标准的Saxonia系列风格，同时为佩戴者带来更便捷的第二时区设定：只需按下表壳左侧8时或10时位置的按钮，指示当地时间的金色时针便能以每小时为单位增减，完成时间设定。蓝色指针则保持不动，并始终指示您出发地的时间。在表盘12时位，还配有24小时盘，始终跟随蓝色时针，方便区分第二时区的昼、夜。

最后这款双时区腕表可以说是前所未见的，它来自于宝玑经典系列的5717 Hora Mundi腕表。表盘上，可以醒目地看到中心美洲大陆的图案，由18K白金制成，表面有手工雕刻纹理装饰，并在海洋部分涂有蓝色通明亮漆。12时位配有日历视窗，由内部圆形指针指示，4时位为昼夜显示视窗，6时位为24时区城市名称显示，中心为标准的大三针时间指示。那么通过什么指示第二时区时间呢？事实上，这款腕表的创举便在于它独有的时区跳转系统。佩戴者只需将本地时区的时间、日期及城市名称设定好后，旋转8时位表冠找到所需的第二时区代表城市名称，之后按动8时位表冠，表盘上包括日历、昼夜等所有显示信息都会瞬间跳转，准确地调整到第二时区的时间。期间如果再想查看本地时间，同样按动8时位表冠，表盘上的所有显示便会恢复如初。同时，时区之间的跳转，丝毫不会影响腕表的正常走时，实在是非常绝妙的创意。严格来说，5717更接近世界时区腕表的范畴，但却没有繁密的24时区地名环及24小时刻度环，简洁的表盘及操作方式，背后却蕴含着绝妙的机械技术，为我们展现出双时区或世界时区腕表的未来。

Geya
格雅表
向前走，每一步都是精彩！
自由·真性情
Geya
2011
汪涵

宝珀
BLANCPAIN

作为一个世界上最早成立的钟表品牌，Blancpain宝珀自从1735年创立以来已经历了275年的漫长岁月，可谓历史悠久，长盛不衰。1735年，中国的大清王朝正在步入最后的鼎盛时期，乾隆皇帝在这一年登上皇帝的宝座，开始了60多年的帝王生涯，那时的中国还处在兴旺时期，世界各国仰望着巍巍中华大帝国羡慕不已，还远没有到后来列强分割、任人欺侮的时候。几经风雨，中国这个历史悠久的王国终于在磕磕绊绊之中走完了几百年的岁月，苦乐甘甜，百味杂陈。而宝珀这个与乾隆朝同时期的钟表王朝却稳健地朝我们走来，275年来犹如经霜的腊梅，愈加放射出浓郁的芬芳。

宝珀275年的漫长岁月，也是瑞士钟表发展的重要时期，有多少大大小小的钟表厂创立、发展、衰败以致倒闭，也有一批表厂坚持以精湛的手工艺和创新理念打造品牌形象与产品，最终称雄世界，在世界表坛拥有至高无上的地位。宝珀就是这样的品牌。绵延两百多年的制表文化及精湛技艺，使它老而弥坚，并有着更加勃发的生命力。宝珀不仅历史悠久，更有独特的优势和理念，使其具有与众不同的特征和魅力。首先是宝珀坚持只生产机械表和圆形表，这是最能够展示与弘扬钟表艺术魅力的古老品种，也是最能表现宝珀特色的表款。其次是强大的开发能力，宝珀的著名表款一经推出，都会引起世界的关注，从罕见的活动春宫三问、精密至极的1735、孕育着神秘思想的同轴卡罗素、到坚固耐用的50㖊专业潜水表，背后都有宝珀技术开发的雄厚实力作保。第三宝珀是瑞士钟表中全线使用自产机芯的品牌，在当今世界表坛极端注重自产机芯的时候，宝珀众多优秀的腕表全部配置自产机芯，并且都是设计独到的高技术机芯，世界上还没有第二家。能做到这一点是因为其背后有著名的"Blancpain Movement Manufacture"宝珀机芯工厂。长达40多年的亲密合作，使得宝珀与机芯厂的思想理念完美融合，一种追求完美的精神贯穿于整个宝珀品牌的设计与生产之中，最终成就了今天。

宝珀古董表

宝珀在经历了275年悠悠岁月的发展历程中，珍贵的古董表如同闪烁的星星点缀着夜空。这些古董表从设计上来说，才思敏捷，贵气逼人；从制作上来说，小巧精细，不输今天；从材料上来说，优雅华贵，领先潮流。宝珀对钟表的理解力与创造力实在令人佩服。

1958年宝珀为各国贵妇所订制的腕表

1957年宝珀为格丽泰嘉宝所订制的腕表

1957年宝珀为各国贵妇所订制的腕表以及挂件

2010年12月10日，宝珀以“跨越巅峰·领驭未来”为名的钟表展在北京开幕，庆贺品牌275周年的华诞，把品牌最拿手的历史、钟表和工艺展示出来，让世人知晓宝珀自1735年来的艰难历程，更显示着宝珀辉煌的未来。宝珀全球副总裁兼销售总监Andre Meier、宝珀全球副总裁兼市场总监Alain Delamuraz，以及宝珀中国区副总裁廖昱出席庆典，并特邀一位在中国具有极大成就的传奇人物——万科企业股份有限公司董事会主席王石，共同见证宝珀这一里程碑式的荣耀时刻。与宝珀一样，王石在商业上的成功和探险领域内的巅峰佳绩都证明了要成功就要有坚韧不拔的创新精神和不达巅峰不罢休的坚强意志。

“跨越巅峰·领驭未来”钟表展分为六大场景，将宝珀的历史与众多辉煌成就一一呈现在观众面前。通过展览，参观者可以全方位地了解宝珀的伟大成就，还可以理解宝珀作为顶级制表品牌的诸多亮点，如：永远只生产圆形机械腕表、创制出全世界最为复杂的腕表“1735”、引领专业潜水表发展风潮、极美的金雕工艺、独创的卡罗素机芯、顶级机芯工厂等等，了解宝珀雄厚的技术实力和广阔的未来。

展览的六大展区分别是“经典之圆”展区，宝珀始终坚持传承经典圆形的外形设计，表款儒雅而低调，呈现完美的圆形风格，阐释品牌一贯坚持的简单美学与无与伦比的手工工艺。

“巅峰1735”展区，这个最能够体现品牌复杂工艺的展区里有宝珀著名的顶尖之作“宝珀1735”腕表。这枚腕表打破了世界最复杂腕表纪录，结合了六项公认最为复杂的机械功能：三问、陀飞轮、万年历、月相盈亏、双追针计时以及超薄功能。

“完美卡罗素”展区。勇于创新的宝珀在所有的方面都很出色，更值得佩服的是其在精湛细腻的工艺和设计上的永不松懈。早在1989年宝珀就推出搭载Cal.23机芯的8天超长动力浮动陀飞轮表。2008年宝珀以“一分钟同轴卡罗素”再一次震惊世界。

“50㖊专业潜水”展区讲述着宝珀另一个值得骄傲的领域。如今的表坛充溢着运动与阳刚的表款，潜水表也是当红表款，但是早在20世纪50年代，宝珀就已经打造出完美无瑕的潜水表——50㖊专业潜水表。几十年来，50㖊潜水表发展了很多款式，装备了很多国家的军队，成为一个不朽的神话，更为现代潜水表提供了专业标准，为世界潜水表的发展作出突出贡献。新款“致敬五十㖊”防辐射复刻限量版腕表将新的技术引进来，使这款名表获得新生。

“四大发明”展区，展示着宝珀引以为傲的四大发明：2004年研发世界第一个隐藏式调校万年历；2006年推出全新的机芯Cal.13RO，再次将宝珀的长动力技术优势推向新的高度；2005年50㖊腕表再推力作，成就顶级潜水腕表的全新典范；2009年宝珀全天候调校技术问世，突破了传统腕表调节时间的禁区。

“顶级制表”区域展现着宝珀制表工坊和宝珀机芯工厂，以及每一位宝珀制表师超凡的创作力和精湛绝伦的工艺。宝珀的奇迹自此开始，并将永远延续下去。

和其他古老的表厂一样，宝珀的古董表也有着相当精彩的历史。早在1735年开始，宝珀就遵循传统工艺制作怀表，那时主要是为客户定制手表及怀表。以此种方式开拓市场，也堪称钟表业界的先驱。从宝珀的古董表作品中可以发现那时的怀表及其他小表已经相当精彩，不仅体积小，更将众多高级制造手段应用纯熟，如复杂功能、大明火珐琅、自动上链、半猎表设计等，一些专门为贵宾定制的作品至今看起来仍然非常漂亮，具有相当高的收藏价值。

完美的机械表离不开优秀的机芯，而机芯是完全体现一个品牌能力的试金石。宝珀历来十分重视机芯的研发，早在20世纪80年代就开始了与Frederic Piguet（FP）高档机芯厂密切合作，成为瑞士制表业高端机芯的代表。"Blancpain Movement Manufacture"宝珀机芯工厂的成立，更为宝珀的发展提供了不可限量的美好前景。

Cal.13R0手动上链机芯

这是优质的自制手动上链机芯，从它拥有的技术可以看出它的不俗之处：螺丝微调钛金属摆轮、上绕式游丝、3发条盒8日长动力、安全的双向日期快调功能及完美的机芯装饰工艺。因此它是宝珀第一枚也是首次发表的高技术基础机芯，将来可以作为技术平台，在其上加装各种复杂功能。

Cal.13R5自动上链机芯

Cal.13R5机芯是从Cal.13R0机芯发展而来，增加了自动上链、日历和动力储备功能。机芯延续了Cal.13R0机芯的特点，配备了钛质摆轮调节螺丝系统，配有3个发条盒，具有192小时（8天）动力储存能力，金制摆砣，扁平游丝，还有在任何时候都可以进行双向日期调节的特点，即使在午夜12时也可以进行操作。

Cal.1315自动上链机芯

自动上链Cal.1315机芯也是从Cal.13R0机芯衍化而来的，为Fifty Fathoms系列腕表使用。这款机芯注重精准和稳定，设计十分简洁，结构紧密，使用Glucydur摆轮，3个发条盒，具有大约6天的动力储存。Cal.1315机芯能够在午夜时，无论用哪个方向都可以快速地调整日期。

Cal.5215自动上链机芯

配置在具有GMT功能的500 Fathoms腕表之中，专业的运动本质和时尚的设计，是其最明显的特征。尤其是螺旋桨叶形状的自动上链砣，具有前所未有的感觉，机芯背面将型号与"500 Fathoms"的字样也镌刻其上，足见宝珀对它的爱戴。

Cal.225卡罗素自动上链机芯

2008年，宝珀推出配有一分钟同轴卡罗素的机芯，开创了卡罗素机芯的新纪元。经过数年的发展，Cal.225自动上弦机芯以更新的面目出现。机芯由262个零件组成，浮动式卡罗素每60秒内完成一个周期。每小时振频21,600次，100小时动力储存。

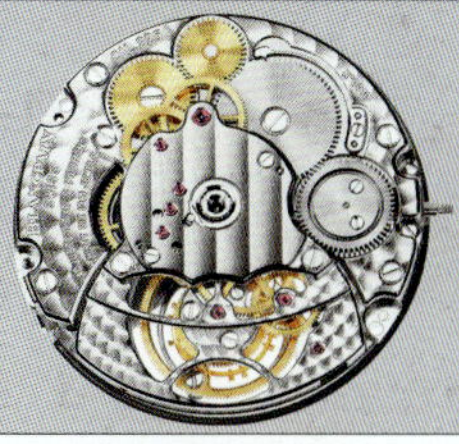

Cal.1736三问卡罗素机芯

配置Cal.1736机芯的Le Brassus系列卡罗素三问表在世界表坛是首屈一指。宝珀将三问与卡罗素这样复杂的结构同时用在一款机芯中，零件繁多而不杂乱，金质主基板和夹板上还加以雕刻和打磨，从这种从容不迫的心境可以看出品牌对于复杂机芯的掌控能力。宝珀特别为此款机芯开发了独特的浮动式调教装置，令机芯运作更加顺畅自然。

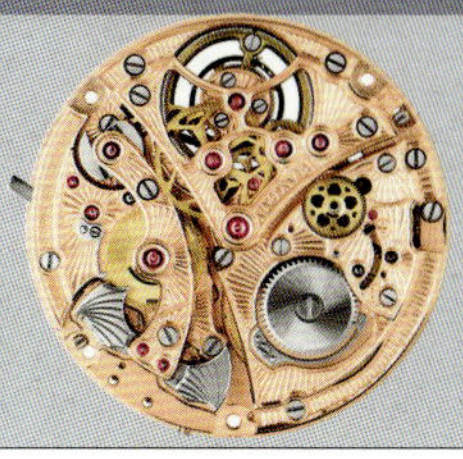

宝珀机芯工厂

自275年前诞生以来，宝珀就以精制的机芯和优秀的钟表产品著称于世。这一切都来自Le Brassus顶级制表工坊和Manufacture Blancpain宝珀机芯工厂。

Le Brassus农庄位于Vallée de Joux茹谷山区的西南部。16世纪时，欧洲爆发了宗教改革运动，法国有一大批追随卡尔文新教的教徒为逃避迫害，逃到瑞士的汝拉山区安身，其中的“茹谷”后来形成了著名的钟表山谷，目前全世界钟表行业40%的产值出自这里。宝珀在这里选择了一座具有几百年历史的农庄，将其修复作为制表工坊，这里也被称为“制表农庄”。农庄的周围是草地和森林，景致优美，祥和宁静。美妙的环境里聚集着宝珀的工艺大师，他们日复一日地用最精巧的手段和最细腻的心思打造着顶级腕表作品，每一枚都称得上是艺术品。在这里，一位制表大师可能几个星期都专注于同一只表款创作，有时候甚至一年都专心在从事同一只表的制作。当你想起这个事实，大概就没有理由抱怨宝珀价格昂贵了。这里没有机器的隆隆声，也不用大规模的机械化手段，全部腕表都是大师们凭借多年的经验，用灵巧的手一点一点地制造出来，所以这里又被称为宝珀的Le Brassus顶级制表工坊。

宝珀的机芯精密准确，具有极高的设计水准和工艺价值，更因极具思想的创新理念和巧妙结构而成为宝珀最强有力的支持者。从同轴卡罗素到活动春宫表，一系列作品都引起业界和世界的极大震撼，人们不禁为宝珀丰

沛的设计源泉而钦佩不已，这一切都来自著名的Frederic Piguet机芯工厂。

宝珀与Frederic Piguet工厂（以下简称FP）的合作已经长达40多年，FP机芯工厂，创始于1858年，具有极高的技术能力，专门研发顶级腕表机芯，为世界著名的腕表品牌提供高端机芯，与其合作也是宝珀成功的良好基础。2010年，正值宝珀创立275周年之际，Frederic Piguet工厂正式更名为Manufacture Blancpain宝珀机芯工厂，开始了双方合作的新纪元。

FP机芯工厂早就是世界高端机芯的生产基地，不折不扣的"机芯梦工厂"。在这里你会发现使用其机芯的一长串顶级腕表品牌的名字，如：江诗丹顿、百达翡丽、宝玑、爱彼等，每一个品牌都不是平庸之辈。而为这些品牌提供机芯本身就说明了FP的实力与创新能力。与宝珀的合作也激发了FP工厂的创造力，仅在过去的三年半时间里，宝珀就发布了11枚全新的机芯。这些作品都不是普通机芯：超长动力储备、三发条盒、自由平衡轮、精细打磨、一分钟同轴卡罗素、"故宫博物院首枚典藏腕表"以及全天候调校、八天动力全历月相……这些功能和特征一说出来就使人明白它的价值。

当FP正式更名为Manufacture Blancpain以后，宝珀的创新与开发能力与Manufacture Blancpain宝珀机芯工厂的绝妙技艺相结合，潜力无限，必将会让两大巨头以往的辉煌延续下去，为人类传承钟表文化，开拓新的钟表珍品。

L-Evolution陀飞轮腕表

宝珀再一次震惊世界，全球首创的L-Evolution陀飞轮腕表，采用L-Evolution系列腕表独具特色的表盘格局，以辨识度极高的外观为此一新系列又添新款。其引人注目之处有三：一是12时位的浮动陀飞轮；二是虽已有相当高的曝光率但仍十分醒目的超大日历；三是真正全球首创的，安置在自动上链砣上的动力储存显示。不过这第三项放在表的背面，轻易看不见，但也增加了表的神秘色彩，值得一观。

这种动力储存再一次显示出宝珀超凡的思维能力。早在2007年宝珀就已发明了这一技术并将其注册专利，但是宝珀又经过研发团队两年的改进，方推出此款腕表。可见宝珀盛名之下绝不头脑发热的审慎态度和认真精神。值得注意的是这个罕见的动力储存还有不易发觉的特点：它永远正对着观众。难道又开发了一枚“无重力机芯”吗？不是，其结构有点儿像中国古代的指南车，这一点看似简单其实需要有复杂的结构才能做到。况且它是加在灵活转动的薄薄的自动砣摆臂上，难度越发大了。

此表配备宝珀7天动力储存的Cal.4225G机芯，创新的动力储存装置可通过蓝宝石后表盖一览无遗。精致的表壳与表盘无需多言，漂亮的拉丝处理无可挑剔。有白金和红金款可供选择，内衬橡胶鳄鱼皮表带保证佩戴舒适。

表壳：18K白金，直径43.5mm，防水30米

表盘：黑色，部分镂空装饰，6时位大日历视窗，12时位陀飞轮装置

机芯：Cal.4225G自动上链机芯，168小时动力储存

功能：时、分、秒、日历、动力储存显示、陀飞轮装置

Villeret单按钮全历月相计时码表

Villeret系列腕表端庄秀雅，而全新的功能组合不仅特别注重表盘的易读性，更为机芯设计提出新课题。单按钮全历月相计时码表秉承了Villeret系列的一贯风格，尤其是“侧脸照”，更使得表款之美难以拒绝。几大功能叠加在一起，考验着宝珀开发机芯的功夫，全新Cal.66CM8机芯，在承担起全历计时等功能的同时，还具有精湛的打磨和简约优雅的风格。全历功能相对万年历来说简单一些，但实用性很高，成为近年来的热门设计。精美的月相功能和单按钮计时则可体现出一个品牌的设计整合能力和制作功夫。还有宝珀著名的专利技术隐藏式调校系统，调校方便的同时，还让表壳保持着优美的外观和良好的性能。再看表盘，雕刻细致的花纹将宝珀的儒雅与精致表现得淋漓尽致，优美的蛇形蓝钢日历指针仿佛划过表盘的蓝色闪电，平添几分动感。单按钮计时的好处是结构简单，清爽自然。计时盘与年历窗口摆布得当，整个表盘具有协调之美。新款腕表有蛋白石表盘红金款和白色表盘钢款可供选择，配有鳄鱼皮表带。

表壳：18K红金，直径40mm，防水30米

表盘：白色，雕刻花纹，中央蓝色日历指针，3时位30分钟盘，6时位月相显示，9时位12小时盘，12时位星期、月份视窗

机芯：Cal.66CM8自动上链机芯，40小时动力储存

功能：时、分、秒、年历、月相显示，计时功能

Villeret繁复纹饰腕表

这是宝珀Villeret系列的首款45mm直径大尺寸腕表，其名称中的“繁复纹饰”堪称宝珀的看家本领，巴塞尔表展上宝珀的雕刻表演就吸引了众多的观者久久驻足。今年推出的5枚Villeret繁复纹饰腕表，实为表现非凡雕刻功夫的独一无二的作品，这5枚腕表分别展示了瑞士、法国、日本、中国大陆和中国香港5个不同地区独特的风貌。腕表配备Cal.15B超薄机芯，由117个零件组成，曾用于同一家族的怀表中。就是这样一枚超薄机芯，在其夹板上刻出复杂的纹路和图案，其难度可想而知。不过Cal.15B机芯的夹板比其他型号稍厚一些，才使得宝珀的雕刻师得以发挥他们的天分。

其实不仅背面的雕刻值得一看，真正值得细细品味的是优雅细腻的白色珐琅表盘。表盘秉承着宝珀的经典传统样式，简单的功能仅有时分指示和罗马字时标，外加宝珀的标志而已。这样大面积的纯洁珐琅表盘其实很难制作，上面的罗马字时标是后来画上去再加以烧制而成。表盘呈微拱形，与玫瑰金时分针一起成弧形弯曲，随着表盘的弧度划出一道曲线，这是大表盘为配合手腕必须有的弧度，增加了制作难度，不过也更增加了它的魅力。

表壳：18K红金，直径45mm，防水30米

表盘：白色珐琅，黑色罗马数字时标，镂空时、分指针

机芯：Cal.15B手动上链机芯，40小时动力储存，手工雕刻装饰

功能：时、分显示

Villeret半时区8天动力储存腕表

所谓半时区腕表，就是佩戴者可以以30分钟的跨度调整第二时区，从而显示所有采用半时区制国家的时间。一些国家或地区由于种种原因采用的是半时区，在以往的腕表中往往囿于机芯的设计而无法显示。此款Villeret半时区8天动力储存腕表配备宝珀专门研制的Cal.5235DF机芯，使用与表冠同轴的按钮可以快速进行半时区调整，调节参照时间也会自动相应调整第二时区里的时间。这种联动的设计对于机芯的制作要求很高。这款自动上链机芯由324个零件组成，三个发条盒，配备宝珀独有的微调螺丝系统，调校准确方便；而且可以在任意时段调校日期而不用担心造成机芯的损伤。半穹形大明火烧制白色珐琅面盘，参照时间显示在12时位，中央时分针显示半小时时区，漂亮的日/夜指示在9时位，可随半时区自动调整的日期显示在6时位，日期调整或时区调整的指示在4时位。备有白金和红金型号，都配有鳄鱼皮表带。

表壳：18K白金或红金，直径42mm，防水30米

表盘：白色珐琅，4时位日期、时区调整显示，6时位日历视窗，9时位昼、夜显示，12时位第二时区显示

机芯：Cal.5235DF自动上链机芯，192小时动力储存

功能：时、分、日历、昼夜、第二时区及调校功能显示

Villeret两地时区年历腕表

2011年，宝珀隆重推出其首款Villeret系列两地时年历腕表，将两地时和年历这两大功能合二为一，再一次丰富了Villeret系列的产品线。应该说宝珀具有非凡的眼光，两地时和年历功能是当今最为流行的功能，与越来越多的人穿行奔波于世界各地相适应，成为商务人士的最佳助手。

腕表配备宝珀自主研发的自动上链机芯Cal.6054F，年历功能使其除每年的2月末需要手动调校一次之外，其他月份均会自动区分大小月，无需手动调整。在腕表8时位设有24小时制小指针盘，使第二地时间一目了然。第二时区功能和日历相连，调整时间时可以起到联动的作用，使用十分简捷便利。年历窗口的位置摆布新颖美观，呈弧形分布在表盘的右侧，与一般年历或万年历的排列完全不同。

腕表有白金款和红金款供选择。表盘采用蛋白石制成，以24小时制第二地时间盘为中心向外放射，表盘雕刻精致细腻，更显Villeret系列的雅致风采。表款配有宝珀独有的隐藏式调校装置，使用方便而外形简洁，1时位置表耳下用以调校日历，5时位表耳下调校月份。第二时区时间、日期和时间的快调由表冠完成。透明蓝宝石玻璃后盖，机芯摆砣饰有guilloché花纹，鳄鱼皮表带。

表壳：18K白金或红金，直径40mm，防水30米

表盘：蛋白石，雕刻花纹装饰，2时位星期视窗，3时位日历视窗，4时位月份视窗，7时位第二时区盘

机芯：Cal.6054F自动上链机芯，72小时动力储存

功能：时、分、秒、年历、第二时区显示

Villeret系列半时区半猎腕表

又一枚可半小时调校的Villeret系列半时区腕表，除了机芯有些变化外，和前面一款表不同的是在表壳上增加了半猎表盖设计，风格显得豪爽大气。

腕表采用宝珀勒布哈苏制表工厂独具匠心的Cal.5254DF自动机芯，由321个零部件构成。乳白色的精细雕刻纹路表盘，十分雅致。12时位为参考时间、中央为时分秒大三针指示半时区时间、日夜显示位于9时位、与第二时区相一致的日期显示窗位于6时位、日期（D）与时区（T）功能指示位于4时位。腕表操作便捷，只需稍稍旋转几圈腕表的表冠，便可完成对于日期、时间和参考时间的所有调校。佩戴者可通过表冠顶端的同轴按钮，选择快速调校模式或半时区调校模式。调校参考时间可以联动调整第二时区的走时状况。

Villeret半时区腕表采用红金半猎表盖设计，打开表盖可见蓝宝石水晶表背，完美展示其精密的机芯，摆砣上饰有guilloché花纹。表款搭配的alvazel线纹皮表带为整款腕表平添贵族气质。

表壳：18K红金，直径40mm，可开启表背，防水30米

表盘：白色，雕刻花纹装饰，4时位日期、时区调整显示，6时位日历视窗，9时位昼、夜显示，12时位第二时区显示

机芯：Cal.5254DF自动上链机芯，72小时动力储存

功能：时、分、日历、昼夜、第二时区及调校功能显示

Le Brassus系列卡罗素三问表

当今世界表坛将三问表与陀飞轮、追针计时表列为高级复杂功能，能够制作其中的一项已经是非常困难了。Le Brassus系列卡罗素三问表采用教堂自鸣钟的装置，报时声响悠长深远。发声装置仍为音簧，但其长度比一般问表的要长，发声效果更好，在围绕机芯一圈半后，可以敲击出饱满悦耳的音质。不仅要将精细的三问装置装进表壳，还要让它发出清晰优美的声音，所以宝珀特别为此款机芯开发了独特的浮动式调校装置，令机芯运作更加顺畅自然。

卡罗素是宝珀拿手好戏，Le Brassus系列卡罗素三问表搭载着宝珀首创的一分钟浮动卡罗素，通过表盘的镂空窗口可以清楚地看见卡罗素运转时的美妙动作。表款的设计风格大气简洁，富丽堂皇。玫瑰金表壳采用平实的抛光双表圈设计，灰色拉丝白金表盘搭配玫瑰金数字时标指针，与表壳的玫瑰金色调协调美观。表盘中央部分采用镂空式设计，机芯的复杂零件清晰可见，并将难得见到的机芯动作呈现在面前。

表壳：玫瑰金，直径45mm

表盘：拉丝白金，中间镂空，玫瑰金数字时标，6时位一分钟浮动卡罗素

机芯：Cal.1736卡罗素机芯

功能：时、分显示，一分钟浮动卡罗素，教堂自鸣报时

蓝宝石透明卡罗素腕表

还没有见到一款复杂功能的表能够这样清爽自然，美得令人难以将目光移开。以往的卡罗素腕表，多以复杂面世，而复杂也似乎是一种炫耀。这一枚蓝宝石透明卡罗素腕表却将复杂的结构隐藏起来，化繁为简，以简叙繁，从完全不同的另一个方面将卡罗素的极致展现出来。其实制表不怕复杂，尤其是现代制表工业有了高超的技术条件，什么样的精细零件都可以不费吹灰之力制造出来，但是要想简洁就困难了。首先要有与众不同的灵活思路，这方面的人才宝珀倒是不缺。于是设计师干脆将夹板等部件去掉，让机芯来一个彻底透明，用蓝宝石玻璃起到支撑作用，打造出完全透明的表款。全新的表款有一种极度清爽的感觉，似乎已经到了不可思议的地步。无论从正面还是反面，透明度极高的蓝宝石玻璃夹板完全可以〞视而不见〞，但它支撑机芯结构的作用丝毫不受影响，整个机芯仿佛悬浮在空中，平添一种神秘的现代感。

表壳：玫瑰金，直径43.5mm

表盘：透明，镂空，一分钟浮动卡罗素

机芯：卡罗素机芯

功能：时、分显示，一分钟浮动卡罗素

爱彼
AUDEMARS PIGUET

作为全球最古老的钟表企业之一，爱彼自1875年以来始终保持在创立家族的掌控、经营之下。正是这样始终不渝的坚持使爱彼三个基本价值观：坚持传统、追求完美、大胆创新，得到了真正的传承和延续。在走过每一段历史旅程中，爱彼都采用最先进的科技，加上爱彼制表师们巧夺天工的技艺，制造出各式各样的杰作，更创下了很多“世界第一”的头衔。如今，爱彼在全球聘用的员工约1,000人，包括450名于瑞士三个生产厂房工作的员工，每年出产超过2万只腕表，充分展现出其家传独门技术的传承，也应用了最新的现代科技。

爱彼表进入中国市场之后，以其完美的设计和精湛的制表技艺迅速获得了中国表迷的青睐，短短几年时间便作为顶级瑞士名表确立了自己的地位，几大著名系列腕表知名度都很高。目前爱彼在中国已开设了15家店，并以多种方式的活动使品牌的形象深入人心。

2010年4月29日，爱彼在北京华贸中心广场拉开了“爱彼135周年中国巡展——百年制表大师 · 传世荣耀呈现”的帷幕。巡展展品中有代表爱彼百年制表精髓的多款博物馆藏珍品，包括数枚1920年代出产的古董表、1972年出产的第一枚皇家橡树腕表、1986年出产的全球首枚超薄型自动上链陀飞轮腕表等，以及爱彼全系列代表性表款及珠宝。展览还将在大连、宁波、上海等城市举行。

2011年4月13日，拥有七个世界冠军头衔的车神迈克尔 · 舒马赫先生飞抵上海，作为爱彼品牌形象大使首次亮相亚太地区，与四十余位品牌贵宾以及十多位超跑车主相约上海天马赛车场，分享赛车经验。爱彼还将此前皇家橡树离岸型阿诺传承纪念腕表拍卖所得捐助给中国儿童少年基金会。

JULES AUDEMARS超薄万年历腕表

18K玫瑰金表壳搭配如同阳光光影变化般的雾面抛光处理银色表盘和精致的玫瑰金指针及时标，纤细的表圈维持了表面的宽敞，时间显示及各项日历信息格外醒目，清晰易读。腕表内部搭载备受推崇的Cal.2120基础机芯，采用特别的自动上链装置，厚度仅有2.45mm，为世界上最纤薄的中央自动盘机芯。搭载万年历组件之后，其厚度也只有4mm。设计到制作完全在布拉苏丝爱彼表厂内部完成的特点同时各个细节均施以精工装饰，使这款机芯在精致、可靠性与卓越性能各方面均成为高级腕表之典范。

表壳： 18K玫瑰金，直径41mm，蓝宝石水晶表镜，透明表背，防水20米

表盘： 银色，阳光射线拉斯打磨，玫瑰金指针及时标，3时位日历盘，6时位月相视窗，9时位星期盘，12时位月份及闰年显示

机芯： Cal.2120/2802自动上链机芯，振频19,800A/H，40小时动力储存

功能： 时、分、月相显示，万年历功能

参考价： 540,000元人民币

皇家橡树离岸型计时码表

不同材质之间的对比效果彰显了44mm超大型表壳的豪迈气派。陶瓷表圈表面哑光打磨与其斜面的抛光打磨相映成趣，更凸显了八角形表圈的王者之风。表壳两侧同样经过精心设计，按钮护桥以四枚外露的螺丝固定在表壳上，按钮本身也采用双层结构。如此复杂的结构需要多道工序才能完成装配，并且在装配前还需要对每个组件施以多重的精工装饰。腕表内部搭载以Cal.3120机芯为基础研发的Cal.3126/3840自动上链机芯，其优美的造型和细腻的精工装饰令人激赏。

表壳： 18K玫瑰金及陶瓷，直径44mm，蓝宝石水晶表镜及表底，防水100米

表盘： 黑色，测速刻度外圈，3时位日历视窗，6时位12小时盘，9时位30分钟盘，12时位小秒盘

机芯： Cal.3126/3840自动上链机芯，振频21,600A/H，60小时动力储存

功能： 时、分、秒、日历显示，计时功能，测速功能

参考价： 436,000元人民币

MILLENARY千禧4101腕表

腕表内搭载的Cal.4101自动上链机芯展现出爱彼自Cal.3210机芯以来所特有的显著品质及工艺特征，细腻的装饰打磨；22K金制作的自动摆砣；桥式摆轮夹板；顶级的砝码式微调摆轮以及无卡度游丝结构等等，而特有的椭圆造型更与千禧系列的表壳搭配的天衣无缝。为了更好的展现这枚卓越的机芯，表盘上除时、分及小秒盘外，完全将机芯展现出来，其心脏部位——擒纵系统也特别反转到腕表正面，让佩戴者每次抬腕都能欣赏到它心跳的韵律。机芯夹板同时经过黑色镀层处理，更加突出了金色的摆轮，与表盘的颜色搭配一气呵成，形成一幅绝美的景致。

表壳： 不锈钢，尺寸47×42mm，蓝宝石水晶表镜，防水20米

表盘： 黑色及深灰色，偏心放置，8时位小秒盘

机芯： Cal.4101自动上链机芯，22K金摆砣，振频28,800A/H，60小时动力储存

功能： 时、分、秒显示

参考价： 172,000元人民币

拜戈表 BALCO

十九世纪末，在瑞士楚格有一名技术精湛的钟表技师Balco Viadumir，创办了一家手表工作坊。Balco将自己对手表的理解与娴熟的技艺融入到设计和生产中，制造出简约精致的钟表。他的后人接手以后，恰逢二十世纪中期全球经济复苏的大好时机，新技术、新理念大量涌现，并向传统制表业发起了挑战。Balco Viadumir的后裔顺应时代发展，不断革新技术和提高质量，为企业注入了生机。后来以他的名字创立了Balco拜戈手表公司，将一个家族式企业演变成传统精湛技艺与现代设计完美结合的典范。

拜戈表十分注重手表的制作工艺，每一道工序和每一个细节都力求完美。以“智慧集成，简约精致”为宗旨，将完美的设计和精湛的工艺倾注到腕表当中，不断创造包含着领先设计与富有高雅、经典设计深髓的产品，终于取得今天的成果。

Balco表并不满意今天的成就，进行了一系列大胆的设计创新。设计师们把多年来对“时间”这个概念的领悟碰撞升华，融入到Balco表设计意念中去，不断开拓，创造出多种腕表系列：Feel光阴系列、B-Sharp几何系列、Touch真情系列、AM真我女表系列、Speed竞速运动系列、Mechanic自动机械表系列、GOLD慧·智·金系列、倾城系列，丰富多彩，物超所值。其中“倾城”系列腕表是专为女性顾客打造的时尚精品，值得入手。

“倾城”系列腕表

倾城倾国，倾城倾心，无论达到哪一个境界都是女人们梦寐以求的，而一款精致绝美的腕表无疑会给这种境界起到加分的作用。奢，莫大于心，单纯的奢侈已被摒弃，心的奢侈才是绝妙境界，现代女性追求的是从容优雅、注重品位和心灵自由的生活方式。

新款拜戈表“倾城”系列腕表，有矩形、椭圆形、圆形3种外形，造型极为精致细巧，无论使用哪种材质，都能将时尚女性的身份和气质衬托出来。表款设计注重形式的变化与内在气质的锻造。打磨精细的表壳搭配优美的珍珠贝母表盘，再加上钻石与宝石镶嵌，就连表链和真皮表带都是那么美不胜收，让腕表在不经意间散发出雅致奢华的光芒，直抵女人心扉，一见倾心，无法拒绝。

那些触动心扉的美，刹那动人，便已恒久倾心——瑞士拜戈表。

BALCO
SWISS WATCH
瑞士拜戈表
12
BALCO
6
SWISS MADE
倾城系列
不锈钢镶施华洛世奇天然宝石全镀玫瑰金表壳、表链/防磨损蓝宝石表镜/防水性能达30米/型号: 3043Q2902
国内客户服务热线: 800 830 1576 www.balcowatch.ch

宝齐莱
CARL F. BUCHERER

柏拉维 EvoTec DayDate腕表

掀动功能腕表新纪元

自创立至今，已有近一个世纪历史的瑞士顶级制表品牌——宝齐莱Carl F. Bucherer一直秉承传统工艺、创新技术与独特美学设计生产每一枚腕表。但传统并不意味着守旧，开拓与创新一直是宝齐莱遵循的制胜法宝。

对瑞士制表师而言，沿着世纪传承的工艺制作一只复杂而精密的腕表算不上太具挑战意味的事情，但打破规律，用颠覆性的制表理念去完成一个可能更为精密的腕表，则更有挑战性。宝齐莱鲜明地提出了"Smart SimPlexity®"的制表理念：力图从繁复的传统工艺中提纯更为简洁的技术与元素，使一只腕表显现精准、丰富而轻盈的特质。

自从宝齐莱正式收购瑞士复杂机芯厂Techniques Horlogeres Appliquees S.A.(THA)，并更名为Carl F. Bucherer Technologies SA(CFBT)之后，自主研发的第一款CFB A1000自动上链机芯便获得了德国著名钟表杂志《Uhren-Magazin》为表彰杰出的腕表设计颁发的金摆轮奖(Goldene Unruh)。这在机械表领域里享有极高的荣誉。更值得一提的是，在瑞士制表业界有个不成文的规定，腕表生产商要最少百分百自行生产一款机芯，才能宣称是"真正的制表厂"。CFB A1000基础机芯便是宝齐莱带给瑞士制表业最好的"证书"。

2009年瑞士巴塞尔国际钟表珠宝展上，宝齐莱首次推出柏拉维EvoTec DayDate星期腕表，这是首款搭载宝齐莱全程自行研发CFB A1000自动上链机芯，并配备首创双向自动上链外缘式摆砣、动力避震装置，以及擒纵微调装置的腕表。宝齐莱技术人员不断研发，致力于为CFB A1000机芯带来更多实用功能与创新装置。第二年，宝齐莱便推出两款柏拉维系列的EvoTec PowerReserve动力储存腕表和EvoTec BigDate日历腕表，两者均为瞩目的枕形表壳设计。

精彩还在继续……

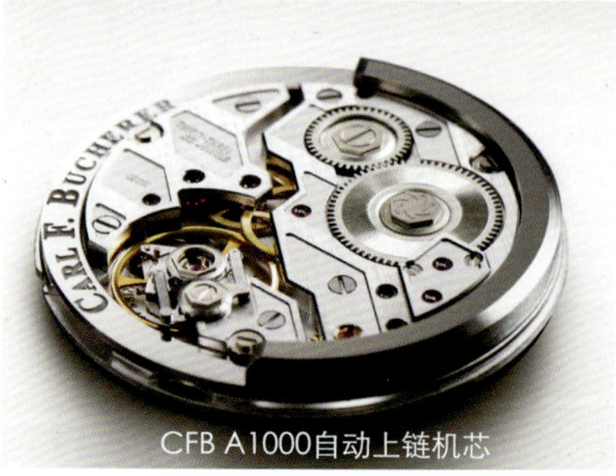

CFB A1000自动上链机芯

Smart Simplexiry®全新制表理念

CFB A1004机芯

全新柏拉维EvoTec Calendar 腕表

回归经典圆形表壳的柏拉维EvoTec Calendar腕表，为柏拉维EvoTec腕表系列再添新员。不仅为优雅运动型男士而设计，同时也为自信独立的女性所尊享。与过往的表款相比，此全新表款更于圆形表盘上设周数显示，以及指示当前日历周的指针。这款创意十足的表款搭载自制的CFB A1004自动上链机芯，与此前的CFB A1001、CFB A1002及CFB A1003机芯一样，均基于(Evolution Technology)的制表概念而研发。有别于一般的52日历周的指示，CFB A1004机芯更增设第53星期的指示，以防于某些年份跳过第53个日历周。

表壳以精钢或18K玫瑰金打造，直径为42.6mm。表盘设计明晰，更备有银色或黑色款式以供选择。此表款虽配有圆形的表壳设计，却保有柏拉维EvoTec系列一贯的特色——于11时位置设大日期，足证其柏拉维家族成员的身份。小秒盘显示可避免阻挡星期显示功能，确保佩戴者可清晰读时。此外，搭配腕表的黑色或棕色小牛皮表带更为柏拉维EvoTec Calendar腕表倍添优雅的气度。是创新技术与经典优雅的融合。

表壳：不锈钢，直径42.6mm

表盘：黑色，6时位小秒盘，9时位星期视窗，11时位大日历视窗，中心周历指针

机芯：CFB A1004自动上链机芯

功能：时、分、秒、日历、星期、周历显示

CFB A1003机芯

引领机械女表风潮

随着女性对于高技术性及机械功能表款的需求急剧增加，越来越多的女性重视她们手上戴的腕表。徒有复杂技术的噱头却无法实际发挥功能的表款，或者是无法体现女性柔美魅力的款式，很难获得女性机械表玩家的青睐。宝齐莱的机械女表，拥有自身的美学观点，并且能够完美呈现出佩戴者与众不同及独立自主的风格，同时又能突显出永恒的优雅品味，是值得收藏的佳作。

柏拉维EvoTec BigDate女装腕表

这款全新女装腕表是宝齐莱以"Smart SimPlexity"研发理念为基础的第一枚女性腕表。优雅的小秒针位于6时位，精巧地呼应表壳的弧度，并且完美地对应日期显示窗。表圈四边上镶嵌56颗VVS1级美钻。表盘以细致线条标示小时，呈现出优雅简洁的样貌。柏拉维EvoTec BigDate女装腕表的显著特色，是位于表盘左上方11时位，以双窗格显示的大日历视窗，即使相对其他大视窗表款来说尺寸也是毫不逊色，而它精巧的尺寸仅为38.54×39.25mm。

奢华的玫瑰金表壳凸显佩戴者的自信，内在采用革命性的CFB A1003机芯，透过表背能一览无遗自制机芯的运转。高科技的内在结合简洁的设计和高质量的材质，再次证明品牌对完美的不懈追求。

表壳： 18K玫瑰金（另有精钢以及白金镶钻和玫瑰金圆表盘镶钻款），镶嵌56颗钻石，防水50米

表盘： 白色珍珠贝母，镶嵌5颗镶石时标，6时位小秒盘，11时位大日历视窗

机芯： CFB A1003自动上链机芯，55小时动力储存

功能： 时、分、秒、日历显示

柏拉维T-24酒桶形女装腕表

以精致的机械功能结合独特的外形设计风格，令人耳目一新的柏拉维T–24腕表不愧为现代之经典。符合人体工程学设计的完美外形，内在极高品质的自动机芯提供24小时显示，其中时针与分针独立运行，并可以作为第二时区使用。将传统和现代完美结合，让喜爱低调奢华和极度优雅的女性难以摆脱它的诱惑。

这款女装腕表有不同款式可供选择，出众的白色表盘配以夜间反光的时标；也有奢华的白色珍珠母贝表盘，手工一颗一颗镶嵌顶级美钻。华丽的表带（包括顶级珍珠鱼皮纹、蟒蛇皮或鳄鱼皮，以及抛光缎面处理的不锈钢），完美搭配这款极具女性风采的经典腕表。

表壳：18K玫瑰金（另有精钢款），镶嵌48颗钻石，旋入式表冠，防水50米

表盘：珍珠母贝，镶嵌9颗钻石时标，3时位日历视窗，6时位动力储存指示，12时位24小时盘

机芯：CFB 1953自动上链机芯，42小时动力储存

功能：时、分、秒、日历、动力储存、第二时区显示

马利龙MonoGraph女装计时腕表

华美的马利龙MonoGraph女装计时腕表具备“单一按钮操控计时程序”的技术特点。表冠负责上链及调时，而按钮则负责计时功能的启动、停止及归零，五项功能整合在一枚表冠之上，更彰显了宝齐莱卓越的制表技术。表款的计时按钮装置于空心的表冠中央，仅以一枚按钮即可操控全部计时功能。除了奢华的表壳、天然顶级美钻和精细打磨细节外，最让人过目不忘的美就体现在这枚腕表精致的表盘设计上。从上到下的双弧线形成活泼的格局，两旁层层环列的小表盘采用精美的三层结构，将平淡打破，蕴含浓厚的艺术感。珍珠贝母、闪烁美钻与多层次显示布局均衡有致，将传统制表工艺提升至更高境界，令人惊艳。表壳直径为35mm，非常符合女性佩戴。优雅精致的表盘部件与精巧复杂的机械功能别具一格。闪烁的美钻与复杂的各项实用功能有机结合，不但充满女性柔美的魅力，更呈现出佩戴者与众不同的优雅品味和风格。

表壳：不锈钢（另有18K玫瑰金款），镶嵌50颗FC TW vvs美钻，防水30米

表盘：珍珠贝母，3时位30分钟盘，9时位小秒盘

机芯：CFB 1962手动上链计时机芯，42小时动力储存

功能：时、分、秒显示，单按钮计时功能

18K玫瑰金款表壳镶嵌50颗FC TW vvs美钻，表盘镶嵌有62颗FC TW vvs美钻，配以水蛇皮镶蜥蜴皮表带，18K玫瑰金针扣。

宝齐莱旗舰店

北京王府井新东安广场145B店铺

电话：010–65269009

萧邦
CHOPARD

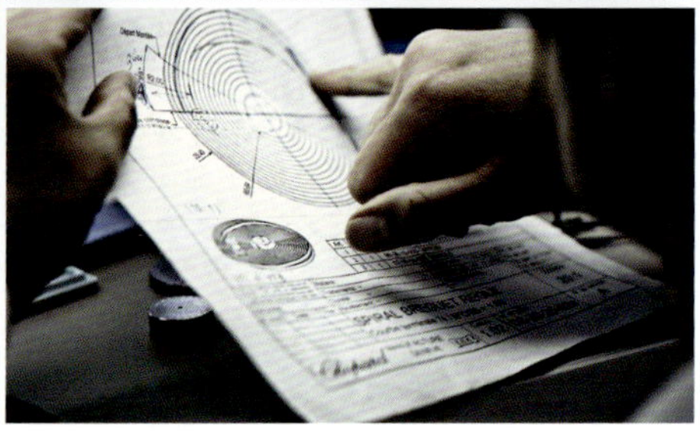

1860年，路易–于利斯·萧邦（Louis–Ulysse Chopard）创立了L.U.C制表厂，或许他也不曾想到，在一个半世纪后的今天，萧邦已成为奢侈品世界中的一颗璀璨宝石，散发着耀眼的光芒。而萧邦今天的成就，也离不开与卡尔·舍费尔（Karl Scheufele）之间两大家族的天作之合，两个家族有着相同的制表传统与经验，更是为萧邦精湛的制表技艺奠定了深厚基础。1963年，卡尔·舍费尔在收购萧邦品牌时，正是为了能够实现自主生产机芯，使自身的产品更加尽善尽美。如今，萧邦品牌已经移交到第二代掌门人手中，卡尔·舍费尔先生的儿子卡尔·弗雷德里克（Karl–Friedrich）和女儿卡罗琳（Caroline）分别掌管品牌的制表及技术研发部门和设计及珠宝部门，二人的合作称得上是珠联璧合，使萧邦登上辉煌巅峰：从首款Happy Diamonds系列腕表到最近由卡罗琳推出的高级珠宝系列，再到由卡尔·弗雷德里克推出的L.U.C系列腕表，萧邦已享誉全球，所有人都希望拥有萧邦的产品。

萧邦目前在瑞士共有三座高科技厂房，分别位于默林（Meyrin）、弗勒里耶（Fleurier）和普福尔茨海姆（Pforzheim）。一众出色的工程师、制模师、设计师、金银匠、钟表师、车工师、钳工师、抛光工师、炼铸师、雕刻师和数控机床操作师，共同为萧邦品牌的四大核心价值而不断努力着。这四大核心价值即是：至臻完美的品质、重视技艺传承、非凡的创造力和对慈善及文化艺术事业的热忱。

而著名的L.U.C高级钟表则是出自于弗勒里耶，这里是拥有日内瓦印记及COSC天文台双重认证的顶级钟表的诞生地。在宁静平和的环境中，制表师们如同圣徒一般专注，安静，心中对于制表工艺的热情，全部通过每一个微小的组装、调试动作倾注于腕表之中。对于超级复杂功能机芯，其组装通常要耗费整整三周耐心细致的人工，比如萧邦为150周年而特别推出的"All in one"高复杂腕表，其中仅一个陀飞轮的组装就需要整整两天的时间。在这间厂房内，还保持着一项古老而复杂的技艺——游丝调校。游丝是钟表内部最为神奇同样也是最为关键的组件之一，而游丝调校无疑是最能体现制表行业专业性的步骤。在萧邦的工厂内，游丝的长度修剪，末端曲线的弯曲，均由技艺娴熟的制表师以全手工的方式完成，而在瑞士，依然保持这个传统的品牌已经屈指可数。

萧邦大中华区董事总经理Roland Buser先生说："萧邦很自豪能够连续两年成为海天盛筵展会的独家钟表珠宝赞助商，我们很高兴能向所有客人和观众展示最佳和最享盛名的瑞士制造的钟表和珠宝。"展会的巨大成功也为萧邦品牌提供了进一步接触中国日渐增长的社会精英人士提供了平台。"海天盛筵创始人Delphine Lignieres女士说道："很荣幸和高兴地看到萧邦今年再次成为展会的钟表和珠宝独家合作伙伴，萧邦品牌体现出的卓越、创造力和创新正是海天盛筵想要为尊贵的参展客人所呈现的。"

萧邦闪耀海天盛筵

2011年4月1—4日在地处热带的中国海南三亚，一场集聚着最为奢华品牌和享受的海天盛筵正在举办。海天盛筵是一场全面的奢侈品展会，包括东亚地区最大的游艇展、最主要的私人飞机展、高端房产展、美术作品展和高端奢侈品牌展，更有丰富的餐饮和娱乐活动。2011年的海天盛筵吸引了超过14,000名的参观者，其中有250名VIP客人。

著名腕表珠宝生产商萧邦作为展会的官方独家赞助商，展示了超过130件精致手表和珠宝，参展珍品总价值超过35亿港币。为了增添展会的魅力和营造独特的氛围，萧邦特别邀请了350名海天盛筵的VIP客人到鸿洲国际游艇酒店的大宴会厅参加答谢晚宴，晚宴上为观众呈现了一场独特的珠宝模特秀，所有模特都佩戴了萧邦最让人叹为观止的珠宝和钟表产品，其中很多是刚刚从日内瓦运来参展的。

萧邦广州国际金融中心专卖店盛大开幕

2011年2月24日，著名顶级腕表和珠宝品牌萧邦以崭新设计理念打造的全新专卖店在广州国际金融中心盛大开幕。当日，萧邦大中华区董事总经理Roland Buser先生亲临现场，携手香港著名女明星陈敏之小姐一起主持了绽放着珠宝光华的盛大开幕仪式，令整个盛典更添闪耀华彩。

全新的专卖店占地面积约79平方米，是萧邦在广州开设的第二家专卖店。它由法国著名建筑师Thierry Despont先生设计，每一个细节均力求独到，营造出华丽与令人屏息凝神的优雅氛围。墙面运用了白色的橡木及精致的皮革，窗帘及座椅则以天鹅绒为物料，散发着一种富足之感。店内的家具及摆设则唤起了一种奢华、温暖和熟悉的感觉；同时完美地以镍为壁炉，提升了真实的感觉。而萧邦出品的每一款男女腕表、珠宝及礼品饰品则让这个优雅的空间内充满了惊喜。

L.U.C Chrono One计时腕表

今年全新的L.U.C Chrono One计时腕表以崭新的面貌问世，细节设计融入了品牌崭新的美学特征。44mm直径的18K玫瑰金表壳，线条流畅，风格简约。表耳采用全新设计，经抛光和磨砂工艺处理，带来无与伦比的视觉平衡感。这款腕表还采用了新颖的表背设计，内部采用了类似碗边形设计，让我们可以更加全方位地观察这颗芯。

表壳： 18K玫瑰金，直径44mm，防水100米

表盘： 白色，黑色计时小盘，3时位30分钟盘，4—5时位日历视窗，6时位小秒盘，9时位12小时盘

机芯： Cal.L.U.C 11CF自动上链机芯，60小时动力储存，COSC天文台认证

功能： 时、分、秒、日历显示，计时功能

参考价： 272,000元人民币

L.U.C Quattro腕表

全新的L.U.C Quattro腕表内部搭载了萧邦闻名遐迩的L.U.C 1.98手动上链，这是萧邦品牌至今为止取得的最辉煌的成就之一，为首枚具有2组4个发条盒的手动上链机芯，动力储存时间可达9天。新款腕表除了表壳尺寸增加到了43mm以外，表盘上也展现出全新的美学特征。首先是指针，与前一款一样，是根据现有的太子妃式指针演变而来，为萧邦独有的设计，优雅之中展现了精准。

表壳： 18K玫瑰金，直径43mm，防水50米

表盘： 白色，镀金时标及指针，6时位小秒针及日历指示，12时位动力储存指示

机芯： Cal.L.U.C 1.98手动上链机芯，216小时动力储存，COSC天文台认证

功能： 时、分、秒、日历、动力储存显示

参考价： 179,000元人民币

Classic Racing Superfast Chrono Split Second双追针计时秒表

多年以来，萧邦十分关注国际古董车大赛，以精湛制表工艺向车赛致敬。新款Classic Racing Superfast Chrono Split Second双追针计时秒表则浓缩当代传奇汽车大赛特质。天然橡胶表带的花纹灵感来自上世纪60年代末期同名邓禄普车赛中赛车所使用的轮胎纹路；表盘上数字刻度的字体形似古董车仪表盘上的阿拉伯数字，彷佛时光倒流，重回当年传奇的赛车世界！

表壳： 黑色DLC不锈钢，测速刻度外圈，直径45mm，防水100米

表盘： 黑色，12时位30分钟盘，3时位日历盘，6时位12小时盘，9时位小秒盘

机芯： 自动上链机芯，40小时动力储存，COSC天文台认证

功能： 时、分、秒、日历显示，追针计时功能，测速功能

参考价： 117,000元人民币

L.U.C XP Urushi腕表

Urushi既代表了日本漆绘艺术，也是产生这种艺术所必需颜料的树的名称，又叫漆树，其中的漆便是来自这种树的树脂，据悉每年只能采集1次，且数量非常稀少。树脂在采集后还需放置3–5年，才可加工成可以使用的生漆。而绘制的过程同样十分繁复，只有极少数的"漆艺大师"谙熟此道。2008年，萧邦便推出了几款漆艺腕表，如今再次推出9款不同主题的漆艺腕表，每一款表盘都经手工精描细画而成，独一无二，韵味无穷。

表壳： 18K玫瑰金，直径39.5mm，防水30米

表盘： 漆艺表盘，镀金太子妃式时、分指针

机芯： Cal.L.U.C 96HM自动上链机芯，65小时动力储存

功能： 时、分显示

参考价： 157,000元人民币

Imperiale系列腕表

在Imperiale系列腕表朴实无华的外表下，隐藏着种种珍贵且罕见的细节。包括典型的表耳在内的众多细节都经过重新诠释。精雕细刻的珍珠贝母表盘、优雅的金色罗马数字、略带弧形的指针、点缀有小巧的水滴形切割凸圆紫水晶的荷花造型的表冠等等，均呼应了表款的名称，展现出皇家的气派与华贵。

表壳：不锈钢及18K玫瑰金，直径36mm，防水50米

表盘：镀银，中心白色珍珠贝母，玫瑰金色时标及指针

机芯：石英机芯

功能：时、分显示

参考价：60,000元人民币

Imperiale Full Set奢华珠宝腕表

这是第一款搭载品牌Fleurier Ebauches自制机芯的腕表，编号为CHOPARD 01.03–C的机芯完全由表厂自行研发制作，具备所有确保可靠性能、卓越性能和精准性能的特质。而腕表的外壳则极其华美，18K白金表盘、表壳和表冠均铺镶长方形钻石，极其唯美，极其精准。

表壳：18K白金，直径40mm，整体镶嵌方形钻石，表耳镶嵌4颗椭圆形钻石，防水50米

表盘：18K白金，以放射状镶满梯形钻石

机芯：Chopard 01.03–C自动上链机芯，60小时动力储存

功能：时、分显示

参考价：2,850,000元人民币

Mille Miglia Racing in Pink粉色计时腕表

谁说赛车只是男人的天下，这款全新的Mille Miglia计时腕表以粉色漆面表盘，展现绚丽夺目的女性气韵，然而，表款并未游离其灵感之源，而向赛车运动频频致意。因此表款保留了原始系列的典型细节，如：邓禄普轮胎花纹表带，复古数字，红色秒针，红色分钟标记，以及著名的红白色Mille Miglia箭头标志。全钢与镶钻款式各限量1000枚及250枚。

表壳：不锈钢，直径44mm，防水100米

表盘：粉色，大型荧光数字及指针，3时位日历视窗

机芯：自动上链机芯，46小时动力储存

功能：时、分、秒、日历显示

参考价：118,000元人民币

高级珠宝腕表

制作珠宝腕表一直都是萧邦的专长之一。事实上，制表和珠宝工艺都是品牌的核心技艺，萧邦可谓独树一帜，完美结合两项专长，无人可以媲美。今年，萧邦又有两款设计大胆、制作精美的珠宝腕表问世。其中这款18K白金腕表如同献给镶嵌大师的颂歌。镶钻表盘上，圆形切割钻石按大小递减排列成螺旋形，表壳和表带则铺镶650多颗钻石。表盘中央，纤细的指针轻盈跳跃……唯有指针跃动才提醒我们，这款极致华美的珠宝腕表正静静见证时光流逝。

表壳：18K白金，共镶嵌122颗渐变大小圆形钻石以及557颗统一大小圆形小钻，总重约9.17克拉，表带共镶嵌615颗圆形钻石，总重约18.33克拉

表盘：银白色，螺旋形镶嵌钻石，蓝钢剑形指针

机芯：石英机芯

功能：时、分指针

参考价：待定

西铁城
CITIZEN

住川龙夫先生、孙红雷先生携手发布西铁城Eco-Drive DOME

西铁城"Citizen"的名称是在成立之初，由当时的东京市长为其命名的，代表着"全世界的全体公民"，希望西铁城通过提供"为市民所喜爱，为市民所亲近"的产品，为全人类的美好生活作出贡献。从诞生之日起，西铁城从未停止过创新的脚步，正是这种不断挑战和超越的精神，促使西铁城成为全球领先的腕表制造品牌。

2010年，是西铁城持续展现品牌创新精神的一年。从年初在巴塞尔钟表珠宝展上，以三款全新的光动能概念腕表震撼全场，到在行业内首家推行单品条码化管理措施。从重磅签约国际巨星金城武先生担任其最新品牌形象代言人，并推出以"伟大的革新，源自强大意志力"为主题的全新广告形象，再到生动彰显西铁城品牌精神的C族达人榜网络互动活动精彩鸣金，这都是西铁城秉承永不止步的创新精神和不断向未来挑战的品牌理念的完美体现。同时，一年前以概念表形象现身的Eco-Drive DOME腕表也在今年突破了多重技术难题，成功实现量产上市，我们一同见证了全球限量版腕表Eco-Drive DOME在中国的亮相。这是西铁城对光动能无限潜能的勇敢探索。

正像"亲和人类，亲和环境"的光动能腕表一样，西铁城品牌一直倾力于环保公益事业。2010年是西铁城时计株式会社成立80周年，也是光动能腕表问世的第15年。作为品牌的核心技术之一，光动能的诞生即源自品牌对于未来的思考，西铁城希望通过更有利于环境保护的技术来造福人类。同时，为了响应2010年世界环境日"多个物种，一个星球，一个未来"的号召，西铁城还在吉林长白山举行了"'走向健康，走向环保'之2010'绿之旅'自然保护区公益行走活动"，旨在把环保理念传递给更多公众。

西铁城"走向健康，走向环保"之2010'绿之旅'自然保护区公益行走活动

国际巨星金城武先生担任西铁城最新品牌形象代言

西铁城参展2011年巴塞尔世界钟表珠宝博览会

2011年3月24日，第39届巴塞尔世界钟表珠宝博览会在瑞士巴塞尔正式拉开帷幕。全球领先腕表品牌西铁城携三款限量版腕表隆重亮相，堪称新一代计时工具的西铁城光动能卫星对时表（Eco-Drive SATELLITE WAVE）以其前所未有的创新科技，开启了以卫星时间信号连接人类与外太空的全新时代，完美演绎了西铁城永不止步的创新精神和不断向未来挑战的品牌理念。

Eco-Drive SATELLITE WAVE腕表

Eco-Drive SATELLITE WAVE腕表，能够根据佩戴者所处的位置，捕捉距离最近的导航卫星所发出的信号，自动校对腕表的时间及日期。无论您是在太平洋的中心，或是珠穆朗玛峰的顶端，SATELLITE WAVE腕表都能为您提供精准无误的时间指示。

表壳：不锈钢及陶瓷，蓝宝石水晶表镜，防水100米

表盘：黑色，三维立体镂空，绿色螺旋形波纹线圈，绿色指针及刻度，3时位第二时区时间显示，6时位日历视窗，9时位星期显示

机芯：Cal.H990光动能石英机芯

功能：时、分、秒、星期、日历、26城市世界时显示，万年历，卫星校对时间

Eco-Drive RING腕表

西铁城Eco-Drive RING创新的采用表圈吸光的能量汲取方式，通过立体式表圈最大化的接收可见光线并转化为能量带动手表运转。这一革新性的技术突破为表盘设计提供了更自由的施展空间，让RING臻于细节的完美设计得以充分展现。表盘6时位还配有月相显示，更是让人们在圆缺变化间体味时光的缓缓流淌。

表壳：不锈钢，蓝宝石水晶表镜，防水100米

表盘：银色，5个立体小时时标，6时位月相显示，12时位日历显示

机芯：Cal.8712光动能石英机芯

功能：时、分、秒、日历、月相显示

Eco-Drive DOME腕表

新款Eco-Drive DOME，集钛金属和碳纤维等尖端材质于一身，把腕表所要展现的轻盈、坚韧和环保理念演绎到了极致。此款腕表采用光动能电波机芯，拥有接收全球多局电波功能，当你进行跨时区旅行时，只需选择所在时区代表城市名称，手表即可接收相应地区标准时间电波信号，并自动校对时间，使佩戴者从容安心。

表壳：钛合金及碳纤维，蓝宝石水晶表镜，防水100米

表盘：2时位24小时显示，4时位第二时区城市名及日历视窗，6时位小秒盘及电波接收地区指示，10时位60分钟计时盘及电量显示

机芯：Cal.H611光动能电波机芯

功能：时、分、秒、万年历、电池能量不足显示、26城市世界时显示，闹铃、计时功能，光动能节电

超级空中之鹰豪华版BY0029-54E腕表

大气典雅的外观低调中散发出大气典雅的王者风范，凸显干练本色。玫瑰金色的表圈和指针，与表盘及表壳相映生辉，在不经意间流露出悦目、奢华的时尚。腕表内部同样搭载光动能机芯，无论身处何地，只需设定所在时区的代表城市名称，腕表即可自动校对日期及时间，带给您从容不迫的佩戴感受。

表壳： 钛合金覆DLC抗磨损碳素膜，表圈镀玫瑰金，直径46mm，蓝宝石水晶表镜，防水100米

表盘： 黑色，2时位24小时指示，4时位城市名称及日历视窗，6时位小秒盘及电波接收地区指示，10时位计时秒针及电量指示

机芯： 光动能电波机芯

功能： 时、分、秒、日历、电池电量不足显示，接收全球多局电波并自动校对时间，闹铃、计时功能，万年历，光动能节电

AS5019-56E腕表

这是一款集多种优异性能于一身的经典腕表。外观全黑至酷、色调性感冷艳，配备了不锈钢覆DLC抗磨损碳素膜表壳及表带，使腕表具有超强耐磨，无惧磨损的特性。200米防水性能，应对普通的水上运动游刃有余，同时拥有电池能量不足指示、自动接收信号校对时间、时差校正、航空标尺、万年历等功能。技术与美的完美融合缔造出惬意的生活品质。

表壳： 不锈钢覆DLC抗磨损碳素膜，直径44mm，蓝宝石水晶表镜，防水200米

表盘： 黑色，航空滑尺外圈，3时位日历视窗，中心功能状态指示

机芯： 光动能电波机芯

功能： 时、分、秒、日历显示，万年历，航空标尺，时差校正，光动能节电

CB0011-51L腕表

简洁严谨的设计搭配深邃的表盘，严肃中不失洒脱。表盘具有蓝色及黑色两种色调，其上的指针及刻度具有大面积的荧光涂层，外圈标有26个城市名称的缩写。内部搭载光动能接收全球多局电波机芯，在跨区旅行的时候，会根据所设定的地区，自动调整日期及世界，让您充分享受从容精准的人生。

表壳： 不锈钢，直径44mm，蓝宝石水晶表镜，防水100米

表盘： 蓝色及黑色，3时位日历视窗，4–5时位夏令时状态指示，9时位信号接收指示

机芯： 光动能电波机芯

功能： 时、分、秒、日历、26城市世界时显示，万年历，夏令时，接收全球多局电波并自动校对时间，光动能节电

CA0021-53E腕表

西铁城创新性的将离子电镀技术应用于钛金属上，使这个重量轻，硬度强、抗腐蚀高科技材质进一步增强了表面硬度，高达1200维氏度，为普通不锈钢的5倍，久经岁月磨砺，也能保持腕表亮泽如新。内部搭载光动能机芯，无需定期更换电池，为佩戴者带来便利的同时更添一份回归自然的心灵愉悦。

表壳： 钛合金，直径43mm，蓝宝石水晶表镜，防水100米

表盘： 黑色，3时位日历视窗，6时位小秒盘，9时位24小时计时盘，12时位60分钟计时盘

机芯： 光动能机芯

功能： 时、分、秒、日历显示，计时功能

ES5013-53A腕表

高贵时尚的玫瑰金色与精致典雅的圆形表壳相得益彰，表盘上天然珍珠贝母独特的柔和光韵将女性优雅之风进行到底，举手之间，女人的灿烂芳华瞬间绽放。同时在这款小巧的女装腕表中，同样融合了光动能及电波校时技术，恒久动力、自动管理，给予佩戴者真正的安心与舒心。

表壳：不锈钢镀玫瑰金，直径28mm，蓝宝石水晶表镜，防水100米

表盘：白色珍珠贝母，玫瑰金色指针及时标

机芯：光动能电波机芯

功能：时、分、秒显示，自动接收信号校对时间，光动能节电

ES5035-51W腕表

婉约高贵的酒桶形表壳，妩媚的棕色表盘上华丽的罗马数字清晰可见，曼妙的感觉扑面而来。这款小巧的女装腕表内搭载了世界上最小的光动能电波机芯，随时都能接收可见光源并转化成电能供腕表运转。这款腕表同时也可以接受电波信号，自行调整时间误差。

表壳：不锈钢镀玫瑰金，尺寸29×29mm，蓝宝石水晶表镜，防水100米

表盘：棕色，多层次时标刻度

机芯：光动能电波机芯

功能：时、分、秒显示，自动接收信号校对时间，光动能节电

ES5053-08L腕表

深蓝色小牛皮表带刚好符合了当今牛仔浪潮的灵动风格，打造女人时尚新典范。造型独特的八角形表盘设计和时尚外观无不彰显着都市女性的俏丽风采。不论忙碌的工作或者外出旅行，ES5053–08L都会成为你尊享曼妙时间的绝佳伙伴。同样搭载光动能电波机芯，在享受精准时间的同时体验时尚带给你的无尽愉悦。

表壳：不锈钢镀玫瑰金，蓝宝石水晶表镜防水50米

表盘：淡蓝色，牛仔纹路装饰，蓝色时分指针

机芯：光动能电波机芯

功能：时、分、秒显示，自动接收信号校对时间，光动能节电

ES5054-56A腕表

腕表整体以不锈钢搭载粉金色方式完美呈现，八角形表盘令简约的设计中保持高贵华丽的特质。晕染珠光纹路的表盘上清晰明朗的罗马数字将现代女性的多面魅力充分诠释。可接收标准电波塔的信号自动校正时间，让佩戴者从容安心，让人们在生活中随处体验着时间带来的优雅感受。

表壳：不锈钢，表圈镀玫瑰金，蓝宝石水晶表镜，防水50米

表盘：银白色，玫瑰金色指针及刻度时标

机芯：光动能电波机芯

功能：时、分、秒显示，自动接收信号校对时间，光动能节电

豪度
CODEX

在钟表市场快速增长的条件下，每年我们都有可能见到一些全新的面孔出现在市场中。在今年的Basel展会中，一个全新的品牌吸引住了我们的目光——Codex豪度。这个2009年在瑞士比尔创立的品牌，在短短两年多的时间内表现出令人瞩目的创造力和爆发力。

创立一个全新品牌都需要什么？相信在每个人心中都会有不同的答案。对于豪度品牌来说，这是一项需要胆识与魄力的“历险”。作为一家瑞士本土品牌，豪度深得一个优秀品牌所必需的一些特征：专注于腕表的品质；独一无二的设计以及明确的市场定位。“无男人不豪度”，这句广告语清晰的为我们展现了一个专注于为男性打造高品质腕表的瑞士品牌。

回望过去一年间，豪度在市场推广活动中也展现出充沛的活力：

2010年7月，豪度赞助EHC冰球队，在瑞士最大的冰球体育场Eisstadion Biel的精彩比赛；

2010年8月，豪度品牌正式向全球发布，同时宣布其首家专卖店在瑞士卢塞恩开业；

2010年10月，豪度亮相汇集Blancpain、Breguet、Piaget等全球50多家顶级腕表品牌在瑞士日内瓦的The Watches Days展览；同样在10月，豪度还出席Top Marques 2010上海奢侈品展；

2010年12月，豪度携手《芭莎男士》和梅赛德斯-奔驰，开展了以“商业成就”和“事业品位”为双重标准的2010中国品味成功年度人物评选、颁奖活动，十位获奖的先锋人物如李彦宏、曹国伟、姜文、冯小刚、李连杰等均获得了一款展现豪度精湛工艺的腕表；

2011年3月，豪度以新锐形象首次亮相巴塞尔国际钟表展有着“欲望展厅”之称的1.1号展馆，与众多瑞士顶级品牌同台竞技；

2011年4月，豪度携手北京燕莎友谊商场，举办了为期四天的“燕莎至尊卡友穿越沙漠”活动。活动中，多位会员佩戴着豪度腕表，驾驶四驱越野穿越善达克沙地，他们勇敢、豪迈的气质与豪度腕表不谋而合。

Identity系列腕表

大尺寸表壳直径达到了44mm，厚度却只有不到12mm，非常适合作为日常配搭，表壳独特的设计更是展现出品牌独一无二的风格，随处都可以见到“X”元素装饰。内部搭载大尺寸的手动上链机芯，功能配置同样格外简洁干练。

表壳：不锈钢，直径44mm，防水50米

表盘：铑色，条纹及“X”装饰，6时位小秒盘

机芯：ETA6498—1手动上链机芯，46小时动力储存

功能：时、分、秒显示

Identity系列Chrono Moonphase腕表

在功能上，这款腕表显现出Identity系列腕表运动且充满活力的一面。内部搭载成熟稳定的Valjoux 7750系列计时机芯，同时具有日历及月相显示，为佩戴者提供更加全面的信息。除这款不锈钢表壳的款式外，还有经过黑色PVD处理以及18K玫瑰金款式

表壳：不锈钢，两侧PVD黑色处理部件，直径44mm，防水50米

表盘：黑色，3时位手绘月相盘，6时位12小时盘，9时位小秒盘，12时位30分钟盘，中心日历指针

机芯：Valijoux 7750CCL自动上链机芯，42小时动力储存

功能：时、分、秒、月相、日历显示，计时功能

Identity系列Venus Prestige腕表

当最传统的制表工艺遇上现代的设计理念，便造就了这款Venus Prestige腕表，内部机芯来自于1950年代享有盛誉的Venus机芯厂制作的一批古董机芯，经豪度之手，使其重新焕发出光彩，甚至与时下最新款的机芯相比，其性能也是可圈可点的。限量75枚。

表壳：18K玫瑰金，直径44mm，两侧共镶嵌431颗钻石，总重约1克拉，防水50米

表盘：黑色，“X”形镂空装饰，6时位月相视窗及小秒盘，12时位星期及月相视窗，中心日历指针

机芯：Venus 203手动上链机芯，38小时动力储存

功能：时、分、秒、日历、星期、月份及月相显示

Identity系列Chrono Day Date腕表

腕表设计始终延续着Identity系列的特征，融合鲜明的男性特征及运动风格。表盘上X造型更为增加了其视觉的立体感。表壳整体经过PVD黑色处理，在一侧的“X”雕刻中，还镶嵌有若干黑钻装饰，除这款酷炫的黑色版本外，还另有玫瑰金及不锈钢版本。

表壳：不锈钢黑色PVD处理，直径44mm，9时位“X”字样内镶嵌7颗黑钻，防水50米

表盘：黑色，“X”形状装饰，部分镂空，3时位星期、日历视窗，6时位12小时盘，9时位小秒盘搭配“X”形秒针，12时位30分钟盘

机芯：Valijoux 7750自动上链机芯，42小时动力储存

功能：时、分、秒、日历、星期显示，计时功能

艾米龙
EMILE CHOURIET

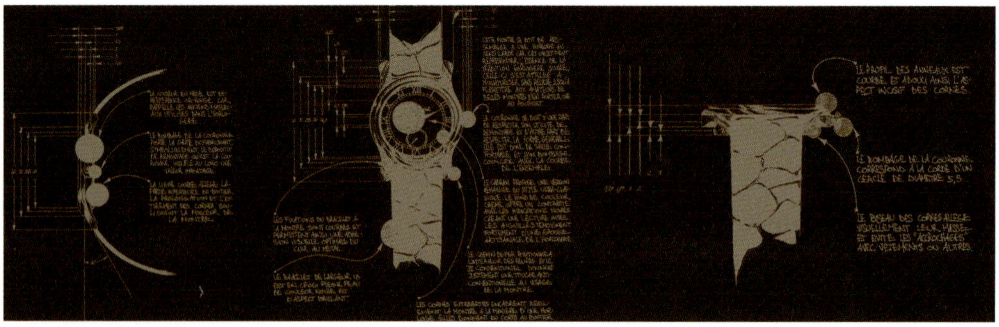

1685年诞生于瑞士日内瓦的艾米龙品牌，凭借着永不止步的创新精神和对精琢工艺的传承，这个古老的品牌在经过了历史的洗礼之后，更焕发出了其独特的迷人魅力！从17世纪末艾米龙生产的"奥根"怀表，到2011年巴塞尔表展上推出的时光之翼机械表系列。艾米龙品牌都以其独特的原创理念书写着品牌的传奇诗篇。

原创之"源"

17世纪生产的"奥根"怀表是艾米龙的一大巨作。"奥根"怀表在材料选用、雕刻工艺以及宝石镶嵌技术上的完美应用都令人叹为观止，一时间制表者竞相效仿。"奥根"成为当时制表业的潮流代表作，深受当时贵族和皇室的赞叹和追捧。从此以后，艾米龙表便开始走入了贵族制表领域。而"奥根"的出现，也开创了钟表不仅仅是计时工具，还是一种华丽精美的装饰物的历史，从此，艾米龙表也走上一条追求独特原创理念的独立制表之路。

原创之"形"

"时光之翼"系列，法语称Les Ailes du Temps，独特的设计理念以及纤薄优雅的外观成为钟表界独一无二的原创典型，受到钟表爱好者的热捧。无论是圆形表、酒桶形或是方形，表壳两侧轮廓都呈现对称的"时光翼形"设计。通过简约的流线线条，将表耳与表壳连接为一体，中间的弧线勾勒，两端的微微外张，犹如一对展翅欲飞的翅膀，能够自由地穿梭于不同的时空之间。

2011年的巴塞尔表展，艾米龙表推出了时光之翼的机械表系列，搭配精准的高品质机芯，表盘明亮的颜色配以细腻的"太阳纹"装饰，使得整个系列表款活力四射，更将"时光翼形"这一独特的设计演绎得更近完美。

原创之"芯"

除了设计外观追求独立原创之外，艾米龙表也逐步开始专注于机芯上的原创追求！2010年，艾米龙推出了首枚自主机械机芯，承载它的表款取名为"追月"，取追星揽月之怀，极致探索之意。这款机芯的独创之处在于其24小时的时间显示。独特的表盘下面具有一套复杂而精确的齿轮传动系统，带动时刻盘往复摆动，使表盘小时刻度数字在"1–12"和"13–24"之间转换，这一特别设计使得佩戴者，特别是环球差旅者极易掌控时间。

人的一生总有许多极有意义的重要时刻，需要用同样内涵深远的计时工具来纪念。而正如追求原创独立制表理念的艾米龙腕表，才能使得这些时刻昔日重现、珍藏永远。

皇室明珠系列腕表

艾米龙的“皇室明珠”系列腕表包括了君王号、皇后号、王子号、王妃号和公主号五大表款。其中“王子号”是最畅销的表款。横向长方形的外观设计独特个性且大方霸气。18K金圈口和天然美钻的完美镶嵌组合更显高贵和典雅。其另有名为“王妃号”的对装腕表，线条更为细腻，平滑，衬托出现代女性知性睿智的高雅气质。

表壳：不锈钢，18K金外圈及表冠，镶嵌12颗钻石装饰，蓝宝石水晶表镜，防水30米

表盘：银白色，刻度镶嵌11颗钻石时标，3时位星期、日历视窗

机芯：自动上链机芯

功能：时、分、秒、日历、星期显示

当代奢华系列腕表

艾米龙“当代奢华”系列表款恢弘大气，酒桶形的外观彰显贵族气质，保留着艾米龙独一无二的流线翼形设计，犹如展翅翱翔的雄鹰，张扬，霸气，活力十足！表盘细腻的纹理、高雅的钢蓝表针与立体的罗马数字相配合，散发出日内瓦一流时计的豪华感，稳重而不沉闷、时尚而不轻浮。百年经典在这里凝聚，当代奢华在这里展现！

表壳：不锈钢，18K金外圈，尺寸37.2×39.4mm，蓝宝石水晶表镜，防水30米

表盘：银白色，菊花纹理装饰，蓝钢指针，3时位日历视窗

机芯：自动上链机芯

功能：时、分、秒、日历显示

追月腕表

这是搭载艾米龙首款自产机芯的腕表，独创之处在于其24小时的时间显示。表盘上12个镂空视窗内通过一组精妙的机械装置推动数字盘交替显示1-12和13-24数字时标，将昼夜的变化进一步细化给佩戴者。此外，该表的盘面构造也极其复杂。它突破了传统的表盘结构，以四层立体表盘挑战腕表零件加工的难度极限。40.5mm的大尺寸圆形表壳，和艾米龙的时光翼型基因设计完美融合，大气独特。全球限量800枚。

表壳：不锈钢，蓝宝石水晶表镜，透明表背，防水30米

表盘：黑色，四层立体结构，镶嵌有10颗VS级天然美钻，10个小时时标视窗，6时位日历视窗

机芯：自动上链机芯

功能：时、分、秒、日历显示，24小时制切换显示

限量：800枚

时光之翼机械系列腕表

该表款采用简约式设计，流畅协调的外壳设计，配以柔软顺滑的表带，使佩戴更加舒适。表耳的造型如同一双雄鹰的翅膀，巧妙地凝固在腕表这一时间的载体上，使“时光之翼”这一别具匠心的创意，无论是寓意与形式都能高度统一，珠联璧合。精细的“太阳纹”面盘纹理，配以明亮的颜色，使得整个表款活力四射，表达出瑞士制表工艺的品质张力，尽显优雅高贵的不凡气质。

表壳：不锈钢，直径39.5mm，18K金外圈及表冠，蓝宝石水晶表镜，防水30米

表盘：银白色，电铸“太阳纹”装饰，金色时标及指针，3时位日历视窗

机芯：自动上链机芯

功能：时、分、秒、日历显示

英纳格
ENICAR

张涵予

瑞士钟表英纳格是一家始创于1854年的著名腕表品牌，在动辄具有两三百年历史的瑞士乃至世界名牌面前，这个年份算起来似乎还不够久远。但是英纳格却有着自己特殊的品牌理念和发展道路，也赢得了属于自己的市场地位。英纳格自成立一个半世纪以来，始终秉承着优良传统，不断创新前进，以"创新理念，成就梦想"为企业目标，这样简单明了的经营思想，配合品质优越的产品，使英纳格成为一代国际知名品牌。150年的历史并不算短暂，早在我们的祖父母时代就已经熟知英纳格这个响亮的名字，到如今我们已经长大，开始为自己的生活奔波。世界也在发展，英纳格同样也在不断革新，让"前进"为品牌不变的主题，终于跻身世界级的名表行列。

品味及地位需要时间的历练和培养，拥有150多年历史的瑞士英纳格经过多年精心改良，配合时代步伐，至今已成为钟表界代表之一。英纳格将创新技术引入专业之中，开发复杂功能，让腕表由内而外都得到突破性的改良，凭着多个集高性能及时尚设计于一身、以质量享誉全球的腕表产品，成为新一代瑞士腕表的佼佼者。

英纳格自创始以来，始终使用最精湛的制作工艺。早于1910年，英纳格出产的陀表，就因为其高精确度而受到推崇，被法国、德国的铁路人员广泛使用。1956年，英纳格手表又成功地协助瑞士探险队攀登珠穆朗玛峰。在东方的中国，英纳格手表曾是中国人民生活中最为贵重的用品，这个瑞士品牌的名字几乎成为高级手表的代名词。到1993年，英纳格赞助了上海第一届东亚运动会主赛场计时钟。这一切成功完全取决于英纳格一贯坚持的"精湛工艺 追求创新"的理念，在显赫的背景下，英纳格将继承传统，不断创新的思想贯彻始终，开发了更复杂的功能，让腕表内外都得到突破性的改良。

CH333腕表

这款英纳格最新腕表CH333，设计充满智慧品味，玫瑰金外圈，配以典雅罗马数字，互相辉映出智者风范。表面扇形刻纹图案散发着淡雅魅力。表带以黑金相间，贯彻整体设计，让佩戴者显出品味超凡个性。

表壳：不锈钢，镀玫瑰金表圈，防水50米

表盘：黑色，金色指针及罗马数字时标，3时位星期及日历视窗

机芯：自动上链机械机芯

功能：时、分、秒、日历、星期显示

CH331腕表

腕表是个人最贴身物品，能代表其品味。英纳格将历史、文化、艺术及工艺等元素融入为设计概念，把崭新思维注入传统元素，让精致动人的非凡设计成为艺术新典范。此款表刚柔并济，金银色表面再配以独特设计3行表带，带出个性刚强一面，让佩戴者尽显男性魅力。

表壳：不锈钢，防水30米

表盘：白色，6时位3日式日历视窗

机芯：自动上链机械机芯

功能：时、分、秒、日历显示

CH328 Sherpa® Sport II腕表

1956年佩戴着英纳格腕表的瑞士登山队，首次在尼泊尔山区雪巴人的向导下成功登上世界顶峰珠穆朗玛峰。为纪念此次盛事，英纳格把这款坚韧耐劳的运动腕表称之为“雪巴系列”，说明具有出类拔萃的技术水准，在绝对严峻环境下保持准确。

表壳：不锈钢，强化陶瓷外圈，防水200米

表盘：黑色，3时位星期及日历视窗，6时位12小时盘，9时位小秒盘，12时位30分钟盘

机芯：自动上链机械计时机芯

功能：时、分、秒、日历、星期显示，计时功能

CH322 Kohinoor腕表

此表的设计灵感取材自俄国帝冕上的巨形钻石Orloff以及英国皇冠上的巨钻Kohinoor，光华璀璨，永恒优雅。内部配置精准的天文台机芯，以最简单直接的方法显示其“内外兼备”的个性。

表壳：不锈钢，防水100米

表盘：白色，镶嵌11颗钻石时标，3时位日历视窗，12时位星期视窗

机芯：自动上链机械机芯，经瑞士天文台认证

功能：时、分、秒、日历、星期显示

依波路
ERNEST BOREL

瑞士依波路位于Le Noirmont的新厂房

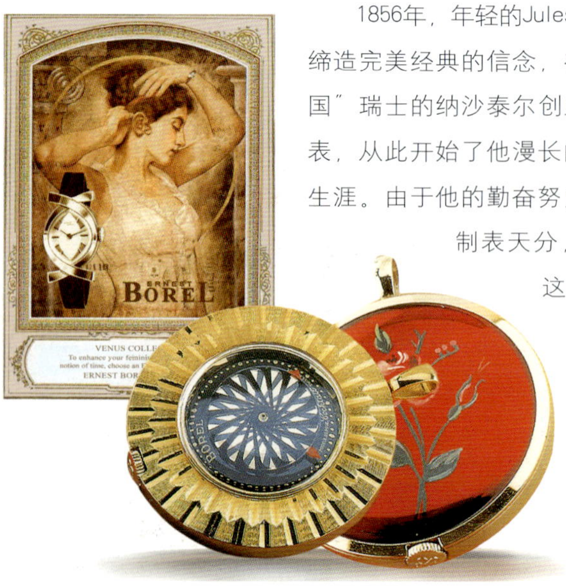

1856年，年轻的Jules Borel凭着缔造完美经典的信念，在"钟表王国"瑞士的纳沙泰尔创立了依波路表，从此开始了他漫长的钟表制造生涯。由于他的勤奋努力和非凡的制表天分，依波路在这片钟表的沃土上健康地成长着。到1866年，Borel and Courvoisier公司生产的钟表产品，取得了当时瑞士计时产品最高权威机构纳沙泰尔天文台举办的同类产品比赛的第一名，拿到一张钟表产品的全球销售通行证，从此奠定了依波路在表坛的坚实地位。

1878年，依波路生产的钟表产品在法国巴黎获得了授予瑞士钟表行业唯一的一枚珍贵金质奖章。就在此期间一项在当时属革命性的创举诞生并获得专利，即用表冠和一个推杆或螺栓给钟表上发条，这个发明包括新的上条系统和设置时间的新方法。新方法不仅带来了使用上的便利，更是钟表结构上的创举，这是一项了不起的发明，直至今日仍在钟表业的发展史上具有划时代的重要意义。

1894年，Jules Borel年迈引退，他的儿子Ernest Borel接手，公司更名为Borel-Courvoisier。1898年，公司易名为Ernest

Borel and Cie。而就在此时这个百年经典品牌的浪漫商标因一段美丽的传奇故事诞生。在一次贵族舞会上，年轻的Ernest Borel认识了一位漂亮的姑娘，他们优美的舞姿引来全场羡慕的目光，一位摄影师忍不住用相机将这动人的浪漫时刻定格。浪漫的时刻、优美的舞姿，点亮了Ernest Borel的灵感，由眼前瞬间的触动变为心灵恒久的感动，他以两人的舞姿画面设计出了依波路表的品牌商标，从此，爱情在无尽的时间中得以永恒！不管时间如何一点一滴流逝，即使在两次世界大战的动荡岁月里，依波路那一对翩翩起舞的情侣的剪影在世人心中留下了过目不忘的浪漫情结，赢得享誉国际的名声。

本着精益求精的制造精神，依波路钟表的生产在不断改良中，尤其在发条系统，通过对齿轮以及其它配件螺杆、推动片的改进，Ernest Borel充分发挥创新发明的作用，很大程度上推进了依波路表的精密度与完美。

1903年，依波路的销售人员经过六个月的行程来到中国，销售出388块依波路表。从那时起依波路和中国这个东方古老文明的国度结下了不解之缘，这一史实至今仍然记载在瑞士拉绍德封博物馆里。20世纪80年代，随着中国改革开放的不断深入，依波路这个历史悠久，品质精良，声誉卓著的浪漫品牌，迅速和中国博大精深的传统文化及时尚品位融合在一起，为广大中国消费者开创了一个崭新的消费理念。

当人类社会来到21世纪，瑞士腕表更加受到全世界表迷的喜爱，依波路也在发展的道路上大步前行，更加焕发出勃勃生机。为拓展业务、研制更多高质素的新产品，依波路于2009年2月28日正式迁往瑞士著名钟表产地Le Noirmont的新厂房。新厂房主要包括行政大楼和生产大楼两部分，总占地面积达2000平方米。依波路“浪漫在心Romance In Heart”的品牌理念在这里得到更好的体现。

随着依波路在中国市场业绩的攀升，依波路已成为家喻户晓的瑞士名表，2010年6月23日，依波路在香港迪士尼乐园酒店举行年度周年晚宴。依波路邀请陈慧琳成为代言人，同林峯及赵雅芝一同为依波路演绎各款精雕细琢的经典腕表。晚宴上，品牌代言人林峯除了献唱以外，还为大家分享收藏依波路手表的乐趣。而刚刚成为瑞士依波路家族“浪漫女神”的陈慧琳，也在晚宴上为贵宾压轴献唱。他们的表演散发出浪漫文化的精髓，与依波路品牌传达着同样的价值内涵——浪漫、优雅。

到2011年，依波路已经创立了155年。历经三代人一个半世纪的不懈努力和锐意进取，依波路将“坚固耐用、精确可靠、佩戴舒适、美观实用”的企业精神运用到制造腕表中来，始终坚持追求卓越品质的不变理念，不断追求完美，奠定了在瑞士名表中的地位。依波路还将始终秉承“精益求精”的探索精神，运用高新技术结合瑞士的传统制表工艺，使其制作日臻完美。为庆祝品牌创立155周年，依波路还推出全新的“155周年纪念版腕表”，腕表采用镂空的设计，精妙的加工工艺将时间机器的特殊美感完全展露出来。恰如品牌155年来精益求精、不断追求高难度的制表理念。

瑞士依波路表亚太区形象代言人(左起)陈慧琳、赵雅芝、林峯

新厂房现代化生产线

155周年纪念版腕表

为庆祝依波路品牌创立155周年，推出了全新“155周年纪念版腕表”，以其承载品牌发展155年的光辉历程。这是一款镂通限量版腕表，镂空机芯经过精致打磨和雕琢，将制表师美妙、令人瞠目结舌的刀工美好地展现出来。镂通表的最大特点在于把“透”和“露”运用得恰到好处，在技术上登峰造极，打造过程费时、费力、要求甚高，稍有差错就会前功尽弃，是一种漫长和沉着积累的修炼。该系列有镀玫瑰金和不锈钢两款，镀玫瑰金限量1000枚，不锈钢限量550枚。

表壳： 电镀10微米18K玫瑰金，直径40.5mm，防水30米

表盘： 镂空，带荧光金色指针，镶嵌11颗钻石时标

机芯： 2892A2镂通自动上链机芯

功能： 时、分、秒显示

参考价： 29,300元人民币

布拉克天文台系列腕表

此腕表把布拉克式的“立体主义”精髓发挥到极致，设计更具特色，同时很好地突出了各种图形的线条美，并有中心汇聚感，给人舒服、平稳、大气的感觉，加上天然钻石刻度，洋溢着高层次的艺术气息。

表壳： 不锈钢双色，直径41mm，50米防水

表盘： 银色，扭索状放射形条纹，镶嵌15颗钻石，6时位日历视窗，12时位星期视窗

机芯： 2834/SW240自动上链天文台机芯

功能： 时、分、秒、日历、星期显示

参考价： 13,300元人民币

传奇天文台系列腕表

依波路极其重视这款传奇腕表，搭载着ETA2892A2自动天文台机芯，将大大的CHRONOMETER（天文台）字样刻在表盘醒目之处，表示它的不凡，为传奇系列的巅峰之作。配有独立证书，而且机芯、证书和表壳三个编号完全统一，以示品牌对此表的重视。

表壳： 不锈钢，直径40mm，防水50米

表盘： 银色，3时位日历视窗，12时位罗马数字时标

机芯： 2892A2/SW300自动上链机芯，官方COSC认证，天文台表独立编号

功能： 时、分、秒、日历显示

参考价： 12,500元人民币

波莱尔系列腕表

美丽的时间工具，将机械表的优美表现得淋漓尽致。波莱尔系列腕表是实力和价值的体现，以大口历和小三针的简单设计，把繁复的机械结构转换成一种视觉美感，加上钻石和时间完美的结合，不经意中流露出显赫的身份。

表壳： 不锈钢，直径41mm，表圈镶嵌60颗钻石，防水50米

表盘： 白色，6时位小秒盘，12时位大日历视窗

机芯： 14500自动上链机芯

功能： 时、分、秒、日历显示

参考价： 24,500元人民币

传奇系列III系列标准计时腕表

近似方形的表壳饱满柔和，表圈镶嵌34颗天然钻石。采用著名的三针一线式表盘，小时及秒针分别具有独立的小表盘，与分针呈一条直线排列，黑色的刻度环以及不同的纹理装饰，突出了表盘的层次感。设计优雅复古，美观大方。

表壳：不锈钢，表圈两侧镶嵌钻石，50米防水

表盘：白色，雕刻花纹，中央分钟指针，3时位日历视窗，6时位小秒盘，12时位小时盘

机芯：14070标准计时器式自动机芯

功能：时、分、秒、日历显示

参考价：23,900元人民币

传奇天文台系列腕表

要想成为“官方认证天文台表”，每只表必须经过瑞士官方精密计时测试组织（C.O.S.C）测试。特别推出的四款天文台系列腕表分别搭载了9000高端三历和ETA2892A2自动天文台机芯，涵盖月份、周历、日历，还有月相功能。传奇天文台系列可以说是依波路传奇系列的巅峰之作，有独立证书，机芯、证书和表壳三号统一，无论是佩戴、欣赏还是收藏都极具价值。

表壳：不锈钢，18K玫瑰金表圈，防水50米

表盘：银色，中央月牙形指针指示日历，6时位月相盘，12时位星期及月份视窗

机芯：9000三历自动天文台机芯，官方COSC认证，天文台表独立编号，42小时动力储存

功能：时、分、秒、日历、月相、星期、月份显示

参考价：31,900元人民币

祖尔斯系列腕表

祖尔斯系列是用依波路创始人的名字命名的，以此来纪念Jules Borel先生对依波路品牌的卓越贡献，和150多年来对钟表业的深远影响，让后人延续他“浪漫、优雅”的理念，因此该系列是品牌最优雅经典的作品。腕表采用独具匠心的回拨指针式日历与动能显示，全力倾心打造完美表款，全球限量288枚。

表壳：18K玫瑰金

表盘：白色，3时位回拨式日历指示盘，5–8时位回拨式动力储存指示盘，9时位星期指示盘

机芯：9094自动上链机芯

功能：时、分、秒、日历、动力储存、星期显示

参考价：76,800元人民币

布拉克系列腕表

布拉克是20世纪初期法国著名的艺术家，他的名字及作品象征着欧洲艺术与浪漫文化的结合，他创立的“立体主义”更把欧洲人的浪漫情怀及生活态度，融合在绘画与雕塑作品之中。设计师把“立体主义”的概念巧妙地运用到手表中，利用光与影的原理，营造一个色彩鲜明、线条典雅流畅的二维空间，充满立体感、神秘感和想象力。

表壳：不锈钢镀金，50米防水

表盘：白色，放射形压纹，6时位日历视窗

机芯：自动上链机芯

功能：时、分、秒、日历显示

参考价：9,500元人民币

飞亚达 FIYTA

1987年的中国，国家在改革，时代在进步，深圳这个海滨城市正处在发展的前沿。在这里创立的飞亚达用谦虚而宽广的眼光，专注于“钟表”这个古老而又注定不断创新的行业。随着时间的推移，飞亚达也在不断进步，独立研发陀飞轮机芯、航天机芯，创新研发腕表新材质，创意腕表设计和工艺……飞亚达在演绎经典钟表文化的同时，也始终传达着“进取”的品牌精神，延展着属于自己的传统。经历了发展初期阶段，飞亚达凭借精湛制表技艺，取得巨大的成绩，现已经成为中国钟表行业的排头兵。航天表成为中国载人航天事业合作伙伴，伴随航天英雄的太空探索壮举；飞亚达也曾为亚冬会、亚洲帆船锦标赛等国际体育赛事提供计时设备。近年来，飞亚达以极限系列腕表携手中国摩托车手，于南美大陆上，征战“全世界最艰难、最危险”的达喀尔拉力赛……目前，飞亚达已广泛覆盖中国各级城市，并在加拿大、阿联酋、新加坡、马来西亚、越南、香港等六个国家和地区建立了销售终端。

飞亚达亮相“世界钟表第一展”

2011年3月24日，在号称“世界钟表第一展”的瑞士巴塞尔世界钟表珠宝博览会上，飞亚达在1号国际品牌馆举行了新展区启动仪式。经过十年的努力中国腕表终于跻身“国际品牌馆”。进入1号馆首要的标准就是品牌应当具有足够的国际影响力，还要有达到要求的产品与质量。飞亚达的产品从质量到设计都有明显的进步，已经达到进驻1号馆的要求。巴展组委会Martin Fergusson先生说：“近年来无论是从品牌建设还是产品设计方面，中国钟表行业自主品牌的发展亦有着令人欣喜的进步。经过严格而审慎的评审，我们认为，1号国际品牌馆应当接受飞亚达的进驻。”此次参展的产品包括飞亚达航天表系列、大师系列以及摄影师、印象及凯旋系列。最引人注目的是首度亮相的飞亚达“艺”系列手工掐丝珐琅工艺腕表。

飞亚达“时有限 心无界”巡展活动银川站举行

2011年5月21日，飞亚达在银川东方红广场举行“时有限 心无界”年度主题巡展活动，并携手其品牌形象代言人——香港著名影星古天乐共同演绎飞亚达的完美时刻，带来全新的钟表体验。巡展宣扬了品牌“时有限 心无界”的主题精神，展示了飞亚达2011年主打系列的各款高端精致腕表。古天乐佩戴全新的摄影师系列腕表2011款亲身上阵，与一众模特呈现了精彩而完美的演绎。古天乐表示：自己是摄影发烧友，因此对于摄影师系列的腕表尤为喜爱，而该款腕表设计灵感与自己对生活的态度不谋而合。

“揽月”月相陀飞轮腕表

寓意深刻，怀旧典雅，表款整体设计尽显大气风范。表款将精密的陀飞轮与月相集合在一起，打造出唯美的表款，其文化内涵十分丰厚，体现着飞亚达钟表文化的审美观。陀飞轮的“笼框”和陀飞轮装置由几十个精细组件组成，重量不超过0.3克，仅相当于一片天鹅羽毛的重量，再辅以独特的月相显示，将机械的美感极致发挥。

表壳：不锈钢，18K玫瑰金表圈，直径40.5mm

表盘：白色，6时位月相及日历指示盘，12时位陀飞轮装置

机芯：月相陀飞轮机械机芯

功能：时、分、秒、月相、日历显示，陀飞轮

摄影师系列腕表

摄影和腕表有着与生俱来的关联：它们都是对时间的一种记录。因此设计师在摄影师系列腕表的外型设计上巧妙地运用了复古相机的一些灵感元素。如腕表的底盖形态来源于相机镜头，在腕表圈口和镂空的设计上，也能找到和相机的异曲同工之处，齿轮状的腕表圈口与螺纹表冠配搭，两相辉映而又相得益彰，厚重的机械感中交织着设计师独具匠心的细腻。透过镂空去欣赏机芯律动，仿佛摄影师透过镜头去发现生活一样。

表壳：不锈钢，镀IP黑，直径40mm，防水50米

表盘：黑色，部分镂空，中央蓝色大秒针

机芯：进口自动机械机芯

功能：时、分、秒显示

“艺系列”掐丝珐琅腕表

华贵优美的掐丝珐琅腕表，承载着古老的中国元素，毫无疑问应该引起一片惊讶之声。飞亚达“艺系列”腕表，以纯手工精制“掐丝珐琅”表盘，成就传世珍品，更为此次飞亚达进入巴塞尔表展1号馆助威。腕表搭配超薄的手动上链机械机芯，表壳用18K玫瑰金打造，表带取自名贵的黑山羊紫羔皮，贵气逼人。

表壳：18K玫瑰金

表盘：掐丝珐琅辛亥革命百年纪念之红楼图案

机芯：超薄手动上链机械机芯

功能：时、分显示

“凯旋”系列腕表

刚硬的线条和分明的棱角勾勒出硬朗气质，多边形表壳和精细的表链为“凯旋”系列腕表带来细腻的外观质感与舒适的佩戴体验。这是古天乐成为飞亚达表代言人后代言的首个新系列，并在最新飞亚达广告片中大力推荐。

表壳：不锈钢，镀金表圈，直径40mm，防水50米

表盘：银色，3时位日历视窗，9时位24小时盘

机芯：进口自动机械机芯

功能：时、分、秒、日历显示，24小时指示

格雅
GEYA

深圳市格雅表业有限公司成立于1993年，是一家集手表研发、设计、制造、销售为一体的大型多元化钟表企业。目前国内的销售网点已达1000多家，出口远至美国、瑞士、意大利、西班牙以及东南亚各国。

18年来，格雅一步一步扎扎实实地走过来。2009年格雅表对自身的品牌定位进行了全面的梳理——将目标受众锁定于工薪阶层。"自由真性情"及英文"Be yourself"成为格雅表的品牌传播语，并与格雅表产品本身的"休闲、简约、时尚、自由"的特质极其相符。随着企业的不断发展，格雅表开始努力拓展自己的品牌之路，他们选择了明星代言，也对自己的企业和产品进行了梳理和调整。2010年大力加强产品研发力度，从产品源头上寻找自己的产品风格。2011年，格雅开通了电子商务，将品牌推广与网络结合，已取得了良好的成绩。

成立18年来，格雅表业始终坚持履行社会责任，通过助学、爱心捐赠等多种方式向社会奉献爱心。格雅表业在为受难同胞积极捐献自己爱心的同时也进行了更进一步的思考：弱势人群每时每刻都生活在人们身边，公益事业更是需要人们长期的关注和支持。格雅表业将慈善作为企业发展的长期目标之一，持续、长久地为中国慈善事业奉献自己的力量。格雅表业联合深圳红十字会推出了"将爱进行到底"爱心手表慈善活动，承诺每销售出一款爱心手表，就从中抽取人民币20元捐献给深圳红十字会。2010年格雅表又将爱心送至云南、安徽、河南、浙江、深圳、江西、四川、青海等地，每一份礼物都是一份爱心，每一次捐赠都是一种承诺。

格雅究竟是怎样的一个团队呢？格雅表业创始人之一沙林珍董事长说，他对当年的那第一步是怎么过来的，18年来遇到过多少困难已记不真切，只记得当年在深圳采购时奔波辗转的艰辛，格雅表业能有目前的成绩，那就是靠人的力量，就是因为格雅人不断努力、不断坚持的共同创造！他们用汗水，用踏实，用坚持，写下一个只属于格雅人的故事！

悄然绽放的格雅之花

2010年格雅推出的“如诗画般中国色彩”的概念系列——梅兰竹菊腕表，惊艳亮相后，让许多钟表收藏者爱不释手。这份惊喜也为格雅品牌自身注入焕然一新的活力。

梅兰竹菊，占尽春夏秋冬之利，被中国古人誉为“四君子”。梅：高洁傲岸；兰：幽雅空灵；竹：虚心有节；菊：冷艳清贞。格雅表业撷取梅兰竹菊文化，将其融入腕表设计，没有复杂的功能，也没有繁琐的设计，仅以一抹淡雅传达着梅兰竹菊的诗情画意，使用罕见的全中文表盘设计，足以令人陶醉不已。

梅：以9时位为梅花的中心，花瓣层层叠叠奔放而出，在白色表盘上形象地描绘出梅花迎雪吐艳的场景，如在皑皑白雪中怒放，清逸气质呼之欲出。黑色表带，红色表盘，恰如“梅须逊雪三分白，雪却输梅一段香”的无穷韵味。

表壳：不锈钢，防水50米

表盘：红色梅花图案，中文数字时标，3时位日历视窗，9时位24小时盘

机芯：日本全自动机械机芯

功能：时、分、秒、日历、24小时显示

兰：素色珍珠贝母表盘上，几缕碧色兰草青翠可爱，纤纤中显出几分清雅。9时位的小表盘设计从中华文化传统的天干地支计时方式汲取灵感，随着时间流逝，五片花瓣在旋转中散发着幽幽的兰花香，趣意盎然，精妙之极。

表壳：不锈钢，PVD镀玫瑰金，防水50米

表盘：白色珍珠贝母，4–5时位日历视窗，9时位为旋转花朵

机芯：日本21钻自动机械机芯

功能：时、分、秒、日历显示

竹：绿竹清翠欲滴，虚而有节，代表着君子谦逊的胸怀。此款借用苏州园林特色的花式景窗，将园林中近景与远景的层次搭配糅合于表盘之上，翠色竹叶为表针，方形镂空为窗，栩栩如生地将苏州园林一角移景过来，勃勃生气中不乏韵味。

表壳：不锈钢，防水50米

表盘：黑色镂空，竹绿色指针及时标，中文数字时标

机芯：日本21钻自动机械机芯

功能：时、分、秒显示

菊：表盘的设计源自菊的花瓣，大气亮丽的金黄色，绽放出属于她的华丽，突出花瓣绚烂多姿的同时彰显了菊花雍容端庄的高贵气质。镂空的设计更展现出花瓣的层次感，具有诗人陶渊明“采菊东篱下，悠然见南山”般的情怀。

表壳：不锈钢，PVD镀玫瑰金，防水50米

表盘：镂空，灰色菊花图案，7时位摆轮透视窗

机芯：日本21钻全自动机械机芯

功能：时、分、秒显示

格拉苏蒂
GLASHÜTTE ORIGINAL

无论是电影还是制表，在任何技术与艺术领域里，不懈的追求、高标准的作品总是永恒的追求目标。格拉苏蒂的腕表以最高标准要求自己，有今天的成就实乃水到渠成。

向全球电影人致敬

2011年2月10日，第61届柏林电影节（Berlinale）隆重开幕。柏林电影节在世界电影界具有举足轻重的地位，是世界三大电影节之一，与法国戛纳电影节和意大利威尼斯国际电影节齐名。柏林电影节是世界上最杰出的电影与电影人的神坛，电影历史与文化的盛宴，也是德国规模最盛大的文化活动。

为此，德国顶级表厂格拉苏蒂（Glashütte Original）与柏林电影节签下了合作协议，使斯沃琪集团旗下的格拉苏蒂成为柏林电影节的“共同合作伙伴”。此项合作自2011年2月10日柏林电影节开幕时开始生效，为期三年。格拉苏蒂是德国顶级机械腕表品牌，是世界上仅存的屈指可数的旗下全系列装载自制机芯的腕表品牌之一，是165年德国制表工艺的传承者。自创立以来，格拉苏蒂坚持以德国传统的制表工艺制作最顶级的钟表，并且持续发展制表艺术所需的独特技术。格拉苏蒂一向是高质量制表以及德国制造血统中“精准”与“完美设计”的同义词，代表着德国的形象。作为柏林电影节的共同合作伙伴，格拉苏蒂是国际观众眼中的焦点。在第61届柏林电影节为期十天的时间里，众多精彩的电影、电影人、演员与柏林影展相关活动，都将成为众所瞩目的焦点所在。柏林电影节是目前世界观众人数最多的影展，去年为期十天的活动中放映了来自128个国家的403部电影，共售出多达30万张的电影票，且规模每年仍在不断成长。

Senator Diary日志表

全新Senator　Diary腕表具有罕见的可以设定长达31天的闹铃功能，一个月之内Senator　Diary会提醒你所有重要的事情。腕表设计十分独特，在表壳两侧各有一个表冠和按钮，左右对称，颇为新颖。右侧的表冠按钮负责操作和设定时间和3时位的大日期窗口。左边的表冠按钮操作前所未有的功能：9时位的31天小盘以及6时位一个略带弧度、由红色箭头指示的时间窗口。设定闹铃时按住8时位的按钮直到闹铃窗口内的字母变成“d”，旋转10时位的表冠让红色与银色指针选择正确的日期。设定好后再按一次按钮，让字母变成“h”，再旋转表冠，在6时位窗口以刻为单位选择闹铃时间。启动闹铃须再按一次按钮让窗口变成闹铃符号(铃铛)。若要停止闹铃（或取消设定）按住8时位的按钮直到窗口变成闹铃关闭的符号(铃铛上划过一道黑线)即可。

Senator　Diary腕表配置格拉苏蒂100—13机芯，共有600个零件(光是日记特制模块就有340个零件)，可见格拉苏蒂的制作工夫。

表壳：白金

表盘：黑色镀钌，3时位日历视窗，6时和9时位闹铃设置

机芯：Cal.100—13自动上链机芯

功能：时、分、秒、日历显示，闹铃功能

参考价：318,000元人民币

Senator Chronometer天文台认证表

“Chronometer”天文台即代表着走时极精准的腕表，格拉苏蒂所有的手上链机芯都符合天文台的标准，而Senator　Chronometer是第一只拥有此正式认证的腕表。准确的走时来自格拉苏蒂手上链Cal.58—01机芯，还有新的停秒重设机制，确保分针与秒针精确同步。在调校时间时，一旦拉出表冠，秒针即跳回并保持在12时位，同时分针移至下一分钟的刻度。当转动表冠调整时间时，分针会一分一分地移动，确保分针秒针处在正确的开始位置。Senator　Chronometer面盘绝对优雅，采用特殊工艺的银色面盘上是黑色的刻度环和蓝钢时针，在动力储存下方还有一个显示日夜的圆点，低调而实用。

表壳：玫瑰金

表盘：银色，12时位动力储存及日夜指示盘、3时位大日历视窗、6时位小秒针

机芯：Cal.58—01手动上链机芯，45小时动力储存

功能：时、分、秒、动力储存、日夜、日历显示

参考价：252,000元人民币

PanoInverse XL偏心式腕表

有人将它叫做机芯倒置表，虽然过于直白，也有一定道理。从表盘看来颇似将一枚机芯直接放在表款正面，不光擒纵摆轮可以直接看见，就连夹板上常见的红宝石轴承也粒粒可数，如北斗七星般排列着。黑色镀锌四分之三夹板上的竖条日内瓦条纹打磨，简直就是将一枚机芯反过来放在眼前。其实随着腕表设计开发的进展，越来越多的装饰手法新奇有趣，吸引人的目光，这种将平日少见的背面翻转过来的做法，满足了一批喜爱机芯的表迷的愿望，更会使那些对钟表不甚了解的人惊奇注目，可以说也是一种奇妙的想法。PanoInverse　XL腕表最大程度地揭示了机械机芯的内在美，并将它的内在美变成外在美。微调夹板仍采用著名的微雕工艺，其精美手工成为全表最引人注目的所在。

表壳：不锈钢

表盘：黑色，镀锌四分之三夹板，偏心时、分、秒显示盘，2时位动力储存指示

机芯：Cal.66—04手动上链机芯

功能：时、分、秒、动力储存显示

参考价：115,500元人民币

上海维修服务中心　电话：+86—21—64267968

格拉苏蒂热线电话：400—6701845

格拉苏蒂旗舰店

地址：北京市东城区东长安街1号东方新天地W2—层　电话：+86—10—85180618

卡纳
KANA

2009年7月，在深圳国际钟表展上，一个全新的女装腕表品牌KANA卡纳与施华洛世奇旗下的Swarovski Gemstones成为合作伙伴。同时隆重宣布中国市场首个女装珠宝品牌KANA卡纳由此诞生，聚焦场内目光。

卡纳是由中国钟表旗舰企业依波集团倾力打造的一个专注于女性的全新品牌，聘请法国设计大师，同时联手彩色宝石专家施华洛世奇一同为女性打造款款璀璨的珠宝腕表。她采撷了文艺复兴时期的灵感，萃集了当今流行的国际时尚，集艺术品性和时尚美感于一体，血统高贵，光彩动人。上市即获热捧。

在步入市场之后，卡纳首个市场活动就将重心放在了慈善事业上，2010年4月，首届“卡纳KANA慈善时光”在京隆重开幕，中国妇女基金会秦国英秘书长与时尚界艺人殷桃、李东田等近百名嘉宾出席活动；2011年4月，第二届“卡纳KANA慈善时光”在北京兰会所如约登场，次月，在汶川地震3周年之际，卡纳品牌代言人吴佩慈小姐领衔“KANA爱心使团”赴四川慰问孤贫儿童。

在品牌形象打造上，2010年8月台湾艺人吴佩慈小姐成为卡纳品牌第一位形象代言人；2010年9月，卡纳推出2011至尊定制款“幸符”腕表；2011年3月，卡纳成功进入巴塞尔钟表珠宝展，成为这个国际大舞台的一员。

觅缘之虹系列腕表80041344

表壳修长的线条与表带完美衔接，整体呈现出拱形造型，如同彩虹，而表壳上多色的彩色宝石似乎代表了彩虹的七彩颜色，如花瓣般洒落在表壳及表盘上。银色绸缎般的表盘上，仅有时分指针及3、9两个小时标识，12时位一颗大大的红色托帕石成为整表的焦点。

表壳：不锈钢镀玫瑰金，镶嵌天然宝石，表冠镶嵌天然红宝石，蓝宝石水晶表镜，防水20米

表盘：银白色，12时位镶嵌一颗红色托帕石

机芯：石英机芯

功能：时、分显示

天使之眼系列腕表80030645

修长的椭圆形表壳饱满又不失灵动，微拱的造型使其能完美的贴合佩戴者的手腕。如同海星造型的装饰为腕表增添了勃勃生机。粉色牛皮表带与表壳之间的衔接并没有常规的表耳设计，而是固定于表壳下方，突出了表壳独特的造型。

表壳：不锈钢镀玫瑰金，镶嵌天然宝石，表冠镶嵌天然红宝石，蓝宝石水晶表镜，防水20米

表盘：粉色，五星图案装饰，12时位镶嵌一颗红色托帕石

机芯：石英机芯

功能：时、分显示

追梦之舟系列腕表80010746

在卡纳的诠释中，梦想似乎是黑白色的，需要执着与不断的努力为其描绘出绚丽的色彩。这款腕表素雅端庄，整体采用黑色及银色，包括两端的表耳处均选用了特别的黑色宝石装饰。然而在表带的背面，则选择了艳丽的桃红色，似乎代表着即使是女强人，在心底都有一份小女人情怀。

表壳：不锈钢，两段表耳镶嵌黑色宝石，表冠镶嵌天然蓝宝石，蓝宝石水晶表镜，防水20米

表盘：黑色，花型图案装饰，12时位镶嵌1颗白色托帕石

机芯：石英机芯

功能：时、分显示

幸符腕表

这款腕表属于卡纳的至尊定制系列，意味着您完全可以按照自己的意愿选择表壳上的宝石，或镶嵌方式，花朵造型的表壳更为宝石镶嵌提供了绝佳的平台，可以大胆发挥创意，都不会显得夸张。

表壳：18K玫瑰金，花朵造型，共镶嵌376颗红色或白色托帕石，11颗克拉级彩色宝石，蓝宝石水晶表镜，30米防水

表盘：玫瑰金色，镶嵌47颗托帕石

机芯：石英机芯

功能：时、分显示

浪琴
LONGINES

第一美女林志玲引爆今夏优雅运动范

2011年5月29日，有“台湾第一美女”之称的林志玲化身网球美女亮相合肥，藉浪琴表合肥百大CBD专卖店盛大揭幕之机，将法国网球公开赛的优雅传奇延伸到合肥。浪琴表作为法网官方合作伙伴与指定计时，浪琴表优雅形象大使的林志玲亲临现场，以一身靓丽动感装扮惊艳全城，完美演绎时尚清新运动风。

林志玲以清新的运动装扮出席庆典，全方位展现其温柔知性并兼具动感活力。随后林志玲又为现场观众亲自演绎品牌最新杰作——浪琴表导柱轮计时秒表。这款纯熟精妙的导柱轮计时秒表完美反映了品牌哲学及“优雅态度，真我个性”的品牌口号，更反映了品牌在运动计时领域的百年荣耀。这块计时秒表构成了浪琴表在传统制表工艺以及体育计时方面的基础。配以一条深咖啡色鳄鱼皮表带，尽显古典而雅致的气质。

林志玲青岛挥洒清新优雅运动风

2011年5月8日，浪琴表青岛阳光百货亨得利专卖店盛大揭幕。浪琴表优雅形象大使林志玲亲临现场，挥洒网球魅力，为美丽的青岛迎来一场非同凡响的时尚运动盛事与一款最新尖端钟表杰作——浪琴表导柱轮计时秒表。

2011年，浪琴表继续通过组织“浪琴表未来网球之星”比赛寻找未来冠军，推广运动及其尊重、公平、宽容的精神，为了让青岛表迷与球迷体验到法国网球公开赛的非凡氛围，浪琴表借其阳光百货亨得利专卖店盛大开幕之机，在青岛阳光百货商场一楼中庭营造浪琴表法国网球公开赛主题展区，令人恍如身在罗兰·加洛斯球场上。全新开幕的浪琴表青岛阳光百货专卖店，秉承时尚、创新、优雅的设计理念，营造出高贵美丽的环境。当日，浪琴表青岛阳光百货全新专卖店举行盛大开幕庆典，林志玲唯美亮相，不仅展露倾城优雅智慧，更洋溢时尚活泼魅力。

导柱轮计时秒表

如今的表坛呈现出前所未有的兴旺景象，各种复杂功能的表款层出不穷，其中不乏超级复杂的腕表，像三问表、自鸣表、万年历等。而计时功能自出现以来就受到普遍的欢迎，制表商们也因其制作难度大和耐久度要求高而将其视为一道门槛，能否制作计时码表已经成为考验一个品牌能否进入高级制表商行列的关键所在。2009年浪琴表发布了一款表，它备有独一无二的以导柱轮控制计时秒表功能的自动上链机芯，浪琴表现在把这款特别的，精准易用的机芯用于数款新表。这些新款腕表是浪琴表多年来众多计时精品中的最新代表作，精准可信，性能超凡，被命名为"浪琴表导柱轮计时秒表"。

腕表配置浪琴表委托ETA研发的一款崭新的独家的导柱轮自动上链机芯，专供有计时秒表功能的腕表，新机芯的型号被命名为L688.2。作为21世纪初开始的机械表复兴发展项目中的一部分，这个新的创造迎合了钟表需求的变化，以及机械计时秒表的受欢迎程度日趋明显和对传统钟表产品的兴趣日趋浓厚等等市场趋势。

导柱轮由ETA的工程师专门设计，非常便捷好用，仅需轻轻触碰，即可驱动开始、停止与归零。蓝色不锈钢导柱轮被精密迷人的凝聚传统技术最新菁华的机芯环绕。L688.2机芯除了拥有精巧的设计外，更兼功能卓越，构思创新。

浪琴表早在1878年即推出型号为20H的20法分计时秒表。在后来的岁月里，浪琴表利用其制造计时码表的丰富经验，成为计时表的先锋品牌，多种款式的计时表为浪琴表在体育界赢得了极好的名声。

表壳：玫瑰金，直径39mm

表盘：乳白色，3时位30分钟盘，4–5时位日历视窗，6时位12小时盘，9时位小秒盘

机芯：L688.2自动上链机芯

功能：时、分、秒、日历显示，计时功能

参考价：67,300元人民币

1.斯沃琪集团法国公司总经理Florence Ollivier-Lamarque、浪琴公司总裁霍凯诺先生和浪琴表优雅大使安德烈·阿加西将由浪琴表提供的10万美元支票交给由吉姆·考瑞尔运营的“考瑞尔的孩子”基金会。

2.霍思燕在罗兰加洛斯7号球场观看浪琴表网坛传奇与未来冠军对弈

3.2011“浪琴表未来网球之星”冠军瑞士小选手Marco Osmakcic亲吻冠军奖杯。

浪琴表与法网的优美交集

作为世界三大网球赛事之一的法国网球公开赛，历来是吸引世人关注的体育盛事，而在场边担任计时工作的计时器也成为全世界钟表界目光集萃之地，因为这项工作必须是具有高超质量，走时精准的钟表品牌才能胜任。2011年的法网赛场边矗立的计时牌上，观众一眼就可以发现瑞士名表浪琴的标志。

作为法国网球公开赛官方合作伙伴，浪琴不仅支持比赛，还在培养网球事业的未来之星方面做了大量工作。6月4日，浪琴举办了2011“浪琴表未来网球之星”比赛，来自世界各地的16名13岁以下男子网球少年参加了角逐。著名网球选手、浪琴表优雅大使安德烈·阿加西与吉姆·考瑞尔在比赛中亮相，鼓励这些网坛新蕾。瑞士小选手Marco Osmakcic和俄罗斯小选手Artem Dubrivny进入了决赛，两位网球少年还分别与阿加西、考瑞尔以及曼苏尔搭档参加表演赛。他们两人每年将获得浪琴表资助的2000美元，以鼓励他们在网球运动中取得更大的成绩。浪琴表同时向安德烈·阿加西学院预备学校捐赠10万美元。

当天晚上，浪琴在巴黎小皇宫为浪琴表优雅大使安德烈·阿加西与史蒂芬·格拉芙运营的慈善基金会举办慈善晚宴。出席晚宴的嘉宾中包括世界网球运动的杰出代表，前法网冠军安德烈·阿加西、吉姆·考瑞尔、弗朗切斯卡·斯齐亚沃尼、玛丽·皮尔斯以及澳网冠军帕特·卡什。

晚宴上考瑞尔获得了由阿加西颁发的“浪琴优雅大奖”，以表彰他所体现出来的浪琴表的优雅精神。同时浪琴表还向“考瑞尔的孩子”基金会捐赠10万美元。借此次法网之机，浪琴发表了新款导柱轮计时秒表。

Ladies Diamond Conquest康卡斯女装钻石腕表

运动设计与闪耀钻石的结合造就了康卡斯女装钻石腕表的动感之美，而这个系列的特点也就在于性能与优雅的完美平衡。这种精巧美妙的平衡搭配使康卡斯女装钻石腕表成为许多运动场合的绝佳装备，如赛马、网球和滑雪等，同样佩戴它参加鸡尾酒会或正式晚宴，也一定会倍增优雅风情。

康卡斯女装钻石腕表共推出两种款式。第一款的表圈镶有120颗上品钻石，白色珍珠贝母或黑色表盘上镶嵌11颗钻石时标，搭配不锈钢相间黑色或白色陶瓷链带；第二款搭配陶瓷材质表圈，在内侧和表盘上镶嵌了54颗上品钻石，使这枚腕表的动感之美更加突出。表圈和表带选用了不锈钢与白色或黑色陶瓷链带，与白色珍珠贝母或黑色表盘和谐搭配，让这款腕表更具非凡吸引力。

表壳： 不锈钢，陶瓷表圈，内侧镶嵌54颗钻石，直径35mm

表盘： 珍珠贝母，镶嵌11颗钻石时标，3时位日历视窗

机芯： 石英机芯

功能： 时、分、秒、日历显示

美度
MIDO

对于美度而言，"A MARK OF TRUE DESIGN"（灵感印证永恒）不仅仅是一句广告语，美度腕表对灵感的追求，对艺术的执着一直是大众所津津乐道的，近百年来，一款款经典表款以典雅隽永的魅力打动着我们，加之其对完美品质的坚持，使每一款美度表远远比潮流时尚更能经得起岁月的推敲与考验。

如今，美度已经成为极具个性化的瑞士经典品牌，在国内更是得到越来越多的人青睐。2010年，美度表在中国地区启动了"发现灵感，印证永恒"永恒灵感征集活动，邀请全国时尚潮流精英们为美度不断注入新的灵感元素。4月27日，活动在北京新东安商场正式启动，国内多家著名媒体、各界领导、嘉宾明星、以及北京各界名流共襄盛典，中国著名电影导演贾樟柯先生，著名影视演员董璇小姐也到场助兴，同时还在现场展示了他们永恒灵感的平面作品，为"发现灵感·印证永恒"活动之后网络平台的征集活动注入了第一股力量和灵感。之后，美度如同掀起了一股热潮，各地参赛选手纷纷上传自己的灵感之作，与美度一起为创新注入新的灵感。

2010年8月14日，美度将这股热潮带到了风光旖旎的人间天堂杭州，并邀请陈坤作为此次活动的灵感大师，在活动现场通过展现与众不同的独特品味，令每一位观众感受到永远站在时尚前端，始终成为时尚风向标的巨星魅力。9月23日，活动转站苏州，苏州邵磨针巷世家钟表店内星光熠熠，香港无线当家小生林保怡，内地著名影星龚蓓芯、巩新亮、倪虹洁与众多主流媒体、各界领导以及苏州各界名流一同为美度的这次灵感征集活动再掀高潮。6天后，9月29日，美度的灵感热潮又迅速吹向了天府成都，在春熙路亨得利钟表店内，橙色飘扬，灯影璀璨，继活动启动以来，贾樟柯、董璇、陈坤、林保怡、曾黎、巩新亮等多位名人明星都成为了美度的灵感大使，此次陈小春、龚蓓苾以及倪虹洁的加入，共同为活动注入新创灵感元素！"发现灵感·印证永恒"也成为美度年度最佳创意之举，

贝伦赛丽III 18K玫瑰金纪念版腕表

从这款腕表设计开始，美度就投入了大量精力确保这款腕表在所有细节上都具有最好的质量和工艺。如今，这款腕表已经推出到了第三代，优雅纯美的外形采用华丽的18K玫瑰金打造，内部更是搭载了COSC品级的机芯，在走时精确性方面同样出色卓越。表壳尺寸为39mm，搭配黑色真皮表带显得异常优雅，除了精致的阿拉伯数字刻度外，还有韵味十足的罗马数字盘面可供选择。

表壳：18K玫瑰金，直径39mm，蓝宝石水晶表镜，透明表背，防水50米

表盘：银色，机刻放射状波纹装饰，数字及条形时标，3时位日历视窗

机芯：ETA2836–2自动上链机芯，40小时动力储存，COSC天文台认证

功能：时、分、秒、日历显示

参考价：43,800元人民币

贝伦赛丽III全新机械腕表

它继承了贝伦赛丽系列一贯的尊贵气质，阶梯式的表圈环绕着银色表盘，展现出浮雕般错落的层次感，配合圆润的表耳打磨技术，凸显优雅特质。拱形的蓝宝石水晶表镜微微拱起，配合表盘细腻的光泽，让人不禁联想到交响乐般的悠扬缠绵。而纤巧的刻度与精细的表针，使表盘显得更加玲珑有致。表背同样采用透明表底，可将内部天文台认证机芯的运作一览无余。这系列腕表共有8款皮带或钢带款式同时问世，以满足各种审美需求。

表壳：不锈钢，直径39mm，蓝宝石水晶表镜，透明表背，防水50米

表盘：银色，立体条形时标，3时位日历视窗

机芯：ETA2836–2自动上链机芯，40小时动力储存，COSC天文台认证

功能：时、分、秒、日历显示

参考价：8,500元人民币

贝伦赛丽III天文台女装腕表

贝伦赛丽系列腕表一直体现的是永恒美丽与典雅，在该系列第三代推出后，这种典雅特质更是被推向了一个高峰。首次在女表中使用天文台机芯，优美的表壳线条，既经典又不失现代，表盘中央特有的放射状花纹洋溢着复古隽永的气息，罗马数字刻度更是令此款腕表彰显出宁静悠扬的厚重感。在机芯配置上，美度更是史无前例全部采用瑞士天文台认证机芯，带给女性消费者优雅外观的同时，奉上了真正原汁原味的瑞士机械品质。

表壳：不锈钢，直径25mm，蓝宝石水晶表镜，防水50米

表盘：银白色，机刻放射状波纹装饰，罗马数字时标，3时位日历视窗

机芯：ETA2836–2自动上链机芯，38小时动力储存，COSC天文台认证

功能：时、分、秒、日历显示

参考价：8,500元人民币

全新舵手系列计时腕表

对于流线造型的追求催生了舵手系列腕表，可靠、坚固、耐久且独具特色的外观使这款腕表一经面世就成为了高品质的代表之一。时至今日，舵手系列仍旧遵循了该系列最初的设计特点，外形简洁明快。内部更是搭载了高品质的机械机芯，凭借这些特质，新款舵手系列在众多腕表中显得非凡出众，黑色的表盘上，一个银色的小时刻度环成为设计亮点，小时刻度及指针表面均有Super-LumiNova荧光涂层，让表盘上的时间即使在夜间也是更加清晰易读。

表壳：不锈钢，直径42mm，防水100米

表盘：黑色，银色小时刻度环，12时位30分钟计时盘，3时位星期、日历视窗，6时位12小时盘，9时位小秒盘

机芯：Cal.1320自动上链机芯，48小时动力储存

功能：时、分、秒、日历、星期显示，计时功能

参考价：13,500元人民币

全新舵手系列特别款腕表

此款舵手系列特别款腕表将美度的代表色橙色应用在腕表的设计中，并独具匠心的配备了橙色和黑色两款表带可供更换，简便的滑扣设计只需轻巧的一拨即可装配，为佩戴者带来充满乐趣的互动体验。表壳采用了时下最为流行的黑色PVD不锈钢，在将表壳变为炫酷的黑色同时，还增加了表壳的耐腐蚀性。表盘同样为纯黑色，在这个整体黑色的背景中，指针、刻度及所有文字均是鲜亮的橘黄色，同时具备荧光显示，使整表更显炫酷、时尚。

表壳：黑色PVD不锈钢，直径44mm，防水100米

表盘：黑色，橙色刻度、指针及刻度，3时位星期、日历视窗，6时位12小时盘，9时位小秒盘，12时位30分钟计时盘

机芯：ETA7750自动上链机芯，48小时动力储存

功能：时、分、秒、日历、星期显示，计时功能

参考价：15,500元人民币

完美系列多功能计时腕表

美度的完美系列充分利用了表盘的可视空间，以罗马竞技场的设计为灵感，使时间的读取十分便捷。表盘刻度环的设计也源自这一建筑，每分钟刻度如同包厢似的设计正是模仿了竞技场看台的阶梯。除了简洁的大三针设计，完美系列更有计时功能的款式，其内部机芯符合了机械表爱好者挑剔的标准，具有极好的品质及性能，并且通过了COSC天文台认证。

表壳：不锈钢，表圈PVD镀金，直径42.5mm，防水100米

表盘：白色，金色指针及时标，12时位30分钟计时盘，3时位星期、日历视窗，6时位12小时盘，9时位小秒盘

机芯：Cal.1320自动上链机芯，48小时动力储存

功能：时、分、秒、日历、星期显示，计时功能

参考价：17,500元人民币

完美系列自动排氦阀门腕表

昔日具有十足设计感的完美系列，如今又增加了一款运动款式腕表，紧抓海洋主题，大刀阔斧的将运动元素与完美的设计相结合，是该系列中又一重量级的个性化腕表，同时，它可以满足潜水爱好者在水下探险时的佩戴需要。除了潜水腕表必备的旋转计时外圈及醒目的夜光指针、刻度外，腕表还配备了自动排氦阀门装置，保证腕表即使是长时间至于深水中，依然安全可靠。透过透明表背，可以清楚的观察到精美修饰的机芯及其机械运作。

表壳：不锈钢，黑色PVD旋转外圈，直径44mm，防水300米

表盘：黑色，荧光指针及时标，3时位星期、日历视窗

机芯：ETA2836-2自动上链机芯，40小时动力储存

功能：时、分、秒、日历、星期显示，潜水计时外圈，自动排氦阀门

参考价：9,400元人民币

布鲁纳系列男装腕表

布鲁纳系列是美度表2008年富有创意精神的全新产品，映射了“灵感印证永恒”的制表文化和精神。腕表设计以纽约地标性建筑克莱斯勒大厦为设计灵感，将装饰艺术元素与腕表设计相结合制作了这款造型大方，线条精炼的腕表。腕表内部更是配备精湛的机械机芯，走时精准度通过了COSC天文台认证，为消费者提供更为精准的走时保证。

表壳：不锈钢，直径40mm，防水100米
表盘：银色，3时位日历视窗，9时位星期视窗
机芯：ETA2836-2自动上链机芯，40小时动力储存
功能：时、分、秒、日历、星期显示
参考价：8,600元人民币

布鲁纳系列女装腕表

同样为布鲁纳系列中的女性成员，这款腕表融合了更多令女性欢心的设计元素。柔美的珍珠贝母表盘，如同克莱斯勒大厦窗口散发出的光线。表盘刻度以12颗钻石标识，在珍珠贝母表盘的映衬下更显光辉。3时位和9时位的两个弦月形视窗分别显示日期和星期，透明表背可以让您欣赏到刻有Mido标志的精密机芯的运作。

表壳：不锈钢，直径33mm，防水100米
表盘：白色珍珠贝母，钻石时标，3时位日历视窗，9时位星期视窗
机芯：ETA2678自动上链机芯，38小时动力储存
功能：时、分、秒、日历、星期显示
参考价：7,100元人民币

新款布鲁纳系列腕表

最新的布鲁纳系列腕表继承了该系列一贯的简洁果敢的线条，用全新的设计元素忠实还原了克莱斯勒大厦的神韵。在细节上更是精雕细琢，将灵动的艺术潮流与永恒的实践哲学完美结合，映射出美度表的核心精神——灵感与永恒。钻石打磨的指针与修长的表盘刻度让人不禁联想起克莱斯勒大厦直入云霄的顶端，傲然挺拔，脱颖而出。表盘外圈精细的打磨与中央精致的雕刻交相辉映，彼此衬托，给人带来美好的视觉享受。表带的设计干净利落，和谐的造型令人联想起大厦的外观。在男装腕表内，同样装配了经COSC天文台认证的机芯，在外观设计上，两款腕表则以完全相同的细节设计呈现，让您和她之间的距离贴得更近。

新款布鲁纳系列男装腕表
表壳：不锈钢，直径40mm，防水100米
表盘：银白色，中心巴黎柳丁纹饰，3时位星期、日历视窗
机芯：ETA 2836-2自动上链机芯，40小时动力储存
功能：时、分、秒、日历、星期显示
参考价：8,800元人民币

新款布鲁纳系列女装腕表
表壳：不锈钢，蓝宝石水晶表镜，透明表底，防水100米
表盘：银白色，中心巴黎柳丁纹饰，3时位星期、日历视窗
机芯：ETA 2678自动上链机芯，38小时动力储存
功能：时、分、秒、日历、星期显示
参考价：6,600元人民币

上海龙之梦购物中心专卖店　地址：上海市长宁路1018号龙之梦购物中心一楼
上海办事处：地址：上海市天钥桥路30号美罗大厦5楼
电话：+86-21-24145306

万宝龙
MONTBLANC

万宝龙里诺表厂

万宝龙的书写工具当然可以用来写字，但它更是您在签署文件、合同或为别人签名留念时的那只艺术、权力之笔；万宝龙的腕表也当然可以用来看时间，但它更是不经意间从衬衣袖口露出时，标志着您热爱生活，讲究品位的那枚像徽。

在1963年的一次会晤中，德国总理阿登纳一边说着"我可以为您效劳吗，总统先生？"，一边把自己的万宝龙Meisterstück大班笔递给肯尼迪总统，为他解了围。这个小小的插曲展示了优秀政治家们的机敏睿智，也从另一个侧面见证了万宝龙书写工具不可替代的地位。这个时候，距离Claus-Johannes Voss、Christian Lausen及Wilhelm Dziambor三位伙伴共同创立专制墨水笔的公司，已有半个多世纪。

一个多世纪以前，万宝龙以欧洲最高峰勃朗峰——MontBlanc命名自己的品牌，以此足见几位创始人决心要制造最高品质，站在最高峰，一览众山小的决心。今天出现在万宝龙书写工具，皮具，腕表珠宝等产品上的六角白星标志，也早在1914年便已经使用，它其实并非一颗星星，而是俯视积雪覆盖勃朗峰的样子。代表了最高品质的书写工具，贯穿了万宝龙品牌历史，它们与政界领袖和名人间的各种小故事也一直流传。自1929年起，所有的Meisterstück墨水笔笔尖都刻有"4810"——这也是勃朗峰的海拔高度。

万宝龙对于品质的坚持不光体现在书写工具上，在腕表上也是如此。万宝龙的腕表诞生在里诺这座优美的古堡之中，而与瑞士制表名厂美耐华之间的强强联合，更使万宝龙如虎添翼，一件件令人称绝的腕表作品接踵而来，令勃朗峰顶的这颗六角星越发的闪亮迷人。

书写工具和艺术的联结是那么的自然而然，万宝龙也与艺术有着不解之缘。自2002年起，万宝龙便开始打造其自有当代艺术珍藏系列，其间超过150件由国际顶级艺术家打造的作品被纳入珍藏系列，并展示于德国汉堡万宝龙总部行政管理与各产品生产部门。2011年日内瓦高级钟表展（SIHH）期间，万宝龙特邀德国摄影大师马特·汉尼特为新款尼古拉斯·凯世周年纪念版计时腕表创作了一部大气恢弘的公开舞台演出。

马特·汉尼特曾凭借其原创古典音乐画像作品而一举成名，随后更展现出将大自然与山脉的天然灵性融于艺术作品的深厚功力，在艺术界自成一派。如今，他将以象征着亘古不变精神的瑞士阿尔卑斯山脉为舞台，呈现2011年万宝龙全新的珍藏纪念版腕表.这一切对于汉尼特而言可谓一场激动人心的崭新挑战：“我构想用碎石、流水、木化石、苔藓和土壤演绎出时间流逝的静谧。”他将万宝龙名表与充满淳朴天然意蕴的色彩绝妙融合，同时将精美华丽名表的每一面烙刻于多块挺拔大气的刻度盘中，从而将万宝龙尊贵腕表沉静从容的优雅美感淋漓彰显。

马特·汉尼特及其团队将表盘装饰于以山峰为布景的宏伟“幕布”上，以实现“表景纯然合一”的绝色画面，辅以浩瀚广袤的天空与变幻无穷的灯光，一幅独一无二的旷世佳作瞬间跃入人们的眼帘。“我将自己视为一位画者，灯光就像是我的七彩画笔，这一次，我站在了一个前所未有的独特视角感受与感悟时间与永恒的非凡涵义。”马特·汉尼特之作更为人们完美诠释了时间流逝中不为人知的别样意义。

万宝龙尼古拉斯·凯世“书写时间”计时座钟套装

整个座钟位于一个透明的玻璃外罩内，下方可以见到与尼古拉斯·凯世计时腕表如出一辙的显示盘。中心为标准的时、分显示盘。下方，一支弓形夹板固定两个转盘及指针，再往两侧看，是两个动力储存显示盘，分别以天数和小时数为单位显示座钟的剩余动力。在座钟的中部两侧，还可以见到两个大型的发条盒，并装配有芝麻链结构。内部配有两套擒纵机构、蓝钢游丝，分别负责走时及计时功能。整个座钟均在玻璃外罩的保护中，为座钟上链时只需触摸外罩上的感应开关，玻璃罩便会自行升起。操作计时功能则连开启外罩的步骤都可以省去，在底座的正面有两个按钮，左边为计时开始及停止，右边为归零，同时还具有飞返计时功能，如果计时当中按动归零键，计时盘会迅速归零并重新开始计时。

座钟上方还有自动上链器，可为自动腕表上链，通过内置的USB接口，可以根据不同的腕表设定其上链模式。万宝龙今年还推出了尼古拉斯·凯世自动计时腕表的周年纪念版。独一无二的表盘设计，12时位的时分盘由蓝色螺丝固定，时分盘下面是镂空日历盘。V形夹板固定着两个计时转盘的宝石轴承，表盘外缘是精美的机刻麦粒花纹，这些都与这台座钟的设计形成了绝配。

尼古拉斯·凯世“书写时间”计时座钟

外壳： 自动升降玻璃外罩，实木底座，尺寸33×33×22cm，重19公斤

盘面： 中心时、分显示盘，5时位60分钟计时盘，7时位60秒钟计时盘，两侧15天及360小时动力储存盘

机芯： 手动上链机芯，双擒纵系统，15天动力储存

功能： 时、分、动力储存显示，计时功能，电子上链器

尼古拉斯·凯世周年纪念腕表

表壳： 18K玫瑰金，直径43mm，防水30米

表盘： 银白色，部分镂空，上方时、分显示及日历环，5时位30分钟计时盘，7时位60秒钟计时盘

机芯： Cal.MB R110手动上链机芯，72小时动力储存

功能： 时、分、日历显示，计时功能

时光行者双飞计时表

轻盈坚硬的钛金属表壳与抗磨损性能极佳的类钻碳涂层双剑合璧，这种高科技钛合金比不锈钢坚硬1.5倍，令新表款无惧磨刮及震荡的冲击并非常轻巧佩戴舒适。在计时功能上，腕表特别设计了中心分钟计时秒针，使时间显示更为清晰，同时具有飞返计时功能，更令腕表全臻完美。

表壳： 黑色DLC不锈钢，直径43mm，防水30米

表盘： 黑色，中心红色60分钟计时指针，12时位第二时区24小时盘，6时位小秒盘，9时位日历视窗

机芯： Cal.MB LL110自动上链机芯，72小时动力储存

功能： 时、分、秒、日历、第二时区显示，飞返计时功能

维莱尔1858系列Tourbillon Bi-Cylindrique陀飞轮腕表

这款腕表的核心成就在于革新了几个世纪以前的圆柱形游丝结构，与如今广泛应用的平游丝相比，这种游丝最大的优势在于能够使摆轮轴始终保持于游丝曲线的中心。而万宝龙的圆柱形游丝则有进一步升级，通过内外两组圆柱形游丝进一步加强等时性效率。这款全新的腕表，更将表盘做了镂空，将推动时间显示盘中水晶薄片的机械结构完全展现于眼前。18K白金及玫瑰金各限量8枚，铂金限量1枚。

表壳：18K白金、玫瑰金或铂金，直径47mm，泪滴造型，防水30米

表盘：镂空，12时位陀飞轮装置，6时位“神秘”时、分显示盘，由两片印有指针的蓝宝石水晶指示时间

机芯：Cal.MBM 65.63手动上链机芯，46小时动力储存

功能：时、分显示，陀飞轮装置

维莱尔1858系列复刻版测量脉搏计时表

直径接近40mm的表壳，与上世纪三十年代的计时表尺码潮流呼应，实金托珐琅表盘制作至臻完美，内部更是搭载了Cal.MBM 13.21单按钮计时机芯，采用导柱轮及水平离合掣动装置，工艺设计同样凝聚了古典计时表及传统制表工艺精华。而计时系统的启动、停止及归零三个步骤，全部由同一个计时按键操控，令人时时联想到古典计时表的复兴之势。有18K白金或玫瑰金款式可供选择。

表壳：18K白金/玫瑰金，直径39.5mm，防水30米

表盘：大明火珐琅，脉搏计刻度外圈，3时位30分钟盘，9时位小秒盘

机芯：Cal.MBM 13.21手动上链机芯，60小时动力储存

功能：时、分、秒显示，计时功能，脉搏计

明星自动上链世界时间GMT腕表

腕表简易的操作方式令人一见钟情，这全得益于万宝龙在功能研发上的极大突破，通过一枚表冠便可一并操作各项功能。同时在调校第二时区时，机芯、时区齿轮系统及世界时间显示系统分离，令机芯始终保持准确运作。42mm的不锈钢表壳不但坚固耐用，更无惧旅行中的各种严苛环境。

表壳：不锈钢，直径42mm，防水30米

表盘：黑色，24时区城市名称外圈，中心红色箭头第二时区指针，3时位日历视窗

机芯：Cal.MB 4810/405自动上链机芯，42小时动力储存

功能：时、分、秒、日历、第二时区显示，世界时功能

侧影优雅女装圆拱宝石表系列

这款腕表脱胎自品牌最新的明星圆拱宝石女装珠宝系列，其最大特色为经典的长方型侧影表壳与精工镶嵌的圆拱面宝石完美融合，横跨表盘及表圈的数字上镶嵌了45颗圆拱面切割白玛瑙，而在珍珠贝母盘面上镶嵌钻石更是对工匠的一大挑战，稍有差池整块贝母表壳随时有作废之虞，而二者的搭配确实美得扣人心弦。

表壳：不锈钢，表圈及表盘共镶嵌45颗钻石，防水30米

表盘：白色珍珠贝母，镶钻罗马数字时标与表壳形成一体，

机芯：石英机芯

功能：时、分显示

尼维达
NIVADA

① 尼维达创始人Marchese Schneider；② 二战期间尼维达创始人慷慨资助医疗事业；③ 1926年Marchese Schneider在瑞士Grenchen创立尼维达制表公司；④ 1970年获得巴塞罗那展览会一等奖；⑤ 50年代尼维达"南极"系列广告；⑥ 70年代尼维达系列广告；⑦ 70年代尼维达赞助国际选美大赛

1926年，在这个历史与时尚的交汇点上，尼维达表诞生了，典雅的外观、精准的计时以及与生俱来的优雅，引领了钟表的时尚潮流。在享乐主义盛行的20世纪20年代，欧洲在刚刚经历了第一次世界大战的苦难与腥风血雨之后，到处莺歌燕舞，人们享受着时尚、度假和休闲，新的世界秩序带来的繁荣富裕，使人们对美好生活充满了憧憬。

就是在这样一个年代，在瑞士Grenchen镇，被称为"欧洲著名珠宝设计世家"的Schneider家族迎来了一个新的发展时机。家族的后人Marchese Schneider（马切斯·施奈德）创立了Swiss Nivada腕表制造工厂，秉承瑞士最好的制表传统，引进最领先的钟表技术，通过了最严格的瑞士制表品质标准测试。Marchese Schneider不愧是一位杰出的制表大师，他把流行风尚和人们享受生活激情的理念全部倾注到每一款尼维达腕表的设计之中。在当时的欧洲，尼维达腕表以其精准计时、精美工艺，优雅设计，很快便受到时尚男女的追捧。

第二次世界大战期间，Marchese慷慨资助医疗事业，医治那些遭受战争伤痛的人们，因而被尊称为和平使者。在当时的欧洲，妻子们流行送一只尼维达表给要上战场的丈夫，即代表着女人对所爱之人不尽的思念，同时又祈求爱人能平安归来。后来，人们拥有一只尼维达腕表，就代表着拥有一生的幸福安宁，尼维达变成了幸运和平安的象征。

上世纪90年代开始，尼维达逐步在全球选择有声望的钟表商，经销其腕表。现已成功地建立一个拥有超过100个国家的销售体系，此举是尼维达在专业制表领域里的一个跨跃。和所有的欧洲时尚经典一样，尼维达历经近一个世纪的岁月洗炼而流传至今，仰赖着历史的积淀与文化的结晶。

今天尼维达将具欧洲时尚、低调且极具品味的精美腕表优雅地奉献给每一位追求现代时尚的中国新一代消费者。本是历史产物，却创造了时尚，尼维达把历史与时尚融为一体，伟大与重要，只有时间可以印证。

6061多功能自动机械男士腕表

最为简洁实用的表款，大方的不锈钢表壳，配上圆润饱满的圆弧形表圈，成为经典又不失活力的款式。表壳采用磨砂面与光面的搭配，令整款表的线条更加清晰顺畅。表带采用精细打磨的间隔搭配五珠表带，兼具立体感及佩带贴手的特色。黑色表盘，3时位日历视窗，装有放大镜的表镜，令日历显示更加清晰。透视玻璃底盖，从背面可以欣赏到机芯的精密运作。此外还配有全镀黄金色或间镀玫瑰金色表款，可供选择。

表壳：不锈钢，透视底盖，防水50米

表盘：黑色，3时位日历视窗

机芯：自动机械机芯

功能：时、分、秒、日历显示

6066优雅女装腕表

独特的表壳与镂空链带与众不同，表壳镶钻，与表壳耳部的曲线相贯通，搭配镂空设计的表带，令整款表简洁而时尚。此表还有全镀玫瑰金色表款可供选择。

表壳：不锈钢，表圈两侧镶嵌钻石，防水30米

表盘：白色珍珠贝母，钻石时标

机芯：石英机芯

功能：时、分显示

6054复刻版机械腕表

此表为纪念表款，为纪念60年前随南极科考队员抵达南极表款的经典复刻，因此表款外观带有60年前尼维达腕表的复古元素：球面表镜、拱形盘面、阿拉伯数字刻度以及竹叶形表针等，这些复古元素都在缅怀着60年前的伟大创举。底盖上刻有60周年的特殊标记，透过透视底盖能欣赏到机芯的精密运作。

表壳：不锈钢，双球面金刚膜玻璃，螺纹透视底盖，防水50米

表盘：白色，金色指针及时标，3时位日历视窗

机芯：自动机械式机芯，42小时动力储存

功能：时、分、秒、日历显示

6067正装男士机械腕表

最具有NIVADA尼维达经典腕表风采的款式，线条明快的大开面不锈钢表壳和9珠式不锈钢表带，体现着品牌精湛的制表技艺，塑造出整款表的优雅品位。古典的竹叶形表针搭配在简洁而大气的拱形表盘上，为其平添了几分经典气质。

表壳：不锈钢，镀金钢膜玻璃，防水50米

表盘：白色，3时位日历视窗

机芯：自动机械式机芯，40小时动力储存

功能：时、分、秒、日历显示

欧米茄
OMEGA

位于瑞士比尔的欧米茄博物馆

欧米茄早期工厂海报

欧米茄创始人路易士·勃朗特

自1848年成立至今，瑞士著名钟表品牌欧米茄一直在制表领域中傲视同侪。如今，欧米茄已成为卓越、创新和精准的代名词。忠实于品牌本源的先锋精神，欧米茄持之以恒，在体育计时、精准技术和外观设计等诸多领域内矢志创新，不遗余力推动制表技术的进步和制表历史的发展。正是这样的创新精神，引领欧米茄驰骋赛场、潜入深海、遨游太空，伴随着人类探索及挑战极限的步伐。

而今天这样一个令人敬仰的著名钟表品牌，他的创立和我们耳熟能详的一个个标准的瑞士钟表厂的故事一样，也是由一位钟表匠在宁静的山谷里创立起一家小制表厂开始，从而建立起一个至今盛销不衰的名表品牌。

1848年，23岁的钟表匠路易士·勃兰特在瑞士西北部著名的拉绍德封办起了一家装配怀表的小工坊。每到冬季大雪封山之时，他便在工坊里精心生产怀表，开春后，再去意大利、英国、北欧等地推销自己的产品。欧米茄就是这样建立的，后来由路易士·勃兰特的两个儿子路易士·保罗和塞萨尔接手了父亲的产业，并且加以改造，放弃了手工制表的方法，引进机械化生产方式，从而大大改变了欧米茄的生产环境和产品质量。1880年，欧米茄在比尔地区建立了新厂，这里至今仍是欧米茄总部所在地。应该说勃兰特兄弟俩具有比他们的父亲更加先进的思想观念，而这也是欧米茄发展历程中的重要转折点。早在1892年勃朗特兄弟就生产出了世界上第一只能够报时、报刻、报分的三问报时表。1894年他们又生产出19令机芯表，获得欧洲几家著名天文台颁发的精确计时证书。机芯以希腊字母“Ω”作为标志，欧米茄品牌自此诞生。由此可见，欧米茄生产自制机芯的历史已经有一百多年了，这为后来欧米茄研发生产完全自主的品牌机芯创造了条件。

19令机芯的诞生令欧米茄名声大振，业务逐渐发展壮大。1903年，勃兰特兄弟先后辞世，当时的欧米茄已经成为瑞士最大的制表商，拥有800多名雇工，年产24万只表。在接下来的一个世纪里，欧米茄在制表领域不断探索，日益发展，将腕表的精准和实用作为时刻不忘的使命。欧米茄产品所具有的卓越品质得到了世界各国消费者的认可，并被应用到更加广泛的领域之中。

两次世界大战期间，欧米茄都是英国皇家空军的专用表。1932年洛杉矶奥运会选定欧米茄为大会指定计时器，从那时起，欧米茄开始在各类国际体育赛事中大显身手。至今为止，欧米茄已24次担任奥运会指定计时。在2012年伦敦奥运会上，欧米茄将继续担此重任，为全球最出色的运动员提供专业的计时服务。在欧米茄初次与奥运会合作的1932年，世界上第一只潜水表欧米茄海洋系列（Marine）诞生，加上后来推出的海马系列（Seamaster）专业潜水表，欧米茄在潜水表方面又居于领先地位。

欧米茄最具传奇色彩的系列当属著名的超霸系列（Speedmaster）腕表。一个偶然的机会，欧米茄被选中作为美国宇航局登月计划采用的计时器，从此欧米茄就与人类航天事业密切相连，超霸专业腕表也在历次的登月任务中表现出色，成为最为可靠的精准计时表。今天，欧米茄又展开了阳光之旅。2010年，“阳光动力”太阳能飞机展开处女航。欧米茄为其提供经济支持和技术保障，为人类寻找可持续型替代能源及环境保护贡献力量。

欧米茄一向精益求精，并以前瞻态度探索制表艺术。一个半世纪以来，欧米茄凭借精湛的制表工艺和优秀的设计，生产出大量品质卓越的腕表作品，在瑞士制表业中获誉无数。如今，欧米茄著名的四大腕表系列已广为人知，包括深受潜水爱好者与探险家最爱的海马系列、曾因遨游太空而闻名于世的超霸系列、全世界范围内最具辨识度的时尚表款星座系列、经典高雅的碟飞系列。全新发布的Ladymatic女表、华贵珠宝及华贵皮具也是欧米茄颇受欢迎的产品。

随着品牌的不断发展，如今欧米茄的销售网络遍布全球130多个国家。而在中国，欧米茄同样是一个深受消费者喜爱的品牌。作为最早进入中国的瑞士钟表品牌之一，欧米茄不断完善在中国市场的销售维修服务网络，为顾客提供便利及时、优质周到的售前售后服务。欧米茄自2004年起在中国市场开设旗舰店，并在旗舰店中设置专业维修服务中心，驻店钟表维修师为欧米茄顾客及腕表爱好者提供国际水准的专业服务。

1932年洛杉矶奥运会上首次出现的欧米茄计时秒表

第一块欧米茄潜水表

第一款欧米茄超霸系列腕表

1970年欧米茄获美国宇航局颁发的最高荣誉——史努比奖

在刚刚过去的2010年，欧米茄以丰富的品牌活动，向世人展现了卓越的品牌精神以及欧米茄腕表的非凡魅力。比如为温哥华冬奥会担任指定计时；助力"阳光动力"太阳能飞机首飞等等，同时还发布了全新女表系列Ladymatic，以星座对表作为主题，在全国多个城市进行巡展。

Ladymatic女表系列盛大发布

2010年10月29日，欧米茄在北京举行盛大新闻发布会，全球首度发布全新Ladymatic女表系列。欧米茄名人大使、国际影星妮可·基德曼（Nicole Kidman）现身新闻发布会，与全球媒体一同见证了这一盛事。Ladymatic腕表系列诞生于1955年，是欧米茄专为女性设计的第一个自动上链腕表系列，并装置有欧米茄有史以来最小的自动机芯。欧米茄将原创的设计风格与创新的同轴擒纵技术融合在一起，打造出全新的Ladymatic女表系列，为这一传奇腕表名称注入全新的内涵。她的荣耀新生，必将满足女性对拥有如此完美腕表的热切渴望。

星座情侣腕表发布

欧米茄星座系列腕表是全世界最受欢迎的腕表系列之一，自诞生以来，便成为欧米茄辨识度最高的表款系列。星座系列严谨传承着欧米茄所恪守的制表传统与奢华品质，也在不断改进与升华中焕发出新的生命力。星座腕表

在全世界范围内已成为情侣们的完美腕表之选。每一对欧米茄星座腕表都是爱情真谛的完美见证，绽放出历经岁月磨砺的极致光辉。人们佩戴星座腕表记录时间，更记录每一个甜美的心动时刻。作为星座情侣的代表，任达华、琦琦夫妇和陆毅、鲍蕾夫妇为欧米茄星座系列腕表拍摄了浪漫的时尚大片，并分享了他们之间相爱的点滴动人时刻。为了让更多的情侣与欧米茄表迷见证星座腕表的魅力，欧米茄分别在武汉、福州、北京、上海、苏州、大连等城市举办星座系列腕表鉴赏晚宴。

担任2010年温哥华冬奥会指定计时

2010年温哥华冬奥会吸引了来自80个国家的超过5500名运动员和官员参加。欧米茄作为温哥华冬奥会指定计时，记录每一个光辉时刻。同时赛场之外，在位于费尔蒙酒店一层的欧米茄全新旗舰店，展示着欧米茄超过一个半世纪以来记载的卓越品牌传奇以及在体育计时领域内的辉煌成就，是赛事期间欧米茄名人大使及奥运明星举行媒体见面会的绝佳处所。本届冬奥会是欧米茄自1932年洛杉矶奥运会以来第24次担任奥运会指定计时。而在2012年伦敦奥运会以及直至2020年的奥运赛事上，欧米茄仍将担此重任。

助力“阳光动力”原型机首飞成功

2010年4月7日，代号为HB-SIA的“阳光动力”原型机展开了它的首航之旅。三个月后，“阳光动力”成功实现了全程夜间航行。作为“阳光动力”的主要合作伙伴之一，欧米茄为其提供经济支持和技术保障。之后“阳光动力”飞机将启航环球之旅，仅依靠太阳能驱动实现昼夜不间断飞行。这一伟大的探险事业将协助人类在未来寻找到可持续型替代能源，并对科技及生态发展做出巨大贡献。

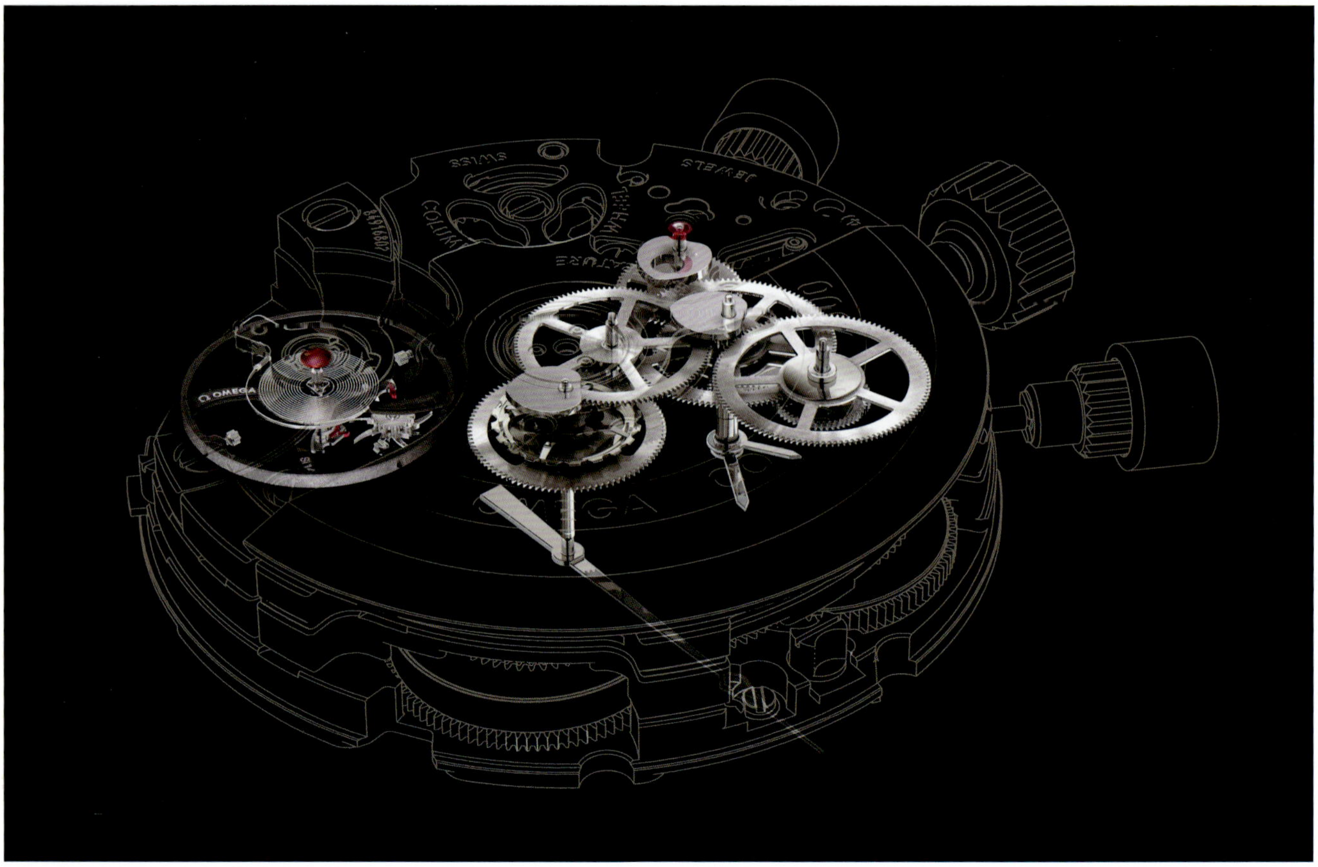

机械表的革新风潮

自机械腕表诞生以来，擒纵系统就是其心脏部分，对精准走时起到决定性的作用。在杠杆式擒纵系统出现以后一两百年里，没有人在腕表的擒纵系统上做任何突破。直到著名的制表大师乔治·丹尼尔（George Daniels）用他的惊世杰作，颠覆了整个传统制表业的理念坐标。

擒纵系统是机械腕表的关键部分，它使得腕表的调节装置——摆轮可以获得持续、精确、均衡和稳定的摆动，从而得以为腕表提供绝佳的等时性。按照乔治·丹尼尔大师的设计，欧米茄同轴擒纵系统装置可以减少将能量传递至其他零件和组件间的摩擦，基本免除了机芯对于维修保养的需要，最重要的是确保了腕表精准度保持长久的极高稳定性。他认为同轴擒纵装置“将令人们在21世纪继续保持对机械腕表的热情。”

然而大师的预言在实现过程中却有着难以预计的周折，一些表厂和钟表界人士对这项发明持怀疑态度，乔治·丹尼尔的发明屡屡遭到各大瑞士钟表制造商的拒绝。唯有欧米茄独具慧眼，决定将其产品搭载先锋性的同轴擒纵系统并将其提上工业化方案议程。1999年，欧米茄推出首款装置有同轴擒纵系统的2500机芯，备受整个机械制表业的关注。这是腕表机芯中250年来装置的第一款实用的新型擒纵系统，可谓机械制表领域内一场重大的革新。

尽管同轴擒纵技术已经应用在实用的表款中，但是在欧米茄第一款同轴机芯推出后还是遇到不可避免的质疑：钟表行业观察家认为，欧米茄同轴擒纵系统充其量只能配置于昂贵的限量表款之中。不过欧米茄以超凡的远见卓识和不断创新的精神，对同轴擒纵系统不断加以研发和改进，为实现同轴擒纵机芯的完全自产和全品牌产品应用同轴擒纵机芯继续努力着。

2007年，欧米茄隆重推出采用同轴擒纵系统的8500/8501机芯，堪称欧米茄同轴擒纵技术革新之路上的关键一步。这是欧米茄首次围绕同轴擒纵系统装置而设计了整个机芯，并且整个机芯全部由欧米茄自行设计并生产。这是欧米茄对品牌本源的一次回归：8500/8501同轴机芯的诞生标志了欧米茄重新回归自行设计并生产独有机芯的瑞士钟表制造商之列。

2008年，欧米茄又推出了专为小型腕表而设计的8520/8521同轴机芯，以及带有瞬跳年历功能的8601/8611同轴机芯。2011年巴塞尔钟表珠宝展上，欧米茄发布了同轴技术的最新研究成果——欧米茄同轴9300/9301机芯。此款全新机芯不仅拥有超凡的计时性能，而且是欧米茄自产机芯家族中首款搭载计时功能的机芯。

为了保持先进的机芯技术，新的机芯全部采用"Si 14"硅游丝摆轮。硅是非磁性物质，"Si 14"硅游丝摆轮的运转因此不会受到磁性物质的影响，在极大程度上免受撞击和其它外界因素的干扰，避免了腕表走时的偏差，保证了腕表的稳定性能。今年，欧米茄还将腕表的保修期延长至4年之久，使佩戴者享受到最佳服务。

8500/8501同轴机芯

瑞士官方天文台认证
宝石轴承：39石
振频：25,200A/h（3.5赫兹）
动力储存：60小时
独特功能：欧米茄无卡度游丝摆轮、快速调校时间功能

瑞士官方天文台认证
宝石轴承：28石
振频：25,200A/h（3.5赫兹）
动力储存：50小时
独特功能：欧米茄无卡度游丝摆轮，采用"Si 14"硅游丝，全新Nivachoc避震

瑞士官方天文台认证
宝石轴承：39石
振频：25,200A/h（3.5赫兹）
动力储存：55小时
独特功能：瞬跳装置万年历，覆有DLC涂层发条盒，新一代减震系统NIVACHOC，双向自动上链系统，锆滑动轴承，欧米茄无卡度游丝摆轮系统

9300/9301欧米茄同轴机芯

瑞士官方天文台认证
宝石轴承：54石
振频：28,800A/h（4赫兹）
动力储存：大于60小时
独特功能：时区功能，新一代同轴擒纵系统，覆有DLC涂层发条盒，新一代减震系统NIVACHOC，双向自动上链系统，锆滑动轴承，欧米茄无卡度游丝摆轮系统

星座系列

欧米茄星座系列腕表诞生于1952年，其名称来自表盘上的星星标志，外形设计优雅而内部装置着可靠的天文台机芯，在钟表界一直广受赞誉。1982年星座系列腕表的设计出现重大改变，4个托爪设计，给表款带来极为前卫和实用的功能，更为原本就具有非凡辨识性的设计增添一抹亮彩。如今星座腕表已是全世界最畅销的腕表系列。

星座系列小秒针腕表

和所有星座系列腕表一样，全新星座腕表小表盘表款既彰显时尚风格，又不失优雅气质。

直径35毫米的磨砂表壳外圈及托爪镶嵌有钻石装饰，抛光表冠上镶嵌有一颗水滴形切割钻石。白色鳄鱼皮表带与白色珍珠贝母表盘的搭配自然纯美。

表壳：玫瑰金，表圈镶嵌钻石，直径35mm，防水100米
表盘：白色珍珠贝母，镶钻刻度，6时位小秒盘
机芯：Cal.2202同轴自动上链机芯，48小时动力储存
功能：时、分、秒显示
参考价：171,700元人民币

星座奢华版35mm同轴腕表

欧米茄星座奢华版同轴腕表采用18K红金或18K黄金材质精致打造而成。35mm的表壳使用磨砂打磨技法，极具标志性的星座托爪经过抛光打磨处理。表圈上镶嵌有34颗明亮式切割钻石，总重0.997克拉。表盘上镶嵌有260颗切割钻石，总重0.889克拉。表盘采用钻石与珍珠贝母交错形成太阳光芒射线图案，自星座星徽位置向四周发散。星座奢华版同轴35mm腕表采用2403同轴机芯，透过蓝宝石水晶底盖清晰可见。机芯配有同轴擒纵系统装置和无卡度游丝摆轮。

表壳：玫瑰金，直径35毫米，表圈镶嵌34颗钻石，防水100米
表盘：白色珍珠贝母，镶嵌260颗钻石，放射状图案
机芯：Cal.2403同轴机芯，44小时动力储存
功能：时、分、秒显示
参考价：342,600元人民币

星座双鹰四小表盘腕表

这是欧米茄为纪念品牌与高尔夫的紧密联系特意推出的星座双鹰腕表，腕表为星座系列带来新颖时尚的新款，表盘设计极具特色，4个小表盘在表盘上交错排列成一排，从左至右其功能分别为：小秒针、7天计时、12小时计时和30分钟计时，星期与日历窗口上下分布。磨砂表壳托爪与黑色表圈搭配黑色橡胶表带，具有十足的运动感。旋入式表壳，防水深度达到100米。腕表搭载欧米茄3890型同轴机芯，获颁瑞士官方天文台（COSC）认证。

表壳：不锈钢，直径44mm，防水100米
表盘：黑色，4个小表盘从左至右分别为：小秒盘、7天计时盘、12小时计时盘和30分钟计时盘，6时位日历视窗，12时位星期视窗
机芯：Cal.3890同轴自动上链机芯
功能：时、分、秒、日历、星期显示，计时功能
参考价：60,700元人民币

海马系列

从1932年推出世界上第一块潜水表和1948年生产专业潜水表“海马”（Seamaster）开始，半个多世纪以来，欧米茄一直在引领着潜水表的研发潮流，海马腕表家族的所有表款都与海洋有着紧密联系，并作为欧米茄的主线产品。

海马系列Aqua Terra年历表

海马系列从未有过如此优雅祥和的表，Aqua Terra腕表以新颖的设计吸引人们的目光，其显著特点便是表盘上与众不同的“柚木概念”垂直纹理，再加上它是第一款复杂年历表。腕表采用精钢与玫瑰金搭配的表壳，尤以金制表圈和间金表带更具有男士的阳刚与秀气。腕表配置欧米茄8601/8611同轴机芯，不仅获颁瑞士官方天文台（COSC）认证，还带有瞬跳装置的复杂年历功能，可自动识别大小月份，每年只需在3月1日进行一次手动调整即可。

表壳：不锈钢，18K玫瑰金表圈，直径43mm，防水150米

表盘：深棕色，“柚木”纹装饰，3时位为星期及日历视窗

机芯：Cal.8601同轴自动上链机芯，55小时动力储存

功能：时、分、秒、日历、星期显示

参考价：98,600元人民币

海马海洋宇宙计时腕表

最新款海马海洋宇宙计时码表，直径45.5mm的硕大表壳搭载有独有的欧米茄同轴9300/9301机芯，这是刚刚在2011年巴塞尔表展上推出的欧米茄自产机芯家族中首款搭载计时功能的机芯。超大不锈钢表壳搭配橙色哑光铝制表圈，深达600米的防水深度说明了它的身份。最值得介绍的还是新款欧米茄同轴9300/9301机芯，不仅具有同轴擒纵系统装置和无卡度游丝摆轮，还装配着硅材质游丝，使得机芯的可靠性达到极高的标准，欧米茄还为每一款配置此款机芯的腕表提供长达4年的售后服务保证。

表壳：不锈钢，橙色哑光铝制表圈，直径45.5mm，防水600米

表盘：黑色，3时位12小时和30分钟计时盘，6时位日历视窗，9时位小秒盘

机芯：Cal.9300同轴机芯

功能：时、分、秒、日历显示，计时功能

参考价：56,200元人民币

海马Ploprof 1200米腕表

腕表名称中的“Ploprof”是法文“专业潜水者”plongeurs professionnels的缩写。源自1970年欧米茄发布的海马600米潜水表，它是当时最为牢靠耐用的深海潜水腕表之一。

全新的海马Ploprof 1200米腕表，配置有欧米茄8500型同轴机芯，顾名思义，其防水深度达到令人称奇的1200米，并且使用了欧米茄顶尖的同轴擒纵技术。除了拥有欧米茄专业潜水表的所有特点外，Ploprof位于特殊位置的旋入式表冠，防止了任何操作疏忽的发生。独具特色的带有橙色阳极氧化铝圈的表圈释放安全按钮，能够确保表圈在潜水过程中不会发生意外转动。

表壳：不锈钢，白色双向锁定表圈，自动排氦气阀门，防水1200米

表盘：白漆，橙色分针，4–5时位日历视窗

机芯：Cal.8500同轴自动上链机芯，60小时动力储存

功能：时、分、秒、日历显示

参考价：67,600元人民币

Speedmaster超霸系列

超霸系列专业计时表是欧米茄最有传奇色彩的腕表，因为它是第一枚也是唯一一枚在月球上佩戴过的腕表，因此超霸系列腕表的故事一直和太空与登月计划密切相关。1957年欧米茄首次推出超霸表，其外观风格阳刚豪迈，时间阅读清晰简便。1965年，超霸腕表被美国宇航局确认为所有载人太空飞行任务的指定腕表，伴随美国宇航局每一次载人航天飞行任务。1969年，欧米茄成为第一只登陆月球的腕表，见证了人类首次登月的伟大创举，自此荣膺“月球表”的美誉。

超霸同轴擒纵计时表

2011年，欧米茄最新的超霸同轴计时表荣耀诞生，最引人注目的是此款腕表搭载着欧米茄全新发布的9300/9301同轴机芯。这款机芯是欧米茄的第一款自产同轴擒纵计时码表机芯，在巴塞尔表展上出尽风头。新款与经典的超霸专业表款拥有很多相同的核心元素，如黑色表盘、月球表风格指针、计时表盘以及表圈上的黑色测速计，超霸欧米茄同轴计时表另有一些独特功能，吸引到更为广泛人群的关注。

新款超霸欧米茄同轴计时表拥有44.25mm表壳，采用经典的不锈钢材质，这也是超霸专业表款惯用的表壳材质。斜边黑色表盘上带有白色转印元素和漆化白色指针。搭配黑色皮表带或不锈钢表链。9300/9301同轴计时机芯搭载同轴擒纵系统和无卡度游丝摆轮，配有硅材质游丝，此腕表可享受长达4年的售后服务保证。

表盘上的小表盘与以往不同，只有两个。3时位的小表盘同时拥有12小时计时和60分钟计时功能，使得读取计时时间更加方便与直观。平凸形防磨损蓝宝石水晶也运用于表背之中，将机芯的精准运转完美呈现。

表壳：不锈钢，黑色表圈上有测速计，直径44.25mm

表盘：黑色，3时位12小时计时盘，6时位日历视窗，9时位小秒盘

机芯：Cal.9300同轴计时机芯

功能：时、分、秒、日历显示，计时功能

参考价：247,500元人民币

超霸月球表“阿波罗15号”40周年限量版腕表

阿波罗15号登月任务是美国宇航局六次登月任务中的第四次，1971年7月26日升空，30日宇航员登上月球，8月7日返回地球，持续了12天之久。阿波罗15号在月球表面第一次进行了长时间停留，而且首次使用了月球车。

为了纪念这次伟大的登月行动，欧米茄推出具有重大纪念意义的超霸月球表“阿波罗15号”40周年限量版。表款格局并无太大变化，仍采用抛光与磨砂打磨不锈钢表壳表链，黑色铝质表圈上带有测速计，三个小表盘仍按照经典的超霸专业系列腕表风格排列于黑色表盘之上。但新款具有显著的特色：腕表的分钟刻度由蓝、白、红三色刻度环构成，而三个小表盘也分别采用蓝、白、红色外圈，这正是阿波罗15号任务徽章的三种颜色。表背上浮雕有月球车图案和“APOLLO 15（阿波罗15号）”以及“40th ANNIVERSIRY（40周年）”字样。表背外环刻有“THE FIRST WATCH WORN ON THE MOON（第一枚登陆月球的腕表）”、“JULY 30，1971（1971年7月30日）”以及限量编号。

表壳：不锈钢，黑色表圈上有测速计，直径44.25mm

表盘：黑色，3时位30分钟盘，6时位12小时盘，9时位小秒盘

机芯：Cal.1861手动计时机芯

功能：时、分、秒显示，计时功能

参考价：42,000元人民币

De Ville 碟飞系列

碟飞系列腕表，是欧米茄四大腕表系列中最为精密也最为端庄典雅的表款，欧米茄的第一枚同轴擒纵机芯就装置在碟飞系列腕表中，因此碟飞也代表着欧米茄勇于创新的精神。1999年欧米茄首枚装置有同轴擒纵系统的2500机芯，率先用于碟飞系列腕表中，并开辟了欧米茄同轴擒纵技术的新纪元。

Hour Vision Blue“明亮之蓝”腕表

为支持国际奥比斯组织（ORBIS International），治疗可预防性盲症，欧米茄推出碟飞Hour Vision Blue“明亮之蓝”腕表。与欧米茄一同投身于此事业的是知名影星、欧米茄名人大使丹尼尔·克雷格（Daniel Craig）。腕表具有Hour Vision腕表的庄重外表，带有360度透视表壳，表壳直径41mm。腕表装置欧米茄8500同轴机芯，获颁瑞士官方天文台认证（COSC），可以单独调校时针而不影响分针和秒针走时，适合长途旅行需要频繁调校时区的人士。

表壳：不锈钢，直径41mm，360度透视透明内表壳

表盘：蓝色，太阳纹打磨，3时位日历视窗

机芯：Cal.8500同轴机芯

功能：时、分、秒、日历显示

参考价：50,300元人民币

Ladymatic女表

Ladymatic女表系列的荣耀新生，在全球范围内引领了21世纪女款机械腕表的发展潮流。

专为女性顾客设计，优美脱俗，高技术机芯和优质的服务保证，使得这个系列深受欢迎。Ladymatic女表系列的所有表款均采用34mm抛光表壳，独具匠心的陶瓷环位于外环装饰波纹与内环表壳主体之间。抛光旋入式表冠上或镶嵌有“明亮式欧米茄切割”（BRILLANT OMEGA CUT）钻石，或浮雕有抛光欧米茄标志。Ladymatic腕表均采用欧米茄8520/8521同轴机芯，装配欧米茄独有的Si 14硅游丝摆轮，腕表可享受长达四年的售后服务保证。

表壳：18K红金，雪花镶嵌钻石表圈，直径34mm

表盘：黑色亮漆表盘，放射状纹饰，3时位日历视窗

机芯：Cal.8521同轴机芯

功能：时、分、秒、日历显示

参考价：262,800元人民币

Hour Vision同轴镂空铂金限量版

这款限量版腕表可谓至臻至善，美不胜收。41mm铂金表壳内部镶嵌着360度透明蓝宝石内表壳，精细镂空的欧米茄同轴8403型机芯透过腕表侧缘的透明蓝宝石窗清晰可见。

明澈的蓝宝石表盘上带有经磨砂抛光处理的黑化凹槽小时环，并刻有“Limited Edition”（限量版）字样。刻度为18K白金材质，18K金自动砣上带有蓝宝石底板，刻印有欧米茄标志、机芯英文名称以及限量编号。防水深度100米，限量发售88枚。

表壳：铂金，直径41mm，360度透视透明内表壳

表盘：镂空，银色指针及时标

机芯：Cal.8403同轴机芯

功能：时、分、秒显示

参考价：372,900元人民币

豪利时 ORIS

2010年，对瑞士名表豪利时来说可谓硕果累累的一年。

2010年春节期间，豪利时携手"爱表族"网站共同筹办了"我心目中的豪利时——网上有奖问答活动"，所有参加此活动并将完整信息和答案发送给主办方的读者，都得到由瑞士豪利时总公司独家定制的精美的最新产品目录。此次活动共发放800份线上调查，调查期为23天。根据表迷网上投票结果，产生了排名前10的"最受消费者喜欢的豪利时十大表款"。

之后又举行了"Oris手表有奖注册活动"，历时2个月，吸引了近千名"My Oris"会员的注册和踊跃参与。大奖得主是来自上海的张盛先生，他准确回答出线上问卷的所有问题，并在所有328名问卷答对者中脱颖而出，赢得Williams F1日历星期表的大奖。

2010年初，作为瑞士专业机械表制造商，豪利时受到"瑞士兰花基金会"的特别邀请，精选了一些深受中国消费者喜爱的豪利时机械表，参与了在中国三亚举行的第四届国际热带兰花博览会。在瑞士兰花基金会的展台上，一款款设计独特的豪利时手表为一株株造形优美、品种奇特的瑞士兰花平添了别样风采，让参观者们更深入地了解了钟表王国的特色。

2010年4月上海威斯汀大饭店，Oris Darryl O'Young限量表中国发布会隆重举行，表款包括直径41mm和43.5mm各一款。与此同时，豪利时新任品牌大使——加拿大华裔赛车手Darryl O'Young（欧阳若曦）也出席发表会。Darryl是中国第一位参加世界房车锦标赛、世界超级跑车锦标赛和欧洲保时捷超级杯的选手，他佩戴着豪利时特别为其设计的新款赛车限量表，并表达了他对豪利时腕表的喜爱。

为纪念钢琴宗师Oscar Peterson，2010年9—11月，豪利时在中国深圳、武汉和西安举办了"Oris & Jazz"音乐会巡演活动，并邀请到国内著名音乐人李泉先生作为表演嘉宾。巡演中媒体及在场嘉宾不仅欣赏了优雅的爵士乐曲和李泉先生充满激情的演奏、演唱，也欣赏了豪利时Oscar Peterson爵士限量表的迷人风采。这款腕表限量1925枚，伴随着曾得过8次格莱美奖的Oscar Peteron的优美爵士钢琴声，开始了在中国的美妙旅程。

大表冠X1专业飞行表

为纪念1947年10月14日Bell X1飞机首次载人超音速飞行，豪利时大表冠X1专业飞行表应运而生。新款腕表将X1专业飞行表的计算尺保留，并采用超大表冠，还具有防水300米的优秀性能。表壳外层镀上一层炮铜色的PVD涂层，也是当年Bell X-1飞机的色调。深褐色小牛皮表带，不锈钢表扣镀PVD涂层。

表壳：不锈钢，炮铜色PVD涂层，直径46mm，防水30米

表盘：黑色，12时位30分钟计时盘，4-5时位日历视窗，6时位12小时计时盘，9时位小秒盘及星期视窗

机芯：自动机械机芯

功能：时、分、秒、日历、星期显示，计时功能

Cenote系列Carlos Coste限量腕表

Carlos Coste是一位具有超凡能力的潜水员。2010年，Carlos Coste在不携带任何呼吸辅助装备的情况下，于墨西哥南部尤卡坦蜿蜒达31公里的Dos Ojos海中岩洞闭气潜游150米，缔造最新自由潜水吉尼斯世界纪录。为了纪念这个骄人成绩，豪利时推出了Cenote系列Carlos Coste限量潜水表。

新款潜水表用很多细节来突出Coste的非凡技能：手表正中上方的分钟计数器在黑暗中能发光，显示在水下的逗留时间；在2分钟位置处的倒三角标示了Carlos水下动态潜水的时间纪录：2分30秒；在7分钟位置的三角则标示了Carlos静态潜水的时间纪录：7分30秒。表圈采用防刮陶瓷材料，在起始位置的数字和三角形都添加了荧光材质。手表后盖印有 Carlos Coste标志和限量编号。

表壳：不锈钢，直径46mm，防水500米

表盘：黑色，12时位30分钟计时盘，6时位12小时计时盘、9时位小秒盘

机芯：ETA 7750自动上链机芯

功能：时、分、秒显示，计时功能

艺术家镂空女士钻表

惯以充满力量感的大表男表称雄的豪利时，今年推出一款全新的艺术家系列镂空女士钻表，手表尺寸仅为31mm，优雅清新，望而脱俗。这是一款流行的镂空表，表圈上镶嵌了56颗美钻，总重0.5克拉，表盘上也有10颗钻石熠熠生辉。表盘采用镂空设计，中间部位露出雕刻打磨精细的机芯夹板，让这款女表具有一种知性之美。

表壳：不锈钢，直径31mm，表圈镶嵌56颗钻石，防水30米

表盘：镂空，镶嵌10颗钻石时标

机芯：Cal.560机芯

功能：时、分、秒显示

中型潜水表

如此清丽优雅的小表居然是潜水表，可见豪利时特立独行的性格。适中的尺寸又是此表的另一大特点，不仅极为漂亮，还足以满足大部分人甚至是专业人士的潜水需求。不锈钢表壳配备白色陶瓷表圈，白色表盘有镶钻刻度，橡胶表带弯曲自如，旋入式表冠配有表冠保护装置。

表壳：不锈钢，单项旋转白色陶瓷表圈，直径36mm，防水300米

表盘：白色，12颗钻石刻度，6时位日历视窗

机芯：SW 200-1自动上链机芯

功能：时、分、秒、日历显示

豪利时中国销售中心：电话：+86-21-64863680

北京办事处：电话：+86-10-88067120

广州办事处：电话：+86-20-38812338

沈阳办事处：电话：+86-24-31315119

罗马
ROAMER

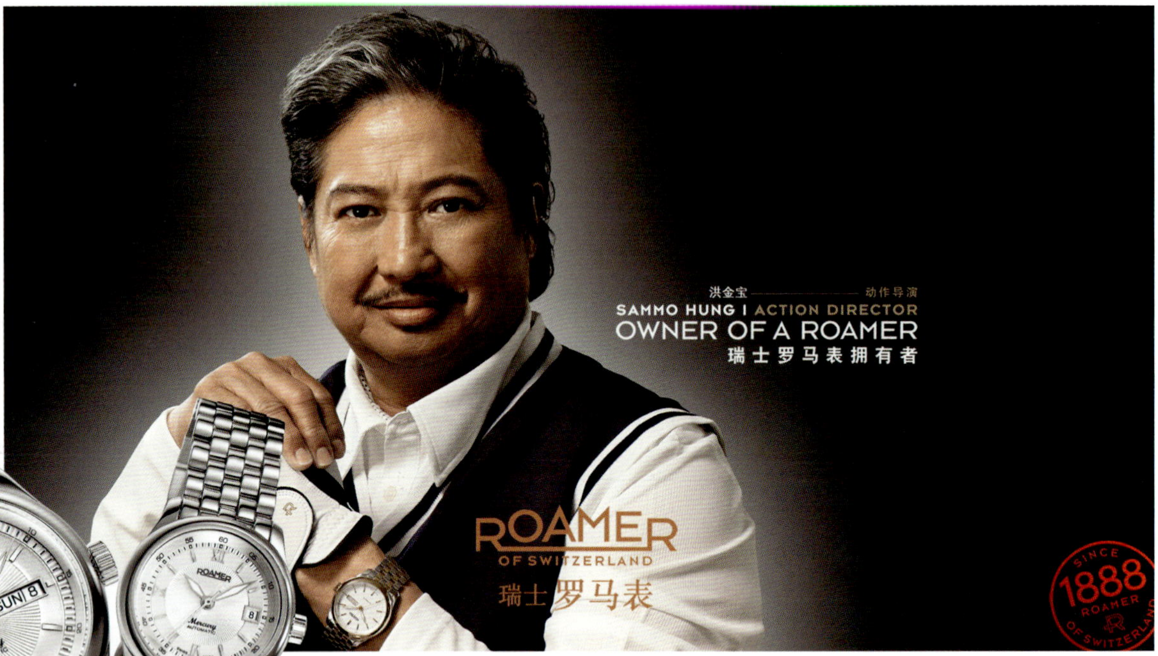

不知大家是否注意到，在电影《叶问2》中能够清楚的看到一幅罗马表的广告牌，这幅广告牌的出现不但与电影的时代背景完美合拍，罗马表同时也荣幸地宣布，功夫巨星洪金宝成为品牌的全新代言人。同时我们还了解到，在这次合作的背后并非是一次单纯的市场营销行为，真正让二者走到一起的，则是源于他们在本职之外，对慈善事业的关注。这位影坛大腕代言的不只是罗马表本身，也代言着罗马表的社会责任。

高尔夫是洪金宝非常热衷的休闲项目，谈到高尔夫运动的时候，洪金宝说："在打高尔夫的时候我可以完全放松自己，很投入，很享受，在这个时刻，与其说是在挑战别人，不如说是一项自我挑战。"而作为一个公众人物，他在享受这项运动的同时，还不忘将其与慈善事业结合起来。洪金宝曾在深圳举办的高尔夫慈善大赛上筹得180多万元善款，并全部捐赠给相关机构用于免费医疗服务。

水星系列男女对装腕表

水星(Mercury)指的是罗马神话中众神的使者墨丘利，他行走敏捷，精力充沛，被尊奉为体育运动之神。罗马表五行太阳家族系列新品之水星表，整体设计大方，线条简洁，无论是休闲还是运动，均能随时展现个性和活力。白色的圆形表盘上刻画着立体时间刻度，而在6时、9时与12时的位置改为罗马数字，体现了灵活多变的运动精神。同一系列的女款腕表，表盘比男款略小，省略了星期视窗更显婉约之美。在材质及表盘颜色上，这款腕表更提供了多种搭配可供选择。

表壳： 不锈钢，蓝宝石水晶表镜，防水100米(男款)，防水50米(女款)
表盘： 银白色，条形及罗马数字刻度，3时位星期及日历视窗
机芯： 自动上链机芯
功能： 时、分、秒、日历、星期(男款)显示

金星双日历男女对装腕表

金星系列腕表的原型来源于上世纪初罗马的一款金表，其经典设计得到了延续的同时，设计师利用现代制表技术为其融入了一些现代的设计元素。在最新的表款中，为男款搭配了星期及日历双视窗显示，整体外观也显得更加利落和刚硬。此外更有男女镶钻款式，颗颗水晶钻石散发出闪亮光芒，成就了腕上的一道独特风景线。

表壳：不锈钢，表圈PVD镀金，防水100米(男款)，防水50米(女款)

表盘：白色，3时位星期、日历视窗，10颗水晶钻石刻度时标

机芯：自动上链机芯

功能：时、分、秒、日历、星期（男款）显示

骏马系列男女对装腕表

设计灵感来源于草原上狂放不羁自由奔放的骏马族群，它们奔放时激情澎湃，安静时也能够自在享受恬静群居。这正是罗马腕表此款情侣系列设计师所要表现的一种生活态度。该系列腕表采用超薄石英机芯，在设计上，也是秉承了罗马腕表一贯简洁中透露出的高贵时尚，男款刚毅中透出温柔，女款简洁中透出华丽，每一款腕表都有着简洁的流畅线条，圆润的如同岁月打磨后的人生感悟。

表壳：不锈钢，蓝宝石水晶表镜，防水30米

表盘：银白色，6时位小秒盘

机芯：石英机芯

功能：时、分、秒显示

土星系列男女对装腕表

简洁利落的线条是对经典最好的诠释，在这对腕表上，通过一些细节上的小设计展现出罗马表对于时间的另一种诠释。土星以其夺目的光环吸引着世人的目光，在这系列腕表上，同样匠心独具地将土星环紧密融合在手表的设计中，在表盘及表冠部分均加入了环形设计，点滴之中流露出与众不同的品味。腕表内部搭载了ETA2836自动上链机芯，严格按照瑞士传统工艺精心打造，精准记录时间流淌的每分每秒。

表壳：不锈钢，表圈PVD镀金，防水100米(男款)，防水50米(女款)

表盘：白色，金色刻度时标及指针，3时位星期、日历视窗

机芯：自动上链机芯

功能：时、分、秒、日历、星期（男款）显示

罗西尼
ROSSINI

罗西尼的前身，是瑞士钟表商在新加坡开设的表壳制造工场，上世纪八十年代，承袭弗里堡的古典气韵、浸润瑞士血脉的罗西尼将精湛的瑞士制表技术带至中国，移师美丽的海滨城市珠海。

积淀岁月之美，传承文化典藏，罗西尼以特有的简约风格和睿智内涵吸引了亿万消费者的青睐，并以其品牌价值、市场综合占有率、市场销量多项并进领军行业的绝佳表现，赢得世人瞩目。

作为中国钟表行业的领航者，罗西尼持续地革新与超越，用最优化的产品提供给市场，用品质去构筑品牌的发展。始终将国际级的品质工艺奉为信条，倡导技艺创新，追求卓越品质，力求完美的制表哲学，以国际先进的制造工艺和精湛的瑞士制表技术创造出最精密可靠的时计。

一句经典的“时间因我存在”蕴藏着深远的品牌文化。罗西尼的产品风格“简洁、流畅、高贵、典雅”，融合了中西方文化的精髓，顺应着不同时代的审美要求，它所打造的每一款作品均是心灵与艺术的契合，气质高贵典雅、线条纤薄流畅、工艺精致考究，赋予佩戴者高雅浪漫的文化品位、舒适体贴的尊贵感受。

罗西尼，以精湛的技艺，诠释简约，阐释时间的存在，用时间成就了非凡，更用非凡的成就创造着时间的价值。

锐冠运动腕表

罗西尼全新的"Range 1(锐冠)"运动腕表是品牌针对富有激情和进取精神、年轻而有品位的中国年轻的新精英人群打造的运动品牌腕表。Range 1(锐冠)启用了全新产品标识，由一个简洁明了的"R"字组成，具有新颖时尚的运动风范，适合目前的年轻人的品位和需要。"R"字包含有三重含义，既融入了罗西尼"ROSSINI"的首字母"R"，也吸收了"锐"字拼音首字母"R"，彰显品牌锐进之志，也蕴含着当代年轻人(Ren)积极向上的姿态与精神。

Range 1(锐冠)运动腕表是罗西尼首次对外发布的专属运动品牌，豪爽的运动风格、大气强悍的外观设计与精密的内部机芯结构，让这款腕表承载起品牌未来的光荣与梦想，也代表了中国钟表企业的精神风貌。

YD5537腕表

外表酷劲，极具力量金属质感的表款，沉稳内敛却不失张力。多项超强计时功能搭载个性"工字"螺钉设计，赋予精密可靠的实战家气质。

表壳：不锈钢，酷黑不锈钢表圈，蓝宝石水晶表镜，防水100米

表盘：黑色，夜光刻度及指针，3时位日历视窗，6时位小秒盘，9时位60分钟计时盘，12时位1/10计时秒盘

机芯：原装进口多功能石英机芯

功能：时、分、秒、日历显示，计时功能

YD5543腕表

黑色调下潜隐巨大的力量，犹如锋芒在幽静中优雅重生。动中有静，低调的与未来的一切未知对话，富有深度的运动酷感，有着别样的魅力与坚强意志。

表壳：黑色PVD不锈钢，蓝宝石水晶表镜，防水100米

表盘：黑色，夜光刻度及指针，3时位24小时盘，4—5时位日历视窗，9时位60分钟计时盘

机芯：原装进口多功能石英机芯

功能：时、分、秒、24小时、日历显示，计时功能

YD5547腕表

游走在商务与休闲运动之间，大气的表盘，浅隐的世界地图彰显"World is Yours"的豪仕气派，设计新颖而同时以经典的黑白灰演绎时尚简约，秉承了特有的品牌个性。

表壳：不锈钢，蓝宝石水晶表镜，防水100米

表盘：白色，世界城市外圈，3时位日历视窗，6时位小秒盘，12时位60分钟计时盘

机芯：原装进口多功能石英机芯

功能：时、分、秒、日历显示，计时功能，世界时区

YD5541腕表

配色活跃醒目、动感十足，融入立体多层碳纤维表盘创新科技材质，更显独特个性，充满先锋气派的时尚酷感，吸引的也是那些不凡的精英酷族。

表壳：不锈钢、黑色PVD不锈钢表圈，蓝宝石水晶表镜，防水100米

表盘：碳纤维，夜光刻度及指针，3时位24小时盘，4—5时位日历视窗，6时位小秒盘，9时位60分钟计时盘

机芯：原装进口多功能石英机芯

功能：时、分、秒、24小时、日历显示，计时功能

天王表
TIAN WANG

天王表由董观明先生于1988年8月创牌成立，是新加坡上市企业、香港钟表巨擘伟明集团麾下全资子公司。今天的天王表公司总部坐落于深圳经济特区宝安龙华。

如今，天王表凭借强大的设计研发实力，以优秀的设计队伍为核心，通过CAD、CAM电脑辅助设计制造系统和国际上最先进的精密加工设备，生产设计出了深受消费者青睐的多个系列经典表款，并荣获多项国家专利。

特设的"品质监督控制中心"，以ISO9001质量保障体系为执行标准，确保天王表始终如一的产品品质；全封闭无尘防静电化装配线以及严酷的环境实验室为天王表的优质生产提供强大的支撑和保障。

同时，公司还引进了先进的ERP系统，进行全程业务管理，使管理日趋科学化和现代化。

截至2011年6月，天王表在全国35个大、中城市设立了办事处及维修中心，近900家大型商场设有天王表专柜。

天王表采用皇冠造型作为企业标志，尊贵典雅、简洁明了，寄予做一流钟表企业的希冀。经过漫长的积累，天王表厚积薄发，一如醇酒弥香，完美呈现品位、时尚的特质，尽显王者风范。

上世纪90年代，中央电视台新闻联播前"天王表为您准确报时"这一广告语，令人记忆犹新。从此，天王表逐步成长为国内知名钟表品牌，更荣获了"中国名牌"、"中国驰名商标"等近百项荣誉。

2003年8月，天王表在北京举行了"天王巨星　经典再现"新形象新闻发布会，影视巨星陈道明先生受邀担任品牌代言人，此举开创了国内同类企业聘请明星代言人之先河，旨在摆脱同质化竞争，开始通过提升企业文化和品牌内涵，积极应对众多国外品牌竞争。

2004年五一期间，天王表率先倡导"明天是中国时间"（Tomorrow is the times of China）行业新思路，并围绕这一主题在全国大中城市开展了大型巡回展活动，首扛民族钟表品牌大旗，积极带领国内钟表企业向着"中国创造"的方向健康发展。

2010年4月，天王表精准把握潮流趋向，邀请影视歌三栖明星黄圣依小姐出席尚shine系列新品记者见面会，将尚shine系列时尚闪耀的特性完美呈现，亦赋予了品牌时尚新内涵。

2010年8月，"2010超级赛车劲爆秀暨壹基金杯慈善明星赛"在上海F1国际赛车场火爆上演。天王表秉承对公益事业的热忱，全程参与并支持这一慈善盛会，为中国红十字会李连杰壹基金计划筹集善款。

世界无尽，变化流转；历史无恒，缓缓前行；时间无底，永不停滞。汲取以往的荣耀与经验，怀揣对于未来的火热憧憬和坚定信心，稳健踏实做好当下。且看未来于天王传奇无止境！

尚shine系列Shine Series腕表 型号LS3608PW/D

尚shine系列，专为现代时尚女性打造。个性时尚的造型，独具匠心；黑、白、金、玫瑰金等多种色调，演绎出一曲色彩变奏曲；闪耀的水晶石在圈口细细诉说对于时尚的自我见解；表带上陶瓷中珠传达温润女人对于内心的坚持和自信。整个表款做工精致考究，闪耀着时尚之魅。

表壳：不锈钢电镀玫瑰金，外圈镶嵌水晶石 ，蓝宝石玻璃表镜，防水30米
表盘：白色，3时位日历视窗
机芯：进口优质石英机芯
功能：时、分、秒、日历显示

风云系列Cloud-Wind Series腕表 型号8998

英雄谱写历史，每个时代都有它专属的风云人物。这些人物以其独特的个人魅力影响了更多的人，从而推动了历史发展的车轮。天王表风云系列恰似时代风云人物，低调内敛，却又大气磅礴。

表壳：18K黄金，蓝宝石玻璃表镜，防水50米
表盘：白色，镶嵌5颗真钻刻度，12时位摆轮视窗
机芯：瑞士进口优质露摆自动机械机芯
功能：时、分、秒显示

金骑士系列 Golden Knight Series腕表 型号81699

为了将现代骑士积极的生活态度和贵族般的生活方式推介给更多的品位人士，天王表金骑士系列应运而生。设计师将时针、分针造型取古代骑士剑之外型，喻古通今，直喻现代骑士精神；金圈口设计则取光环的外型来隐喻骑士的终极理想和荣耀。

表壳：不锈钢，18K玫瑰金表圈，不锈钢表冠电镀玫瑰金，蓝宝石玻璃表镜，防水50米
表盘：黑色，镂空
机芯：进口优质手动机械机芯
功能：时、分、秒显示

轮时代系列Round·times Series腕表 型号81169

明轮是一种船用局部入水的推进器，装在船的两侧或尾部，形状类似车轮，在轮周上装若干桨板，拨水向后使船前进。因轮的大部分在水面以上，故称“明轮”。天王表“轮时代”系列腕表的设计灵感正来源于此。

表壳：不锈钢，18K玫瑰金表圈，不锈钢表冠电镀玫瑰金，蓝宝石玻璃表镜，防水50米
表盘：白色，镶嵌3颗真钻刻度，3–6时位小秒盘，6–8时位摆轮视窗
机芯：进口优质露摆自动机械机芯
功能：时、分、秒显示

深圳总部
地址：深圳市宝安区龙华街道工业东路利金城科技工业园4栋4–5楼
电话：+86–755–81719888

北京办事处
地址：北京市宣武区广安门内大街6号枫桦豪景A座7单元1001室
电话：+86–10–67164456

上海办事处
地址：上海市徐汇区凯旋路2200号3504室
电话：+86–21–64075781

天梭
TISSOT

1853年，天梭表诞生在力洛克这个位于瑞士侏罗山与法国边境接壤，只有8500人的瑞士小镇上。158年过去了，天梭表从当初的一个小工厂，发展到现今行销全球五大洲超过150个国家的世界性大企业。从1853年生产的第一块怀表、1917年的“banana香蕉”弧形腕表、30年代的世界首枚防磁腕表和珍珠贝母表壳（Pearl Watch）腕表，到80年代的全木质表壳腕表（Wood Watch）和岩石表壳（Rock Watch）腕表，直到今天的具有表镜触摸显示技术的高科技触摸式（T-Touch）腕表，这种创新精神始终未变。

天梭表的市场推广也充分体现其创新精神。直到今天，天梭表的品牌宣传活动方式多样，地域广阔，在腕表行业中非常突出。为了增加曝光率，天梭表不断尝试新的推广方式，天梭表的商标频繁出现在世界闻名的各大重要赛事上，至今天梭表仍是自行车、摩托车、击剑和冰球等世界最高级别比赛的官方指定计时器。

天梭表的创新精神，还协助其佩戴者征服高山和深海的极端环境，在那里经常能看到佩戴天梭表的挑战者：1965年T-12自动腕表就到过秘鲁安地斯的Tsacra Grande，而今日的T-Touch腕表也登上过尼泊尔的山脉。从1853年天梭第一块怀表问世，到2002年革命性触摸式技术的T-Touch腕表，以及2005年获得多项设计专利的花瑰系列腕表，天梭表都造出了创新和令人惊喜的产品。为了表达对祖国瑞士壮丽高山的热爱，1985年天梭表使用瑞士山上的高山花岗岩作表壳，制成岩石纪念腕表。1987年和1988年，天梭表陆续推出了使用珍珠贝母材料和优质木材制作的独特腕表。

天梭表1983年加入了Swatch集团，从一个位于瑞士侏罗山的小镇，到现在成为代表瑞士手表产品质量和设计的品牌之一，天梭表本身就是一个传奇，它向世界述说着一个品牌不断成长，不断创新的故事。

近几年来，天梭表非常活跃，各种宣传活动与其多位形象代言人在各种场合将天梭表推向市场，也将天梭表的品牌精神向表迷们宣示，取得非常好的效果。

巴塞尔钟表展新品亮相古城西安

2010年7月1日，天梭表携其在巴塞尔展出的精致新品亮相古城西安，启动了天梭表新品巡展，品牌时尚形象大使徐熙媛（大S）小姐出席名为“时空穿梭，‘媛’满表现”的主题活动。一个是拥有157年制表历史的国际品牌，一个是建城超过3000年的十三朝古都，展开了一场关于时间与传统、经典与时尚的对话。大S拥有甜美、纯真与优雅的经典之美，在代言天梭表的过程中，大S从开始时的兴奋变得从容，进而愈发淡定，她也开始慢慢参悟什么是秀于外而修于心。这其实也是大S与天梭表共同成长的过程。

击剑王子仲满变身天梭表“代班店长”

2010年11月7日，天梭表首位华人运动形象大使——北京奥运冠军、击剑王子仲满亮相巴黎香榭丽舍大街上的最新概念店，担任“代班店长”，庆贺新店喜迎全球宾客。新的天梭表巴黎专卖店占地100平米，装饰色彩仍由代表天梭表的三色：红、白、黑组成。作为代班店长，仲满首先向中国媒体介绍了全新天梭表形象大使的照片。这些照片均采用黑白色系，寓意着黑夜与白昼的转换，记录着时间的流淌。随后仲满来到展示橱窗前，向媒体介绍了琳琅满目的天梭表新品。

唯思达系列新品盛大发布

2010年11月18日，天梭表在上海创意基地红坊内为天梭唯思达系列举行了盛大的发布会。天梭表形象大使黄晓明、才女歌姬黄龄、舞蹈王子黄豆豆和达人秀80后嘻哈小将寿君超亮相活动现场，与现场观众分享对“怀旧”和“经典”的感受，用自己出色的表演才艺为在场观众展示了浓郁的老上海风情与文化。

唯思达系列复刻版腕表的设计灵感，源于天梭表为庆祝其品牌诞生100周年而推出的纪念品系列腕表。天梭表设计师保留了当时的设计原味，又融入了许多当代流行的细节元素，重新演绎这一经典款式。

唯思达1957自动机械珍藏版

虽然天梭表总是能将最先进的技术和材料应用到产品之中，但这款腕表却以其绝美的经典元素打动人心。为了向经典致敬，表盘上隽刻着天梭表复古的logo，喻示着承载着天梭表悠久的历史。

表壳：不锈钢，直径40mm，防水30米

表盘：白色，3时位星期及日历视窗

机芯：ETA2836–2自动上链机芯，42小时动力储存

功能：时、分、秒、星期、日历显示

库图系列腕表

库图系列的名称源于法文“Couturier”，意为业内出名的工匠，可见此款腕表属于品牌的高档系列，设计和做工非常考究。

表壳：不锈钢，防水100米

表盘：银色，3时位日历视窗，6时位计时盘，9时位小秒盘，12时位30分钟盘

机芯：ETA7750自动上链机芯，46小时动力储存

功能：时、分、秒、日历显示，计时功能

腾智系列精英版

浓缩高科技的精英版腕表，再一次将天梭表的技术分数提高。轻轻一触表镜，它就变成集众多功能于一身的科学仪器，为你提供至关重要的精准信息。

表壳：不锈钢，旋转外圈，触控蓝宝石水晶表镜，防水100米

表盘：黑色，橙色指针及时标，6时位触控屏

机芯：触屏机芯，带低电量显示

功能：时、分、秒显示，天气预报、海拔高度、读秒计时、指南针、自动退磁、双响闹、温度计、两地时间、背光灯光及万年历功能

港湾系列腕表

一个温馨、幸福的名字，着实是那些渴望安定家庭生活的现代男女不错的选择。尤其是港湾系列对表，设计低调却充满复古美韵，端庄俊美，精致细腻，将幸福隐匿于生活细节中。

表壳：不锈钢，防水30米

表盘：银色，3时位日历视窗

机芯：ETA2892–A2自动上链机芯

功能：时、分、秒、日历显示

心媛系列腕表

“七夕”号称中国的情人节，天梭表在这个特殊的日子专门为中国的有情人推出了心媛系列腕表。天梭表以极为时尚的元素将传统而刻板的腕表装点一新。镂空表盘谐音“开芯”，希望每位女性都开心生活。

表壳：不锈钢，防水30米

表盘：紫色珍珠贝母，镶嵌6颗钻石时标，12时位镂空摆轮

机芯：ETA2824-2自动上链机芯，42小时动力储存

功能：时、分、秒显示

2010格兰运动系列丹妮卡限量版

这款限量版腕表以印地女车手丹妮卡·帕特里克的名字命名，既能表达她的运动天性，也能彰显她优雅的一面。设计上的时尚元素充分反映出腕表的柔美一面，闪亮的钻石成为腕表的一大亮点。

表壳：不锈钢，镶嵌18颗钻石，防水30米

表盘：银色，3时位日历视窗，12时位镶嵌7颗钻石

机芯：石英机芯

功能：时、分、秒、日历显示

乐爱系列至尊款腕表

新款乐爱系列腕表是天梭表时尚表款系列中的摩登天使，小巧的腕表极像一款精美手链，堪称完美腕饰。腕表的设计融合了许多潮流与时尚元素，圆形表圈上嵌有37颗顶级威塞尔顿钻石，是一款女性梦想拥有的腕饰。

表壳：不锈钢，表圈镶嵌37颗钻石，重0.25克拉，防水30米

表盘：珍珠贝母，12时位镶嵌1颗钻石时标

机芯：石英机芯

功能：时、分显示

韵驰系列PVD粉金款女表

韵驰系列腕表以优美的设计和高技术含量的机芯，赢得时尚女性的青睐。为了让更多追求潮流的女性佩戴上韵驰系列腕表，天梭表推出粉金PVD款女表，与原款同样的外观设计，但使用更为耐磨、亮度和色度堪比K金的PVD粉金材质，完成了奢华运动腕表面向大众的华丽转身。

表壳：不锈钢PVD粉金，镶嵌66颗钻石，重0.468克拉，防水30米

表盘：珍珠贝母，2时位1/10秒计时盘，4时位日历视窗，6时位小秒盘，10时位30分钟盘

机芯：石英机芯

功能：时、分、秒、日历显示，计时功能

梅花表 TITONI

没有花哨的设计，更没有令人眼花缭乱的宣传造势活动，进入中国市场50多年以来，瑞士梅花表一直以为消费者提供真正高性价比的腕表产品为第一目标，稳扎稳打，在中国的消费者心中树立起了一个完美的瑞士腕表形象。同时，不断完善售后服务及销售网络也是梅花表的不断追求与承诺。今年，品牌在中国的第二家旗舰店在上海和平饭店隆重揭幕，同时这也是梅花表全球最大的旗舰店。对于选择和平饭店作为新店址，梅花表总裁丹尼尔·史洛普先生（Daniel Schluep）表示："和平饭店是一个非常独特且历久弥新的地方。我于1980年初第一次到访中国，和平饭店就给我留下了深刻的印象，此后它就成为了我每次到访上海的必游览之地，而梅花表上海旗舰店与和平饭店有许多相似之处。"在店面设计上，品牌特意在维修间装上透明玻璃，顾客可随时欣赏到修表师傅一丝不苟的工作。同时亦可漫步于店内特别设计的长廊，犹如置身博物馆，通过观赏定期更换的历史表款及广告作品等历史物件，去了解这家起源于瑞士格林肯镇的钟表制造企业源远流长的历史。截至目前，梅花表在中国已经有3家旗舰店，9家专卖店，约50家维修服务站及约800个特约零售网点。

丹尼尔·史洛普先生同时还是位古典及现代绘画艺术的爱好者。去年4月，梅花表与重庆知名画家及艺术评论家张奇开先生合作推出首款梅花艺术腕表的同时，结识了3位年轻有为的80后艺术家：康璨、刘菲和田苗，他们的个性、创意和年轻的朝气深深打动了史洛普先生，为此，梅花表特别为这三位年轻的艺术家安排了一个长达5个月的交流、学习活动。去年年底，他们在梅花表的赞助下，前往苏黎世艺术大学研修，课程结束后会根据这一时期的体验和灵感，创作一幅以"时间"为题的艺术作品。

Mademoiselle Series 优雅伊人系列椭圆形腕表
Ref.TQ 42921 RG-DB-364

优雅伊人系列是梅花表本年度呈献的全新腕表系列，其率先推出的椭圆形腕表采用玫瑰金与纹理独特的珍珠贝母的巧妙结合，使每一只腕表犹如独一无二的艺术品。表盘上，修长的小时刻度与6、12罗马数字相结合，简洁而雅致，两旁闪亮的施华洛世奇水晶为其再添一份精美。此外，表冠上的梅花标志，亦是腕表优良品质的彰显。

表壳：不锈钢，PVD镀玫瑰金，尺寸26×32mm，蓝宝石水晶表镜，防水30米

表盘：白色珍珠贝母，刻度及罗马数字时标

机芯：ETA280.002石英机芯

功能：时、分显示

参考价：待定

Mademoiselle Series 优雅伊人系列圆形腕表
Ref.TQ42922 S-DH-359

这是优雅伊人系列中的首款圆形腕表，备有全不锈钢及金钢双色的表款，其精巧雅致的表盘尤为突出，白色的珍珠贝母表盘上，大型的艺术体3、6、9不但大大提升了表盘的层次感，亦成为腕表上极具艺术气息的细节设计。小巧的表耳上镶嵌有施华洛世奇水晶，把腕表的典雅特制推向更高的层次。等等这些细节所体现的气质、韵味，定能烘托出女性独有的迷人魅力。

表壳：不锈钢，直径25.4mm，蓝宝石水晶表镜，防水30米

表盘：白色珍珠贝母，曲线纹理装饰，艺术体3、6、9数字刻度

机芯：ETA280.002石英机芯

功能：时、分显示

参考价：6,500元人民币

Space Star Series 天星系列腕表
Ref.83738 S-362

天星系列腕表有超过30年的历史，其设计经典耐看，又不乏时尚元素，一直被视为梅花表最受欢迎的系列之一。其最新款的腕表，在延续经典设计的同时带来与众不同的特质。银色表盘上，放射状纹理打磨的外环与抛光打磨中心部分相映成趣，小时刻度及指针备有夜光显示，同时还有8颗水晶点缀。透过透明表背，还可以欣赏到机芯镀金摆砣上镂空雕刻的TITONI字样，这些特点在腕表上完美融合，时刻散发着令人不可抗拒的独特魅力。

表壳：不锈钢，直径39mm，蓝宝石水晶表镜，透明表底，防水50米

表盘：银色，罗马数字及水晶时标，荧光刻度及指针，3时位日历视窗

机芯：ETA2824-2自动上链机芯

功能：时、分、秒、日历显示

参考价：8,800元人民币

瑞士梅花表上海旗舰店

南京东路34号和平饭店北楼一楼西商场B1-B3商铺 +86-21-33660598

瑞士梅花表重庆旗舰店

渝中区民权路89号日月光中心广场L1087号商铺 +86-23-63803939

瑞士梅花表香港旗舰店

香港九龙弥敦道585号富时中心地下1-2号商铺 +852-27710787

江诗丹顿
VACHERON CONSTANTIN

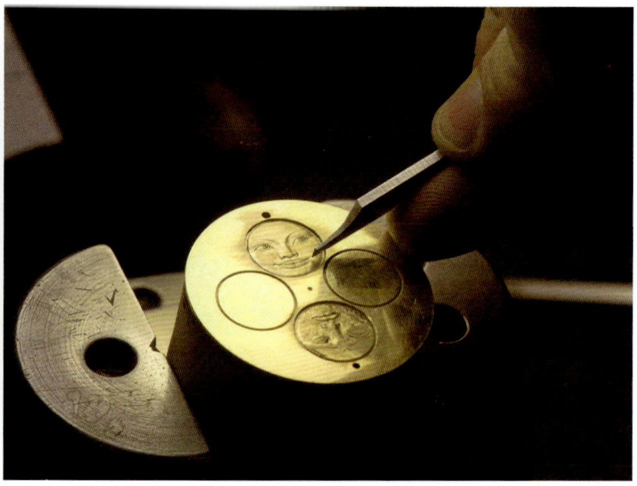

“阁楼工匠工作坊特别订制”服务

个性化是收藏家们追求的梦想，很多人为了得到具有自己独特个性的物件和藏品而不惜花费巨额代价，如果你沉迷其中也会理解他们的想法，比如一位表迷面对心仪的腕表，期盼已久终于到手，欣喜之余，有时却难免产生这样那样的不满：或设计或材质或搭配或颜色，总有一些不如意之处。问题是表厂不是自己开的，完全切合自己的想法难免不够现实，况且收藏界的重要法则是“独一无二性”，收藏古董表甚至现代表款都不可避免地遇到这个问题。越是高级的腕表其数量越少，特点越明显，过于大众化肯定没有收藏价值。今天江诗丹顿体察爱表人的心意，将这些梦想变成现实。除了现有的腕表销售外，品牌推出了极具个性化并贴近客户需求的高级订制服务——“阁楼工匠工作坊特别订制”服务。

其实一些高级制表厂都具有悠久的制表史和丰厚的产品，尤其是江诗丹顿这样在产品中蕴含着丰厚精神理念与精湛技艺的品牌，更是将维护保持自己古老产品的工作视为使命，从来未曾放松，江诗丹顿的成功要诀也在于此。创立于1755年的江诗丹顿是全球历史最悠久的高级腕表的钟表制造商。作为250多年来从未停止生产的高级腕表界先驱之一，江诗丹顿所创制的腕表极具收藏价值。江诗丹顿还承诺为每一块腕表提供终生的售后服务。目前仅有极少数的高级腕表品牌仍然延续着这一服务传统。

从认真对待古董表，到为现代腕表提供优质服务，江诗丹顿已经做了大量的工作，但还不够，前面讲到的个性化服务就是当今世界最为引人关注的话题，江诗丹顿当然不会放弃。

江诗丹顿的钟表具有古典、庄重、典雅与豪华的特征，从来就是古往今来尊贵顾客的青睐物品，而江诗丹顿的制表工匠们也一直遵从着以客户需求为本的原则，研发制作最为精确优雅的作品，所有的细节都精心设计制造，所有的表款都是制表工匠们倾注无数时间和精力的成果。

江诗丹顿的“阁楼工匠工作坊特别订制”服务为客户提供以下订制服务：表壳、机芯和一些腕表复杂功能及显示、表盘（包括使用珐琅工艺和机刻图纹制表工艺；设计表盘整体风格、小时刻度及指针）和表带。其实这四个方面已经将腕表的所有重要部分涵盖其中。客户只需选择材质、颜色、功能等相关方面，将自己的需求与品牌的工作人员详细沟通。接下来，一款独一无二的专属腕表就在工匠们卓越精湛，沿袭传统的制表工艺下诞生了。

Philosophia腕表

抛开它的主人给它起的名字“Philosophia”，从特征上来看，我们不妨把它叫做“江诗丹顿Philosophia三问月相陀飞轮单指针腕表”。表盘上只有一根指针，月相盘相当大，金色的月亮上面施以精细的雕刻手法，一望而知非常讲究。按动表壳侧面的三问报时拨把，悦耳的报时声音便会响起来。陀飞轮每分钟转动一圈。月相十分精准，月亮上的陨坑清晰可见。腕表背面动力储存显示上装有一块印有大熊星座和小熊星座的饰板。18K粉红金表壳上刻着“Les Cabinotiers”字样及带有“日内瓦印记”的“阁楼工匠特别订制服务”的盾型纹章，为这块腕表非凡原创性的认证。腕表配置特别的机芯，其加工打磨自不必说，否则也不能得到日内瓦印记。

表壳： 粉红金，直径43mm

表盘： 乳白色镀银，中央蓝钢指针，11个阿拉伯数字时标，6时位陀飞轮及小秒针，9时位月相显示盘

机芯： Cal.2755型手动上链机芯，日内瓦印记，58小时动力储存

功能： 24小时单针、秒显示，陀飞轮装置，三问报时，背底动力储存显示

Vladimir腕表

这是一款超级复杂表，17个复杂功能，891个部件组成复杂机芯，花费了“阁楼工匠特别订制服务”团队4年的时间才完成。Vladimir的正面除了时、分针外，还有如下显示：6时位陀飞轮及秒针、3时位的月相月龄、1时位小型副盘（报时装置的扭转力、三问报时器是否已启用）、11时位第二时区、9时位动力储存和星期指示，共有7个复杂的显示装置。表盘上还有机刻图纹，显示订制腕表的个性化。腕表背面万年历，月、日和星期呈三角形排列。1时位窗口显示闰年，表盘中央的扇形区域显示时间等式功能，日出日落时间通过4时和8时的指针显示，更有精彩夺目的北半球精确天文图。

表壳四周采用浮雕方式刻有中国的12生肖的图像，我们有理由猜测这位订制者的神秘身份。仅12生肖的雕刻就花费了6个月时间。

表壳： 18K玫瑰金，直径47mm，旋转表圈启动报时

表盘： 18K白金手工雕刻纹饰，正面显示报时功能动力储存、月相视窗、陀飞轮及小秒针、周历及动力储存指示、24小时昼夜显示；背面显示日历、星期、月、闰年视窗、真太阳时指示、北半球星相图视窗

机芯： Cal.2750手动上链机芯，日内瓦印记，58小时动力储存

功能： 时、分、秒、月相、周历、第二时区、昼夜、动力储存、真太阳时、星相、日出日落时间显示，万年历，陀飞轮，三问报时功能

Métiers d' Art Chagall & l' Opéra de Paris腕表

江诗丹顿作为巴黎国家歌剧院的赞助商，将推出15款非凡的腕表，以此向伟大的作曲家致敬。这枚腕表表盘图案展现了以柴可夫斯基“天鹅湖”为主题的夏加尔的壁画。表盘采用高温明火珐琅工艺，烧制出的成品具有几乎永远不坏的耐用性。制作珐琅有两大难关：绘画和烧制。珐琅画师需要借助高倍放大镜，使用极细的画笔描绘出各种图案的轮廓，再用各种极细的珐琅颜料粉末调和成颜料，逐渐画成成品。每一次绘画之后要烧制使之成形，大约经过20次800°C至850°C高温烧制后彩绘才能最终完成。而在这些烧制过程中，每一次都会面临着失败的危险，这也是珐琅表价值极高的主要原因。

这系列腕表最主要的着眼点在于珐琅表盘和夏加尔的名画。表盘的主色调为明亮的黄色，经过著名珐琅画师Anita Porchet阿妮塔的精心绘制，夏加尔的作品活生生地再现在直径仅有31.5mm的表盘上。

腕表机芯采用了江诗丹顿自制的2460自动上链机芯，不仅具有极美的效果，而且性能卓越，获得了日内瓦印记。可打开的军表式表背盖内侧还有手工镌刻的江诗丹顿对马克·夏加尔致敬的赞词。

表壳： 18K黄金，直径40mm

表盘： 珐琅绘制图案

机芯： Cal.2460 SC型自动上链机芯，日内瓦印记

功能： 时、分、秒显示

Metiers d’Art La Symbolique des Laques莳绘腕表

腕表采用“莳绘”手法制作表盘，在古老的东方技艺衬托下，将瑞士著名的钟表艺术衬托得古色古香。漆器艺术来源于中国，传到日本之后，经过日本匠人的改造，成为一种以喷洒为主要手法的工艺，就是在还没干透的漆画上面喷撒金粉或银粉，以制造出精美的装饰图案。莳绘腕表采用日本京都品牌象彦（Zohiko）制作的莳绘表盘，历史最悠久的日本传统漆器工艺品牌与世界上历史最悠久的钟表制造商携手，在于他们同样都对传统抱持尊重的态度。这套是第二套莳绘系列，从2009年开始，每年将推出不同主题腕表系列，共3套。

第一款龟与莲花。在日本人的心目中龟象征着长寿，龟缓慢移动的步伐代表着耐心和权威，龟背上八角龟壳的图案也是好运的象征。表背配以莲花，给人纯净之感。第二款蛙与八仙花。在亚洲青蛙通常被视作回归的象征，青蛙的名称“kaeru”也是“回归”的意思，而且青蛙因其忠诚而闻名，因为在传说中无论相隔多远，青蛙永远都会回到最初的地点。表背装饰着八仙花。第三款鲤鱼和瀑布。鲤鱼不仅象征着坚持，同时也因勇气和决心而著名。许多中国和日本的传奇故事都赞扬了鲤鱼逆流而上的魄力。而表背的瀑布也象征着力量和意志。

表壳：18K白金和18K粉红金，直径40mm，防水30米

表盘：18K镀金，中央镂空，周边施以莳绘图案

机芯：Cal.1003 SQ型手动上链机芯，日内瓦印记，30小时动力储存

功能：时、分显示

瓦斯针
WEST END WATCH CO.

West End Watch Co. Bombay, Mahatma Gandhi Road, near Flora Fountain, 1960s

瑞士瓦斯针表创立于1886年，至今已经拥有125年的历史，是最受称赞的瑞士手表品牌之一。瓦斯针表崇尚走时精准，坚固耐用。采用瑞士先进技术设备，坚持钟表生产高标准，因此手表各项性能均超凡出众，其高品质的防水功能、防震设计和独特的夜光功能，保证了每一只瓦斯针表都具有恒久的价值，受到消费者的喜爱和推崇。

瓦斯针表的品牌本质使其具有“夜光一流、防震出众、走时准确、经久耐用”的特点，因而成为瑞士著名的专业军表世家。1892年，瓦斯针表就开始制造专业军用手表，军表制造史至今超过110年。德国、英国、印度等许多国家的军队都曾大量使用过瓦斯针表。一战期间，英国的骆驼特种兵、英国皇家空军和印度军队就一次性购买过5万只瓦斯针表，严酷的战争环境更彰显了瓦斯针表卓越的品质，之后更将瓦斯针表作为军队的必要装备之一。瓦斯针表的夜光功能更是首屈一指，发光时间长、发光效果好，也是深受各国军队推崇的重要原因之一。

正是由于瓦斯针表这些卓尔不凡的品质和特性，20世纪70年代之前，印度主要政府机构将瓦斯针表作为其必备的标准设备，瓦斯针表也被用于各处铁路要地，以准确计算时间，极大地帮助印度这个庞大国度确保其铁路网的安全。

瓦斯针表还有耐寒、耐高压、坚固精准的特点，因此在人类极限运动中也有出色的表现。1960年5月25日凌晨4时20分，瓦斯针表伴随王富洲等中国登山队员，实现了首次从东北山脊登上海拔8848米的珠穆朗玛峰的梦想，开创了人类从北麓登顶世界屋脊的壮举。在登顶过程中瓦斯针表发挥优质的夜光功能，精确记录了这一神圣的历史时刻。

瓦斯针表是瑞士制表业具有代表性的品牌之一，始终恪守无可挑剔的产品质量，每一只瓦斯针表都具有品质卓越、经久耐用的特点，体现出恒久的价值。

瓦斯针表沉稳、大气的魅力深得成功人士的偏爱。

Trafalgar Square特拉法加系列腕表

表款以1805年著名的特拉法加海战命名。纳尔逊将军是英国的民族英雄，他于1805年在特拉法加港率领英国舰队抵御强大的外族侵略，以少胜多，取得了海战的胜利，捍卫了国家的主权。瓦斯针表以纳尔逊将军为设计理念，以特拉法加广场为设计灵感，设计出方形特拉法加系列腕表。表款霸气硬朗，沉稳睿智，诠释了一种全新的生活理念。

表壳：不锈钢，蓝宝石水晶玻璃表镜，透视表底，防水30米

表盘：银色，剑形指针，3时位星期视窗，6时位日历视窗

机芯：瑞士制造自动机芯

功能：时、分、秒、日历、星期显示

Sowar 1916军表复刻版

瑞士瓦斯针表质量优秀，夜光功能更是首屈一指，发光时间长、发光效果好，因此深受军方推崇，装备了多个国家的军队。这款安妮女王（Queen Anne）系列军用手表复刻版腕表，设计极为复古，表盘宽敞简洁，蓝钢表针具有优雅的美感，配合大型阿拉伯数字，阅读极为明晰准确。还有荧光表针设计，突出了瓦斯针表的夜光性能。

表壳：不锈钢，蓝宝石水晶玻璃表镜，防水50米

表盘：白色，黑色阿拉伯数字刻度，3时位日历视窗，6时位小秒盘

机芯：瑞士制造ETA2895自动机械机芯

功能：小三针，日历显示

Sowar Chronograph丝绸之路计时系列腕表

在亚洲销售超过120年，这对具有125年历史的瑞士瓦斯针表当然很重要，于是瓦斯针表特别使用“丝绸之路”概念，连续推出以丝绸之路命名的系列产品。这是一款计时码表，使用著名的ETA计时机芯7753，动力储存42小时。表款设计风格独特，庄重大气。在黑色表盘上突出红色的计时指针。表盘排列简洁，阅读清楚，表圈还带有测速刻度圈，使用方便。

表壳：不锈钢，直径42mm，蓝宝石水晶玻璃表镜，防水50米

表盘：黑色，3时位30分钟计时盘，6时位12小时计时盘，4—5时位日历视窗，9时位小秒盘

机芯：瑞士制造ETA7753自动上链计时机芯

功能：时、分、秒、日历显示，计时功能，测速功能

Helius Collection赫利乌斯系列腕表

这是为纪念品牌创立125周年全新推出的表款，赫利乌斯系列腕表体现着瓦斯针表沉稳、大气、刚毅的特点。腕表的设计灵感源于希腊神话中的太阳神——赫利乌斯（Helius），他头戴光芒万丈的金冠，给世界带来光明。赫利乌斯系列自动机械腕表也体现着勇敢、权力和力量的寓意。采用ETA2895机械自动机芯，小三针结构，极具古典与几何设计之美。11至1刻度以饰钻点缀，呈皇冠形，象征勇敢，权力和力量。

表壳：不锈钢，蓝宝石水晶玻璃表镜，透视表底，防水50米

表盘：金色，3时位日历视窗，6时位小秒盘

机芯：瑞士制造ETA2895自动机械机芯

功能：时、分、秒、日历显示

VACHERON CONSTANTIN
A. LANGE & SÖHNE
GLASHÜTTE I/SA
IWC
SCHAFFHAUSEN
PORTOFINO
CARL F. BUCHERER
MON

2011新款快报

Updated Report of New Watch

朗格A.Lange & Söhne

Saxonia Thin 超薄腕表

表壳： 18K玫瑰金，蓝宝石水晶表镜及表背，直径40mm
表盘： 实心银制，玫瑰金指针及时标
机芯： Cal.L093.1手动上链机芯，振频21,600A/H，72小时动力储存
功能： 时、分显示
表带： 棕色鳄鱼皮带

朗格A.Lange & Söhne

Richard Lange Tourbillon “Pour le Mérite” 腕表

表壳： 18K玫瑰金，蓝宝石水晶表镜及表背，直径41.9mm
表盘： 实心银制，玫瑰金指针，4时位小时盘，8时位陀飞轮装置及秒针，12时位分钟盘
机芯： Cal.L072.1手动上链机芯，芝麻链装置，振频21,600A/H，36小时动力储存
功能： 时、分、秒显示，陀飞轮
表带： 棕色鳄鱼皮带

朗格A.Lange & Söhne

Lange Zeitwerk Striking Time腕表

表壳： 白金，直径44.2mm
表盘： 黑色，实心银制，金制镀铑指针，德国银"时间桥"夹板，3时位分钟视窗，6时位小秒盘，9时位小时视窗，12时位动力储存指针，外圈可见报时音簧及音锤
机芯： Cal.L043.2手动上链机芯，振频18,000A/H，36小时动力储存
功能： 时、分、秒、动力储存显示，自鸣报刻，报时
表带： 棕黑色鳄鱼皮带

Aigne

Bari腕表

表壳： 不锈钢
表盘： 白色，3时位小秒盘，6时位日历视窗，9时位12小时和30分钟计时盘
机芯： 石英机芯
功能： 时、分、秒、日历显示，计时功能
表带： 棕色皮带

Aigne

Roma腕表

表壳： 不锈钢
表盘： 银色，玫瑰金LOGO图案，12时位日历视窗，6时位小秒盘
机芯： 石英机芯
功能： 时、分、秒、日历显示
表带： 棕色皮带

Aigne

L' Aquila腕表

表壳： 不锈钢
表盘： 白色，品牌LOGO
机芯： 石英机芯
功能： 时、分显示
表带： 金色皮带

a.b.art

OC系列腕表

表壳： 黑色PVD不锈钢，直径40.5mm，蓝宝石水晶表镜
表盘： 黑色，2时位小秒盘，6时位12小时盘，9时位30分钟盘，12时位日历视窗
机芯： 石英机芯
功能： 时、分、秒、日历显示，计时功能
表带： 黑色PVD不锈钢链带

a.b.art

O系列腕表

表壳： 黑色PVD不锈钢，直径40.5mm，蓝宝石水晶表镜
表盘： 黑色，外圈圆点指示日期
机芯： 石英机芯
功能： 时、分、秒、日历显示
表带： 黑色皮带

Aerowatch

1942 Collection腕表

表壳： 不锈钢，直径35mm，防水50米
表盘： 白色珍珠贝母，12时位镂空，镶钻刻度
机芯： 自动上链机芯
功能： 时、分、秒显示
表带： 白色皮带

Aerowatch

Hommage 1910腕表

表壳： 钛金属，直径44mm，防水50米
表盘： 黑色，3时位日历视窗，6时位12小时计时盘，9时位30分钟计时盘，12时位小秒盘
机芯： 自动上链机芯
功能： 时、分、秒显示，计时功能
表带： 黑色皮带

Andersen Geneve

Revolution of evolution腕表

表壳： 玫瑰金和白金，直径42.4mm，防水100米
表盘： 蓝色，24小时显示环，世界地名环
机芯： 自动上链机芯，120小时动力储存
功能： 时、分显示，24小时世界时显示
表带： 蓝色皮带

Andersen Geneve

Quotidiana腕表

表壳： 玫瑰金和白金，直径40mm
表盘： 蓝色，中央星期显示盘，外圈日历显示环
机芯： 自动上链机芯，72小时动力储存
功能： 时、分、秒、日历、星期显示
表带： 皮带

Alfex

New Structures系列5663腕表

表壳：玫瑰金PVD不锈钢，尺寸38×16mm，矿物水晶表镜，防水30米
表盘：白色，条形指针及时标
机芯：石英机芯
功能：时、分显示
表带：玫瑰金PVD不锈钢链带

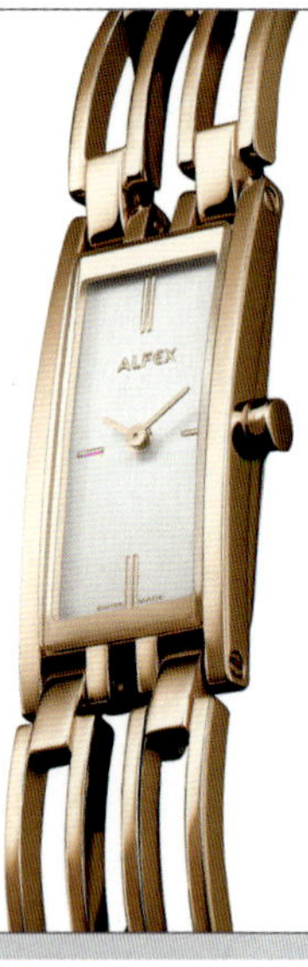

Alfex

Modern Classic系列5667腕表

表壳：不锈钢，外圈镶嵌水晶，尺寸46×32mm，蓝宝石水晶表镜，防水30米
表盘：白色，3时位日历视窗
机芯：石英机芯
功能：时、分、秒、日历显示
表带：不锈钢链带

Alfex

Fashion Move系列5670腕表

表壳：不锈钢，外圈镶嵌水晶，直径44mm，矿物水晶表镜，防水50米
表盘：黑色珍珠贝母，镶嵌8颗钻石时标，6时位日历视窗
机芯：石英机芯
功能：时、分、秒、日历显示
表带：黑色皮带

Alpina

AL-710B4S6腕表

表壳：不锈钢，直径44mm，防水100米
表盘：黑色，6时位日历盘
机芯：自动上链机芯，42小时动力储存
功能：时、分、秒、日历显示
表带：黑色皮带
限量：8888枚

Alpina

AL-860B4S6腕表

表壳：不锈钢，直径44mm，防水100米
表盘：黑色，3时位30分钟计时盘，9时位小秒盘
机芯：自动上链机芯，42小时动力储存
功能：时、分、秒显示，计时功能
表带：棕色皮带
限量：8888枚

Alpina

AL-525B4S6腕表

表壳：不锈钢，直径44mm，防水100米
表盘：黑色，3时位日历视窗
机芯：自动上链机芯，42小时动力储存
功能：时、分、秒、日历显示
表带：黑色皮带
限量：8888枚

Anonimo

Professionale CNS腕表

表壳： 不锈钢，直径45mm，防水200米
表盘： 黑色，4时位日历视窗
机芯： 自动上链机芯，振频28,800A/H，40小时动力储存
功能： 时、分、秒、日历显示
表带： 黑色皮带

Anonimo

Marlin Bronzo腕表

表壳： 喷砂和磨砂青铜合金，直径46mm，防水150米
表盘： 绿色，3至4时位日历视窗，夜光指针
机芯： 自动上链机芯，振频28,800A/H，40小时动力储存
功能： 时、分、秒、日历显示
表带： 棕色防水皮革带

Anonimo

Militare Vintage腕表

表壳： 不锈钢，直径43.4mm，防水120米
表盘： 6时位日历视窗，9时位小秒盘，夜光指针
机芯： 自动上链机芯，振频28,800A/H，38小时动力储存
功能： 时、分、秒、日历显示
表带： 黑色皮带

Armaan Watch

镶钻计时腕表

表壳： 不锈钢，镶嵌钻石，直径48mm，防水100米
表盘： 黑色，4时位日历视窗，6时至12小时计时盘，9时位小秒盘，12时位30分钟计时盘
机芯： 自动上链机芯
功能： 时、分、秒、日历显示、计时功能
表带： 红色鳄鱼皮带

Armaan Watch

Black DLC Chronograph腕表

表壳： 不锈钢，直径48mm，防水100米
表盘： 黑色，4时位日历视窗，6时至12小时计时盘，9时位小秒盘，12时位30分钟计时盘
机芯： 自动上链机芯
功能： 时、分、秒、日历显示、计时功能
表带： 黑色鳄鱼皮带

Armaan Watch

Black DLC Big Boy腕表

表壳： 黑色PVD，防水100米，直径48mm
表盘： 透明
机芯： 手动上链机芯
功能： 时、分、秒显示
表带： 黑色皮带

Antoine Preziuso

Moonlight腕表

表壳：不锈钢，镶嵌钻石，直径47mm，防水30米
表盘：黑色，6时位月相显示
机芯：自动上链机芯，42小时动力储存
功能：时、分、月相显示
表带：不锈钢镶钻链带

Antoine Preziuso

Power腕表

表壳：不锈钢，直径48mm，防水50米
表盘：银色，6至9时位动力储存盘
机芯：自动上链机芯，42小时动力储存
功能：时、分、动力储存显示
表带：碳纤维皮带

Aquanautic

Be Anicon腕表

表壳：黑色PVD，直径39mm，防水100米
表盘：黑色珍珠贝母，2时位1/10秒计时盘，4时位日历视窗，6时位小秒盘，10时位30分钟计时盘
机芯：石英机芯
功能：时、分、秒、日历显示、计时功能
表带：紫色皮带

Aquanautic

Princess Cuda腕表

表壳：黑色PVD，直径33mm，防水100米
表盘：黑色珍珠贝母和钻石，2时位1/10秒计时盘，4时位日历视窗，6时位小秒盘，10时位30分钟计时盘
机芯：石英机芯
功能：时、分、秒、日历显示、计时功能
表带：黑色皮带

Arbutus

AR501腕表

表壳：不锈钢，直径43.5mm，防水50米
表盘：白色，中央日历指针，6时位 月相显示，12时位星期、月份视窗
机芯：自动上链机芯
功能：时、分、秒、日历、星期、月相显示
表带：棕色鳄鱼皮带

Arbutus

AR501腕表

表壳：不锈钢，直径44mm，防水50米
表盘：镂空，9时位小秒盘
机芯：手动上链机芯
功能：时、分、秒显示
表带：黑色皮带

Armand Nicolet

L10腕表

表壳：不锈钢，直径40mm，防水30米
表盘：白色
机芯：手动上链机芯
功能：时、分、秒显示
表带：黑色皮带

Armand Nicolet

L07腕表

表壳：不锈钢和玫瑰金，直径43mm，防水50米
表盘：灰色，3时位30分钟计时盘，6时位小秒盘
机芯：手动上链机芯
功能：时、分、秒显示，计时功能
表带：黑色皮带

Armand Nicolet

J09腕表

表壳：不锈钢，直径39mm，防水50米
表盘：棕色，6时位日历、星期视窗
机芯：自动上链机芯
功能：时、分、秒、日历、星期显示
表带：棕色皮带

Armin Strom

Armin Racing One Week腕表

表壳：黑色PVD不锈钢，直径43.4mm，防水50米
表盘：镂空，9时小秒盘和7天动力储存盘
机芯：手动上链机芯，振频18,000A/H
功能：时、分、秒、动力储存显示
表带：黑色橡胶带

Armin Strom

Armin Manual Fire腕表

表壳：玫瑰金，直径43.4mm，防水50米
表盘：镂空，9时位小秒盘
机芯：自动上链机芯，120小时动力储存
功能：时、分、秒显示
表带：棕色鳄鱼皮带

Armin Strom

Blue Chip Chronograph Skeleton腕 表

表壳：不锈钢，直径46.5mm，防水50米
表盘：镂空雕花，6时位12小时计时盘，9时位小秒盘，12时位30分钟计时盘
机芯：自动上链机芯，46小时动力储存
功能：时、分、秒显示，计时功能
表带：黑色鳄鱼皮带

爱彼Audemars Piguet

Jules Audemars两地时间腕表

表壳：18K玫瑰金，蓝宝石水晶表镜，直径41mm，防水20米
表盘：银色，玫瑰金时标及指针，2时位口历盘，6时位第二时区时间及昼夜盘，10时位动力储存显示
机芯：Cal.2329/2846自动上链机芯，振频28,800A/H，38小时动力储存
功能：时、分、日历、第二时区及昼夜、动力储存显示
表带：棕色鳄鱼皮带

爱彼Audemars Piguet

Millenary千禧手动上链三问腕表

表壳：钛金属，蓝宝石水晶表镜及表背，尺寸47×42mm
表盘：深灰色，部分镂空，右侧时分显示盘，8时位小秒盘，左侧可见爱彼独家擒纵系统及三问报时音锤
机芯：Cal.2910手动上链机芯，165小时动力储存，振频21,600A/H
功能：时、分、秒显示，三问报时功能
表带：黑色鳄鱼皮带
限量：8枚

爱彼Audemars Piguet

皇家橡树离岸型计时码表

表壳：不锈钢及陶瓷，直径44mm，蓝宝石水晶表镜及表底，防水100米
表盘：白色及黑色，测速刻度外圈，3时位日历视窗，6时位12小时盘，9时位30分钟盘，12时位小秒盘
机芯：Cal.3126/3840自动上链机芯，振频21,600A/H，60小时动力储存
功能：时、分、秒、日历显示，计时功能，测速功能
表带：黑色橡胶带

Aviator

3105/6975706腕表

表壳：不锈钢
表盘：黑色，3时位日历视窗，9时位小秒盘
机芯：自动上链机芯
功能：时、分、秒、日历显示
表带：黑色皮带

Aviator

Gagarin腕表

表壳：不锈钢，直径44mm，防水30米
表盘：白色，3时位30分钟计时盘，6时位24小时盘，9时位小秒盘，12时位日历视窗
机芯：手动上链机芯，42小时动力储存
功能：时、分、秒、日历显示，计时功能
表带：黑色皮带

Aviator

Ocean腕表

表壳：黑色PVD不锈钢和玫瑰金，防水30米
表盘：灰色，3时位30分钟计时盘，6时位日历视窗，9时位小秒盘
机芯：手动上链机芯
功能：时、分、秒、日历显示，计时功能
表带：黑色皮带

波尔Ball

Trainmaster One Hundred Twenty腕表

表壳： 玫瑰金，直径39.5mm，防水300米
表盘： 灰色，玫瑰金刻度，3时位日历视窗
机芯： 自动上链机芯
功能： 时、分、秒、日历显示
表带： 棕色鳄鱼皮表带

波尔Ball

Engineer Hydrocarbon Magnate Chronograph腕表

表壳： 不锈钢，直径40mm，防水100米
表盘： 黑色，3时位小秒盘，9时位45分钟计时盘，12时位日历视窗
机芯： 自动上链机芯
功能： 时、分、秒、日历显示，计时功能
表带： 不锈钢链带

波尔Ball

Fireman Storm Chaser DLC Glow腕表

表壳： 不锈钢经DLC处理，直径43mm，防水100米
表盘： 银色，3时位日历、星期视窗，6时位12小时计时盘，9时位小秒盘，12时位30分钟计时盘
机芯： 自动上链机芯
功能： 时、分、秒、日历、星期显示，计时功能
表带： 黑色橡胶带

宝曼Balmain

宝曼典雅系列女士腕表

表壳： 不锈钢，镶嵌44颗钻石，防水50米
表盘： 银色，经典银色蔓藤图案
机芯： 石英机芯
功能： 时、分显示
表带： 黑色小牛皮仿鳄鱼皮带

宝曼Balmain

宝曼妲菲系列女士腕表

表壳： 不锈钢，镶嵌26颗钻石，防水50米
表盘： 银色，经典银色蔓藤图案
机芯： 石英机芯
功能： 时、分显示
表带： 不锈钢链带

宝曼Balmain

双时区拱廊系列男式腕表

表壳： 不锈钢，防水50米
表盘： 深黑色，6时位和12时位双时区盘，中央日历视窗
机芯： 石英机芯
功能： 时、分、秒、日历显示，两地时间
表带： 不锈钢链带

名士Baume & Mercier

Capeland系列飞返计时腕表

表壳： 18K玫瑰金，蓝宝石水晶表镜及表底，直径44mm，防水50米
表盘： 灰色，测距刻度外圈，中心蓝色测速刻度环，3时位30分钟盘，4-5时位日历视窗，9时位小秒盘
机芯： Cal.8147-2自动上链机芯，48小时动力储存，振频28,800A/H
功能： 时、分、秒、日历显示，飞返计时功能，测距、测速功能
表带： 棕色鳄鱼皮带

名士Baume & Mercier

Classima系列限量版腕表

表壳： 不锈钢，直径42mm，蓝宝石水晶表镜及表背，防水30米
表盘： 白色，中心竖条纹装饰，12时摆轮部分镂空
机芯： 自动上链机芯，振频28,800A/H，约42小时动力储存
功能： 时、分、秒显示
表带： 棕色鳄鱼皮带
表带： 500枚

名士Baume & Mercier

Linea系列不锈钢镶钻腕表

表壳： 不锈钢，直径27mm，外圈镶嵌钻石，蓝宝石水晶表镜，防水50米
表盘： 白色珍珠贝母，6时位日历视窗
机芯： ETA F04.11石英机芯
功能： 时、分、秒、日历显示
表带： 不锈钢链带

Bedat & Co

Ref.118.020.100腕表

表壳： 不锈钢，镶嵌78颗钻石，防水50米
表盘： 白色，6时位日历视窗
机芯： 自动上链机芯，42小时动力储存
功能： 时、分、秒、日历显示
表带： 白色皮带

Bedat & Co

Ref.288.440.910腕表

表壳： 玫瑰金镶嵌钻石，防水50米
表盘： 珍珠贝母
机芯： 石英机芯
功能： 时、分显示
表带： 棕色绢带

Bedat & Co

Ref.188.550.910腕表

表壳： 铂金镶嵌钻石，防水50米
表盘： 白色珍珠贝母
机芯： 石英机芯
功能： 时、分显示
表带： 蓝色绢带

宝珀Blancpain

Villeret单按钮全历月相计时腕表

表壳：玫瑰金，直径40mm，防水30米
表盘：白色，中央日历指针，3时位30分钟计时盘，6时位月相盘，9时位12小时计时盘，12时位星期月份视窗
机芯：自动上链机芯，40小时动力储存
功能：时，分，秒，日历，星期，月份显示，计时功能
表带：棕色色鳄鱼皮纹压花表带

宝珀Blancpain

Villeret繁复纹饰腕表

表壳：玫瑰金，直径45mm，防水30米
表盘：白色珐琅，玫瑰金指针
机芯：手动上链机芯，40小时动力储存
功能：时，分显示
表带：棕色皮带

宝珀Blancpain

L-Evolution 陀飞轮大日历摆陀动力显示腕表

表壳：玫瑰金，防水100米，直径43.5mm
表盘：黑色，6时位日历视窗，12时位陀飞轮
机芯：自动上链机芯，7天动力储存
功能：时，分，日历显示，陀飞轮
表带：棕色皮带

宝诗龙Boucheron

Ma Jolie系列腕表

表壳：18K白金，直径18mm，外圈镶嵌钻石，蓝宝石水晶表镜，防水30米
表盘：白色珍珠贝母，镶嵌4颗钻石时标
机芯：石英机芯
功能：时，分显示
表带：18K白金镶钻链带

宝诗龙Boucheron

Crazy Jungle系列火烈鸟腕表

表壳：18K白金，直径42mm，蓝宝石水晶表镜，防水50米
表盘：火烈鸟图案，镶嵌彩色宝石装饰
机芯：Cal.GP4000自动上链机芯
功能：时，分显示
表带：桃红色绢带

宝诗龙Boucheron

Héra Tourbillon高级珠宝腕表

表壳：18K白金，孔雀造型，镶嵌彩色宝石及钻石，蓝宝石水晶表镜
表盘：镂空，镶嵌彩色宝石及钻石
机芯：手动上链机芯，三金桥结构
功能：时，分显示，陀飞轮装置
表带：18K白金，镶嵌彩色宝石及钻石

宝玑Breguet

那不勒斯皇后系列8918腕表

表壳： 18K玫瑰金，外圈镶嵌钻石，蓝宝石水晶表镜，防水30米

表盘： 白色珍珠贝母，6时位玑镂纹饰时间盘，镶嵌一颗梨形钻石

机芯： Cal.537/1自动上链机芯，振频21,600A/H，40小时动力储存

功能： 时、分显示

表带： 黑色绢带

宝玑Breguet

经典系列7337腕表

表壳： 18K玫瑰金，蓝宝石水晶表镜，直径39mm，防水30米

表盘： 银色，玑镂纹饰，2时位日历视窗，5时位小秒盘，10时位星期视窗，12时位月相视窗

机芯： Cal.502.3 QSE1自动上链机芯，45小时动力储存，振频21,600A/H

功能： 时、分、秒、日历、星期、月相显示

表带： 棕色鳄鱼皮带

宝玑Breguet

Classique Hora Mundi 5717腕表

表壳： 18K玫瑰金，蓝宝石水晶表镜，直径44mm，防水30米

表盘： 18K金镀银，手工雕刻美洲大陆图案及纹饰，4时位日夜视窗，6时位第二时区城市名称视窗，12时位日历视窗

机芯： Cal.77F0自动上链机芯，振频28,800A/H，55小时动力储存

功能： 时、分、秒、日夜、日历、世界时间显示

表带： 棕色鳄鱼皮带

百年灵Breitling

航空计时01腕表

表壳： 不锈钢，直径43mm，蓝宝石水晶表镜，防水30米

表盘： 黑色，航空滑尺外圈，3时位30分钟盘，4-5时位日历视窗，6时位12小时盘，9时位小秒盘

机芯： Cal.01自动上链机芯，振频28,800A/H，70小时动力储存，COSC天文台认证

功能： 时、分、秒、日历显示，航空滑尺，计时功能

表带： 不锈钢链带

百年灵Breitling

终极计时系列腕表

表壳： 不锈钢，直径44mm，单向旋转计时外圈，蓝宝石水晶表镜，防水100米

表盘： 棕色，测速刻度外圈，3时位30分钟盘，4-5时位日历视窗，6时位12小时盘，9时位小秒盘

机芯： Cal.01自动上链机芯，振频28,800A/H，70小时动力储存，COSC天文台认证

功能： 时、分、秒、日历显示，计时功能，测速功能，潜水计时外圈

表带： 不锈钢链带

百年灵Breitling

机械计时41腕表

表壳： 不锈钢，直径41mm，单向旋转计时外圈，蓝宝石水晶表镜，防水300米

表盘： 黑色，测速刻度外圈，3时位30分钟盘，4-5时位日历视窗，6时位12小时盘，9时位小秒盘

机芯： Cal.01自动上链机芯，振频28,800A/H，70小时动力储存，COSC天文台认证

功能： 时、分、秒、日历显示，计时功能，测速功能，潜水计时外圈

表带： 不锈钢链带

宝格丽Bvlgari

Endurer Chronosprint All Blacks特别款腕表

表壳： 黑色DLC不锈钢，直径56.51mm，蓝宝石水晶表镜，防水100米
表盘： 黑色，毛利人图腾图案装饰，荧光指针及时标，6时位计时小时、分钟盘，12时位大日历视窗
机芯： Cal.DR1306自动上链机芯，45小时动力储存，振频28,800A/H
功能： 时、分、日历显示、计时功能
表带： 黑色橡胶带

宝格丽Bvlgari

OCTO四逆跳计时腕表

表壳： 不锈钢，黑色陶瓷外圈，直径45mm，蓝宝石水晶表镜，防水100米
表盘： 黑色，银色装饰环，3时位回跳式30分钟盘，6时位回跳日历指示，9时位回跳式12小时盘，12时位小时视窗，中心回跳式分钟指针及计时秒针
机芯： Cal.GG7800自动上链机芯，38小时动力储存，振频21,600A/H
功能： 时、分、秒、日历显示、计时功能
表带： 黑色鳄鱼皮带

宝格丽Bvlgari

Diagono Calibro 303计时腕表

表壳： 不锈钢，18K玫瑰金外圈，直径42mm，蓝宝石水晶表镜，防水100米
表盘： 双层银色，条纹装饰，3时位30分钟盘，4时位日历视窗，6时位小秒盘，9时位12小时盘
机芯： Cal.303自动上链机芯，振频21,600A/H，40小时动力储存
功能： 时、分、秒、日历显示、计时功能
表带： 棕色鳄鱼皮带

宝齐莱Carl F. Bucherer

柏拉维EvoTec Calendar腕表

表壳： 不锈钢，直径42.6mm，蓝宝石水晶表镜，防水50米
表盘： 黑色，6时位小秒盘，9时位星期视窗，11时位大日历视窗，中心周历指针
机芯： Cal.CFB A1004自动上链机芯，55小时动力储存，振频21,600A/H
功能： 时、分、秒、日历、星期、周历显示
表带： 黑色皮带

宝齐莱Carl F. Bucherer

柏拉维EvoTec PowerReserve腕表

表壳： 不锈钢，蓝宝石水晶表镜，防水50米，尺寸43.75×44.5mm
表盘： 黑色，3时位动力储存指示，6时位小秒盘，9时位星期视窗，11时位大日历视窗
机芯： Cal.CFB A1002自动上链机芯，55小时动力储存，振频21,600A/H
功能： 时、分、秒、日历、星期、动力储存显示
表带： 黑色皮带

宝齐莱Carl F. Bucherer

柏拉维EvoTec DayDate腕表

表壳： 18K玫瑰金，表圈及表冠附着橡胶，尺寸43.75×44.5mm，蓝宝石水晶表镜，防水50米
表盘： 棕色，6时位小秒盘，9时位星期视窗，11时位大日历视窗
机芯： Cal.CFB A1001自动上链机芯，55小时动力储存，振频21,600A/H
功能： 时、分、秒、日历、星期显示
表带： 棕色皮带

卡地亚Cartier

Rotonde de Cartier
Astrorégulateur 腕表

表壳：钛合金，直径50mm，蓝宝石水晶表镜，防水30米
表盘：银色，纽索纹装饰，镂空框架式罗马数字时标，6时位可见配有微型摆陀擒纵装置，蓝钢剑形指针
机芯：Cal.9800MC自动上链机芯，80小时动力储存，振频21,600A/H
功能：时、分、秒显示
表带：黑色鳄鱼皮带
限量：50枚

卡地亚Cartier

Calibre de Cartier腕表

表壳：不锈钢，18K玫瑰金外圈，直径42mm，蓝宝石水晶表镜及表背，防水30米
表盘：银白色，3时位日历视窗，6时位小秒盘
机芯：Cal. 1904-PS MC自动上链机芯
功能：时、分、秒、日历显示
表带：不锈钢间玫瑰金链带

卡地亚Cartier

Ballon Bleu de Cartier
超薄铂金腕表

表壳：950铂金，直径46mm，蓝宝石水晶表镜，防水30米
表盘：蓝色，银色刻度时标及指针
机芯：石英机芯
功能：时、分显示
表带：蓝色鳄鱼皮带
限量：编号限量发售

香奈儿Chanel

J12 Chromatic
Diamonds系列腕表

表壳：高科技钛陶瓷，外圈镶嵌钻石，蓝宝石水晶表镜，直径38mm，防水50米
表盘：灰色，镶嵌8颗钻石时标
机芯：自动上链机芯，42小时动力储存
功能：时、分、秒显示
表带：高科技钛陶瓷链带

香奈儿Chanel

J12 Haute Joaillerie
Chronographe系列腕表

表壳：18K白金，直径41mm，蓝宝石水晶表镜，整表共镶嵌561颗钻石，约34克拉
表盘：黑色陶瓷，镶嵌10颗钻石时标，小盘内镶嵌钻石，3时位30分钟盘，4-5时位日历视窗，9时位小秒盘
机芯：自动上链机芯，COSC瑞士官方天文台认证
功能：时、分、秒、日历显示、计时功能
表带：18K白金及黑色陶瓷链带
限量：12枚

香奈儿Chanel

J12 29mm
Diamonds系列腕表

表壳：18K白金，直径29mm，蓝宝石水晶表镜，整表共镶嵌1018颗钻石，约11.9克拉
表盘：黑色陶瓷，镶嵌12颗黑色钻石时标
机芯：石英机芯
功能：时、分显示
表带：18K白金链带

雪铁纳Certina

DS Action Dive
动能系列潜水腕表

表壳： 不锈钢，直径43.2mm，单项旋转计时外圈，蓝宝石水晶表镜，防水200米

表盘： 黑色大型荧光刻度及指针，4-5时位日历视窗

机芯： Cal.ETA 2824-2自动上链机芯，振频28,800A/H

功能： 时、分、秒、日历显示、潜水计时外圈

表带： 不锈钢链带

雪铁纳Certina

DS MULTI-8系列腕表

表壳： 不锈钢，直径42mm，蓝宝石水晶表镜，防水100米

表盘： 银黑色，6时位液晶显示盘

机芯： Cal.ETA E49.351石英机芯

功能： 时、分、秒，两地时区，日历显示，计时功能，响闹功能

表带： 不锈钢链带

夏利豪Charriol

Parisii系列腕表

表壳： 不锈钢，直径28mm，蓝宝石水晶表镜

表盘： 白色珍珠贝母，12颗钻石时标

机芯： 石英机芯

功能： 时、分、秒显示

表带： 不锈钢链带

Century

Elegance Chronograph GMT
双时区腕表

表壳： 不锈钢，直径44mm，蓝宝石水晶表镜，48刻面外圈

表盘： 黑色，3时位日历视窗，6时位12小时盘，9时位小秒盘，12时位30分钟盘，中心第二时区24小时指针

机芯： 自动上链机芯，振频28,800A/H，COSC天文台认证

功能： 时、分、秒、日历、第二时区显示，计时功能

表带： 黑色鳄鱼皮带

卡西欧Casio

Edifice系列多功能计时腕表

表壳： 不锈钢，防水100米，尺寸51.6×46.9mm

表盘： 黑色，29城市缩写外圈，3时位日历显示，8时位腕表功能显示

机芯： 石英机芯

功能： 时、分、秒、日历、48城市世界时显示，计时、响闹、电波校时功能

表带： 不锈钢链带

卡西欧Casio

G-9300腕表

表壳： 尺寸53×50.8mm，防水200米

表盘： 液晶显示表盘

机芯： 石英机芯

功能： 时、分、秒，48城市世界时显示，万年历，计时，响闹，指南针，温度计功能

表带： 黑色橡胶带

萧邦Chopard

L.U.C Engine One Tourbillon陀飞轮腕表

表壳： 黑色Titalyte®涂层钛合金，蓝宝石水晶表镜，尺寸44.4×35.4mm，防水50米
表盘： 镂空，桔红色时标，6时位陀飞轮，12时位动力储存指示
机芯： Cal.L.U.C 1TRM手动上链机芯，60小时动力储存，COSC天文台认证，振频28,800A/H
功能： 时、分、秒、动力储存显示，陀飞轮装置
表带： 黑色鳄鱼皮带
限量： 100枚

萧邦Chopard

Owl猫头鹰腕表

表壳： 18K玫瑰金，猫头鹰造型，表盘外圈镶嵌红宝石，约3.68克拉，表壳部分镶嵌梯形及圆形钻石，约9.2克拉，尺寸47.8×45.1×21.1mm
表盘： 银灰色，金色指针，放射纹饰
机芯： 双石英机芯
功能： 本地时、分及第二时区时、分显示
表带： 桃红色绢带

萧邦Chopard

L.U.C 1937系列腕表

表壳： 不锈钢，直径42mm，蓝宝石水晶表镜，防水50米
表盘： 白色陶瓷，黑色指针及刻度时标，6时位日历视窗
机芯： Cal.L.U.C 1.010自动上链机芯，60小时动力储存，COSC天文台认证，振频28,800A/H
功能： 时、分、秒、日历显示
表带： 黑色鳄鱼皮带

瑞宝Chronoswiss

Timemaster Split Second追针计时腕表

表壳： 18K玫瑰金，部分黑色DLC涂层，测速刻度外圈，直径44mm，防水100米
表盘： 黑色，纯银，白色刻度环，玫瑰金色小盘，3时位日历盘，6时位12小时盘，9时位小秒盘，12时位30分钟盘
机芯： Cal.C733自动上链机芯，振频28,800A/H，44小时动力储存
功能： 时、分、秒、日历显示，追针计时功能，测速功能
表带： 黑色橡胶带
限量： 55枚

瑞宝Chronoswiss

Sirius系列腕表

表壳： 不锈钢，直径40mm，蓝宝石水晶表镜，防水30米
表盘： 纯银，蓝钢指针及时标，6时位小秒盘
机芯： Cal.C111手动上链机芯，振频21,600A/H，38小时动力储存
功能： 时、分、秒显示
表带： 蓝色鳄鱼皮带

瑞宝Chronoswiss

The Balance双回拨计时腕表

表壳： 18K玫瑰金，蓝宝石水晶表镜，直径42mm
表盘： 纯银，机刻花纹装饰，3时位回跳式日历指示，6时位12小时盘，9时位回跳式小秒针，12时位30分钟盘
机芯： Cal.LJP 8310自动上链机芯，46小时动力储存，振频28,800A/H
功能： 时、分、秒、日历显示，计时功能
表带： 棕色鳄鱼皮带

西铁城Citizen

Eco-Drive
SATELLITE WAVE腕表

表壳：黑色PVD不锈钢及黑色陶瓷，蓝宝石水晶表镜，防水100米
表盘：黑色，三维立体镂空，3时位第二时区时间显示，6时位日历视窗，9时位星期显示，中心功能状态显示
机芯：Cal.H990光动能石英机芯
功能：时、分、秒、星期、日历显示，万年历，26城市世界时，卫星校对时间
表带：黑色橡胶带

西铁城Citizen

Eco-Drive RING腕表

表壳：不锈钢，蓝宝石水晶表镜，防水100米
表盘：银色，5个立体小时时标，6时位月相显示，12时位日历显示
机芯：Cal.8712光动能石英机芯
功能：时、分、秒、日历、月相显示
表带：白色皮带

西铁城Citizen

Eco-Drive DOME腕表

表壳：钛合金及碳纤维，蓝宝石水晶表镜，防水100米
表盘：镜面银色，2时位24小时显示，4时位第二时区城市名及日历视窗，6时位小秒盘及电波接收地区指示，10时位60分钟计时盘及电量显示
机芯：Cal.H611光动能电波机芯
功能：时、分、秒、第二时区、电量储存显示，响闹、计时功能，光动能，电波校正
表带：黑色橡胶带

CK

Concept 超概念系列腕表

表壳：不锈钢，直径42mm，矿物水晶表镜，防水30米
表盘：银色，条形刻度及指针，6时位日历视窗
机芯：石英机芯
功能：时、分、秒、日历显示
表带：黑色皮带

CK

Basic系列腕表

表壳：不锈钢，直径43mm，矿物水晶表镜，防水50米
表盘：银白色，2时位1/10秒盘，4时位日历视窗，6时位小秒盘，10时位30分钟盘
机芯：Cal.ETA G10.211石英机芯
功能：时、分、秒、日历显示，计时功能
表带：黑色皮带

CK

Strive系列腕表

表壳：玫瑰金色PVD不锈钢，直径43mm，矿物水晶表镜，防水100米
表盘：银白色，2时位1/10秒盘，4时位日历视窗，6时位小秒盘，10时位30分钟盘
机芯：Cal.ETA G10.211石英机芯
功能：时、分、秒、日历显示，计时功能
表带：黑色皮带

Christophe Claret

21 Blackjack 腕表

表壳： 18K白金，直径45mm，蓝宝石水晶表镜，表背配有旋转轮盘，防水30米
表盘： 黑色半透明，9个方形视窗，内有纸牌显示盘
机芯： Cal.BLJ08自动上链机芯，振频28,800A/H，72小时动力储存
功能： 时、分显示，21点游戏功能
表带： 黑色鳄鱼皮带
限量： 21枚

Clerc

Hydroscaph Steel GMT腕表

表壳： 不锈钢，直径49.6mm，可锁定旋转计时外圈，蓝宝石水晶表镜，防水1000米
表盘： 黑色及灰色，3时位日历视窗，6时位动力储存显示，12时位24小时第二时区盘
机芯： Cal.C606自动上链机芯
功能： 时、分、秒、日历、动力储存、第二时区显示、潜水计时外圈
表带： 黑色鳄鱼皮带

Clerc

Odyssey Silicium腕表

表壳： 钛金属，直径44mm，蓝宝石水晶表镜，防水100米
表盘： 灰色，2时位回跳式日历指示，6时位动力储存显示，10时位蓝色透明视窗
机芯： Cal.C200手动上链机芯，120小时动力储存
功能： 时、分、秒、日历、动力储存显示
表带： 黑色鳄鱼皮带

Clerc

Hydroscaph限量版计时腕表

表壳： 黑色DLC不锈钢，可锁定旋转计时外圈，蓝宝石水晶表镜，防水500米
表盘： 黑色，3时位小秒盘，6时位日历视窗，9时位24小时盘，中心计时表针及分针
机芯： Cal.C608自动上链机芯，振频28,800A/H
功能： 时、分、秒、日历、24小时显示，计时功能，潜水计时外圈
表带： 黑色橡胶带
限量： 500枚

Claude Meylan

Eclipse系列腕表

表壳： 黑色PVD不锈钢，直径43mm，蓝宝石水晶表镜，防水30米
表盘： 镂空，可见黑色PVD及镂空雕花处理机芯
机芯： Cal.ETA 6497手动上链机芯，42小时动力储存，振频18,000A/H
功能： 时、分显示
表带： 黑色皮带

Claude Meylan

Dentelle系列腕表

表壳： 不锈钢，直径35mm，蓝宝石水晶表镜，防水30米
表盘： 镂空，可见黑色PVD及镂空雕花处理机芯，外圈镶嵌钻石，约0.51克拉
机芯： Cal.ETA 2892自动上链机芯，42小时动力储存，振频28,800A/H
功能： 时、分、秒显示
表带： 白色绢带

Cuervo Y Sobrinos

Esplendidos 1882腕表

表壳： 不锈钢，蓝宝石水晶表镜，尺寸47×37mm，防水50米
表盘： 棕色，条纹装饰，中心分钟视窗，6时位日历视窗，12时位小时视窗
机芯： Cal.ETA 2824-2自动上链机芯，40小时动力储存，振频28,800A/H
功能： 时、分、日历显示
表带： 棕色鳄鱼皮带

Cuervo Y Sobrinos

Barbanegra计时日历腕表

表壳： 黑色DLC钛金属，直径45mm，蓝宝石水晶表镜，防水50米
表盘： 黑色，6时位12小时盘及月相视窗，9时位小秒盘，12时位30分钟盘及星期、月份视窗，中心日历指针
机芯： Cal.ETA 7751自动上链机芯，42小时动力储存，振频28,800A/H
功能： 时、分、秒、日历、星期、月份、月相显示，计时功能
表带： 黑色鳄鱼皮带
限量： 100枚

Coinwatch

马克艾多尔系列女装腕表

表壳： 不锈钢，直径35mm，蓝宝石水晶表镜，防水50米
表盘： 黑色珍珠贝母，6时位日历视窗
机芯： Cal.ETA 2824自动上链机芯，振频28,800A/H
功能： 时、分、秒、日历显示
表带： 不锈钢链带

昆仑Corum

Admiral's Cup Legend 38腕表

表壳： 18K玫瑰金，外圈镶嵌72颗钻石，约0.58克拉，直径38mm，蓝宝石水晶表镜，防水50米
表盘： 黑色珍珠贝母，镶嵌9颗钻石时标，3时位日历视窗
机芯： Cal.CO082自动上链机芯，42小时动力储存，振频28,800A/H
功能： 时、分、秒、日历显示
表带： 黑色绢制表带

昆仑Corum

Ti-Bridge动力储存腕表

表壳： 钛金属，蓝宝石水晶表镜，防水50米，尺寸52.5×42.5mm
表盘： 黑色PVD 立体结构，3时位动力储存显示
机芯： Cal.CO107手动上链机芯，72小时动力储存，振频28,800A/H
功能： 时、分、动力储存显示
表带： 黑色橡胶带

昆仑Corum

金桥陀飞轮腕表

表壳： 18K玫瑰金，蓝宝石水晶表镜，防水30米，尺寸51×34mm
表盘： 黑色，18K金制，手工雕刻纽索纹饰，18K玫瑰金指针及时标，12时位陀飞轮装置
机芯： Cal.CO213手动上链机芯，振频19,200A/H，40小时动力储存
功能： 时、分显示，陀飞轮装置
表带： 黑色鳄鱼皮带

豪度Codex

Identity系列女装月相腕表

表壳： 18K玫瑰金，外圈镶嵌66颗钻石，表“X”标识内镶嵌7颗钻石，蓝宝石水晶表镜，直径39mm，防水50米

表盘： 棕色，“X”图案装饰，6时位月相视窗，中心日期指针

机芯： Cal.DD 9041自动上链机芯，42小时动力储存，振频28,800A/H

功能： 时、分、秒、日历、月相显示

表带： 棕色鳄鱼皮带

豪度Codex

Identity系列计时日历腕表

表壳： 18K玫瑰金及不锈钢，直径44mm，蓝宝石水晶表镜，防水50米

表盘： 灰色，“X”图案玫瑰金色镂空装饰，3时位星期、日历视窗，6时位12小时盘，9时位小秒盘，12时位30分钟盘

机芯： Cal.ETA 7750自动上链机芯，42小时动力储存，振频28,800A/H

功能： 时、分、秒、星期、日历显示，计时功能

表带： 棕色鳄鱼皮带

豪度Codex

Identity系列腕表

表壳： 不锈钢，直径44mm，蓝宝石水晶表镜，防水50米

表盘： 灰色，“X”图案装饰，6时位小秒盘

机芯： Cal.ETA 6498-1手动上链机芯，46小时动力储存，振频18,000A/H

功能： 时、分、秒显示

表带： 黑色橡胶带

君皇Concord

C1 Amethyst紫色时光计时腕表

表壳： 18K白金，共镶嵌210颗方形切割紫水晶，蓝宝石水晶表镜，防水30米

表盘： 多层次，共镶嵌32颗方形切割紫水晶，3时位日历视窗，6时位12小时盘，9时位小秒盘，12时位30分钟盘

机芯： Cal.A07.211自动上链机芯，48小时动力储存COSC天文台认证，振频28,800A/H

功能： 时、分、秒、日历显示，计时功能

表带： 紫色鳄鱼皮带

君皇Concord

C2 Urban City系列腕表

表壳： 黑色PVD不锈钢，直径43mm，蓝宝石水晶表镜，防水100米

表盘： 黑色，3时位小秒盘，6时位12小时盘及日历视窗，9时位30分钟盘

机芯： Cal.ETA 2894-2自动上链机芯，42小时动力储存，振频28,800A/H

功能： 时、分、秒、日历显示，计时功能

表带： 黑色橡胶带

君皇Concord

C1 BlackSpider陀飞轮腕表

表壳： 钛金属，黑色橡胶涂层外圈，直径47mm，蓝宝石水晶表镜，防水30米

表盘： 黑色镂空，6时位陀飞轮装置

机芯： Cal.C105手动上链机芯，72小时动力储存，振频21,600A/H

功能： 时、分显示，陀飞轮装置

表带： 黑色橡胶带

限量： 25枚

DeWitt

Golden Afternoon
金色午后系列腕表

表壳： 18K白金，外圈及表耳镶嵌钻石，直径39mm，防水30米
表盘： 黑色珍珠贝母，彩色珍珠贝母镶嵌花朵造型装饰
机芯： Cal.ETA 2892自动上链机芯，42小时动力储存，振频28,800A/H
功能： 时、分、秒显示
表带： 黑色绢带

DeWitt

Twenty-8-Eight陀飞轮腕表

表壳： 18K玫瑰金，蓝宝石水晶表镜，直径43mm，防水30米
表盘： 黑色及银色，阳光射线纹饰，帝王柱装饰，6时位陀飞轮
机芯： Cal.DW8028手动上链机芯，72小时动力储存，振频18,000A/H
功能： 时、分显示，陀飞轮装置
表带： 棕色鳄鱼皮带
限量： 限量制作

DeWitt

Twenty-8-Eight Regulator A.S.W. Horizons腕表

表壳： 黑色PVD钛金属，直径46mm，蓝宝石水晶表镜，防水30米
表盘： 棕色蓝宝石水晶，帝王柱形装饰，6时位陀飞轮，9时位动力储存指示
机芯： Cal.DW8014自动上链机芯，72小时动力储存，振频18,000A/H
功能： 时、分、秒、动力储存显示，陀飞轮装置
表带： 黑色鳄鱼皮带
限量： 限量制作

迪奥Dior

Dior VIII Grand Bal系列腕表

表壳： 黑色陶瓷，不锈钢外圈镶嵌钻石，蓝宝石水晶表镜，直径38mm
表盘： 黑色，镶嵌钻石装饰，裙摆式18K白金自动摆砣
机芯： 由Frederic Jouvenot制作自动上链机芯
功能： 时、分、秒显示
表带： 黑色陶瓷链带
限量： 18枚

迪奥Dior

Dior VIII系列33mm腕表

表壳： 黑色陶瓷，不锈钢外圈梯形粉红蓝宝石，蓝宝石水晶表镜，直径33mm
表盘： 黑色，镶嵌钻石装饰环，8时位标有罗马数字“VIII”
机芯： 自动上链机芯，振频28,800A/H
功能： 时、分、秒显示
表带： 黑色陶瓷链带

迪奥Dior

Dior VIII系列38mm腕表

表壳： 黑色陶瓷，不锈钢外圈镶嵌黑色陶瓷及钻石，蓝宝石水晶表镜，直径38mm
表盘： 黑色，8时位标有罗马数字“VIII”
机芯： 自动上链机芯，振频28,800A/H
功能： 时、分、秒显示
表带： 黑色陶瓷链带

Damiani

Belle Époque系列黑色陶瓷腕表

表壳： 黑色陶瓷，可旋转外圈上镶嵌黑色钻石及蓝宝石，直径32mm，防水30米
表盘： 黑色，白色时、分指针
机芯： 石英机芯
功能： 时、分显示
表带： 黑色绢带

Damiani

Belle Époque系列腕表

表壳： 18K白金，可旋转外圈上镶嵌钻石及彩色宝石，直径32mm，防水30米
表盘： 白色珍珠贝母，时、分指针镶嵌钻石
机芯： 石英机芯
功能： 时、分显示
表带： 白色绢带

Demonaco

Quantieme玫瑰金万年历腕表

表壳： 18K玫瑰金及钛金属，直径43mm，蓝宝石水晶表镜，防水30米
表盘： 灰色及玫瑰金色，双层镂空设计，3时位月份视窗，6时位调校功能及周历指示，闰年视窗，9时位星期视窗，12时位大日历视窗
机芯： 自动上链机芯，手工雕刻18K金摆砣，振频28,800A/H
功能： 时、分、周历、调校功能显示，万年历功能
表带： 黑色鳄鱼皮带
限量： 88枚

Demonaco

Quantieme白金万年历腕表

表壳： 18K白金及钛金属，直径43mm，蓝宝石水晶表镜，防水30米
表盘： 灰色，双层镂空设计，3时位月份视窗，6时位调校功能及周历指示，闰年视窗，9时位星期视窗，12时位大日历视窗
机芯： 自动上链机芯，手工雕刻18K金摆砣，振频28,800A/H
功能： 时、分、周历、调校功能显示，万年历功能
表带： 黑色鳄鱼皮带
限量： 88枚

时度Doxa

Shark Ceramica XL
限量版腕表

表壳： 不锈钢，直径48mm，陶瓷旋转计时外圈，蓝宝石水晶表镜，防水300米
表盘： 黑色，荧光时标及指针，6时位日历视窗
机芯： 自动上链机芯
功能： 时、分、秒、日历显示，潜水计时外圈
表带： 不锈钢链带
限量： 1200枚

时度Doxa

Trofeo ChronoMax
托菲奥计时腕表

表壳： 不锈钢，蓝宝石水晶表镜，防水100米
表盘： 黑色，6时位月相视窗及12小时盘，9时位小秒盘及24小时盘，12时位30分钟盘及星期、日历视窗，中心日历指针
机芯： 自动上链机芯，振频28,800A/H
功能： 时、分、秒、日历、星期、月份、月相、24小时显示
表带： 不锈钢链带
限量： 1000枚

杜彼萧登 Dubey & Schaldenbrand

Grand Clasic GMT腕表

表壳： 不锈钢，直径41.5mm，蓝宝石水晶表镜，防水30米
表盘： 黑色，6时位日历盘，9时位24小时盘，12时位第二时区盘
机芯： Cal.2892-A2自动上链机芯，42小时动力储存，振频28,800A/H
功能： 时、分、秒、日历、第二时区、24小时显示
表带： 黑色鳄鱼皮带

杜彼萧登 Dubey & Schaldenbrand

Artisans Xtrême玫瑰金腕表

表壳： 18K玫瑰金，蓝宝石水晶表镜，直径47.5mm，防水30米
表盘： 黑色，6时位月相视窗及12小时盘，9时位小秒盘，12时位30分钟盘及星期、月份视窗，中心日历指针
机芯： Cal.7751自动上链机芯，振频28,800A/H，48小时动力储存
功能： 时、分、秒、日历、星期、月份、月相显示、计时功能
表带： 黑色鳄鱼皮带

杜彼萧登 Dubey & Schaldenbrand

Grand dome 18K玫瑰金腕表

表壳： 18K玫瑰金，蓝宝石水晶表镜，防水50米，尺寸37×52mm
表盘： 黑色，玫瑰金色刻度环，6时位月相视窗及12小时盘，12时位30分钟盘及星期、月份视窗，中心日历指针
机芯： Cal.7751自动上链机芯，振频28,800A/H，48小时动力储存
功能： 时、分、日历、星期、月份、月相显示、计时功能
表带： 黑色鳄鱼皮带

玉宝Ebel

Classic Sport计时腕表

表壳： 不锈钢，直径41mm，蓝宝石水晶表镜，防水50米
表盘： 白色，3时位小秒盘，4时位日历视窗，6时位12小时盘，9时位30分钟盘
机芯： 石英机芯
功能： 时、分、秒、日历显示、计时功能
表带： 淡黄色橡胶带

玉宝Ebel

Classic Sport腕表

表壳： 不锈钢，18K金外圈及表冠，直径27mm，蓝宝石水晶表镜，防水50米
表盘： 白色珍珠贝母，11颗钻石时标，6时位日历视窗
机芯： 石英机芯
功能： 时、分、秒、日历显示
表带： 不锈钢间18K金链带

玉宝Ebel

Beluga腕表

表壳： 不锈钢，直径30mm，蓝宝石水晶表镜，防水50米
表盘： 银白色，蓝钢时、分指针，6时位日历视窗
机芯： 石英机芯
功能： 时、分、日历显示
表带： 不锈钢链带

依百克Eberhard & CO

Chrono 4 Grande Taille腕表

表壳： 钛金属，直径46mm，单向旋转计时外圈，蓝宝石水晶表镜，防水200米
表盘： 深灰色，测速刻度外圈，小表盘由左至右依次是：30分钟盘，12小时盘，24小时盘及小秒盘，12时位日历视窗
机芯： Cal.EB250自动上链机芯，振频28,800A/H
功能： 时、分、秒、日历、24小时显示，计时功能，测速功能，潜水计时外圈
表带： 黑色橡胶带
限量： 500枚

依百克Eberhard & CO

Extra-fort Grande Taille腕表

表壳： 不锈钢，直径41mm，蓝宝石水晶表镜，防水50米
表盘： 黑色，测速刻度外圈，3时位30分钟盘，6时位日历视窗，9时位小秒盘
机芯： ETA7750自动上链机芯，振频28,800A/H
功能： 时、分、秒、日历显示，计时功能，测速功能
表带： 黑色鳄鱼皮带

依百克Eberhard & CO

Gilda腕表

表壳： 不锈钢，外圈镶嵌44颗红宝石及43颗钻石，蓝宝石水晶表镜，尺寸32.1×38mm，防水50米
表盘： 白色珍珠贝母，大型罗马数字时标
机芯： Cal.ETA 256.031石英机芯
功能： 时、分显示
表带： 白色鳄鱼皮带

伊度Edox

Royal Lady计时码表

表壳： 不锈钢，蓝色PVD外圈，直径36mm，蓝宝石水晶表镜，防水50米
表盘： 白色珍珠贝母，3时位小秒盘，4时位日历视窗，6时位1/10秒盘，9时位30分钟盘
机芯： Cal.104石英机芯
功能： 时、分、秒、日历显示，计时功能
表带： 白色橡胶带

伊度Edox

Class-1自动计时码表

表壳： 不锈钢，直径45mm，黑色陶瓷旋转计时外圈，蓝宝石水晶表镜，防水500米
表盘： 黑色，碳纤维纹理，测速刻度外圈，3时位星期、日历视窗，6时位小秒盘，12时位30分钟盘
机芯： Cal.011自动上链机芯，振频28,800A/H
功能： 时、分、秒、星期、日历显示，计时功能，测速功能
表带： 黑色橡胶带

伊度Edox

Grand Ocean自动计时码表

表壳： 黑色PVD不锈钢，直径45mm，蓝宝石水晶表镜，防水100米
表盘： 黑色，测速刻度外圈，3时位星期、日历视窗，6时位小秒盘，12时位30分钟盘
机芯： Cal.011自动上链机芯，振频28,800A/H
功能： 时、分、秒、星期、日历显示，计时功能，测速功能
表带： 黑色橡胶带

Elini

Commander腕表

表壳： 玫瑰金PVD不锈钢，黑色PVD外圈，蓝宝石水晶表镜，防水100米
表盘： 黑色及金色，部分镂空，6时位日历视窗
机芯： Cal.CL888自动上链机芯
功能： 时、分、秒、日历显示
表带： 黑色橡胶表带

Elini

NOVA腕表

表壳： 不锈钢，外圈及表耳镶嵌钻石，总重约0.7克拉，矿物水晶表镜，直径37.5mm，防水50米
表盘： 黑色珍珠贝母，3时位日历视窗
机芯： Ronda 6003D石英机芯
功能： 时、分、秒、日历显示
表带： 黑色牛皮表带

Elini

Captain腕表

表壳： 玫瑰金PVD不锈钢，蓝宝石水晶表镜，防水50米
表盘： 镂空，黑色板桥装饰，12时位日历视窗
机芯： Cal.CL888自动上链机芯
功能： 时、分、秒、日历显示
表带： 黑色橡胶表带

Ellicott

Majesty计时腕表

表壳： 不锈钢，直径42mm，蓝宝石水晶表镜，防水30米
表盘： 桔色双层镂空设计，3时位30分钟盘，9时位小秒盘
机芯： Cal.MG3-CH自动上链机芯，48小时动力储存，振频28,800A/H
功能： 时、分、秒显示，计时功能
表带： 桔色鳄鱼皮表带

Ellicott

Mach One Skymaster腕表

表壳： 黑色碳纤维，黑色PVD不锈钢外圈及表冠，直径44mm，蓝宝石水晶表镜，防水50米
表盘： 黑色碳纤维，6时位日历视窗
机芯： 自动上链机芯，振频28,800A/H，50小时动力储存
功能： 时、分、秒、日历显示
表带： 黑色鳄鱼皮表带

Ellicott

Lady Tuxedo系列 Sparkling版本计时腕表

表壳： 黑色DLC不锈钢，上下镶嵌钻石，蓝宝石水晶表镜，防水30米，尺寸37×51.5mm
表盘： 黑色，钻石镶嵌时标，3时位30分钟盘，9时位小秒盘
机芯： Cal.LTC.1自动上链机芯，37小时动力储存，振频28,800A/H
功能： 时、分、秒显示，计时功能
表带： 黑色鳄鱼皮表带

英纳格Enicar

CH331系列腕表

表壳： 不锈钢，直径40mm，蓝宝石水晶表镜，防水30米
表盘： 银白色，6时位星期指示，12时位大日历视窗
机芯： 石英机芯
功能： 时、分、秒、星期、日历显示
表带： 不锈钢链带

英纳格Enicar

CH333系列腕表

表壳： 黑色PVD不锈钢，玫瑰金PVD外圈，蓝宝石水晶表镜
表盘： 黑色，玫瑰金色刻度及指针，3时位星期、日历视窗
机芯： 自动上链机芯
功能： 时、分、秒、星期、日历显示
表带： 黑色及玫瑰金PVD不锈钢链带

英纳格Enicar

CH130系列腕表

表壳： 不锈钢，外圈镀玫瑰金
表盘： 银白色，机刻纹路装饰，10颗水晶锆石时标
机芯： 石英机芯
功能： 时、分显示
表带： 不锈钢链带，相间PVD玫瑰金

Epos

3416腕表

表壳： 黑色PVD 不锈钢，尺寸42×36mm，蓝宝石水晶表镜，防水50米
表盘： 黑色，上方本地时间及日历视窗，下方24小时第二时区时间及日历视窗
机芯： 双ETA 2671自动上链机芯，振频28,800A/H
功能： 时、分、秒、日历、第二时区显示
表带： 黑色真皮带

Epos

3411腕表

表壳： 玫瑰金PVD不锈钢，直径39mm，蓝宝石水晶表镜，防水50米
表盘： 黑色，荧光刻度及指针，6时位日历视窗
机芯： ETA 2824自动上链机芯，振频28,800A/H
功能： 时、分、秒、日历显示
表带： 玫瑰金PVD不锈钢链带

Epos

3391腕表

表壳： 不锈钢，直径41mm，蓝宝石水晶表镜，防水50米
表盘： 蓝色，6时位月相视窗，10时位星期视窗，1时位月份视窗，中心日历指针
机芯： ETA 2892自动上链机芯，振频28,800A/H
功能： 时、分、秒、日历、星期、月份、月相显示
表带： 黑色真皮带

依波路Ernest Borel

运动家系列腕表

表壳：不锈钢，直径42mm，测速刻度外圈，蓝宝石水晶表镜，防水50米

表盘：银色，3时位星期日历视窗，6时位12小时盘，9时位小秒盘，12时位30分钟盘

机芯：ETA 7750自动上链机芯，振频28,800A/H

功能：时、分、秒、星期、日历显示，计时功能，测速功能

表带：不锈钢链带

依波路Ernest Borel

布拉克天文台系列

表壳：不锈钢，金色PVD外圈，直径41mm，蓝宝石水晶表镜，防水50米

表盘：银色，15颗天然钻石时标，6时位日历视窗，12时位星期视窗

机芯：ETA 2834-2自动上链机芯，振频28,800A/H，COSC天文台认证

功能：时、分、秒、星期、日历显示

表带：不锈钢间PVD玫瑰金链带

依波路Ernest Borel

155周年纪念限量版

表壳：玫瑰金PVD不锈钢，直径40.5mm，蓝宝石水晶表镜，防水30米

表盘：镂空，11颗钻石时标

机芯：ETA 2892A2自动上链机芯，镂空装饰，振频28,800A/H

功能：时、分、秒显示

表带：棕色鳄鱼皮带

限量：1000枚

Fendi

Crazy Carats系列腕表

表壳：不锈钢，18K金外圈，直径38mm，蓝宝石水晶表镜

表盘：蓝色，通过4时位表冠可旋转12颗刻度宝石

机芯：石英机芯

功能：时、分、秒显示

表带：黑色真皮带

Fendi

SELLERIA系列腕表

表壳：不锈钢，缝线式装饰外圈，防水50米

表盘：白色珍珠贝母，放射条纹装饰，金色指针及罗马数字刻度，7时位小秒盘

机芯：石英机芯

功能：时、分、秒显示

表带：白色真皮带

Fendi

UNVEILS高科技陶瓷计时腕表

表壳：不锈钢，蓝色陶瓷外圈，直径38mm，防水50米

表盘：蓝色，品牌Logo纹饰，3时位小秒盘，6时位1/10秒盘及大日历视窗，9时位30分钟盘

机芯：石英机芯

功能：时、分、秒、日历显示，计时功能

表带：蓝色陶瓷链带

飞亚达Fiyta

“揽月”系列陀飞轮腕表

表壳： 不锈钢，18K玫瑰金表圈，直径42mm，蓝宝石水晶表镜，防水50米
表盘： 银白色，玫瑰金色指针及刻度，6时位日历及月相显示，12时位陀飞轮装置
机芯： 自动上链机芯
功能： 时、分、秒、日历、月相显示，陀飞轮装置
表带： 棕色鳄鱼皮带
限量： 300枚

飞亚达Fiyta

“摄影师”系列腕表

表壳： 不锈钢，玫瑰金PVD外圈，直径40mm，蓝宝石水晶表镜，防水50米
表盘： 黑色，玫瑰金色指针及刻度，5时位小秒盘，9时位24小时盘
机芯： 自动上链机芯
功能： 时、分、秒、24小时显示
表带： 不锈钢间PVD玫瑰金链带

飞亚达Fiyta

“艺”系列珐琅腕表

表壳： 18K玫瑰金，蓝宝石水晶表镜，防水50米
表盘： 掐丝珐琅制作辛亥革命红楼图案
机芯： 机械机芯
功能： 时、分显示
表带： 黑色皮带

Folli Follie

Arch Watch系列腕表

表壳： 黑色PVD不锈钢，镂空造型，镶嵌红色水晶，直径30mm，无机玻璃表镜，防水30米
表盘： 黑色珍珠贝母，红色镂空指针，心形装饰，镶嵌红色水晶
机芯： ISA 608/1300石英机芯
功能： 时、分显示
表带： 黑色皮带

Folli Follie

Heart 4 Heart系列腕表

表壳： 不锈钢，PVD玫瑰金，直径36mm，无机玻璃表镜，防水30米
表盘： 镂空，四颗桃心造型，镶嵌水晶装饰
机芯： Miyota 2033石英机芯
功能： 时、分、秒显示
表带： 白色绢带

Folli Follie

Beauty Watch系列腕表

表壳： 黑色PVD不锈钢，红色水晶外圈，同时镶嵌黑色水晶，直径40mm，无机玻璃表镜，防水30米
表盘： 黑色，镶嵌6颗水晶时标
机芯： ISA K62/132石英机芯
功能： 时、分显示
表带： 红色皮带

Fortis

B-42 MarineMaster DAY/ DATE白色腕表

表壳： 不锈钢，直径42mm，单向旋转计时外圈，蓝宝石水晶表镜，防水200米
表盘： 白色，黑色刻度时标及指针，3时位星期、日历视窗
机芯： Cal.2836-2自动上链机芯，振频28,800A/H
功能： 时、分、秒、星期、日历显示，潜水计时外圈
表带： 白色橡胶带

Fortis

B-47 Big Steel限量版腕表

表壳： 不锈钢，直径47mm，单向旋转计时外圈，蓝宝石水晶表镜，防水200米
表盘： 黑色半透明，荧光时标及指针，3时位日历显示，9时位星期显示
机芯： Cal.2836-2自动上链机芯，振频28,800A/H
功能： 时、分、秒、星期、日历显示，潜水计时外圈
表带： 黑色橡胶带
限量： 2012枚

Fortis

Yuri Gagarin限量版腕表

表壳： 不锈钢，直径40mm，表背有加加林头像，蓝宝石水晶表镜，防水200米
表盘： 黑色，3时位日历视窗，中心24小时指针
机芯： Cal.2893-2自动上链机芯，振频28,800A/H
功能： 时、分、秒、日历、24小时指示
表带： 黑色皮带
限量： 300枚

Franc Vila

FVi N° 7 Intrepido陀飞轮腕表

表壳： 黑色钛合金，蓝宝石水晶表镜，防水100米
表盘： 黑色镂空，6时位陀飞轮装置，9时位立体日夜显示
机芯： Cal.FV9自动上链机芯，42小时动力储存
功能： 时、分、日夜显示
表带： 黑色橡胶带

Franc Vila

FVt71 Selenity日历月相腕表

表壳： 不锈钢，或镶嵌两颗钻石装饰，蓝宝石水晶表镜，防水100米
表盘： 粉色或白色珍珠贝母，外圈或镶嵌钻石，6时位日历及月相视窗，12时位星期及月份视窗
机芯： Cal.FV7自动上链机芯，120小时动力储存
功能： 时、分、秒、日历、星期、月份、月相显示
表带： 紫色或粉色鳄鱼皮带
限量： 88枚

Franc Vila

FVa35 SuperSonico 五分钟报时腕表

表壳： 钛合金及不锈钢，蓝宝石水晶表镜，防水100米
表盘： 黑色镂空，白色时标，黑色指针
机芯： Cal.FV35自动上链机芯，42小时动力储存
功能： 时、分、秒显示
表带： 黑色鳄鱼皮带
限量： 88枚

Frederic Jouvenot

INTI-001玫瑰金腕表

表壳： 18K玫瑰金，蓝宝石水晶表镜，防水50米，尺寸44×55mm
表盘： 银色及金色，12个双色锥形滚筒显示小时，中心分钟显示盘
机芯： 手动上链机芯，振频21,600A/H，45小时动力储存
功能： 时、分显示
表带： 黑色鳄鱼皮带
限量： 88枚

Frederic Jouvenot

SURYA-001白金腕表

表壳： 18K白金，蓝宝石水晶表镜，防水50米，尺寸42×52mm
表盘： 紫色，12个花瓣形旋转小时时标，中心分钟显示盘
机芯： 自动上链机芯，振频21,600A/H，50小时动力储存
功能： 时、分显示
表带： 紫色鳄鱼皮带
限量： 188枚

法兰穆勒Franck Muller

GIGA陀飞轮腕表

表壳： 黑色PVD 18K金，尺寸59.2×43.7mm，蓝宝石水晶表镜，防水30米
表盘： 镂空，6时位陀飞轮装置
机芯： Cal.FM2100手动上链机芯，10天动力储存，振频18,000A/H
功能： 时、分显示，陀飞轮
表带： 黑色鳄鱼皮带

康斯登 Frederique Constant

Amour心跳系列腕表

表壳： 不锈钢，PVD玫瑰金，外圈镶嵌钻石，直径34mm，蓝宝石水晶表镜，防水60米
表盘： 棕色，Amour字样及心形镂空装饰，镶嵌钻石装饰
机芯： 自动上链机芯，振频28,800A/H，42小时动力储存
功能： 时、分、秒显示
表带： 棕色绢带

康斯登 Frederique Constant

康斯登古董赛车系列腕表

表壳： 不锈钢，直径43mm，蓝宝石水晶表镜
表盘： 白色及黑色，3时位30分钟盘，6时位12小时盘，9时位小秒盘
机芯： Cal.FC396自动上链机芯，振频28,800A/H
功能： 时、分、秒显示，计时功能
表带： 黑色鳄鱼皮带
限量： 1888枚

康斯登 Frederique Constant

康斯登古董赛车系列腕表

表壳： 不锈钢，直径43mm，蓝宝石水晶表镜
表盘： 银色，金色指针及时标，3时位30分钟盘，6时位12小时盘，9时位小秒盘
机芯： Cal.FC396自动上链机芯，振频28,800A/H
功能： 时、分、秒显示，计时功能
表带： 棕色鳄鱼皮带
限量： 1888枚

Gc

Gc SlimClass腕表

表壳： 不锈钢，直径42mm，蓝宝石水晶表镜，防水50米
表盘： 银灰色，蓝色指针，7时位小秒盘
机芯： Ronda 6004D石英机芯
功能： 时、分、秒显示
表带： 黑色皮带

Gc

Gc Skeleton Heartbeat腕表

表壳： 不锈钢，PVD玫瑰金，直径44mm，蓝宝石水晶表镜，防水100米
表盘： 镂空，玫瑰金色镂空指针
机芯： ETA 2801手动上链机芯，振频28,800A/H，42小时动力储存
功能： 时、分、秒显示
表带： 棕色鳄鱼皮带
限量： 150枚

Gc

Gc-4 Executive腕表

表壳： 不锈钢，灰色PVD外圈，直径44mm，蓝宝石水晶表镜，防水100米
表盘： 灰色，3时位小秒盘，4-5时位日历视窗，6时位12小时盘，9时位30分钟盘
机芯： Ronda 5040石英机芯
功能： 时、分、秒、日历显示、计时功能
表带： 灰色皮带

芝柏Girard-Perregaux

Vintage 1945 XXL腕表

表壳： 18K玫瑰金，蓝宝石水晶表镜及表背，尺寸35.25×36.2mm，防水30米
表盘： 白色，6时位小秒盘
机芯： 手动上链机芯，振频28,800A/H，48小时动力储存
功能： 时、分、秒显示
表带： 黑色鳄鱼皮带

芝柏Girard-Perregaux

Cat's Eye系列腕表

表壳： 18K白金，外圈镶嵌62颗钻石，总重约0.85克拉，尺寸35.4×30.4mm，蓝宝石水晶表镜及表背，防水30米
表盘： 白色珍珠贝母，8颗钻石时标，3时位日历视窗，9时位小秒盘
机芯： 自动上链机芯，振频28,800A/H，46小时动力储存
功能： 时、分、秒、日历显示
表带： 白色鳄鱼皮带

芝柏Girard-Perregaux

1966系列小秒针腕表

表壳： 18K玫瑰金，蓝宝石水晶表镜及表背，直径40mm，防水30米
表盘： 白色珐琅，蓝钢指针，6时位小秒盘
机芯： 自动上链机芯，振频28,800A/H，46小时动力储存
功能： 时、分、秒显示
表带： 黑色鳄鱼皮带

格拉苏蒂 Glashütte Original

Senator自动腕表

表壳： 18K玫瑰金，蓝宝石水晶表镜
表盘： 白色，罗马数字刻度，蓝钢指针
机芯： Cal.39-59自动上链机芯，振频28,800A/H，40小时动力储存
功能： 时、分、秒显示
表带： 黑色鳄鱼皮带

格拉苏蒂 Glashütte Original

PanoMatic Luna腕表

表壳： 不锈钢，外圈镶嵌64颗钻石，直径39.4mm
表盘： 白色珍珠贝母，2时位月相视窗，4时位大日历视窗，左侧偏心时、分盘及小秒盘，时标镶嵌18颗钻石
机芯： Cal.90-12自动上链机芯，振频28,800A/H，42小时动力储存
功能： 时、分、秒、日历、月相显示
表带： 白色橡胶带

格拉苏蒂 Glashütte Original

七零年代大日历腕表

表壳： 不锈钢，蓝宝石水晶表镜
表盘： 深灰色，荧光指针及时标，6时位大日历视窗
机芯： Cal.39-47自动上链机芯，振频28,800A/H，40小时动力储存
功能： 时、分、秒、日历显示
表带： 不锈钢链带

格拉夫Graff

GraffStar 38mm女装腕表

表壳： 18K白金，钻石切面式设计，直径38mm，蓝宝石水晶表镜
表盘： 蓝色珍珠贝母，钻石镶嵌时标
机芯： 石英机芯
功能： 时、分显示
表带： 蓝色鳄鱼皮带

格拉夫Graff

MasterGraff 三问报时陀飞轮腕表

表壳： 18K玫瑰金，蓝宝石水晶表镜，直径47mm
表盘： 黑色，6时位陀飞轮，12时位镶嵌一颗三角形钻石
机芯： 手动上链机芯，80小时动力储存
功能： 时、分、秒显示，三问报时功能
表带： 棕色鳄鱼皮带
限量： 30枚

格拉夫Graff

Master Graff镂空限量版腕表

表壳： 18K玫瑰金，共镶嵌164颗钻石，总重约21克拉，直径48mm
表盘： 透明，6时位陀飞轮装置
机芯： 手动上链机芯，透明水晶夹板，72小时动力储存
功能： 时、分显示，陀飞轮装置
表带： 黑色鳄鱼皮表带
限量： 10枚

格林汉Graham

Mercedes GP
Time Zone黑色腕表

表壳：不锈钢，直径42mm，蓝宝石水晶表镜，防水50米

表盘：黑色碳纤维，7时位日历视窗，中心蓝色箭头第二时区指针

机芯：Cal.G1714自动上链机芯，振频28,800A/H，42小时动力储存

功能：时、分、秒、日历、第二时区显示

表带：黑色橡胶带

格林汉Graham

Silverstone Time Zone腕表

表壳：不锈钢，蓝色24小时刻度外圈，直径42mm

表盘：黑色碳纤维，桔红色数字时标，7时位日历视窗，中心蓝色箭头第二时区指针

机芯：Cal.G1714自动上链机芯，振频28,800A/H，42小时动力储存

功能：时、分、秒、日历、第二时区显示

表带：黑色皮带

格林汉Graham

Chronofighter Fortress腕表

表壳：不锈钢，直径43mm，蓝宝石水晶表镜

表盘：黑色，荧光刻度及指针，3时位小秒盘，9时位30分钟盘

机芯：Cal.G1742自动上链机芯，振频28,800/H，48小时动力储存

功能：时、分、秒显示，计时功能

表带：棕色皮带

Greubel Forsey

Invention piece 2腕表

表壳：18K玫瑰金，蓝宝石水晶表镜及表背，防水30米，直径43.5mm

表盘：镂空，5时位时、分显示盘由22K金制，1时位及8时位双体陀飞轮装置，9时位小秒盘，10时位动力储存指示

机芯：Cal.GF 03手动上链机芯，振频21,600A/H，56小时动力储存

功能：时、分、秒、动力储存显示，两个双体陀飞轮装置

表带：黑色鳄鱼皮带

限量：11枚

Greubel Forsey

Double
TourbillonTechnique腕表

表壳：铂金，直径47.5mm，蓝宝石水晶表镜及表底，防水30米

表盘：镂空，水晶小时刻度外圈，3时位动力储存显示，6时位双体陀飞轮装置及小秒针，9时位小秒盘

机芯：Cal.GF 02s手动上链机芯，振频21,600A/H，120小时动力储存

功能：时、分、秒、动力储存显示，30度双体陀飞轮装置

表带：黑色鳄鱼皮带

Greubel Forsey

30度双体陀飞轮
历史版限量腕表

表壳：18K玫瑰金，蓝宝石水晶表镜及表底，防水30米，直径44.5m

表盘：灰色，镶嵌多片蓝宝石水晶，上刻有品牌理念及制表故事，3时位动力储存指示，6时位30度双体陀飞轮及秒针，9时位小秒盘

机芯：手动上链机芯，振频21,600A/H，动力储存72小时

功能：时、分、秒、动力储存显示，30度双体陀飞轮装置

表带：黑色鳄鱼皮带

限量：11枚

古驰Gucci

Coupé腕表

表壳： 不锈钢，蓝宝石水晶表镜，防水50米，尺寸40×40mm

表盘： 棕色，6时位小秒盘，12时位大日历视窗

机芯： 石英机芯

功能： 时、分、秒、日历显示

表带： 不锈钢链带

古驰Gucci

Coupé 90周年纪念腕表

表壳： 不锈钢，蓝宝石水晶表镜，防水50米，尺寸40×40mm

表盘： 黄色或黑色，3时位日历盘，9时位小秒盘

机芯： 自动上链机芯

功能： 时、分、秒、日历显示

表带： 棕色或黑色压纹皮带

古驰Gucci

G-Timeless Extra Large Black腕表

表壳： 黑色PVD不锈钢，直径44mm，测速刻度外圈，蓝宝石水晶表镜，防水50米

表盘： 黑色，墨绿色荧光刻度及指针，2时位1/10秒盘，4时位日历视窗，6时位小秒盘，10时位30分钟盘

机芯： 石英机芯

功能： 时、分、秒、日历显示，计时功能，测速功能

表带： 黑色压纹皮带

亨利慕时H.Moser & Cie

Moser Perpetual Double Hairspring双游丝腕表

表壳： 钯金，蓝宝石水晶表镜及表背

表盘： 棕色，3时位日历视窗，6时位小秒盘，9时位动力储存指针，中心月份指针

机芯： 手动上链机芯，背面配有闰年指示盘，7天动力储存

功能： 时、分、秒、日历、月份、动力储存显示，万年历

表带： 黑色鳄鱼皮带

亨利慕时H.Moser & Cie

Monard Marrone腕表

表壳： 18K玫瑰金，蓝宝石水晶表镜及表背

表盘： 棕色，放射状拉斯纹路打磨，玫瑰金色指针及时标

机芯： 手动上链机芯，7天动力储存

功能： 时、分、秒显示

表带： 棕色鳄鱼皮带

亨利慕时H.Moser & Cie

Moser Perpetual Golden Edition纯金款腕表

表壳： 18K玫瑰金，蓝宝石水晶表镜及表背

表盘： 棕色，玫瑰金指针及时标，3时位日历视窗，6时位小秒盘，9时位动力储存指示，中心月份指针

机芯： 手动上链机芯，玫瑰金制基板及夹板，背面配有闰年指示盘，7天动力储存

功能： 时、分、秒、日历、月份、动力储存显示，万年历

表带： 棕色鳄鱼皮带

限量： 100枚

汉米尔顿Hamilton

Khaki SkyMaster UTC腕表

表壳： 不锈钢，直径42mm，蓝宝石水晶表镜，防水300米
表盘： 米黄色，3时位日历视窗，9时位24个机场名称缩写视窗，中心第二时区指针
机芯： Cal.2893自动上链机芯，振频28,800A/H
功能： 时、分、秒、日历、第二时区、机场缩写显示
表带： 棕色皮带

汉米尔顿Hamilton

Thin-O-Matic腕表

表壳： 不锈钢，直径42mm，蓝宝石水晶表镜，防水50米
表盘： 银色，3时位日历视窗
机芯： Cal.2824自动上链机芯，振频28,800A/H
功能： 时、分、秒、日历显示
表带： 不锈钢伸缩链带

汉米尔顿Hamilton

Pan Europ腕表

表壳： 不锈钢，直径45mm，单项旋转计时外圈，蓝宝石水晶表镜，防水100米
表盘： 蓝色，测速刻度外圈，3时位30分钟盘，6时位日历视窗，9时位小秒盘
机芯： Cal.H31自动上链机芯，振频28,800A/H
功能： 时、分、秒、日历显示，旋转计时外圈，计时功能，测速功能
表带： 棕色皮带

Hanhart

Pioneer TwinDicator腕表

表壳： 不锈钢，直径45mm，双向旋转外圈，蓝宝石水晶表镜，防水100米
表盘： 银色，3时位30分钟盘，6时位日历视窗，9时位小秒盘
机芯： Cal.7750自动上链机芯，振频28,800A/H，42小时动力储存
功能： 时、分、秒、日历显示，计时功能，旋转计时外圈
表带： 棕色皮带

Hanhart

Primus Racer腕表

表壳： 黑色DLC不锈钢，直径44mm，蓝宝石水晶表镜，防水100米
表盘： 黑色，3时位30分钟盘，6时位日历视窗，9时位小秒盘
机芯： Cal.7750自动上链机芯，振频28,800A/H，42小时动力储存
功能： 时、分、秒、日历显示，计时功能
表带： 黑色橡胶带

Hanhart

Primus Diver腕表

表壳： 黑色DLC不锈钢，直径44mm，单项旋转计时外圈，蓝宝石水晶表镜，防水100米
表盘： 黑色及桔色，荧光指针及时标，3时位30分钟盘，6时位日历视窗，9时位小秒盘
机芯： Cal.7750自动上链机芯，振频28,800A/H，42小时动力储存
功能： 时、分、秒、日历显示，计时功能
表带： 黑色橡胶带

海瑞温斯顿Harry Winston

史诗陀飞轮二号腕表

表壳： 18K白金，蓝宝石水晶表镜，防水30米，直径48.5mm
表盘： 黑色蛋白石，2时位小时显示，6时位秒针显示，9时位双轴陀飞轮装置
机芯： 手动上链机芯，50小时动力储存
功能： 时、分、秒显示，双轴陀飞轮装置
表带： 黑色鳄鱼皮带
限量： 20枚

海瑞温斯顿Harry Winston

Opus 11腕表

表壳： 18K白金，三个圆柱形组合而成，防水30米
表盘： 镂空，2时位分钟显示，4时位可见摆轮，左侧24个小数字盘拼图式显示小时
机芯： 手动上链机芯，48小时动力储存
功能： 时、分显示
表带： 黑色鳄鱼皮带
限量： 111枚

海瑞温斯顿Harry Winston

Premier Bijou腕表

表壳： 铂金，直径27mm，共镶嵌159颗钻石，约1.59克拉，防水30米
表盘： 镶嵌183颗钻石，约0.79克拉
机芯： 石英机芯
功能： 时、分显示
表带： 白色绢带

HD3

Slyde系列腕表

表壳： 18K玫瑰金，触摸式蓝宝石水晶表镜，右侧电量指示灯，防水30米，尺寸47.71×57.84mm
表盘： TFT显示屏，尺寸28×29mm，分辨率232×240
机芯： CLT电子机芯
功能： 时、分、秒、月相、万年历、计时功能等，可通过USB上载显示模式或表盘样式
表带： 黑色橡胶带

Hautlence

HLQ系列腕表

表壳： 18K玫瑰金，蓝宝石水晶表镜，防水30米，直径43.8mm
表盘： 玫瑰金色及棕色，3时位分钟显示，6时位日历视窗，9时位小时显示
机芯： 手动上链机芯，振频21,600A/H，40小时动力储存
功能： 时、分、日历显示
表带： 棕色鳄鱼皮带
限量： 88枚

Hautlence

HL2系列腕表

表壳： 18K白金，四面蓝宝石水晶表镜，防水30米，尺寸50×42mm
表盘： 镂空，上方滚带式小时显示，右侧分钟盘，左侧立体旋转擒纵部件
机芯： 自动上链机芯，振频18,000A/H，45小时动力储存
功能： 时、分显示
表带： 黑色鳄鱼皮带

Heritage

Centenus腕表

表壳： 18K玫瑰金，蓝宝石水晶表镜，防水50米，直径42.5mm

表盘： 白金，6时位小秒盘，9时位中国100“刻”计时方式，100刻指针每天旋转一圈，60刻度指针每“刻”旋转一圈，12时位中国时辰视窗

机芯： Cal.888手动上链机芯，振频18,000A/H，50小时动力储存

功能： 时、分、秒、中国传统“100刻”及时辰显示

表带： 棕色鳄鱼皮表带

Heritage

Tensus腕表

表壳： 18K玫瑰金，蓝宝石水晶表镜，防水50米，直径42.5mm

表盘： 白金，6时位小秒盘，9时位动力储存指示

机芯： Cal.880手动上链机芯，振频18,000A/H，50小时动力储存

功能： 时、分、秒、动力储存显示

表带： 棕色鳄鱼皮表带

Heritage

Magnus Classic腕表

表壳： 18K白金，蓝宝石水晶表镜，防水50米，直径42.5mm

表盘： 白金，蓝钢指针，6时位小秒盘

机芯： Cal.800手动上链机芯，振频18,000A/H，50小时动力储存

功能： 时、分、秒显示

表带： 黑色鳄鱼皮表带

爱马仕Hermès

Cape Cod Grand Hours腕表

表壳： 不锈钢，蓝宝石水晶表镜，防水50米，尺寸36.2×35.4mm

表盘： 岩灰色，竖条纹装饰

机芯： 自动上链机芯，振频28,800A/H，42小时动力储存

功能： 时、分、秒显示，“变速”时针

表带： 棕色鳄鱼皮表带

爱马仕Hermès

Arceau 暂停时间腕表

表壳： 18K玫瑰金，蓝宝石水晶表镜，防水30米，直径43mm

表盘： 银白色，5时位回跳式日历指示

机芯： 自动上链机芯，振频28,800A/H，42小时动力储存

功能： 时、分、日历显示，时间“暂停”及“恢复”功能

表带： 棕色鳄鱼皮表带

限量： 174枚

爱马仕Hermès

Arceau“印度之花”大明火珐琅腕表

表壳： 18K白金，蓝宝石水晶表镜，防水30米，直径41mm

表盘： 珐琅制作“印度之花”图案

机芯： Cal.H1928自动上链机芯，振频28,800A/H，55小时动力储存

功能： 时、分显示

表带： 黑色鳄鱼皮表带

限量： 三枚一套，限量8套

宇舶Hublot

Big Bang系列白色鱼子酱腕表

表壳： 白色陶瓷及白色合成树脂，直径41mm，蓝宝石水晶表镜，防水100米
表盘： 白色陶瓷，3时位日历视窗
机芯： Cal.HUB1112自动上链机芯，42小时动力储存
功能： 时、分、秒、日历显示
表带： 白色橡胶带

宇舶Hublot

Big Bang系列豹纹腕表

表壳： 18K玫瑰金及黑色合成树脂，直径41mm，外圈共镶嵌48颗红柱石、烟熏石英和方型黄水晶，蓝宝石水晶表镜，防水100米
表盘： 豹纹图案，8颗黄钻时标，3时位小秒盘，4-5时位日历视窗，6时位12小时盘，9时位30分钟盘
机芯： Cal.HUB4300自动上链机芯，振频28,800A/H
功能： 时、分、秒、日历显示、计时功能
表带： 豹纹牛仔布内衬黑色天然橡胶带

宇舶Hublot

"时间之匙"腕表

表壳： 黑色DLC钛金属，6时位可见垂直陀飞轮装置
表盘： 黑色，2时位偏心时、分显示盘，7时位动力储存指示，10时位时间速度指示
机芯： Cal.HUB9002手动上链机芯，100小时动力储存，振频21,600A/H
功能： 时、分、秒、动力储存、显示，可变时间速度功能，陀飞轮装置
表带： 黑色橡胶带
限量： 50枚

万国IWC

柏涛菲诺手动上链八日动力储存腕表

表壳： 18K玫瑰金，蓝宝石水晶表镜及表背，防水30米，直径45mm
表盘： 深棕色，3时位日历视窗，6时位小秒盘，9时位动力储存指示
机芯： Cal.59210手动上链机芯，振频28,800A/H，192小时（8天）动力储存
功能： 时、分、秒、日历、动力储存显示
表带： 深棕色鳄鱼皮带

万国IWC

柏涛菲诺双时区腕表

表壳： 18K玫瑰金，蓝宝石水晶表镜及表背，防水30米，直径45mm
表盘： 黑色，3时位日历视窗，6时位小秒盘，12时位第二时区24小时盘
机芯： Cal.64710自动上链机芯，振频28,800A/H，72小时动力储存
功能： 时、分、秒、第二时区显示
表带： 黑色鳄鱼皮带

万国IWC

柏涛菲诺计时腕表

表壳： 不锈钢，直径42mm，蓝宝石水晶表镜，防水30米
表盘： 白色，3时位星期、日历视窗，6时位12小时盘，9时位小秒盘，12时位30分钟盘
机芯： Cal.79320自动上链机芯，振频28,800A/H，44小时动力储存
功能： 时、分、秒、星期、日历显示、计时功能
表带： 棕色鳄鱼皮带

Jacob & Co

Cyclone陀飞轮腕表

表壳：18K白金及18K玫瑰金，尺寸48×67mm，蓝宝石水晶表镜
表盘：镂空，时、分、秒及动力储存显示直接安置于机芯夹板上
机芯：Cal.LFT 108自动上链机芯，振频28,800A/H，45小时动力储存
功能：时、分、秒、动力储存显示，陀飞轮装置
表带：棕色皮带

Jacob & Co

G5系列GRAND 1-5腕表

表壳：黑色PVD不锈钢，直径47mm，蓝宝石水晶表镜，防水50米
表盘：5表盘，独立时、分指针
机芯：5枚ETA 956.112石英机芯
功能：5时区时、分显示
表带：黑色橡胶带

Jacob & Co

Typhoon腕表

表壳：不锈钢，直径45mm，蓝宝石水晶表镜
表盘：镂空，可见机芯放射状条纹装饰及自动摆砣
机芯：Cal.3023 Concepto自动上链机芯，42小时动力储存
功能：时、分显示
表带：黑色鳄鱼皮带

积家Jaeger-LeCoultre

Reverso Répétition Minute à Rideau三问腕表

表壳：18K白金，翻转设计，配有可开启式幕帘式启动三问报时，蓝宝石水晶表镜，尺寸55×35mm，防水30米
表盘：镂空，灰色刻度时标，蓝钢指针
机芯：Cal.944手动上链机芯，振频21,600A/H，35小时动力储存
功能：时、分显示，三问报时功能
表带：黑色鳄鱼皮带
限量：75枚

积家Jaeger-LeCoultre

Grande Reverso Duoface双面腕表

表壳：18K玫瑰金，翻转设计，尺寸48.5×30mm，蓝宝石水晶表镜，防水30米
表盘：银白色，6时位小秒盘，12时位日历视窗，反面第二时区及昼夜显示
机芯：Cal.986手动上链机芯，振频28,800A/H，48小时动力储存
功能：时、分、秒、日历、第二时区、昼夜显示
表带：黑色鳄鱼皮带

积家Jaeger-LeCoultre

Grande Reverso Lady Ultra Thin 腕表

表壳：不锈钢，翻转设计，尺寸39×24mm，蓝宝石水晶表镜，镶嵌钻石装饰
表盘：银白色，放射状纹理装饰，阿拉伯数字时标
机芯：Cal.846手动上链机芯，振频21,600A/H，40小时动力储存
功能：时、分显示
表带：黑色鳄鱼皮带

雅克德罗Jaquet Droz

Grande Seconde腕表

表壳： 18K玫瑰金及钛金属，直径45mm，蓝宝石水晶表镜，防水50米
表盘： 黑色碳纤维，18K玫瑰金指针及刻度环，6时位小秒盘，12时位时、分盘
机芯： Cal.2663A-S自动上链机芯，68小时动力储存，振频28,800A/H
功能： 时、分、秒显示
表带： 黑色橡胶带

雅克德罗Jaquet Droz

陀飞轮腕表

表壳： 18K玫瑰金，蓝宝石水晶表镜，防水30米，直径43mm
表盘： 白色珐琅，18K玫瑰金指针，6时位时、分盘，12时位陀飞轮及小秒盘
机芯： Cal.25JD自动上链机芯，振频21,600A/H，7天动力储存
功能： 时、分、秒显示，陀飞轮装置
表带： 黑色鳄鱼皮带

雅克德罗Jaquet Droz

Petite Heure Minute Relief腕表

表壳： 18K玫瑰金，蓝宝石水晶表镜，直径41mm，防水30米
表盘： 白色珍珠贝母，18K玫瑰金手工制作鸟巢造型，18K玫瑰金指针
机芯： Cal.2653自动上链机芯，22K金自动摆砣，振频28,800A/H，68小时动力储存
功能： 时、分显示
表带： 棕色绢带
限量： 8枚

尚维沙JeanRichard

Bressel Hommage "DANIEL" 腕表

表壳： 18K玫瑰金，蓝宝石水晶表镜，直径38mm，防水30米
表盘： 白色漆面，蓝钢指针，3时位日历视窗
机芯： Cal.JR1000自动上链机芯，48小时动力储存，振频28,800A/H
功能： 时、分、秒、日历显示
表带： 黑色鳄鱼皮带

尚维沙JeanRichard

Diverscope Titanium腕表

表壳： 钛金属，直径43mm，蓝宝石水晶表镜，防水300米
表盘： 深灰色，大型荧光时标及指针，3时位日历视窗，双向旋转计时外圈
机芯： Cal.JR1000自动上链机芯，48小时动力储存，振频28,800A/H
功能： 时、分、秒、日历显示，潜水计时外圈
表带： 炭黑色织物表带

尚维沙JeanRichard

Bressel 1665 small hour and minute腕表

表壳： 不锈钢，直径38mm，蓝宝石水晶表镜，防水30米
表盘： 白色漆面，蓝钢指针，3时位日历盘，5时位动力储存显示，8时位小秒盘
机芯： Cal.JR1040自动上链机芯，48小时动力储存，振频28,800A/H
功能： 时、分、秒、日历、动力储存显示
表带： 黑色鳄鱼皮带

珍达斐Jean d'Eve

Tourbillon Classic系列腕表

表壳： 18K玫瑰金，蓝宝石水晶表镜，防水30米
表盘： 黑色，玫瑰金色指针及时标，6时位陀飞轮及小秒针
机芯： Cal.13.77.20机械机芯
功能： 时、分、秒显示，陀飞轮装置
表带： 黑色鳄鱼皮带

珍达斐Jean d'Eve

Tourbillon Classic系列腕表

表壳： 18K黄金，蓝宝石水晶表镜，防水30米
表盘： 白色，黄金色指针及时标，6时位陀飞轮及小秒针
机芯： Cal.13.77.20机械机芯
功能： 时、分、秒显示，陀飞轮装置
表带： 棕色鳄鱼皮带

Jean-Mairet & Gillman

Lady Fiona腕表

表壳： 不锈钢，直径36mm，外圈镶嵌黑钻
表盘： 白色珍珠贝母，6颗黑钻时标
机芯： Cal.JMG2003-2自动上链机芯，42小时动力储存
功能： 时、分显示
表带： 白色鳄鱼皮带

Jean-Mairet & Gillman

Clement Gillman腕表

表壳： 18K玫瑰金，蓝宝石水晶表镜，直径41mm
表盘： 白色，4-5时位日历视窗，12时位第二时区视窗
机芯： Cal.JMG1999自动上链机芯，42小时动力储存
功能： 时、分、秒、日历、第二时区显示
表带： 棕色鳄鱼皮带

Jean-Mairet & Gillman

Continentes腕表

表壳： 18K白金，蓝宝石水晶表镜，直径43mm，防水30米
表盘： 白色，中心配有三根第二时区指针对应相应的扇形刻度
机芯： Cal.JMG3101TR/1153自动上链机芯
功能： 时、分、三地时区显示
表带： 黑色珍珠鱼皮带

Ladoire

Black Widow系列腕表

表壳： 钛合金，部分采用DLC黑色处理，防水50米，尺寸50.84×41.77mm
表盘： 镂空，多层次设计，3时位小秒盘，5时位分钟盘，6时位小时盘，中心分钟指针
机芯： Calvet/o2自动上链机芯，振频18,000A/H，52小时动力储存
功能： 时、分、秒显示
表带： 黑色皮带

L.Leroy

Les Grandes Heures Scientifiques腕表

表壳： 18K玫瑰金，蓝宝石水晶表镜，直径41mm，防水50米
表盘： 22K金镂空装饰，6时位小时盘，12时位陀飞轮及小秒盘，中心分钟指针
机芯： 自动上链机芯，52小时动力储存，经法国贝桑松官方天文台认证，振频28,800A/H
功能： 时、分、秒显示，陀飞轮装置
表带： 黑色鳄鱼皮带
限量： 7枚

L.Leroy

Marine系列腕表

表壳： 18K白金，蓝宝石水晶表镜，直径44mm，防水100米
表盘： 白色，6时位动力储存指示，12时位小秒盘
机芯： 自动上链机芯，经法国贝桑松官方天文台认证，振频28,800A/H
功能： 时、分、秒、动力储存显示
表带： 黑色鳄鱼皮带

Laurent Ferrier

Galet Secret双游丝陀飞轮腕表

表壳： 18K白金，蓝宝石水晶表镜，直径42mm，防水30米
表盘： 可开启设计，内层手绘珐琅图案，18K金茅型指针
机芯： Cal. FBN916-02手动上链机芯，双游丝，振频21,600A/H，80小时动力储存
功能： 时、分显示，陀飞轮装置
表带： 黑色鳄鱼皮带

Laurent Ferrier

Galet Clasic双游丝陀飞轮腕表

表壳： 18K黄金，蓝宝石水晶表镜，直径41mm，防水30米
表盘： 白色珐琅，6时位小秒盘
机芯： Cal. FBN916-01手动上链机芯，双游丝，振频21,600A/H，80小时动力储存
功能： 时、分、秒显示，陀飞轮装置
表带： 棕色鳄鱼皮带

Loiseau

1f4 Classical腕表

表壳： 18K白金，蓝宝石水晶表镜，直径45.2mm，防水30米
表盘： 蓝色，3时位日历盘，6时位月相视窗，9时位星期视窗，10-11时位动力储存显示，12时位月份及闰年显示
机芯： 自动上链机芯，振频21,600A/H，金制基板、夹板及自动摆砣
功能： 时、分、秒、月相、报时动力储存显示，三问报时、万年历功能
表带： 黑色鳄鱼皮带

Loiseau

1f4 Skeleton腕表

表壳： 18K白金，直径45.2mm
表盘： 白色镂空，1时位动力储存指示，3时位30分钟盘，6时位陀飞轮及日、夜显示，9时及12时位本地及第二时区时、分盘，10时位真太阳时指针，中心双追针计时秒针
机芯： 自动上链机芯，振频21,600A/H
功能： 时、分、日夜、第二时区、报时动力储存、真太阳时显示，陀飞轮装置，双追针计时、三问报时功能
表带： 黑色鳄鱼皮带

浪琴Longines

康卡斯女装钻石腕表

表壳： 不锈钢，直径35mm，黑色陶瓷外圈，镶嵌54颗钻石，约0.37克拉，防水50米

表盘： 黑色，11颗钻石时标，3时位日历视窗

机芯： Cal.L263.2石英机芯

功能： 时、分、秒、日历显示

表带： 不锈钢间黑色陶瓷链带

浪琴Longines

名匠系列逆跳月相腕表

表壳： 不锈钢，直径41mm，蓝宝石水晶表镜，防水30米

表盘： 黑色，3时位逆跳日历指示，6时位月相视窗及逆跳小秒针，9时位逆跳24小时指示，12时位逆跳星期指示及日、夜视窗

机芯： Cal.L707.2自动上链机芯，振频28,800A/H，48小时动力储存

功能： 时、分、秒、日历、星期、月相、24小时、日夜显示

表带： 黑色鳄鱼皮带

浪琴Longines

黛绰维纳系列精钢玫瑰金腕表

表壳： 不锈钢及18K玫瑰金，两侧镶嵌32克钻石，约0.27克拉，蓝宝石水晶表镜，防水30米，尺寸19.8×24.5mm

表盘： 白金，镶嵌212颗钻石，约0.5克拉

机芯： Cal.L178.3石英机芯

功能： 时、分显示

表带： 不锈钢间18K玫瑰金链带

Louis Erard

Excellence系列
玫瑰金计时女表

表壳： 18K玫瑰金，外圈镶嵌70颗钻石，约0.7克拉，直径36mm，蓝宝石水晶表镜，防水50米

表盘： 白色珍珠贝母，3时位30分钟盘，4-5时位日历视窗，6时位12小时盘，9时位小秒盘

机芯： Cal.ETA 2094自动上链机芯，振频28,800A/H

功能： 时、分、秒、日历显示、计时功能

表带： 白色鳄鱼皮带

Louis Erard

Excellence系列Regulator
Power Reserve玫瑰金腕表

表壳： 18K玫瑰金，蓝宝石水晶表镜，直径40mm，防水50米

表盘： 银白色，6时位小秒盘，9时位动力储存指示，12时位小时盘，中央分针

机芯： ETA 7001手动上链机芯，振频21,600A/H

功能： 时、分、秒、动力储存显示

表带： 黑色鳄鱼皮带

限量： 80枚

Louis Erard

Excellence系列
月相24小时计时腕表

表壳： 不锈钢，直径42mm，蓝宝石水晶表镜，防水50米

表盘： 白色，6时位月相视窗及小秒盘，9时位24小时及小秒盘，12时位30分钟盘及星期、月份视窗，中心日历指针

机芯： ETA 7751自动上链机芯，振频28,800A/H

功能： 时、分、秒、日历、星期、月份、月相、24小时显示，计时功能

表带： 黑色鳄鱼皮带

Louis Moinet

Geograph腕表

表壳： 不锈钢，蓝宝石水晶表镜，直径45.5mm，防水50米
表盘： 白色，放射状波纹装饰，6时位12小时盘，9时位小秒盘及日历视窗，12时位30分钟盘，中心第二时区24小时显示
机芯： 自动上链机芯，振频28,800A/H，48小时动力储存
功能： 时、分、秒、日历、第二时区24小时显示，计时功能
表带： 黑色鳄鱼皮带
限量： 60枚

Louis Moinet

Geograph Rainforest腕表

表壳： 不锈钢及18K玫瑰金，直径45.5mm，蓝宝石水晶表镜，防水50米
表盘： 黑色，放射状波纹装饰，石化棕榈木装饰小盘，6时位12小时盘，9时位小秒盘及日历视窗，12时位30分钟盘，中心第二时区24小时显示
机芯： 自动上链机芯，振频28,800A/H，48小时动力储存
功能： 时、分、秒、日历、第二时区24小时显示，计时功能
表带： 黑色鳄鱼皮带
限量： 120枚

Louis Moinet

Astralis腕表

表壳： 18K玫瑰金，蓝宝石水晶表镜，防水50米，直径46.5mm
表盘： 黑色，放射状波纹装饰，3时位30分钟盘，6时位日夜视窗，11时位陀飞轮
机芯： Cal.LM27手动上链机芯，振频21,600A/H，48小时动力储存
功能： 时、分、日夜显示，双追针计时功能
表带： 黑色鳄鱼皮带
限量： 12枚

路易威登Louis Vuitton

Voyagez Tachometer 自动计时测速码表

表壳： 不锈钢，直径44mm，蓝宝石水晶表镜
表盘： 灰色，测速刻度外圈，3时位60分钟盘，6时位日历视窗，9时位24小时盘
机芯： Cal.LV172自动上链机芯，42小时动力储存
功能： 时、分、日历显示，计时功能，测速功能
表带： 碳纤编制带

路易威登Louis Vuitton

Tambour Diving II腕表

表壳： 18K玫瑰金，蓝宝石水晶表镜，防水300米，直径44mm
表盘： 蓝色，红色潜水计时外圈，荧光指针及刻度时标，3时位日历视窗，6时位小秒盘
机芯： Cal.ETA2895-2自动上链机芯，42小时动力储存，振频28,800A/H
功能： 时、分、秒、日历显示，潜水计时外圈
表带： 蓝色橡胶带

路易威登Louis Vuitton

Tambour Blush系列腕表

表壳： 不锈钢，直径34mm，蓝宝石水晶表镜，防水100米
表盘： 粉色，3时位日历视窗
机芯： 石英机芯
功能： 时、分、秒、日历显示
表带： 粉色鳄鱼皮带

Luminox

Atacama Field计时腕表

表壳： 枪色PVD不锈钢，直径42mm，蓝宝石水晶表镜，防水100米

表盘： 蓝色，指针及刻度配有发光汽灯，3时位小秒盘，4时位日历视窗，6时位响闹时间盘，9时位计时小时及分钟盘

机芯： 石英机芯

功能： 时、分、秒、日历显示、计时功能、响闹功能

表带： 枪色PVD链带

Luminox

F22系列Pilot's计时腕表

表壳： 黑色PVD钛金属，直径44mm，飞行滑尺旋转外圈，蓝宝石水晶表镜，防水200米

表盘： 黑色，测速刻度外圈，指针及刻度配有发光汽灯，3时位小秒盘，6时位1/10秒盘及大日历视窗，9时位计时分钟及小时盘，12时位星期视窗

机芯： 石英机芯

功能： 时、分、秒、星期、日历显示、飞行滑齿、计时功能、测速功能

表带： 红条装饰黑色皮带

Luminox

Colormark 38mm女装腕表

表壳： 不锈钢，单项旋转计时外圈，蓝宝石水晶表镜，直径38mm，防水200米

表盘： 白色珍珠贝母，指针及刻度配有发光汽灯，3时位日历视窗

机芯： 石英机芯

功能： 时、分、秒、日历显示、潜水计时外圈

表带： 白色皮带

Marc Ecko

Grandee系列女装腕表

表壳： 不锈钢，矿物水晶表镜，防水50米

表盘： 黑色，机刻图案装饰

机芯： 石英机芯

功能： 时、分、秒显示

表带： 黑色橡胶带

Marc Ecko

The Ecko City腕表

表壳： 不锈钢，直径44mm，矿物水晶表镜，防水50米

表盘： 银色，白色或黑色水晶镶嵌城市景色

机芯： 石英机芯

功能： 时、分、秒显示

表带： 白色皮带

Marc Ecko

Grandee系列腕表

表壳： 不锈钢，直径48mm，外圈镶嵌水晶，矿物水晶表镜，防水50米

表盘： 银白色，机刻图案装饰

机芯： 石英机芯

功能： 时、分、秒显示

表带： 不锈钢链带

Marco Mavilla

OvalOne Colourful Art腕表

表壳：不锈钢，外圈镶嵌钻石
表盘：彩色水晶，微型LED显示时间
机芯：石英机芯
功能：时、分、秒显示
表带：黑色珍珠鱼皮带

Marco Mavilla

OvalOne Synthesizer腕表

表壳：不锈钢，外圈镶嵌黑色钻石
表盘：镶嵌黑色及白色钻石，微型发光LED显示时间
机芯：石英机芯
功能：时、分、秒显示
表带：黑色珍珠鱼皮带

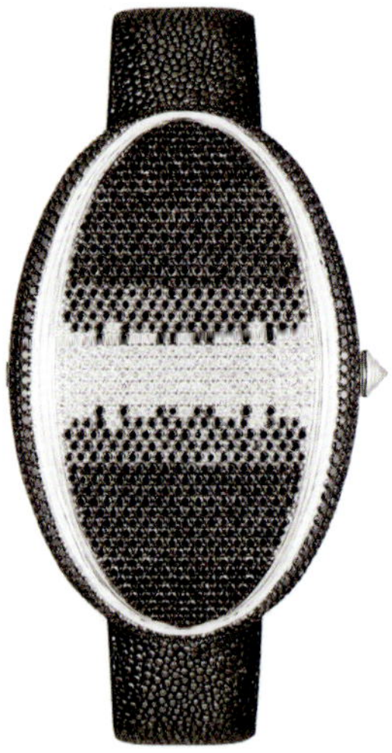

Marco Mavilla

OvalOne Total White腕表

表壳：不锈钢，外圈镶嵌钻石
表盘：镶嵌钻石，微型发光LED显示时间
机芯：石英机芯
功能：时、分、秒显示
表带：黑色珍珠鱼皮带

Marvin

Malton Round系列腕表

表壳：不锈钢，直径42mm，蓝宝石水晶表镜，防水50米
表盘：黑色碳纤维纹理，6时位黄色小秒盘，12时位大日历视窗
机芯：Cal.Ronda 7004B石英机芯
功能：时、分、秒、日历显示
表带：黑色皮带

Marvin

Loeb Summer系列腕表

表壳：黑色PVD不锈钢，直径44mm，测速刻度外圈，蓝宝石水晶表镜，防水100米
表盘：黑色，2时位1/10秒盘，4时位日历视窗，6时位小秒盘，10时位30分钟盘
机芯：Cal.ETA G10.711石英机芯
功能：时、分、秒、日历显示，计时功能
表带：桔色橡胶带

Marvin

Malton 160系列腕表

表壳：不锈钢，直径42mm，蓝宝石水晶表镜，防水50米
表盘：白色，蓝钢指针，3时位日历视窗，6时位小秒盘，12时位小时盘，中心分钟指针
机芯：Cal.DD14072自动上链机芯，38小时动力储存
功能：时、分、秒、日历显示
表带：棕色鳄鱼皮带
限量：8枚

艾美Maurice Lacroix

奔涛系列偏心月相腕表

表壳：不锈钢，直径43mm，蓝宝石水晶表镜，防水50米

表盘：银色，偏心时、分、秒盘，4时位月相及日夜视窗，6时位日历视窗

机芯：Cal.ML122-10自动上链机芯，38小时动力储存，振频28,800A/H

功能：时、分、秒、日历、月相、日夜显示

表带：黑色鳄鱼皮带

艾美Maurice Lacroix

匠心系列双回拨腕表

表壳：18K玫瑰金，蓝宝石水晶表镜，防水50米，直径46mm

表盘：925纯银，深蓝色，18K玫瑰金色刻度时标及时、分、秒、动力储存指针，镀铑回拨指针，3时位动力储存指示，6时位日历指示，9时位小秒盘，12时位24小时指示

机芯：Cal.ML190自动上链机芯，52小时动力储存，振频18,000A/H

功能：时、分、秒、日历、动力储存、24小时显示

表带：黑色鳄鱼皮带

限量：50枚

艾美Maurice Lacroix

奔涛系列Valjoux计时腕表

表壳：不锈钢，直径43mm，蓝宝石水晶表镜，防水50米

表盘：蓝色及银色，6时位12小时盘及日历视窗，9时位小秒盘，12时位30分钟盘

机芯：Cal.7750自动上链机芯，46小时动力储存，振频28,800A/H

功能：时、分、秒、日历显示，计时功能

表带：黑色鳄鱼皮带

Meccaniche Veloci

Quattro Valvole 48 Classic腕表

表壳：钛金属，直径48mm，蓝宝石水晶表镜，防水100米

表盘：黑色，4个独立时、分显示盘，8时位表盘配有日历视窗及秒针

机芯：四枚独立Cal.ETA 2671自动上链机芯

功能：时、分、秒、日历显示，4时区

表带：黑色皮带

Meccaniche Veloci

Quattro Valvole 42 三针动力储存腕表

表壳：钛金属，直径42mm，蓝宝石水晶表镜，防水100米

表盘：黑色，1-2时位日历视窗，4-5时位动力储存指示，7-8时位星期指示

机芯：Cal.Soprod 9060自动上链机芯，振频28,800A/H

功能：时、分、秒、日历、星期、动力储存显示

表带：黑色皮带

Meccaniche Veloci

Quattro Valvole 44计时腕表

表壳：黑色PVD钛金属，直径44mm，蓝宝石水晶表镜，防水100米

表盘：黑色，4-5时位12小时盘，7-8时位小秒盘，10-11时位30分钟盘

机芯：Cal.7750自动上链机芯，振频28,800A/H

功能：时、分、秒显示，计时功能

表带：黑色皮带

Meister Singer

NEO 2Z系列腕表

表壳：不锈钢，直径36mm，蓝宝石水晶表镜
表盘：蓝色，6时位日历视窗
机芯：ETA 2824-2自动上链机芯，48小时动力储存，振频28,800A/H
功能：时、分、日历显示
表带：蓝色鳄鱼皮带

Meister Singer

Scrypto系列腕表

表壳：不锈钢，直径43mm，蓝宝石水晶表镜，防水50米
表盘：棕色，放射状拉丝纹路装饰，6时位日历视窗
机芯：ETA 2824-2自动上链机芯，48小时动力储存，振频28,800A/H
功能：时、分、秒、日历显示
表带：黑色鳄鱼皮带

Meister Singer

24小时腕表

表壳：不锈钢，直径43mm，蓝宝石水晶表镜，防水50米
表盘：白色，单根蓝钢24小时指针
机芯：ETA 6497-1手动上链机芯，48小时动力储存，振频18,000A/H
功能：小时及15分钟显示
表带：棕色鳄鱼皮带

Metal.CH

Club系列腕表

表壳：玫瑰金PVD不锈钢，尺寸44×38.5mm，防水100米
表盘：黑色，3时位小秒盘，4-5时位日历视窗，6时位12小时盘，9时位30分钟盘
机芯：石英机芯
功能：时、分、秒、日历显示、计时功能
表带：黑色皮带

Metal.CH

Black系列腕表

表壳：黑色PVD不锈钢，测速刻度外圈，防水100米，直径47mm
表盘：黑色，3时位小秒盘，4-5时位日历视窗，6时位12小时盘，9时位30分钟盘
机芯：石英机芯
功能：时、分、秒、日历显示、计时功能、测速功能
表带：黑色橡胶带

Metal.CH

女装计时腕表

表壳：玫瑰金PVD不锈钢，直径44mm，单向旋转计时外圈，防水100
表盘：白色，测速刻度外圈，3时位小秒盘，4-5时位日历视窗，6时位12小时盘，9时位30分钟盘
机芯：石英机芯
功能：时、分、秒、日历显示、潜水计时外圈，计时功能，测速功能
表带：白色橡胶带

美度Mido

舵手系列钻石女款腕表

表壳： 不锈钢，直径31mm，防水50米
表盘： 白色涡旋型日内瓦波纹，3时位日历视窗，8颗钻石刻度时标
机芯： ETA 2671自动上链机芯，38小时动力储存
功能： 时、分、秒、日历显示
表带： 黑色牛皮鳄鱼纹压花带

美度Mido

贝伦赛丽III天文台女款腕表

表壳： 不锈钢，直径25mm，防水50米
表盘： 银色，罗马数字刻度，3时位日历视窗
机芯： ETA2836-2自动上链机芯，获瑞士天文台认证，38小时动力储存
功能： 时、分、秒、日历显示
表带： 黑色牛皮鳄鱼纹压花带

美度Mido

布鲁纳新款腕表

表壳： 不锈钢，直径40mm，防水100米
表盘： 银色，3时位星期、日历视窗
机芯： ETA 2836-2自动上链机芯，获瑞士天文台认证，40小时动力储存
功能： 时、分、秒、星期、日历显示
表带： 不锈钢链带

Mira

Fée Céleste M107系列腕表

表壳： 不锈钢，直径43mm，18K玫瑰金外圈镶嵌80颗钻石，约1克拉，防水50米
表盘： 黑色砂金石，白色珍珠贝母及钻石组成天鹅造型，共镶嵌84颗钻石，约0.26克拉，6时位回跳式分钟视窗，12时位小时盘
机芯： 自动上链机芯
功能： 时、分显示
表带： 红色鳄鱼皮带

Mira

Merveille de l' Espace M104系列腕表

表壳： 不锈钢，直径42mm，蓝宝石水晶表镜，防水50米
表盘： 黑色珍珠贝母，12-3时位回跳式分钟及小时指针，9时位24小时盘，中心秒针
机芯： 自动上链机芯
功能： 时、分、秒、24小时显示
表带： 深蓝色鳄鱼皮带

Mira

Reference Number M101系列腕表

表壳： 不锈钢，直径42mm，蓝宝石水晶表镜，防水50米
表盘： 黑色玑镂图案及黑色砂金石，6时位回跳式分钟指针，12时位小时盘，中心秒针
机芯： 自动上链机芯
功能： 时、分、秒显示
表带： 深蓝色鳄鱼皮带

MB&F

HM4 Thunderbolt腕表

表壳： 钛搭配蓝宝石水晶，尺寸54×52×24mm
表盘： 黑色，左盘动力储存显示，右盘显示小时与分钟
机芯： 手动上链机芯，72小时动力储存
功能： 时、分显示，动力储存显示
表带： 黑色小牛皮带

MB&F

HM2-Red SV腕表

表壳： 18K玫瑰金，蓝宝石水晶表镜，防水30米，尺寸59×38mm
表盘： 黑色，左盘显示日历与双半球月相，右盘显示小时与分钟
机芯： 自动上链机心
功能： 时、分、日历显示，月相显示
表带： 黑色鳄鱼皮带
限量： 18枚

美利是Milus

Herios经典系列 三秒针返跳腕表

表壳： 不锈钢，防水30米，尺寸41.64×41.64mm
表盘： 白色，2、6、10时位3个回跳式秒针各运行20秒
机芯： MILUS 3838自动上链机芯
功能： 时、分、秒显示
表带： 棕色鳄鱼皮带

美利是Milus

18K玫瑰金"Snow Star"复刻版腕表

表壳： 18K玫瑰金，防水30米，直径40mm
表盘： 银色，3时位日历视窗
机芯： ETA 2408手动上链机芯，36小时动力储存
功能： 时、分、秒、日历显示
表带： 黑色鳄鱼皮带
限量： 99枚

Mondaine

Simply Elegant A672.30350.16SBM腕表

表壳： 不锈钢，直径41mm，防水30米
表盘： 白色，黑色时分指针与刻度，红色秒针
机芯： Ronda 1063石英机芯
功能： 时、分、秒显示
表带： 不锈钢链带

Mondaine

Giant Seasonals A660.30328.16SBP腕表

表壳： 不锈钢，直径42mm，防水30米
表盘： 银色，银色时分指针与刻度，红色秒针
机芯： Ronda 513石英机芯
功能： 时、分、秒显示
表带： 红色皮革带

万宝龙Montblanc

时光行者双飞计时腕表

表壳： 黑色DLC不锈钢，直径43mm，蓝宝石水晶表镜，防水30米
表盘： 6时位小秒盘，9时位日历视窗，12时位第二时区24小时盘，中心红色60分钟计时指针
机芯： Cal.MB LL110自动上链机芯，72小时动力储存，振频28,800A/H
功能： 时、分、秒、日历、第二时区显示，飞返计时功能
表带： 黑色鳄鱼皮带
限量： 300枚

万宝龙Montblanc

明星自动上链世界时间GMT腕表

表壳： 不锈钢，直径42mm，蓝宝石水晶表镜，防水30米
表盘： 黑色，24时区城市名称外圈，3时位日历视窗，中心红色箭头第二时区指针
机芯： Cal.MB 4810/405自动上链机芯，42小时动力储存，振频28,800A/H
功能： 时、分、秒、日历、第二时区显示，世界时功能
表带： 黑色鳄鱼皮带

万宝龙Montblanc

维莱尔1858系列双圆柱游丝陀飞轮腕表

表壳： 18K白金，玫瑰金或铂金，直径47mm，泪滴造型，蓝宝石水晶表镜，防水30米
表盘： 镂空，6时位"神秘"时、分显示盘，由两片印有指针的蓝宝石水晶指示时间，12时位陀飞轮装置
机芯： Cal.MBM 65.63手动上链机芯，46小时动力储存，振频18,000A/H
功能： 时、分显示，陀飞轮装置
表带： 黑色鳄鱼皮带
限量： 18K白金及玫瑰金各8枚，铂金1枚

摩凡陀Movado

Concerto协奏曲特别版腕表

表壳： 不锈钢，镀玫瑰金，直径30mm，防水30米
表盘： 玫瑰金色，磨砂太阳纹饰，11颗钻石刻度时标
机芯： 石英机芯
功能： 时、分显示
表带： 镀玫瑰金不锈钢链带

摩凡陀Movado

SE Extreme™ Texalium腕表

表壳： 黑色PVD不锈钢与银色Texalium，直径44mm，防水30米
表盘： 黑色，镀铑棒形指针，12时位饰有平面圆点
机芯： 自动上链机芯，38小时动力储存
功能： 时、分显示
表带： 黑色橡胶带

摩凡陀Movado

瑞红18K白金博物馆镂空圆点视窗腕表

表壳： 18K白金，防水30米，直径45mm
表盘： 黑色，镀铑棒形指针，6时位镂空视窗小秒盘
机芯： 手动上链机芯
功能： 时、分、秒显示
表带： 黑色鳄鱼皮带

N.O.A

16.75 G镶钻腕表

表壳： 不锈钢，直径44mm，外圈镶嵌钻石，蓝宝石水晶表镜，防水100米
表盘： 白色，立体时标镶嵌钻石，2时位1/10苗盘，4时位日历视窗，6时位小秒盘，10时位30分钟盘
机芯： 石英机芯
功能： 时、分、秒、日历显示，计时功能
表带： 白色鳄鱼皮带

N.O.A

16.75 Iris系列腕表

表壳： 不锈钢，直径40mm，蓝宝石水晶表镜，防水100米
表盘： 白色及粉色，立体时标，3时位日历视窗
机芯： Cal.ETA 955.112石英机芯
功能： 时、分、秒、日历显示
表带： 粉色橡胶带

N.O.A

16.75 L系列腕表

表壳： 不锈钢，直径36mm，蓝宝石水晶表镜，防水100米
表盘： 蓝色，立体时标，3时位日历视窗
机芯： Cal.ETA 2671自动上链机芯
功能： 时、分、秒、日历显示
表带： 蓝色橡胶带

Nautische Instrumente

Marinus GMT腕表

表壳： 不锈钢，直径44mm，单项旋转计时外圈，蓝宝石水晶表镜，防水300米
表盘： 黑色，大型荧光指针及时标，4-5时位日历视窗，中心红色箭头第二时区指针
机芯： ETA 2893-2自动上链机芯，42小时动力储存，振频28,800A/H
功能： 时、分、秒、日历、第二时区显示
表带： 不锈钢链带

Nautische Instrumente

Terranaut III Trail腕表

表壳： 不锈钢，直径40mm，蓝宝石水晶表镜，防水100米
表盘： 黑色，荧光指针及时标，6时位日历视窗
机芯： Cal.SW 200-1自动上链机芯，38小时动力储存
功能： 时、分、秒、日历显示
表带： 黑色皮带

Nautische Instrumente

Teutonia III Handaufzug腕表

表壳： 不锈钢，直径42mm，蓝宝石水晶表镜，防水100米
表盘： 白色，3时位日历视窗
机芯： Cal.MU 9411手动上链机芯，42小时动力储存
功能： 时、分、秒、日历显示
表带： 黑色皮带

Nomos

Tangomat GMT腕表

表壳： 不锈钢，直径40mm，防水30米
表盘： 白色，3时位第二时区24小时视窗，6时位小秒盘，9时位第二区城市名称显示
机芯： 自动上链机芯
功能： 时、分、秒、第二时区显示
表带： 黑色马皮带

Nomos

Zürich Weltzeit腕表

表壳： 不锈钢，直径39.9mm，防水30米
表盘： 白色，3时位第二时区24小时盘，6时位小秒盘，12时位世界城市指示
机芯： 自动上链机芯
功能： 时、分、秒显示，世界时功能
表带： 黑色马皮带

Nomos

Tangomat GMT Plus腕表

表壳： 不锈钢，直径40mm，防水30米
表盘： 白色，3时位第二时区24小时视窗，6时位小秒盘，9时位第二区相差小时数
机芯： 自动上链机芯
功能： 时、分、秒、第二时区显示
表带： 黑色马皮带

Offshore

Tornade腕表

表壳： 黑色PVD不锈钢，金色PVD外圈及表冠、按钮，直径48mm，防水50米
表盘： 黑色及白色，4时位30分钟盘及日历视窗，8时位小秒盘，12时位星期指针
机芯： Ronda石英机芯
功能： 时、分、秒、日历、星期显示，计时功能
表带： 黑色橡胶带

Offshore

Force 4腕表

表壳： 不锈钢，直径54mm，防水50米，侧面配有第二时区盘
表盘： 白色，4时位30分钟盘及日历视窗，8时位小秒盘，12时位星期指针
机芯： 石英机芯
功能： 时、分、秒、日历、星期、第二时区显示，计时功能
表带： 白色橡胶带

Offshore

Cockpit腕表

表壳： 钛金属，直径50mm，防水50米
表盘： 黑色，10时位第二时区时、分盘
机芯： Ronda石英机芯
功能： 时、分、秒、第二时区显示
表带： 棕色橡胶带

欧米茄Omega

超霸同轴计时表

表壳： 不锈钢，直径44.25mm
表盘： 黑色，3时位12小时与60分钟计时盘，6时位日历视窗，9时位小秒盘
机芯： Cal.9300同轴自动上链机芯，瑞士天文台认证
功能： 时、分、秒、日历显示，计时功能
表带： 黑色鳄鱼皮带

欧米茄Omega

海马系列海洋宇宙计时表

表壳： 不锈钢，橙色潜水记时外圈，直径45.5mm，防水600米
表盘： 黑色，3时位12小时与60分钟计时盘，6时位日历视窗，9时位小秒盘
机芯： Cal.9300同轴自动上链机芯，瑞士天文台认证
功能： 时、分、秒、日历显示，计时功能，潜水记时外圈
表带： 不锈钢链带

欧米茄Omega

Ladymatic精钢镶钻女款腕表

表壳： 不锈钢，直径34mm，防水100米
表盘： 白色珍珠贝母，太阳射线光芒图案，3时位日历视窗，11颗钻石刻度时标
机芯： Cal.8520同轴自动上链机芯，瑞士天文台认证
功能： 时、分、秒、日历显示
表带： 不锈钢链带

豪利时Oris

艺术家女款镂空钻表

表壳： 不锈钢，镶嵌56颗美钻，直径31mm，防水30米
表盘： 镂空，10颗钻石刻度时标
机芯： Cal.560自动上链机芯
功能： 时、分、秒显示
表带： 黑色鳄鱼纹小牛皮带

豪利时Oris

Carlos Coste Cenote限量潜水表

表壳： 钛金属，陶瓷潜水计时外圈，直径46mm，防水500米
表盘： 黑色，6时位12小时盘与日历视窗，9时位小秒盘，12时位30分钟盘
机芯： Cal.ETA 7750自动上链机芯
功能： 时、分、秒、日历显示，计时功能
表带： 钛金属链带
限量： 2000枚

豪利时Oris

大表冠X1专业飞行表

表壳： 炮铜色PVD不锈钢，直径46mm，防水30米
表盘： 黑色，4-5时位日历视窗，6时位12小时盘，9时位小秒盘与星期视窗，12时位30分钟盘
机芯： 自动上链机芯
功能： 时、分、秒、星期、日历显示，计时功能
表带： 黑色小牛皮带

沛纳海Panerai

Luminor 1950
三日动力储存腕表

表壳： 不锈钢，直径47mm，Plexiglas®树脂表镜，防水100米
表盘： 黑色，荧光时标及指针
机芯： Cal.P3000手动上链机芯，3日动力储存，振频21,600A/H
功能： 时、分显示
表带： 棕色牛皮带

沛纳海Panerai

Radiomir
8日动力储存陶瓷腕表

表壳： 陶瓷，直径45mm，蓝宝石水晶表镜，防水100米
表盘： 黑色，3时位日历视窗，6时位直线型动力储存指示，9时位小秒盘
机芯： Cal.P2002/3手动上链机芯，8日动力储存，振频28,800A/H
功能： 时、分、秒、日历、动力储存显示
表带： 黑色牛皮带

沛纳海Panerai

Luminor Submersible 1950
专业潜水青铜腕表

表壳： 磨砂青铜，单向旋转计时外圈，蓝宝石水晶表镜，直径47mm，防水300米
表盘： 深绿色，3时位日历视窗，9时位小秒盘
机芯： Cal.P9000自动上链机芯，3日动力储存，振频28,800A/H
功能： 时、分、秒、日历显示
表带： 棕色牛皮带

Paris Hilton

Princess系列腕表

表壳： 不锈钢，蓝宝石水晶表镜
表盘： 白色，Paris Hilton皇冠Logo，镶嵌水晶装饰
机芯： 石英机芯
功能： 时、分显示
表带： 不锈钢圆珠式链带，镶嵌水晶

Paris Hilton

Hollywood系列腕表

表壳： 不锈钢，钻石面切割蓝宝石水晶表镜
表盘： 黑色，大型3、6、9、12数字时标，镶嵌水晶装饰
机芯： 石英机芯
功能： 时、分、秒显示
表带： 黑色皮带

Paris Hilton

Ice Glam系列腕表

表壳： 不锈钢，蓝宝石水晶表镜，外圈镶嵌水晶
表盘： 白色，大型6、12数字时标，镶嵌水晶装饰
机芯： 石英机芯
功能： 时、分、秒显示
表带： 白色皮带

帕玛强尼Parmigiani

Tonda 1950玫瑰金腕表

表壳： 18K玫瑰金，蓝宝石水晶表镜，防水30米，直径39mm
表盘： 镂黑色，荧光指针，6时位小秒盘
机芯： Cal.PF701自动上链机芯，42小时动力储存，振频21,600A/H
功能： 时、分、秒显示
表带： 黑色鳄鱼皮带

帕玛强尼Parmigiani

Tonda 1950白金腕表

表壳： 18K白金，蓝宝石水晶表镜，防水30米，直径39mm
表盘： 白色，荧光指针，6时位小秒盘
机芯： Cal.PF701自动上链机芯，42小时动力储存，振频21,600A/H
功能： 时、分、秒显示
表带： 棕色鳄鱼皮带

帕玛强尼Parmigiani

Super Sport
布加迪超级运动腕表

表壳： 18K白金，特殊造型，尺寸36×50.7mm，6面蓝宝石水晶表镜，防水10米
表盘： 黑色碳纤维，红色荧光指针，正面动力储存指示
机芯： Cal.PF372手动上链机芯，10日动力储存，振频21,600A/H
功能： 时、分、动力储存显示
表带： 黑色鳄鱼皮带
限量： 30枚

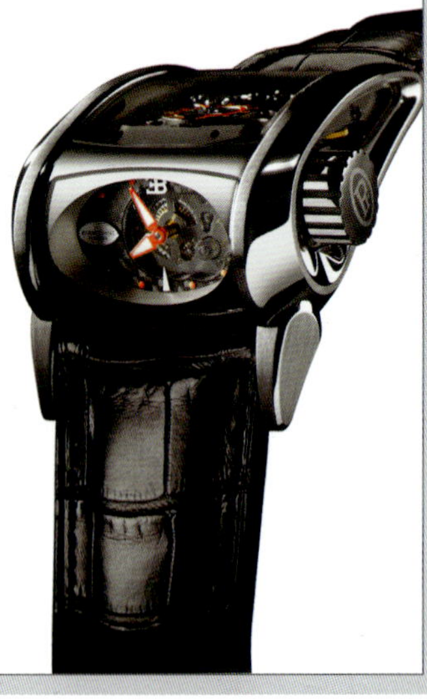

百达翡丽Patek Philippe

7000 Ladies First
三问报时腕表

表壳： 18K玫瑰金，直径33.7mm
表盘： 乳白色，18K玫瑰金刻度与时标，6时位小秒盘
机芯： R 27 PS自动上链机芯，48小时动力储存
功能： 时、分、秒显示，三问报时
表带： 浅棕色鳄鱼皮带

百达翡丽Patek Philippe

5073复杂功能钻石腕表

表壳： 铂金，直径42mm
表盘： 黑色，钻石刻度时标，3时位月份与闰年显示盘，6时位月相与日历显示盘，9时位星期与24小时盘
机芯： R 27 Q自动上链机芯，48小时动力储存
功能： 时、分、月相显示，三问报时，万年历功能
表带： 黑色鳄鱼皮带

百达翡丽Patek Philippe

5208复杂功能腕表

表壳： 铂金，直径44mm
表盘： 炭灰色，1-2时位月份显示窗，3时位60分钟盘，6时位小秒盘与月相显示窗，9时位12小时盘，10-11时位星期显示窗，12时位日历视窗
机芯： R CH 27 PS QI自动上链机芯，48小时动力储存
功能： 时、分、秒、月相显示，单按钮计时，三问报时，万年历功能
表带： 黑色鳄鱼皮带

Paul Picot

Atelier Slate 42mm腕表

表壳：不锈钢，直径42mm，防水50米
表盘：黑色，3时位日历视窗
机芯：PP1400自动上链机芯，瑞士天文台认证
功能：时、分、秒、日历显示
表带：黑色鳄鱼皮带
限量：50枚

Paul Picot

Yachtman 3 Chronograph

表壳：不锈钢，直径43mm，防水200米
表盘：黑色，3时位日历与星期视窗，6时位12小时盘，9时位小秒盘，12时位30分钟盘
机芯：PP1600自动上链机芯
功能：时、分、秒、星期、日历显示、计时功能
表带：蓝色橡胶带

Paul Picot

Technicum 1872腕表

表壳：不锈钢，直径42mm，防水50米
表盘：白色，3时位30分钟盘，9时位小秒盘
机芯：Lemania 1872手动上链机芯
功能：时、分、秒显示、计时功能
表带：黑色皮带

伯特莱Perrelet

First Class Lady
女士顶级系列腕表

表壳：不锈钢，直径38mm，蓝宝石水晶表镜，防水50米
表盘：黑色珍珠贝母，镶嵌12颗钻石时标，6时位日历视窗
机芯：Cal.P-261自动上链机芯，40小时动力储存，振频28,800A/H
功能：时、分、秒、日历显示
表带：黑色鳄鱼皮带

伯特莱Perrelet

Turbine XL腕表

表壳：钛金属及黑色PVD不锈钢，直径50mm，蓝宝石水晶表镜，防水50米
表盘：黑色，桔色荧光刻度时标，钛金属旋转叶轮
机芯：Cal.P-181自动上链机芯，40小时动力储存，振频28,800A/H
功能：时、分、秒显示
表带：黑色橡胶带

伯特莱Perrelet

自动飞行陀飞轮腕表

表壳：黑色PVD不锈钢及18K玫瑰金，蓝宝石水晶表镜，防水50米，直径50mm
表盘：黑色，碳纤纹理装饰，6时位陀飞轮，12时位时、分盘
机芯：Cal.P-161自动上链机芯，110小时动力储存，振频28,800A/H
功能：时、分显示，陀飞轮装置
表带：黑色橡胶带

Peter Tanisman

Nicea腕表

表壳：18K白金，镶嵌62颗钻石，约0.93克拉，下方配有滚筒式装饰，珐琅制作花卉图案，蓝宝石水晶表镜，防水30米，尺寸41×30mm
表盘：珐琅制作花卉图案
机芯：Cal.E01.701石英机芯
功能：时、分显示
表带：白色绢带

Peter Tanisman

Fantasia腕表

表壳：18K白金，镶嵌161颗方形切割钻石，约10.86克拉，下方配有滚筒式装饰，镶嵌80颗彩色宝石，约1.19克拉，蓝宝石水晶表镜，防水30米，尺寸41×30mm
表盘：银白色，7列凹槽内配有48颗活动彩色宝石，约0.83克拉
机芯：Cal.E01.701石英机芯
功能：时、分显示
表带：红色鳄鱼皮带，18K白金表扣镶嵌178颗钻石，约1.51克拉

Peter Tanisman

Fantasia 1001腕表

表壳：18K白金，下方配有滚筒式装饰，共镶嵌675颗钻石，约6.44克拉，尺寸41×30mm，蓝宝石水晶表镜，防水30米
表盘：银白色，7列凹槽内配有48颗活动钻石，约0.63克拉
机芯：Cal.E01.701石英机芯
功能：时、分显示
表带：黑色绢带，18K白金表扣镶嵌178颗钻石，约1.51克拉

翡丽诗丹Philip Stein

Active系列镂空腕表

表壳：18K玫瑰金，蓝宝石水晶表镜，直径45mm
表盘：白色，中心镂空
机芯：Cal.ETA 2824自动上链机芯，振频28,800A/H
功能：时、分、秒显示
表带：棕色鳄鱼皮带

翡丽诗丹Philip Stein

Signature系列腕表

表壳：不锈钢，蓝宝石水晶表镜，表背配有频谱发生装置，防水30米
表盘：银白色，双表盘设计
机芯：双石英机芯
功能：时、分、秒、第二时区显示
表带：黑色蜥蜴皮带

翡丽诗丹Philip Stein

Prestige系列钛金属计时腕表

表壳：钛金属，蓝宝石水晶表镜，表背配有频谱发生装置，防水50米
表盘：黑色及银白色，上方表盘2时位1/10秒盘，4时位日历视窗，6时位小秒盘，10时位30分钟盘，下方第二时区时、分、秒显示
机芯：双石英机芯
功能：双表盘，时、分、秒、日历、第二时区显示、计时功能
表带：钛金属链带

伯爵Piaget

Altiplano龙腕表

表壳： 18K白金，外圈镶嵌78颗钻石，蓝宝石水晶表镜，直径38mm
表盘： 龙图案掐丝珐琅表盘，巴顿式指针
机芯： Cal.430P手动上链机芯，40小时动力储存，振频21,600A/H
功能： 时、分显示
表带： 灰色鳄鱼皮带

伯爵Piaget

Emperador Coussin
超薄自动上链陀飞轮腕表

表壳： 18K白金，蓝宝石水晶表镜及表背，直径46.5mm
表盘： 镭射镌刻蓝宝石水晶表盘，1时位陀飞轮装置兼小秒盘，4时位偏心时分盘，9时位可见微型自动摆砣
机芯： Cal.1270P自动上链机芯，40小时动力储存，振频21,600A/H
功能： 时、分、秒显示，陀飞轮装置
表带： 黑色鳄鱼皮带

伯爵Piaget

Limelight Garden Party
珠宝腕表

表壳： 18K白金，蓝宝石水晶表镜，镶嵌34颗圆形钻石及11颗橄榄型钻石，总重约7克拉
表盘： 镶嵌76颗钻石，总重约0.3克拉
机芯： Cal.56P石英机芯
功能： 时、分显示
表带： 黑色绢质表带

Pierre Deroche

Grandcliff
Milady Royal Retro腕表

表壳： 不锈钢，直径42.5mm，外圈镶嵌64颗钻石，约1.28克拉，蓝宝石水晶表镜，防水100米
表盘： 镂空，6根交替回跳式秒针
机芯： 自动上链机芯
功能： 时、分、秒显示，6根回跳式秒针交替运转
表带： 白色鳄鱼皮带

Pierre Deroche

TNT Rendezvous系列腕表

表壳： 钛金属及18K玫瑰金，直径45.5mm，蓝宝石水晶表镜，防水100米
表盘： 镂空，黑色刻度环，6时位日历盘，8时位响闹动力储存指示，10时位响闹开关指示，12时位24小时盘，中心红色箭头响闹时间设定指针
机芯： 自动上链机芯
功能： 时、分、秒、24小时、响闹动力储存及开关显示，响闹功能
表带： 黑色鳄鱼皮带
限量： 21枚

Pierre Deroche

TNT Rendezvous系列腕表

表壳： 钛金属及不锈钢，直径45.5mm，蓝宝石水晶表镜，防水100米
表盘： 镂空，黑色刻度环，6时位日历盘，8时位响闹动力储存指示，10时位响闹开关指示，12时位24小时盘，中心红色箭头响闹时间设定指针
机芯： 自动上链机芯
功能： 时、分、秒、24小时、响闹动力储存及开关显示，响闹功能
表带： 黑色鳄鱼皮带
限量： 21枚

Police

Sovereign腕表

表壳：不锈钢，直径46mm，防水100米
表盘：白色，立体刻度外圈，3时位日历视窗
机芯：石英机芯
功能：时、分、秒、日历显示
表带：白色皮带

Police

Cyber腕表

表壳：不锈钢，直径45mm，防水30米
表盘：黑色，蓝色LCD显示
机芯：石英机芯
功能：时、分、秒显示，计时、响闹、万年历、25城市世界时功能
表带：白色皮带

Police

Vantage-X腕表

表壳：黑色PVD不锈钢，尺寸49×36mm，防水30米
表盘：黑色，桔色指针及时标
机芯：石英机芯
功能：时、分、秒显示
表带：桔色橡胶带

保时捷Porche Design

P6780 Diver腕表

表壳：不锈钢及钛金属，可开启设计，蓝宝石水晶表镜，直径46.8mm，防水1000米
表盘：黑色，内置旋转计时外圈，9时位日历显示
机芯：自动上链机芯，振频28,800A/H，42小时动力储存
功能：时、分、秒、日历显示，潜水计时外圈
表带：黑色橡胶带

保时捷Porche Design

P6920 Indicator腕表

表壳：黑色PVD钛金属，直径49mm，蓝宝石水晶表镜，防水50米
表盘：黑色，大型荧光指针及时标，3时位小时及分钟计时视窗，6时位动力储存指示，9时位小秒盘
机芯：Cal.6036自动上链机芯，振频28,800A/H，46小时动力储存
功能：时、分、秒、动力储存显示，计时功能
表带：黑色橡胶带

保时捷Porche Design

P6780 Diver黑色版本腕表

表壳：黑色PVD不锈钢及钛金属，直径46.8mm，可开启设计，蓝宝石水晶表镜，防水1000米
表盘：黑色，内置旋转计时外圈，9时位日历显示
机芯：自动上链机芯，振频28,800A/H，42小时动力储存
功能：时、分、秒、日历显示，潜水计时外圈
表带：黑色橡胶带

Quinting

The Cyclone腕表

表壳： 黑色PVD不锈钢，直径39m，蓝宝石水晶表镜
表盘： 透明，黑色外环
机芯： 石英机芯
功能： 时、分显示
表带： 黑色鳄鱼皮带

Quinting

The Ghost限量版腕表

表壳： 不锈钢，直径42mm，蓝宝石水晶表镜，防水50米，表冠镶嵌1颗红宝石
表盘： 透明，6时位30分钟盘，9时位12小时盘，12时位计时秒盘，中心日历指针兼日夜指示
机芯： 石英机芯存
功能： 时、分、日历、日夜显示，计时功能，测速功能
表带： 黑色鳄鱼皮带
限量： 25枚

Pequignet

Rue Royal自制机芯腕表

表壳： 不锈钢，直径42mm，防水50米
表盘： 银色，4时位小秒盘，6时位月相视窗，8时位动力储存显示盘，12时位星期与日历视窗
机芯： ROYALE自动上链机芯，88小时动力储存
功能： 时、分、秒、星期、日历显示，月相显示，动力储存显示
表带： 棕色鳄鱼皮带

雷达Rado

Ceramica整体陶瓷系列
白色陶瓷款腕表

表壳： 白色陶瓷，蓝宝石水晶表镜
表盘： 金色，6时位日历视窗
机芯： 石英机芯
功能： 时、分、秒、日历显示
表带： 白色陶瓷链带

雷达Rado

Centrix晶萃系列
白色陶瓷款腕表

表壳： 不锈钢，拱形蓝宝石水晶表镜
表盘： 银白色，4颗钻石时标，3时位日历视窗
机芯： Cal.ETA 955.112石英机芯
功能： 时、分、秒、日历显示
表带： 不锈钢间白色陶瓷链带

雷达Rado

D-STAR帝星系列
白色陶瓷款腕表

表壳： 白色陶瓷，蓝宝石水晶表镜
表盘： 黑白色，33颗钻石镶嵌时标，3时位日历视窗
机芯： 石英机芯
功能： 时、分、秒、日历显示
表带： 白色陶瓷链带

Ralph Lauren

Slim Classique方形Guilloché饰纹腕表

表壳： 18K白金，“玑镂”纹饰外圈，蓝宝石水晶表镜，防水30米，尺寸26.65×26.65mm
表盘： 银色，“玑镂”纹饰，罗马及阿拉伯数字时标
机芯： Cal.RL430手动上链机芯，40小时动力储存，振频21,600A/H
功能： 时、分显示
表带： 黑色鳄鱼皮带

Ralph Lauren

Sporting木制表盘腕表

表壳： 不锈钢，蓝宝石水晶表镜，黑色蓝宝石水晶表背，直径44.8mm，防水50米
表盘： 黑色，棕色榆木外圈，荧光指针及时标，6时位小秒盘
机芯： Cal.98295手动上链机芯，45小时动力储存，振频18,000A/H
功能： 时、分、秒显示
表带： 黑色小牛皮带

Ralph Lauren

Sporting Chronograph黑色陶瓷腕表

表壳： 陶瓷，直径44.8mm，蓝宝石水晶表镜，防水50米
表盘： 黑色，测速刻度外圈，3时位30分钟盘，6时位小秒盘及日历视窗，9时位12小时盘
机芯： Cal.RL750自动上链机芯，48小时动力储存，振频28,800A/H
功能： 时、分、秒、日历显示，计时功能，测速功能
表带： 黑色陶瓷链带

蕾蒙威Raymond Weil

Maestro Lady腕表

表壳： 不锈钢，直径30mm，蓝宝石水晶表镜，防水50米
表盘： 白色珍珠贝母，12时位镂空，7颗钻石时标
机芯： Cal.RW2000自动上链机芯，38小时动力储存，振频28,800A/H
功能： 时、分、秒显示
表带： 粉红色皮带

蕾蒙威Raymond Weil

Maestro腕表

表壳： 玫瑰金PVD不锈钢，直径41.5mm，蓝宝石水晶表镜
表盘： 银色，机刻纹理装饰，3时位日历视窗，6时位12小时盘，9时位小秒盘，12时位30分钟盘
机芯： Cal.RW5000自动上链机芯，46小时动力储存，振频28,800A/H
功能： 时、分、秒、日历显示，计时功能
表带： 棕色皮带

蕾蒙威Raymond Weil

Freelancer棕色皮带

表壳： 不锈钢，直径42mm，蓝宝石水晶表镜，防水100米
表盘： 白色，测速刻度外圈，3时位星期、日历视窗，6时位12小时盘，9时位小秒盘，12时位30分钟盘
机芯： Cal.RW5000自动上链机芯，46小时动力储存，振频28,800A/H
功能： 时、分、秒、星期、日历显示，计时功能，测速功能
表带： 棕色皮带

Rebellion

REB-7 Regulator腕表

表壳： 不锈钢，蓝宝石水晶表镜，尺寸46×56.7mm，防水50米
表盘： 黑色，部分镂空，6时位日历视窗，12时位小时盘，中置分钟及秒钟指示
机芯： Cal.REB-7自动上链机芯，42小时动力储存，振频28,800A/H
功能： 时、分、秒、日历显示
表带： 黑色橡胶带
限量： 36枚

Rebellion

RE1计时腕表

表壳： 18K玫瑰金，蓝宝石水晶表镜，防水50米，尺寸46×56.7mm
表盘： 黑色，3时位30分钟盘，6时位12小时盘，9时位小秒盘，11时位日历视窗，12时位可见计时导柱轮部件
机芯： Cal.RE1自动上链机芯，振频28,800A/H，50小时动力储存
功能： 时、分、秒、日历显示，计时功能
表带： 黑色橡胶带

Rebellion

Predator 24小时计时腕表

表壳： 钛金属，直径48mm，碳纤维外圈，蓝宝石水晶表镜，防水100米
表盘： 黑色碳纤维，3时位30分钟盘，4-5时位日历视窗，6时位24小时盘，9时位小秒盘
机芯： Cal.RE1自动上链机芯，振频28,800A/H，50小时动力储存
功能： 时、分、秒、日历显示，计时功能
表带： 黑色橡胶带

Richard Mille

RM 033 超平自动上链腕表

表壳： 钛金属，直径45.7mm，蓝宝石水晶表镜及表背
表盘： 蓝宝石水晶，放射状罗马数字刻度，荧光指针
机芯： Cal.RMXP1自动上链机芯，42小时动力储存，振频21,600A/H
功能： 时、分显示
表带： 黑色橡胶带

Richard Mille

RM 038陀飞轮 bubba Watson 腕表

表壳： AZ91 镁铝合金，Titalyt II®电离子氧化处理，尺寸48×39.7mm，蓝宝石水晶表镜及表背
表盘： 镂空，6时位陀飞轮装置
机芯： 手动上链机芯，振频21,600A/H，48小时动力储存
功能： 时、分显示，陀飞轮装置
表带： 白色橡胶带
限量： 限量制作

Richard Mille

RM 017超平陀飞轮腕表

表壳： 钛金属，蓝宝石水晶表镜及表背，尺寸49.8×38mm
表盘： 蓝宝石水晶镂空，2时位动力储存显示，4时位表冠功能显示，6时位陀飞轮装置
机芯： 手动上链机芯，振频21,600A/H，70小时动力储存
功能： 时、分、动力储存、表冠功能显示
表带： 黑色橡胶带

罗马Roamer

Pure系列腕表

表壳： 不锈钢，直径40mm，防水100米
表盘： 白色珍珠贝母，3时位日历视窗
机芯： 石英机芯
功能： 时、分、秒，日历显示
表带： 白色橡胶带

罗马Roamer

Mercury系列腕表

表壳： 不锈钢，防水100米，直径41.3mm
表盘： 白色，3时位星期与日历视窗
机芯： 自动上链机芯
功能： 时、分、秒、日历、星期显示
表带： 黑色皮带

罗马Roamer

TrekkMaster系列腕表

表壳： 黑色PVD不锈钢，旋转表圈，直径47mm，防水100米
表盘： 黑色，镂空时分指针，液晶显示屏
机芯： 石英机芯
功能： 时、分、秒显示，海拔高度，天气预报，指南针，第二时区，计时功能，报警功能
表带： 橙色橡胶带

Ressence

Platform腕表

表壳： 钛和不锈钢，直径42mm
表盘： 银色，3时位24小时日夜显示，8时位小时盘，11时位小秒盘，外圈分钟刻度盘
机芯： Cal.ETA 2824自动上链机芯
功能： 时、分、秒显示，日夜显示
表带： 棕色皮革带

Robert & Fils

"La Jeune Fille et le Pêcheur" 珐琅彩绘腕表

表壳： 18K玫瑰金
表盘： 珐琅彩绘，蓝钢指针
机芯： 自动上链机芯
功能： 时、分、秒显示
表带： 棕色鳄鱼皮带

Robert & Fils

Marquise-Liberty-White腕表

表壳： 18K白金
表盘： 蓝色，花卉图案，蓝钢指针
机芯： 手动上链机芯
功能： 时、分显示
表带： 黑色皮绳带

Rodania

Linius系列腕表

表壳：黑色PVD不锈钢，尺寸35.5×50.4mm，蓝宝石水晶表镜，防水50米
表盘：黑色，6时位日历视窗
机芯：Cal.ETA 2824-2自动上链机芯，振频28,800A/H
功能：时、分、秒、日历显示
表带：黑色皮带

Rodania

Linius系列腕表

表壳：不锈钢，蓝宝石水晶表镜，防水50米，尺寸35.5×50.4mm
表盘：银灰色，6时位日历视窗
机芯：ETA 2824-2自动上链机芯，振频28,800A/H
功能：时、分、秒、日历显示
表带：黑色皮带

Rodania

Mystery系列腕表

表壳：黑色PVD不锈钢，尺寸38×48mm，蓝宝石水晶表镜，防水50米
表盘：黑色，3时位日历视窗
机芯：Cal.ETA 2824-2自动上链机芯，振频28,800A/H
功能：时、分、秒、日历显示
表带：黑色PVD不锈钢链带

罗杰杜彼Roger Dubuis

Excalibur
自动上链飞行陀飞轮腕表

表壳：18K白金，直径45mm，蓝宝石水晶表镜，防水50米
表盘：黑色，放射状大型罗马数字时标，7时位陀飞轮，10时位微型自动摆砣
机芯：Cal.RD520自动上链机芯，振频21,600A/H，60小时动力储存
功能：时、分显示，陀飞轮装置
表带：黑色鳄鱼皮带
限量：88枚

罗杰杜彼Roger Dubuis

La Monegasque计时腕表

表壳：18K玫瑰金，黑色PVD外圈，蓝宝石水晶表镜，直径44mm，防水50米
表盘：玫瑰金色及黑色，测速刻度外圈，3时位30分钟盘，9时位小秒盘
机芯：Cal.RD680自动上链机芯，48小时动力储存，振频28,800A/H
功能：时、分、秒显示，计时功能，测速功能
表带：黑色鳄鱼皮带
限量：128枚

罗杰杜彼Roger Dubuis

Excalibur女装珠宝腕表

表壳：18K白金，直径36mm，共镶嵌161颗钻石，约3.75克拉，蓝宝石水晶表镜，防水30米
表盘：共镶嵌399颗钻石，约1.95克拉，6时位小秒盘
机芯：Cal.RD821自动上链机芯，48小时动力储存，COSC天文台证书，振频28,800A/H
功能：时、分、秒显示
表带：白色鳄鱼皮带
限量：88枚

劳力士Rolex

蚝式恒动宇宙计型迪通拿腕表

表壳：18K永恒玫瑰金，直径40mm，防水100米
表盘：巧克力色，黑色刻度时标，3时位30分钟盘，6时位小秒盘，9时位12小时盘
机芯：Cal.4130自动上链机芯，瑞士天文台认证，72小时动力储存
功能：时、分、秒显示，计时报时
表带：黑色鳄鱼皮带

劳力士Rolex

蚝式恒动探险家型II腕表

表壳：904L不锈钢，直径42mm
表盘：白色，阔箭时分指针，橙色24小时指针，3时位日历视窗
机芯：Cal.3187自动上链机芯，瑞士天文台认证，48小时动力储存
功能：时、分、秒、日历显示，24小时指示
表带：不锈钢链带

劳力士Rolex

蚝式恒动游艇名仕型II腕表

表壳：永恒玫瑰金钢（904L不锈钢搭配18K永恒玫瑰金），防水100米，直径44mm
表盘：白色，8时至4时位倒数计时刻度，6时位小秒盘
机芯：Cal.4160自动上链机芯，瑞士天文台认证，72小时动力储存
功能：时、分、秒显示，倒数计时功能
表带：永恒玫瑰金钢（904L不锈钢搭配18K永恒玫瑰金）链带

Romain Jerome

Red Metal腕表

表壳：黑色PVD不锈钢及玫瑰金，直径46mm，表底材料来源于阿波罗11号，表背饰有银色月球样式徽章，防水30米
表盘：黑色，编织式栅格样式"X"形横梁装饰，3时位30分钟盘，6时位12小时盘，9时位小秒盘
机芯：Cal.RJ001-C1自动上链机芯，42小时动力储存，振频28,800A/H
功能：时、分、秒显示，计时功能
表带：黑色橡胶带
限量：1969枚

Romain Jerome

Octopus腕表

表壳：不锈钢，直径46mm，防水30米
表盘：灰色，编织式栅格样式"X"形横梁装饰
机芯：Cal.RJ002-A2自动上链机芯，42小时动力储存，振频28,800A/H
功能：时、分、秒显示
表带：黑色橡胶带
限量：888枚

Romain Jerome

Chrono Steel Mood腕表

表壳：不锈钢，直径46mm，防水30米
表盘：灰色，手工雕刻出月球表面纹理，3时位30分钟盘，6时位12小时盘，9时位小秒盘
机芯：Cal.RJ001-C自动上链机芯，42小时动力储存，振频28,800A/H
功能：时、分、秒显示，计时功能
表带：黑色橡胶带
限量：1969枚

RSW

Outland Round Chrono腕表

表壳： 黑色PVD不锈钢，直径44mm，防水100米
表盘： 黑色，橙色时标及刻度，3时位日历视窗，6时位12小时盘，9时位30分钟，12时位小秒盘
机芯： Cal.ETA7750自动上链机芯
功能： 时、分、秒、日历显示、计时功能
表带： 黑色橡胶带
限量： 99枚

RSW

Moonflower 2H腕表

表壳： 黑色PVD不锈钢，防水30米，直径40mm
表盘： 黑色
机芯： 石英机芯
功能： 时、分显示
表带： 黑色橡胶带

RSW

Outland PCB腕表

表壳： 黑色PVD不锈钢，尺寸52×44mm，防水100米
表盘： 绿色，3时位日历视窗
机芯： 自动上链机芯
功能： 时、分、秒、日历显示
表带： 黑色橡胶带
限量： 99枚

Saint Honore

Orsay腕表

表壳： 褐色PVD不锈钢，尺寸39×37mm，防水50米
表盘： 褐色，巴黎柳钉饰纹，3时位小秒盘，6时位1/10小时盘，9时位30分钟盘，12时位大日历视窗
机芯： 石英机芯
功能： 时、分、秒、日历显示、计时功能
表带： 褐色皮革带

Saint Honore

Opera腕表

表壳： 不锈钢，表圈镶嵌钻石，直径37mm，防水30米
表盘： 银色，镶嵌钻石，4-5时位日历视窗
机芯： 石英机芯
功能： 时、分、秒、日历显示
表带： 黑色皮带

Saint Honore

Haussman Forty 7-24腕表

表壳： 不锈钢，直径47mm，防水50米
表盘： 白色，4时位日历视窗，6时位12小时盘，9时位小秒盘，12时位30分钟盘
机芯： Cal.ETA7750自动上链机芯，44小时动力储存，振频28,800A/H
功能： 时、分、秒、日历显示、计时功能
表带： 黑色皮带
限量： 24枚

菲拉格慕
Salvatore Ferragamo

Feragamo 1898系列腕表

表壳：玫瑰金PVD不锈钢，黑色PVD外圈及表耳装饰条，直径40mm，防水30米
表盘：黑色及玫瑰金色，6时位第二时区时、分盘，12时位大日历视窗
机芯：Cal.Ronda 6203B石英机芯
功能：时、分、秒、日历、第二时区显示
表带：玫瑰金PVD不锈钢链带

菲拉格慕
Salvatore Ferragamo

Gancino腕表

表壳：玫瑰金PVD不锈钢，直径24mm，镶嵌16颗钻石，约0.07克拉，防水30米
表盘：红色珐琅，镶嵌27颗钻石时标，约0.06克拉
机芯：Cal.Ronda 751石英机芯
功能：时、分显示
表带：玫瑰金PVD不锈钢链带

菲拉格慕
Salvatore Ferragamo

Renaissance腕表

表壳：不锈钢，镶嵌36颗粉色水晶，防水30米，尺寸43×33mm
表盘：白色珍珠贝母
机芯：Cal.Ronda 751石英机芯
功能：时、分显示
表带：粉色蜥蜴皮带

精工Seiko

Lukia系列腕表

表壳：不锈钢，直径42mm，防水50米
表盘：蓝色，7时位幸运四叶草图案
机芯：Cal.V111太阳电能机芯
功能：时、分、秒显示
表带：不锈钢链带

精工Seiko

Premier系列24小时显示腕表

表壳：不锈钢，防水100米
表盘：白色，10-11时位24小时指示盘
机芯：Cal.4R39自动上链机芯，振频21,600A/H，41小时动力储存
功能：时、分、秒、24小时显示
表带：不锈钢链带

精工Seiko

Ananta系列计时潜水腕表

表壳：黑色PVD不锈钢和玫瑰金，直径44mm，防水200米
表盘：黑色，3时位小秒盘，4-5时位日历视窗，6时位12小时盘，9时位30分钟盘
机芯：Cal.8R39自动上链机芯，振频28,800A/H，45小时动力储存
功能：时、分、秒、日历显示，计时功能
表带：黑色抗磨碳素膜处理不锈钢链带
限量：700枚

Steel Craft

Velevet CLQ3.049腕表

表壳： 不锈钢，防水100米，直径37.8mm
表盘： 蓝色，3时位日历视窗
机芯： 石英机芯
功能： 时、分、秒、日历显示
表带： 蓝色橡胶带

Steel Craft

Velevet CGQ3.053腕表

表壳： 玫瑰金PVD不锈钢，直径44mm，防水100米
表盘： 黑色，3时位日历视窗
机芯： 石英机芯
功能： 时、分、秒、日历显示
表带： 黑色橡胶带

Steel Craft

RGQC.053腕表

表壳： 玫瑰金PVD不锈钢，直径44mm，防水100米
表盘： 黑色，3时位小秒盘，4时位日历视窗，6时位12小时盘，9时位30分钟盘
机芯： 石英机芯
功能： 时、分、秒、日历显示，计时功能
表带： 黑色橡胶带

施华洛世奇Swarovski

Rock 'N' Light Mini White腕表

表壳： 不锈钢，透明水晶表圈，直径34mm
表盘： 白色珍珠贝母，8颗透明水晶时标
机芯： 石英机芯
功能： 时、分显示
表带： 白色皮带

施华洛世奇Swarovski

Octea Chrono White STS腕表

表壳： 不锈钢，深紫红色透明水晶表圈，直径40mm
表盘： 银色，2时位1/10秒盘，4时位日历视窗，6时位小秒盘，10时位30分钟盘
机芯： 石英机芯
功能： 时、分、秒、日历显示，计时功能
表带： 不锈钢链带

施华洛世奇Swarovski

Octea Sport
LE Ultra Khaki腕表

表壳： 不锈钢，Khaki Satin水晶表圈，直径39mm
表盘： 卡其色，镀白金刻度及阿拉伯数字，3时位日历视窗
机芯： 石英机芯
功能： 时、分、秒、日历显示
表带： 卡其色橡胶带，镶嵌六颗Khaki Satin水晶

Swiss Military Hanowa

Automatic腕表

表壳： 不锈钢，直径41mm，防水100米
表盘： 银色，3时位日历视窗，9时位小秒盘
机芯： 自动上链机芯，36小时动力储存
功能： 时、分、秒、日历显示
表带： 浅棕色皮带

Swiss Military Hanowa

Predator腕表

表壳： 不锈钢，直径43mm，防水100米
表盘： 白色，中央红色24小时指针，3时位日历视窗
机芯： 石英机芯
功能： 时、分、秒、日历、24小时显示
表带： 白色橡胶带

Swiss Military Hanowa

Lady Officer腕表

表壳： 不锈钢，表圈镶嵌钻石，直径35mm，防水100米
表盘： 珍珠贝母，3时位日历视窗
机芯： 石英机芯
功能： 时、分、秒、日历显示
表带： 不锈钢链带

豪雅TAG Heuer

Mikrotimer Flying1000 概念计时器

表壳： 钛金属，直径45mm，防水100米
表盘： 黑色，中央黄色1/10秒计时指针，6时位5秒钟盘，12时位黄色阿位伯数字1000
机芯： 双擒纵系统，振频分别为28,800A/H和3,600,000A/H，动力储存分别为42小时和150秒
功能： 时、分、秒显示，计时功能
表带： 黑色橡胶带

豪雅TAG Heuer

女士精钢陶瓷计时码表

表壳： 不锈钢，陶瓷表圈镶嵌60颗钻石，直径41mm
表盘： 白色，镶嵌12颗钻石时标，3时位小秒盘，4-5时位日历视窗，9时位30分钟盘
机芯： 石英机芯
功能： 时、分、秒、日历显示，计时功能
表带： 不锈钢间陶瓷链带

豪雅TAG Heuer

Carrera Mikrograph 1/100秒计时码表

表壳： 18K玫瑰金，防水100米直径43mm
表盘： 褐色，中央蓝色1/100秒计时指针，3时位30分钟盘，6时位计时秒盘及日历视窗，9时位小秒盘，12时位动力储存指示
机芯： 双擒纵系统，振频分别为28,800A/H和360,000A/H，动力储存分别为42小时和90分钟
功能： 时、分、秒、日历显示，计时功能
表带： 褐色鳄鱼皮带
限量： 150枚

豪门世家Sarcar

Carrousel Tiger腕表

表壳： 18K白金，镶嵌钻石，直径40mm
表盘： 珍珠贝母，雕刻老虎图案，3颗转动钻石
机芯： 自动上链机芯
功能： 时、分显示
表带： 黑色鳄鱼皮带

Snyper

One腕表

表壳： 黑色PVD不锈钢，直径44mm，防水100米
表盘： 黑色，中央红色大秒针，3时位星期视窗，4时位日历视窗，6时位12小时盘，9时位小秒盘，12时位30分钟盘
机芯： Cal.ETA7750自动上链机芯，48小时动力储存
功能： 时、分、秒、星期、日历显示，计时功能
表带： 黑色橡胶带

Tutima

Pacific Black腕表

表壳： 不锈钢，蓝宝石水晶表镜，潜水计时外圈，直径43mm，防水200米
表盘： 黑色，3时位星期与日历视窗
机芯： Cal.ETA 2836-2自动上链机芯
功能： 时、分、秒、日历、星期显示
表带： 黑色PVD不锈钢链带

Tutima

Grand Classic Reserve腕表

表壳： 不锈钢，蓝宝石水晶表镜，直径43mm，防水100米
表盘： 白色，6时位动力储存显示，12时位大日历视窗
机芯： Cal.ETA 2892-A2自动上链机芯
功能： 时、分、秒、日历显示、动力储存显示
表带： 不锈钢链带

TW STEEL

CEO Goliath Collection CE3014腕表

表壳： 黑色PVD不锈钢，直径42mm，防水30米
表盘： 灰色，3时位24小时计时盘，4时至5时位日历视窗，9时位小秒盘
机芯： Cal.0S21 Miyota石英机芯
功能： 时、分、秒、日历显示，计时功能
表带： 黑色皮革带

TW STEEL

Grandeur Tech TW613腕表

表壳： 不锈钢，PVD镀钛，直径48mm，防水100米
表盘： 黑色，3时位24小时计时盘，4时至5时位日历视窗，6时位1/10秒计时盘，9时位60分钟计时盘
机芯： Cal.0S25 Miyota石英机芯
功能： 时、分、秒、日历显示，计时功能
表带： 黑色橡胶带

蒂芙尼Tiffany & Co.

Atlas方形多功能男表

表壳：18K玫瑰金，直径40mm，防水100米
表盘：棕色，玫瑰金罗马数字和刻度，3时位30分钟盘，4-5时位日历视窗，6时位12小时盘，9时位小秒盘
机芯：Piguet-1285自动上链机芯，52小时动力储存
功能：时、分、秒、日历显示、计时功能
表带：棕色短吻鳄皮带

蒂芙尼Tiffany & Co.

Gemea不锈钢腕表

表壳：不锈钢，防水30米
表盘：白色，3、6、9和12时位蓝色超长罗马数字时标
机芯：石英机芯
功能：时、分显示
表带：不锈钢链带

蒂芙尼Tiffany & Co.

Atlas-Cocktail系列腕表

表壳：18K白金，表圈镶嵌钻石，直径36mm
表盘：黑色，钻石拼出第五大道旗舰店上方大钟的罗马数字
机芯：石英机芯
功能：时、分显示
表带：黑色绢带

梅花Titoni

Mademoiselle Series
优雅伊人系列圆形腕表

表壳：不锈钢，蓝宝石水晶表镜，直径25.4mm，防水30米
表盘：白色珍珠贝母，曲线纹理装饰，艺术体3、6、9数字刻度
机芯：Cal.ETA 280.002石英机芯
功能：时、分显示
表带：不锈钢链带

天美时Timex

SL Fly-Back
Chronograph T2N500腕表

表壳：黑色PVD不锈钢，直径42mm，防水100米
表盘：黑色，2时至3时位日历视窗，4时至5时位10分钟计时盘，10时至11时位24小时多功能计时盘
机芯：石英机芯
功能：时、分、秒、日历显示、飞返计时
表带：不锈钢链带

天美时Timex

Expedition IQ Fly-Back
Chrono Compass T49866腕表

表壳：不锈钢，直径44mm，防水100米
表盘：白色，3时位日历视窗，4时至5时位10分钟计时盘，10时至11时位24小时多功能计时盘
机芯：石英机芯
功能：时、分、秒、日历显示、飞返计时、电子指南针、第二时区
表带：浅棕色防水皮革带

天梭Tissot

俊雅系列万年历腕表

表壳： 不锈钢，拱形抗刮伤蓝宝石水晶表镜，防水30米
表盘： 白色，2时位星期显示盘，3时至9时位环形日历指示，6时位小秒盘，10时位月份显示盘
机芯： 石英机芯
功能： 时、分、秒、万年历显示
表带： 棕色鳄鱼皮纹带

天梭Tissot

竞智系列腕表

表壳： 不锈钢，蓝宝石水晶表镜，带防眩目涂层，旋转计时外圈，防水100米
表盘： 黑色，6时位多功能液晶显示屏
机芯： 石英机芯
功能： 时、分显示、计时功能、日志功能、指南针、第二时区、双响闹、潮汐计算、背景灯光
表带： 黑色橡胶带

天梭Tissot

竞速系列
MotoGP 2011限量版腕表

表壳： 黑色PVD不锈钢，蓝宝石水晶表镜，防水100米
表盘： 黑色，3时位大日历视窗，6时位6小时计时盘，9时位小秒盘，12时位30分钟计时盘
机芯： C01.211自动上链机芯
功能： 时、分、秒、日历显示、计时功能
表带： 橙色橡胶带
限量： 2011枚

帝舵Tudor

Clair de Rose系列腕表

表壳： 不锈钢，蓝宝石水晶表镜，直径26mm，防水100米
表盘： 蓝色珍珠贝母，镂空玫瑰造型中央秒针，3时位日历视窗，12时位复古玫瑰标志
机芯： 自动上链机芯，38小时动力储存
功能： 时、分、秒、日历显示
表带： 缎质表带

帝舵Tudor

Fastrider系列腕表

表壳： 不锈钢，蓝宝石水晶表镜，直径42mm，防水150米
表盘： 白色，3时位30分钟计时盘，4时至5时位日历视窗，6时位12小时计时盘，9时位小秒盘
机芯： 自动上链机芯，46小时动力储存
功能： 时、分、秒、日历显示，计时功能，快速日历调校
表带： 黑色皮带

帝舵Tudor

Heritage Advisor响闹腕表

表壳： 钛金属与不锈钢，蓝宝石水晶表镜，直径42mm，防水100米
表盘： 银色，3时位响闹动力储存显示，6时位环形日历盘，9时位响闹功能开关显示窗
机芯： 自动上链机芯，42小时动力储存
功能： 时、分、秒显示、日历指示、响闹功能
表带： 黑色鳄鱼皮带

雅典Ulysse Nardin

"奇想黑魔王"陀飞轮腕表

表壳： 18K白金，蓝宝石水晶表镜，外圈调时，表底上链，生活性防水
表盘： 黑色，可见卡罗素旋转装置及陀飞轮
机芯： 手动上链机芯，8日动力储存，硅制擒纵系统，振频28,800A/H
功能： 时、分、秒显示
表带： 黑色鳄鱼皮带

雅典Ulysse Nardin

"亚历山大大帝"三问报时腕表

表壳： 18K玫瑰金，防水30米，直径44mm
表盘： 装饰钻石深炭灰色，多个活动人偶描绘亚历山大大帝身穿铠甲作战的不同情景，6时位陀飞轮
机芯： Cal.UN-78手动上链机芯，70小时动力储存
功能： 时、分显示，西敏寺钟声三问报时
表带： 黑色鳄鱼皮带
限量： 50枚

雅典Ulysse Nardin

经理人双时区女表

表壳： 不锈钢，表圈镶嵌60颗钻石，中央表耳镶嵌28颗钻石，直径40mm，防水50米
表盘： 紫色，镶嵌49颗钻石，2时位大日历视窗，6时位小秒盘，9时位原居地时间视窗
机芯： Cal.UN-24自动上链机芯，42小时动力储存
功能： 时、分、秒、日历、原居地时间显示
表带： 白色橡胶带

Union

Belisar Chronograph With Moon Phase腕表

表壳： 不锈钢，直径43mm，防水100米
表盘： 白色，中央蓝色日历指针，6时位月相及12小时盘，9时位小秒盘及24小时指示，12时位30分钟及星期、月份视窗
机芯： Cal.U 7751机芯，46小时动力储存
功能： 时、分、秒、日历、星期、月份、24小时显示，计时功能
表带： 褐色皮革带

Union

Belisar big date with carbon dial腕表

表壳： 黑色PVD不锈钢，直径41mm，防水100米
表盘： 黑色碳纤维，3时位日历视窗
机芯： Cal.U 2896机芯，42小时动力储存
功能： 时、分、秒、日历显示
表带： 黑色皮革带

Union

Noramis Power Reserve腕表

表壳： 不锈钢，直径40mm，防水100米
表盘： 灰色，3时位日历视窗，6-8时位动力储存指示
机芯： Cal.U 2897机芯，42小时动力储存
功能： 时、分、秒、日历、动力储存显示
表带： 黑色鳄鱼皮革带

Urwerk

UR-202S腕表

表壳： 黑色PE-CVD钛金属，尺寸45.7×43.5mm防水30米，
表盘： 黑色，卫星小时，伸缩分钟显示
机芯： Cal.UR 7.03自动上链机芯，39小时动力储存，振频28,800A/H
功能： 时、分显示
表带： 黑色PE-CVD钛金属链带

Urwerk

UR-202S腕表

表壳： AlTiN不锈钢，防水30米，尺寸45.7×43.5mm
表盘： 银色，卫星小时，伸缩分钟显示
机芯： Cal.UR 7.03自动上链机芯，39小时动力储存，振频28,800A/H
功能： 时、分显示
表带： AlTiN不锈钢链带

Urwerk

UR-110腕表

表壳： 钛金属，不锈钢表圈，尺寸47×51 mm，防水50米
表盘： 银色，行星传动轮上卫星小时，"抹油指示器"提醒维修保养腕表，日/夜显示器，小秒针
机芯： Cal.UR 9.01自动上链机芯，39小时动力储存，振频28,800A/H
功能： 时、分、秒、日/夜显示
表带： 黑色鳄鱼皮带

Urban Jürgensen & Sonner

Chronometer P8腕表

表壳： 铂金，直径42mm，蓝宝石水晶表镜
表盘： 银白色，玑镂花纹装饰，蓝钢指针
机芯： 手动上链机芯，振频21,600A/H，3日动力储存
功能： 时、分、秒、动力储存显示
表带： 黑色鳄鱼皮带

Vasto

Secolo系列腕表

表壳： 不锈钢，玫瑰金表圈，防水50米
表盘： 浅灰色，8颗钻石刻度，6时位星期、日历视窗
机芯： Cal.ETA2846自动上链机芯
功能： 时、分、秒、星期、日历显示
表带： 小牛皮革带

Vasto

Tourbillon Universo腕表

表壳： 18K玫瑰金，防水30米
表盘： 白色，9时位陀飞轮
机芯： 手动上链机芯
功能： 时、分显示，陀飞轮
表带： 棕色鳄鱼皮带

江诗丹顿 Vacheron Constantin

Patrimony Contemporaine
万年历腕表

表壳：18K玫瑰金，蓝宝石水晶表镜，防水30米，直径41mm
表盘：镀银，玫瑰金指针及刻度，3时位日历盘，6时位月相视窗，9时位星期盘，12时位月份及闰年盘
机芯：Cal.1120QP自动上链机芯，40小时动力储存，日内瓦印记，振频19,800A/H
功能：时、分、月相显示，万年历功能
表带：深棕色鳄鱼皮带

江诗丹顿 Vacheron Constantin

Patrimony Traditionnelle
世界时间腕表

表壳：18K玫瑰金，蓝宝石水晶表镜，防水30米，直径42.5mm
表盘：白色，37时区城市名及24小时外圈，中心地图配有双色调蓝色昼夜蓝宝石水晶盘
机芯：Cal.2460WT自动上链机芯，40小时动力储存，振频28,800A/H
功能：时、分、秒，37城市世界时、昼夜显示
表带：深棕色鳄鱼皮带

江诗丹顿 Vacheron Constantin

Historiques Aronde 1954腕表

表壳：18K玫瑰金，蓝宝石水晶表镜，尺寸31.2×44.5mm
表盘：银白色，手工机刻条纹装饰，6时位小秒盘
机芯：Cal.1400AS手动上链机芯，40小时动力储存，日内瓦印记，振频28,800A/H
功能：时，分，秒显示
表带：深棕色鳄鱼皮带

华伦天奴Valentino

Lace腕表

表壳：黑色PVD不锈钢，黑色凸起花边图案表圈，直径38mm，防水30米
表盘：黑色花边，4颗钻石时标
机芯：石英机芯
功能：时，分，秒显示
表带：黑色凸起花边图案橡胶带

华伦天奴Valentino

Mini Gemme腕表

表壳：不锈钢IP镀金，防水30米，尺寸20×27.1mm
表盘：白色，4颗钻石时标
机芯：石英机芯
功能：时，分显示
表带：不锈钢IP镀金链带

华伦天奴Valentino

Rockstud腕表

表壳：不锈钢，防水30米，尺寸20×34.5mm
表盘：粉色，4个金字塔形时标
机芯：石英机芯
功能：时，分显示
表带：金字塔形钉粉色小牛皮带

梵克雅宝 Van Cleef & Arpels

Lady Arpels polar landscape
鲸鱼装饰腕表

表壳： 18K白金，外圈及表耳处镶钻装饰，蓝宝石水晶表镜，直径38mm
表盘： 底层白色珍珠贝母，上层蓝宝石水晶，鲸鱼图案由18K白金制作，并镶钻装饰
机芯： 自动上链机芯
功能： 时、分显示
表带： 深蓝色鳄鱼皮带
限量： 22枚

梵克雅宝 Van Cleef & Arpels

Poetic Complication
气球上的五星期腕表

表壳： 18K白金，蓝宝石水晶表镜
表盘： 内填珐琅及白色珍珠贝母制作飞行气球图案，回跳式时分指针
机芯： Cal.JLC 846机械机芯
功能： 回跳式时，分显示
表带： 黑色鳄鱼皮带
表带： 编号限量

梵克雅宝 Van Cleef & Arpels

Makis高级珠宝腕表

表壳： 18K白金，花朵造型可开启保护盖，镶嵌钻石，蓝宝石及粉红蓝宝石装饰
表盘： 白色珍珠贝母，枝叶造型装饰
机芯： 石英机芯
功能： 时、分显示
表带： 18K白金，枝叶造型，并配有小动物装饰，镶嵌钻石，蓝宝石及缟玛瑙装饰
限量： 1枚

范思哲Versace

Destin Precious腕表

表壳： 不锈钢，巴黎钉纹装饰表圈
表盘： 白色珍珠贝母，粉红色宝石在周围转动
机芯： 石英机芯
功能： 时、分显示
表带： 粉红色蜥蜴皮表带

范思哲Versace

Reve Ceramic腕表

表壳： 不锈钢与黄金，陶瓷表圈，希腊浮雕图案表耳，直径35mm
表盘： 珍珠贝母，12时位梅杜莎头像图案
机芯： 石英机芯
功能： 时、分、秒显示
表带： 白色橡胶表带

范思哲Versace

V-Race腕表

表壳： 不锈钢镀玫瑰金，直径42mm，防水50米
表盘： 白色，中央逆跳计时秒针，1-3时位逆跳5分钟盘，4时位日历视窗，6时位小秒盘，9-11时位逆跳60分钟盘
机芯： Cal.ETA G15.261石英机芯
功能： 时、分、秒、日历显示，计时功能
表带： 黑色鳄鱼皮带

维氏 Victorinox Swiss Army

Infantry Vintage Mechanical腕表

表壳：黑冰PVD不锈钢，直径38mm，防水100米
表盘：褐色，中央24小时指示，3时位日历视窗
机芯：自动上链机芯
功能：时、分、秒、日历、24小时显示
表带：褐色皮单带

维氏 Victorinox Swiss Army

AirBoss腕表

表壳：不锈钢，直径42mm，防水100米
表盘：银色，中央24小时指示，6时位日历视窗
机芯：自动上链机芯
功能：时、分、秒、日历、24小时显示
表带：褐色皮革带

维氏 Victorinox Swiss Army

Alliance腕表

表壳：不锈钢，直径42mm，防水100米
表盘：黑色，2时位1/10小时盘，4-5时位日历视窗，6时位小秒盘，10时位30分钟盘
机芯：石英机芯
功能：时、分、秒、日历显示、计时功能
表带：不锈钢链带

窝路坚Vulcain

Lady's Presidents腕表

表壳：不锈钢，直径39mm，防水50米
表盘：白色珍珠贝母，中央黑色箭头响闹指针，3、6、9和12时位钻石镶嵌数字时标
机芯：Cal.V-10手动上链机芯，振频18,000A/H，42小时动力储存
功能：时、分、秒、日历显示、响闹功能
表带：白色鳄鱼皮带

窝路坚Vulcain

Anniversary Heart Calendar Automatic腕表

表壳：18K玫瑰金，防水50米，直径42mm
表盘：黑色，中央镂空，中央红色箭头响闹指针，6时位日历视窗
机芯：Cal.V-22自动上链机芯，42小时动力储存，振频18,000A/H
功能：时、分、秒、日历显示、响闹功能
表带：黑色鳄鱼皮带

窝路坚Vulcain

50S Presidents Watch Mechanic腕表

表壳：不锈钢，18K黄金表圈，直径42mm，防水50米
表盘：银灰色，中央黑色箭头响闹指针，6时位日历视窗
机芯：Cal.V-11自动上链机芯，振频18,000A/H，42小时动力储存
功能：时、分、秒、日历显示、响闹功能
表带：棕色鳄鱼皮带

瓦斯针
West End Watch Co.

Sowar Chronograph
丝绸之路计时腕表

表壳： 不锈钢，直径42mm，防水50米
表盘： 深棕色，3时位30分钟盘，4-5时位日历视窗，6时位12小时盘，9时位小秒盘
机芯： Cal.ETA 7753机芯，42小时动力储存
功能： 时、分、秒、日历显示，计时功能，测速计
表带： 不锈钢链带

瓦斯针
West End Watch Co.

Sowar军表复刻版腕表

表壳： 不锈钢，防水50米
表盘： 白色，黑色阿拉伯数字时标，3时位日历视窗，6时位小秒盘
机芯： Cal.ETA 2895自动上链机芯
功能： 时、分、秒、日历显示
表带： 黑色皮带

瓦斯针
West End Watch Co.

Trafalgar Square
特拉法加系列腕表

表壳： 不锈钢，防水30米
表盘： 银色，3时位星期视窗，6时位日历视窗
机芯： 自动上链机芯
功能： 时、分、秒、星期、日历显示
表带： 不锈钢链带

Yonger & Bresson

Sully腕表

表壳： 黑色PVD不锈钢，矿物水晶表镜，防水50米
表盘： 黑色，3时位日历视窗，9时位小秒盘
机芯： Cal.Ambre 1013自动上链机芯，45小时动力储存，振频28,800A/H
功能： 时、分、秒、日历显示
表带： 黑色皮带

Yonger & Bresson

Monceau腕表

表壳： 黑色PVD不锈钢，矿物水晶表镜，防水50米
表盘： 黑色，6时位日历视窗
机芯： Cal.Ambre 1006自动上链机芯，45小时动力储存，振频28,800A/H
功能： 时、分、秒、日历显示
表带： 黑色皮带

Yonger & Bresson

Chenonceau腕表

表壳： 不锈钢，矿物水晶表镜，防水50米
表盘： 黑色及白色，6时位日历视窗
机芯： Cal.Ambre 1016自动上链机芯，45小时动力储存，振频28,800A/H
功能： 时、分、秒、日历显示
表带： 黑色皮带

Zannetti

150 anni dell' Unità d' italia腕表

表壳： 不锈钢，直径42mm，防水50米

表盘： 绘制图案，3时位日历视窗，12时位星期视窗

机芯： 自动上链机芯

功能： 时、分、秒、日历、星期显示

表带： 棕色鳄鱼皮带

Zannetti

Regent"Dragon"Red腕表

表壳： 不锈钢

表盘： 红色珐琅，18K金龙图案，偏心式表盘，3时位日历视窗

机芯： 自动上链机芯

功能： 时、分、秒、日历显示

表带： 棕色皮革带

Zannetti

Ovum Pianoforte腕表

表壳： 18K白金、珍珠贝母及陶瓷，防水20米，尺寸50×43mm

表盘： 白色珍珠贝母，3、6、9及12时位音乐符号

机芯： 自动上链机芯

功能： 时、分、秒显示

表带： 黑色鳄鱼皮带

真力时Zenith

El Primero
旗舰开心动力储存腕表

表壳： 不锈钢，直径42mm，防水100米

表盘： 黑色，3时位30分钟盘，5-8时位动力储存指示盘，9时位小秒盘

机芯： El Primero 4021自动上链机芯，振频36,000A/H，50小时动力储存

功能： 时、分、秒显示，计时功能

表带： 黑色鳄鱼皮带

真力时Zenith

El Primero Stratos Flyback腕表

表壳： 黑色Alchron铝合金与玫瑰金，防水100米，直径45.5mm

表盘： 黑色，3时位30分钟盘，6时位12小时盘及日历视窗，9时位小秒盘

机芯： El Primero 405B型自动上链机芯，振频36,000A/H，50小时动力储存

功能： 时、分、秒、日历显示，计时功能

表带： 黑色短吻鳄鱼皮带

真力时Zenith

El Primero层云飞返计时码表

表壳： 黑色铝合金，防水100米，直径45.5mm

表盘： 黑色，3时位30分钟盘，6时位12小时盘及日历视窗，9时位小秒盘

机芯： El Primero 405B自动上链机芯，振频36,000A/H，50小时动力储存

功能： 时、分、秒、日历显示，飞返计时功能

表带： 黑色鳄鱼皮带

Zeno

Bauplatz系列腕表

表壳： 不锈钢，直径40mm，蓝宝石水晶表镜
表盘： 白色，6时位日历视窗
机芯： Ronda石英机芯
功能： 时，分，秒，日历显示
表带： 黑色皮带

Zeno

Event系列计时腕表

表壳： 不锈钢，直径43mm，蓝宝石水晶表镜
表盘： 蓝色，3时位小秒盘，6时位12小时盘及日历视窗，9时位30分钟盘
机芯： Ronda Cal.5030.D石英机芯
功能： 时，分，秒，日历显示，计时功能
表带： 黑色皮带

Zeno

Cockpit Chrono限量版计时腕表

表壳： 不锈钢，直径44mm，蓝宝石水晶表镜，防水100米
表盘： 黑色，3时位小秒盘，6时位12小时盘，9时位30分钟盘
机芯： Cal.DD 2025自动上链机芯，振频28,800A/H
功能： 时，分，秒显示，计时功能
表带： 黑色橡胶带
限量： 250枚

Zeitwinkel

273°腕表

表壳： 不锈钢，直径42.5mm，蓝宝石水晶表镜，防水50米
表盘： 黑色，1-2时位动力储存指示，6时位小秒盘，10-11时位大日历视窗
机芯： Cal.ZW0103自动上链机芯，72小时动力储存，振频28,800A/H
功能： 时，分，秒，日历，动力储存显示
表带： 黑色鳄鱼皮带

Zeitwinkel

273°腕表

表壳： 不锈钢，蓝宝石水晶表镜，直径42.5mm，防水50米
表盘： 白色，1-2时位动力储存指示，6时位小秒盘，10-11时位大日历视窗
机芯： Cal.ZW0103自动上链机芯，72小时动力储存，振频28,800A/H
功能： 时，分，秒，日历，动力储存显示
表带： 黑色鳄鱼皮带

Zeitwinkel

181°腕表

表壳： 不锈钢，蓝宝石水晶表镜，直径42.5mm，防水50米
表盘： 黑色，3时位日历视窗，6时位小秒盘
机芯： Cal.ZW0102自动上链机芯，72小时动力储存，振频28,800A/H
功能： 时，分，秒，日历显示
表带： 黑色鳄鱼皮带

2010年钟表拍卖会 Auction of Fine Arts 精品遴选

拍卖会不光是富豪们的游戏，也是钟表收藏家、爱好者互相交流、自我修炼的绝佳场所。最近，一直步幅缓慢的大陆拍卖市场也在逐渐升温，今年春季保利的一场清宫御制钟表专题拍卖中，一款乾隆时期的御制铜鎏金转花转水发大吉葫芦钟以7820万元的天价成交；嘉德的首场钟表专题拍卖更有以百达翡丽Ref.5002为首的多款重量级腕表作品现身，为大陆的拍卖市场再添一把火。如今这把火已是越烧越旺，您是否还是选择继续作为旁观者呢？本期年鉴中，我们精心遴选了2010年拍卖会中出现的110余款钟表作品，并且尽可能的涵盖更多的品牌，为您提供参考。

朗格A. Lange & Söhne

Langematik万年历腕表

型号： 310.025E
编号： 168241
年代： 2008年
特色： 非常精美且罕见，这款万年历表于2001年开始推出，自动上链，是少有的大日历视窗万年历腕表，配有自动上链表盒，说明书及调校针
表壳： 铂金，6颗螺丝固定透明表背
表盘： 实心银制，白金罗马数字刻度及指针，覆有荧光涂层
机芯： Cal.L922.1，德国银材质3/4夹板，43石，单金属摆轮，自身补偿扁平游丝，鹅颈式微调，21K金自动摆砣
大小： 直径38.5mm
厚度10.5mm
预估价： 42,000-62,000 CHF
40,000-60,000 USD
成交价： 60,000 CHF

朗格A.Lange & Söhne

Langematik大装动力储存腕表

型号： 304.047
编号： 11/25
年代： 2005年
特色： 非常精美且非常罕见，2005年为庆祝纽约Wempe表行25周年特别制作，限量25枚，自动上链，具有归零精确校时功能，配有原装表壳、证书、保修卡及说明书
表壳： 18K玫瑰金，6颗螺丝固定透明表背
表盘： 实心银制，罗马数字刻度，蓝钢指针，配有小秒盘及动力储存指示
机芯： Cal.L921.6，德国银材质3/4夹板，42石，单金属摆轮，自身补偿扁平游丝，鹅颈式微调，21K金自动摆砣
大小： 直径41mm
厚度10mm
预估价： 18,000-25,000 CHF
18,000-25,000 USD
成交价： 25,625 CHF

朗格A.Lange & Söhne

Datograph飞返计时腕表

型号： 403.035
编号： 140949
年代： 2008年
特色： 非常精美，这个款式于1999年首次推出，展现出了德国制表工艺的精髓，透过表背可见到历时4年研发的Cal. L951.1机芯，这是朗格复兴之后自行研发制作的第五枚机芯
表壳： 铂金，6颗螺丝固定透明表背，长方形计时、日期调整按钮
表盘： 实心银制，金制罗马数字刻度及指针，配有测速刻度外圈
机芯： Cal.L951.1，德国银材质夹板，40石，单金属摆轮，Nivarox游丝，鹅颈式微调
大小： 直径39mm
厚度13mm
预估价： 42,000-48,000 USD
成交价： 40,000 USD

朗格A.Lange & Söhne

Lange 1 陀飞轮腕表

型号： 704.025
编号： 20/150
年代： 2001年
特色： 极其精美且罕见，具有朗格表的典型特征，偏心式时、分显示盘，大日历视窗，得见1分钟陀飞轮装置，限量制作150枚
表壳： 铂金，6颗螺丝固定透明表背，长方形日期调整按钮
表盘： 实心银制，偏心时、分显示，白金指针，可见一分钟陀飞轮装置
机芯： Cal.961.1，德国银材质3/4夹板，双发条盒，49石，陀飞轮框架配有2颗钻石端石，单金属摆轮，宝玑式游丝
大小： 直径38.5mm
厚度10mm
预估价： 80,000-120,000 CHF
80,000-120,000 USD
成交价： 98,500 CHF

爱彼Audemars Piguet

白金镶钻高复杂腕表

型号：26118BC
编号：678321
年代：2007年
特色：极其精美且罕见，集合了陀飞轮、三问报时及计时三项复杂功能，并在表壳上镶满了美钻，据考证，这款腕表当年只制作了3枚
表壳：18K白金，共镶嵌了36颗梯形钻石，总重3.4克拉，415颗圆形钻石，总重3.98克拉，透明表背
表盘：黑色，阳光射线花纹装饰，白金刻度时标及指针
机芯：Cal.2874，38石，镀铑，单金属摆轮，宝玑式游丝
大小：直径43mm
厚度14mm
预估价：200,000-300,000 USD
成交价：242,500 USD

爱彼Audemars Piguet

皇家橡树系列大装腕表

年代：1972年代
特色：非常精美且非常罕见，这款腕表的尺寸在当年可谓是硕大无比，是专为美国市场制作，表盘上AP字样位于6时位，这是第一批皇家橡树系列腕表最显著的特征
表壳：不锈钢，8颗螺丝贯穿表壳固定表圈及表底
表盘：黑色，格纹装饰
机芯：Cal.2121，镀铑，36石，Gyromax摆轮，21K金自动摆砣
大小：39×48mm
厚度7mm
预估价：8,000-12,000 CHF
7,600-11,500 USD
成交价：13,800 CHF

百年灵Breitling

Breitling for Bentley GMT计时腕表

型号：A47362
年代：2007年
特色：精美，超大装，具有天文台认证的双时区计时腕表，配有原装表壳、天文台证书、保单及说明书
表壳：不锈钢，18K黄金外圈，旋入式表底及表冠，10时位调校第二时区按键
表盘：哑光银色，24城市名外圈，配有日历视窗及红色剑形GMT指针
机芯：Cal.24，25石，单金属摆轮，自身补偿扁平式游丝
大小：直径50mm
厚度16mm
预估价：3,000-5,000 USD
成交价：5,040 USD

百年灵Breitling

Unitime自动腕表

型号：1-260
年代：1950年代
特色：精美且不同寻常，自动上链，具有24小时世界时区功能
表壳：不锈钢，双向旋转24时区外圈
表盘：双色调哑光银色，黑白双色24小时外圈，中心有世界地图图案
机芯：Cal.260，铜色，21石，单金属摆轮，自身补偿扁平式游丝
大小：直径37mm
厚度11.5mm
预估价：3,000-5,000 USD
成交价：7,500 USD

宝珀Blancpain

Le Brassus系列万年历计时腕表

编号：105
年代：2007年
特色：非常精美，具有飞返追针计时、万年历、月龄及月相显示功能，配有原装木盒、证书、说明书及调校针
表壳：18K玫瑰金，阶梯式表圈，透明表背
表盘：银白色，玫瑰金刻度及指针，小表盘由太阳射线纹装饰
机芯：Cal.56F9A，38石，单金属摆轮，自身补偿扁平游丝
大小：直径42mm
厚度15mm
预估价：28,000-36,000 CHF
26,000-33,000 USD
成交价：28,800 CHF

宝珀Blancpain

JB-1735陀飞轮腕表

编号：71
年代：2006年
特色：非常精美且罕见，可见1分钟陀飞轮装置，8日动力储存，配有原装木盒、证书及说明书
表壳：18K玫瑰金，阶梯式外圈，透明表背
表盘：银白色，玫瑰金刻度及指针，阳光射线花纹装饰日历盘及动力储存盘
机芯：Cal.23，29石，单金属摆轮，扁平游丝
大小：直径37.5mm
厚度10.5mm
预估价：140,000-180,000 HKD
18,000-23,000 USD
成交价：246,000 HKD

宝珀Blancpain

100小时动力储存腕表

型号：2100
编号：4845
年代：2003年
特色：精美，大三针简洁设计，具有100米防水及100小时动力储存，配有原装表盒、证书、说明书及一条替换表带
表壳：不锈钢，拱形蓝宝石水晶表镜，阶梯式表圈，旋入式表背及表冠
表盘：黑色，大型荧光数字刻度及指针，配有日历视窗
机芯：Cal.1151，配有双发条盒，29石，单金属摆轮，自身补偿扁平游丝
大小：直径38mm
厚度10mm
预估价：2,000-3,000 USD
成交价：3,720 USD

宝珀Blancpain

飞返追针计时陀飞轮腕表

型号：2100
编号：12/99
年代：1999年
特色：非常精美且重要，为纪念品牌首款追针计时腕表问世10周年特别推出，限量100枚
表壳：铂金，阶梯式表圈，旋入式表背及表冠，计时按键同样配有锁紧装置，拱形蓝宝石水晶表镜
表盘：黑色，独立时、分显示小盘，6时位可见陀飞轮装置
机芯：Cal.23F9A，39石，单金属摆轮，自身补偿扁平游丝
大小：直径38mm
厚度14.5mm
预估价：22,000-32,000 CHF
20,000-30,000 USD
成交价：42,000 CHF

宝玑Breguet

镂空万年历陀飞轮腕表

型号：3755
编号：559
年代：2008年
特色：非常精美且重要的限量款式，机芯整体镂空，配有原装木盒、证书、保单、说明书及可替换皮带
表壳：铂金，表侧有硬币式坑纹设计，透视表背
表盘：镂空，白色刻度环，宝玑式蓝钢指针，可视1分钟陀飞轮装置
机芯：Cal.13‴，玫瑰金夹板，镂空且手工雕花装饰，21石，单金属摆轮，自身补偿宝玑式游丝
大小：直径40mm
厚度10mm
预估价：95,000-125,000 USD
成交价：116,500 USD

宝玑Breguet

那不勒斯女王系列珠宝腕表

型号：8918
编号：2369
年代：2006年
特色：极其精美且雅致，鸡蛋造型，所有钻石均采用了IF-VVS1顶级韦塞尔顿钻石，配有原装木盒、腕表及钻石证书及说明书
表壳：18K黄金，表圈内外共镶嵌了117颗钻石，总重约0.99克拉，表冠镶嵌一颗椭圆形钻石，总重约0.26克拉，表扣镶嵌一颗梨形钻石
表盘：白色珍珠贝母，宝玑式数字，下方镶嵌了一颗梨形钻石，宝玑式蓝钢指针
机芯：Cal.537/1，20石，单金属摆轮，自身补偿扁平游丝
大小：37×29mm
厚度10mm
预估价：160,000-240,000 HKD
21,000-31,000 USD
成交价：225,000 HKD

宝玑Breguet

“Quantième”日历月相腕表

型号：3330
编号：2508
年代：1997年
特色：非常精美，配有原装表盒及证书
表壳：18K黄金，表侧有硬币式坑纹设计，表冠镶嵌一颗天然蓝宝石
表盘：银色，机动雕花装饰，偏心式时、分显示盘，宝玑式蓝钢指针
机芯：Cal.12 1/2‴，37石，21K金自动摆砣，单金属摆轮，自身补偿扁平游丝
大小：直径36mm
厚度7mm
预估价：10,000-15,000 CHF
9,000-14,000 USD
成交价：13,200 CHF

宝玑Breguet

陀飞轮万年历腕表

型号：3750
编号：4022
年代：2005年
特色：非常精美且罕见，万年历显示布局巧妙合理，其中还包含一根蛇形回跳式日历指针
表壳：18K黄金，表侧有硬币式坑纹设计，透明表背
表盘：银色，机动雕花装饰，宝玑式蓝钢指针
机芯：Cal.558，镀金并手工雕花装饰，21石，单金属摆轮，宝玑式游丝
大小：直径40mm
厚度10.5mm
预估价：40,000-60,000 USD
40,000-60,000 CHF
成交价：53,750 USD

卡地亚Cartier

"Louis Cartier"坦克系列铂金腕表

编号：21946
年代：1929年
特色：非常精美且非常罕见，1920年代，卡地亚只制作了大约45枚"Louis Cartier"坦克腕表，其中包含一小部分女装腕表，另有一部分采用两种不同材质制作表壳，比如铂金表壳搭配黄金表背，只有大约25枚为整体铂金材质，这款便是其中之一，同时它还配有原装的铂金表带
表壳：铂金，表冠镶嵌一颗蓝宝石
表盘：实体银制，黑色罗马数字刻度，宝玑式蓝钢指针
机芯：Cal.9''，18石，截断式双金属温度补偿、砝码式微调摆轮，宝玑式蓝钢游丝
大小：30.7×23mm
预估价：80,000-100,000 USD
成交价：135,000 USD

卡地亚Cartier

"Tank a guichet"腕表

编号：70/150
年代：1997年
特色：非常精美且非常罕见，造型雅致，视窗式时间显示，配有原装表壳及证书
表壳：铂金，八边形旋入式表冠镶嵌一颗蓝色红宝石，搭配18K白金折叠扣
表盘：两个铂金数字转盘显示时、分
机芯：Cal.219，18石，单金属摆轮，自身补偿扁平式游丝
大小：25×38mm
预估价：20,000-30,000 USD
成交价：20,400 USD

萧邦Chopard

Mille Miglia GMT计时腕表

型号：8954
编号：1962/2004
年代：2004年
特色：精美，为2004年老爷车大赛限量制作2004枚，天文台认证，具有测速及两地时区功能，配有原装表盒、轮胎气压表、证书及说明书
表壳：不锈钢，24小时刻度外圈，表背有老爷车大赛标志
表盘：黑色，测速刻度外圈，小表盘内有阳光射线纹装饰
机芯：Cal.7754，25石，单金属摆轮，自身补偿扁平式游丝
大小：直径42.2mm
厚度15mm
预估价：14,000-20,000 HKD
1,800-2,600 USD
成交价：19,200 HKD

萧邦Chopard

L.U.C. Mark III天文台腕表

型号：8500
编号：1435691
年代：2005年
特色：精美，机芯为1/4摆砣（珍珠砣）自动上链方式，配有原装表盒及证书
表壳：不锈钢，8颗螺丝固定透明表背
表盘：双色调灰色，阳光射线纹装饰，巴顿式小时刻度，太子妃式指针
机芯：Cal.3.96，29石，22K金自动摆砣
大小：直径39mm
厚度9mm
预估价：14,000-28,000 HKD
1,800-3,600 USD
成交价：26,400 HKD
（无保留底价拍出）

昆仑Corum

Garden Bird经典女装腕表

型号：982.102.69
编号：10/50
年代：2007年代
特色：极其精美且罕见，表盘为在珍珠贝母表面手工绘制而成，整表美轮美奂，同时具有天文台认证，限量制作50枚，配有保卡、限量证书及天文台证书
表壳：18K白金，表圈、表耳及表冠共镶嵌了105颗钻石，总重约2.78克拉
表盘：珍珠贝母，手工绘制蜂鸟及花卉图案，白金镂空指针
机芯：Cal.2892A2，21石，单金属摆轮，自身补偿扁平式游丝
大小：直径40mm
厚度12.5mm
预估价：180,000-250,000 HKD
23,000-32,000 USD
成交价：312,500 HKD

昆仑Corum

神秘陀飞轮腕表

编号：7
年代：1990年代
特色：非常精美，非常罕见且不同寻常，昆仑的神秘陀飞轮机芯由Cristophe Claret研发，其不同寻常之处不只在于它全部采用水晶夹板，同时还有隐藏式的上链装置
表壳：18K黄金，外圈有4个手工雕刻罗马数字标志，透明表背由6颗螺丝固定
表盘：透明，黄金巴顿式指针
机芯：Cal.CLA97，蓝宝石水晶夹板，9石，单金属摆轮，自身补偿扁平式游丝，签有"C. Claret"及"Corum"标识
大小：直径36mm
厚度9mm
预估价：40,000-60,000 CHF
40,000-60,000 USD
成交价：45,000 CHF

宝齐莱Carl F.Bucherer

Travel Tec GMT计时腕表

型号：10620.08
编号：10.0644
年代：2006年
特色：精美，具有三地时间显示及计时功能，小时指针可独立调校，配有原装表盒、天文台证书、保卡、说明书及CD
表壳：不锈钢，弧线型表耳，矩形计时按钮，旋入式表冠
表盘：双色调灰色及黑色，荧光小时刻度及指针，可旋转24小时刻度外圈，日历视窗配有放大镜
机芯：Cal.CFB1901.1，37石，单金属摆轮，自身补偿扁平式游丝
大小：直径48mm
厚度16mm
预估价：1,500-2,500 USD
成交价：3,840 USD
（无保留底价拍出）

瑞宝Chronoswiss

"Steel Timemaster"腕表

型号：CH7533 DLU
编号：08301
年代：2009年
特色：精美，大尺寸表壳，表盘整体采用超级荧光材料制作，配有原装木盒、证书及说明书
表壳：不锈钢，旋入式透明表背，双向旋转外圈，大尺寸球形表冠
表盘：象牙色超级荧光材料，黑色刻度及指针
机芯：Cal.C.751，25石，单金属摆轮，自身补偿扁平式游丝
大小：直径44mm
厚度16mm
预估价：2,000-3,000 USD
成交价：2,500 USD
（无保留底价拍出）

Daniel Roth

铂金陀飞轮腕表

型号：197.X.70
编号：30
年代：2008
特色：非常精美且罕见，8天动力储存，按动6时位开关可开启表壳见到另一面的日期及动力储存显示，配有原装表盒，证书，说明书及工具
表壳：铂金，阶梯式表圈，双椭圆造型，可开启设计
表盘：白色，大型罗马数字刻度，蓝钢时、分指针偏心放置，下方可见一分钟陀飞轮装置及秒针
机芯：Cal.DR307，19石，单金属摆轮，自身补偿宝玑式游丝
大小：40×43mm
厚度13mm
预估价：380,000-550,000 HKD
50,000-70,000 USD
成交价：450,000 HKD

尊达Gérald Genta

No. 2高复杂镂空腕表

型号：G4010.4
编号：47085
年代：1990年代
特色：极其精美且重要，结合陀飞轮、三问报时、万年历三大复杂功能，机芯经镂空及手工雕刻装饰，配有原装表盒
表壳：18K白金，八边形，阶梯式表圈，表带配有与表耳相同形状的装饰
表盘：镂空，荧光白金圆点刻度及指针，四个小表盘为万年历及月相显示
机芯：Cal.25，镂空且手工雕刻装饰，基板及夹板由白金制作，44石头，单金属摆轮，自身补偿扁平式游丝，白金摆砣镂空有双“G”标识
大小：直径35mm
厚度14mm
预估价：100,000-150,000 CHF
95,000-145,000 USD
成交价：121,200 CHF

法兰穆勒Franck Muller

回跳指针万年历腕表

型号：7851QPE
编号：11/100
年代：1990年代
特色：非常精美且罕见，具有万年历、月相及时间等式显示功能，自动上链，限量发售100枚，配有原装表盒
表壳：不锈钢，酒桶形，表背由4颗螺丝固定，并刻有限量编号
表盘：黑色及白色，大型艺术体阿拉伯数字时标，蓝钢菱形荧光指针
机芯：Cal.2800，26石，单金属摆轮，自身补偿扁平式游丝，铂金自动摆砣
大小：35×48.5mm
厚度11.5mm
预估价：90,000-110,000 HKD
12,000-14,000 USD
成交价：114,000 HKD

F.P. Journe

“Centigraphe Souverain”百分之一秒计时腕表

编号：096-CT
年代：2010年
特色：非常精美且罕见，计时部分特别的组件可将计时时间分解到1/100秒，这款腕表的诞生源自于F.P.Journe先生被法拉利赛车点燃的速度激情，因此表盘上采用了醒目的红色及黄色，为只有4枚的特别定制款，配有特别制作的红色表盒及证书
表壳：18K白金，杠杆式计时按钮，透明表背由6颗螺丝固定
表盘：红色，黄色时、分指针及红色计时指针，小表盘由一片18K白金面盘装饰
机芯：Cal.1506，49石，单金属摆轮，自身补偿扁平式游丝
大小：直径40mm
厚度10.7mm
预估价：50,000-80,000 CHF
48,000-76,000 USD
成交价：111,600 CHF

芝柏Girard-Perregaux

三金桥陀飞轮计时腕表

编号：1
年代：1996年
特色：极其精美且重要，芝柏的三金桥于1884年3月25日在美国获得专利，机芯内的全部走时轮系及1分钟陀飞轮装置由三根18K玫瑰金夹板固定，同时具有计时功能，配有证书及表盒
表壳：18K黄金，阶梯式表圈，透明表背由6颗螺丝固定
表盘：白色，黄金宝玑式数字时标，黄金柳叶形指针
机芯：Cal.GP9981，三条玫瑰金夹板，37石，夹板由机刻花纹装饰，单金属摆轮，宝玑式游丝，字母"A"形陀飞轮框架
大小：直径40mm
厚度15.5mm
预估价：330,000-450,000HKD
42,000-58,000USD
成交价：354,000 HKD

芝柏Girard-Perregaux

铂金歌剧院二号腕表

型号：99740
编号：2
年代：2007年
特色：极其精美且重要，歌剧院系列是芝柏顶级制表工艺的体现，其中这款二号歌剧院为采用了四音簧四音锤的西敏寺钟声三问报时腕表，同时还搭载了一分钟陀飞轮装置及万年历装置
表壳：铂金，斜面表圈，直式下凹式表耳，透明表背由6颗螺丝固定
表盘：黑色，钻石时标，银色小表盘刻度环，6时位陀飞轮装置，8-10时位可见报时音锤
机芯：Cal.GP9897，37石，单金属摆轮，自身补偿扁平式游丝，字母"A"形陀飞轮框架
大小：直径41mm
厚度14.5mm
预估价：160,000-230,000CHF
160,000-230,000USD
成交价：182,500 CHF

H . Moser & Cie

七日动力储存腕表

型号：343.545-017
编号：200101409
年代：2009年
特色：非常精美，机芯打磨精细，双发条盒提供7天动力储存，配有原装表盒，保卡及说明书
表壳：18K玫瑰金，下凹式表圈及表耳，透明表背由4颗螺丝固定
表盘：银色，玫瑰金巴顿式时标及柳叶形指针
机芯：Cal.HMC343.505，配有动力储存指针，26石，配有两个黄金套筒，金制擒纵轮及擒纵叉，双发条盒，单金属摆轮，自身补偿宝玑式游丝
大小：直径41mm
厚度11mm
预估价：62,000-100,000HKD
8,000-13,000USD
成交价：108,000 HKD

帕玛强尼Parmigiani

"Kalpa XL Hebdomadaire" 8天动力储存腕表

型号：PF601843.01
编号：38045
年代：2009年
特色：非常精美且罕见，大尺寸酒桶形，具有双发条盒及8天动力储存，配有原装表盒及保卡
表壳：18K白金，大型曲线表耳，透明表底有6颗螺丝固定
表盘：哑光银制，栅栏式镂空，玫瑰金时标及指针
机芯：Cal.110.02，28石，双发条盒，单金属摆轮，自身补偿宝玑式游丝，鹅颈式微调
大小：53×37.2mm
厚度12mm
预估价：14,000-18,000CHF
13,000-17,000USD
成交价：18,000 CHF

格拉苏蒂Glashütte

Julius Assmann 3陀飞轮腕表

编号：5/25
年代：2002年
特色：极其精美且罕见，可拆卸作为怀表，格拉苏蒂于1995年首次推出该系列腕表，共推出4款，其中这款第3号为纪念Julius Assmann诞辰175周年的献礼之作，配有特制的专用表盒，怀表链，调校针及证书
表壳：18K玫瑰金，可拆卸设计，硬币边式表圈，透明表背
表盘：18K白金，白色刻度环，蓝钢指针
机芯：Cal.53，镂空且手工雕刻花纹装饰，37石，悬浮陀飞轮装置，单金属摆轮配有钻石端石，宝玑式游丝
大小：直径40mm
厚度12.5mm
预估价：50,000-70,000 CHF
50,000-70,000 USD
成交价：88,900 CHF

格拉苏蒂Glashütte

参议院系列梅森珐琅表盘腕表

编号：0200
年代：2007年
特色：非常精美，表盘来自于临近德累斯顿的一家瓷器生产厂家—Meissen，自1710年至今，Meissen已经成为世界知名的瓷器生产厂，盘面上的双剑图案正式Meissen的品牌标志
表壳：18K黄金，阶梯式表圈，下凹式表耳，透明表背由5颗螺丝固定
表盘：白色，手工绘制珐琅表盘，蓝钢指针
机芯：Cal.100，32石，单金属摆轮，自身补偿扁平式游丝，鹅颈式微调，自动摆砣配有21K金边缘
大小：直径40mm
厚度10.5mm
预估价：60,000-80,000 HKD
8,000-10,000 USD
成交价：93,750 HKD

格拉苏蒂Glashütte

梅森花束珐琅表盘腕表

编号：1/2
年代：2006年
特色：非常精美且极其罕见，腕表表盘同样来自于Meissen，只制作了两件，当下像这样的优秀珐琅作品深受追捧，从这款表的成交价中便可领教一二
表壳：18K玫瑰金，硬币边式表圈，下凹式表耳，透明表背由5颗螺丝固定
表盘：手工绘制花束图案珐琅表盘，玫瑰金指针
机芯：Cal.49，18石，单金属摆轮，自身补偿扁平式游丝，鹅颈式微调
大小：直径38mm
厚度11mm
预估价：100,000-120,000 HKD
13,000-15,000 USD
成交价：204,000 HKD

格拉苏蒂Glashütte

"Karrée"飞行陀飞轮腕表

编号：18/25
年代：2005年
特色：非常精美且罕见，格拉苏蒂的悬浮陀飞轮装置来自于德累斯顿制表学校的技术指导Albert Helwig教授，其设计也是十分德国式的，不只取消了上夹板，陀飞轮框架也是更为纤薄轻巧
表壳：18K玫瑰金，阶梯式表圈及侧边，透明表背由8颗螺丝固定
表盘：双色调白金，上方可见悬浮陀飞轮装置，下方时、分显示盘，蓝钢指针
机芯：Cal.43，手工雕刻花蔓图案装饰，单金属摆轮配有钻石端石，宝玑式游丝
大小：34.5×45mm
厚度10.5mm
预估价：30,000-50,000 CHF
30,000-50,000 USD
成交价：38,750 CHF

万国IWC

葡萄牙标准指针陀飞轮腕表

型号：5446
编号：6/100
特色：极其精美且罕见，为限量制作100枚的作品，是首次现身拍卖会的葡萄牙系列标准指针陀飞轮腕表，事实上，这款腕表也是近两年的最新款式，大约是在2009年左右
表壳：18K玫瑰金，下凹式表耳，透明表背由6颗螺丝固定
表盘：双色调银色，灰色小时及小秒盘，可见一分钟悬浮陀飞轮装置，玫瑰金剑形指针
机芯：Cal.98845，25石，单金属摆轮，自身补偿扁平式游丝
大小：直径43mm
厚度12mm
预估价：30,000-40,000 CHF
30,000-40,000 USD
成交价：40,000 CHF

万国IWC

达文西系列克劳斯版本万年历腕表

型号：3762
编号：88/3000
年代：2008年
特色：精美，克劳斯（Kurt Klaus）为万国珍宝级的制表大师，为表达对他的敬意和感谢，2008年推出此版本限量3000枚的款式，配有原装表盒、保卡、证书、说明书及额外的年份数字盘
表壳：不锈钢，酒桶形，旋入式表冠，嵌入式矩形计时按钮，表背刻有克劳斯头像
表盘：银色，纽索纹饰，玫瑰金时标及指针
机芯：Cal.79261，39石，单金属摆轮，自身补偿扁平式游丝
大小：44×51mm
厚度15mm
预估价：8,000-12,000 USD
成交价：12,500 USD

万国IWC

达文西系列陀飞轮腕表

型号：3752
编号：2/50
年代：2002年
特色：非常精美且非常罕见，为纪念达芬奇诞辰550周年限量制作50枚，配有原装表盒，保卡、证书、说明书及图册
表壳：18K黄金，阶梯式表圈，活动表耳，透明表背由6颗螺丝固定
表盘：18K黄金，雕刻有达芬奇头像，签名以及他的三项发明，蓝钢指针
机芯：Cal.76061，35石，悬浮陀飞轮装置，单金属摆轮，自身补偿宝玑式游丝
大小：直径39mm
厚度14.5mm
预估价：18,000-28,000 CHF
18,000-28,000 USD
成交价：31,250 CHF

万国IWC

葡萄牙系列万年历腕表

型号：5021
编号：2919013
年代：2005年
特色：非常精美，为经典的葡萄牙系列的万年历款式，自动上链，万年历组件精确度长达100年，配有原装木质表盒、证书，说明书及可更替年份数字盘
表壳：18K玫瑰金，阶梯式表圈，下凹式表耳，透明表背由6颗螺丝固定
表盘：黑色，黄金数字时标，圆点刻度及指针
机芯：Cal.C50611，66石，单金属摆轮，自身补偿宝玑式游丝
大小：直径44mm
厚度15mm
预估价：15,000-20,000 CHF
14,000-19,000 USD
成交价：24,000 CHF

积家Jaeger-LeCoultre

Memovox天狼星第一代响闹腕表

型号： E859
年代： 1965年
特色： 精美，“天狼星”腕表是积家为响应人们日渐增多的潜水娱乐活动而推出的，5年间累计制作了1714枚，主要是为美国市场设计制作，其中大部分还在使用“LeCoultre”标识，而像这款使用“Jaeger LeCoultre”标识的据记载只有不到100枚
表壳： 不锈钢，三枚表冠分别负责时间、响闹及旋转计时圈
表盘： 黑色，中心响闹设定转盘，外圈为潜水计时之用
机芯： Cal.825，17石，单金属摆轮，自身补偿扁平式游丝
大小： 直径42mm
厚度16mm
预估价： 10,000-20,000 USD
成交价： 17,400 USD

积家Jaeger-LeCoultre

“Gyrotourbillon 1”球形陀飞轮腕表

型号： 600.64.2H
编号： 1/1
年代： 2005年
特色： 极其复杂且独一无二，具有球形陀飞轮、万年历及时间等式功能，这枚为编号01的唯一一款式，常规款只限量制作75枚，配有原装表盒、图册、证书及放大镜
表壳： 铂金，斜面表圈，下凹式表耳，透明表背由4颗螺丝固定
表盘： 上半部为磨砂蓝宝石水晶，时、分显示盘镂空，下方可见球形陀飞轮装置，蓝钢指针
机芯： Cal.177，112石，双发条盒，钛金属陀飞轮框架，14K金平衡螺丝砝码及摆轮，宝玑式蓝钢游丝
大小： 直径43mm
厚度15.3mm
预估价： 270,000-320,000 CHF
255,000-300,000 USD
成交价： 342,000 CHF

积家Jaeger -LeCoultre

Reverso系列铂金大日历腕表

型号： 300.642P
编号： 2074977
年代： 2009年
特色： 非常精美且极其罕见，积家的现代款式中如遇到灰色表盘多半是白金或铂金的稀有款式，正如这款腕表，虽然这个款式为产量很大的常规款式，但是搭配铂金表壳的只限量制作了5枚，极为罕见，配有原装表盒、保修卡、证书及说明书
表壳： 铂金，装饰艺术设计风格，可翻转结构，透明表背
表盘： 银及灰色，机刻花纹装饰
机芯： Cal.875S，双发条盒，8日动力储存，25石，单金属摆轮，自身补偿扁平式游丝
大小： 29.3×46.7mm
厚度12mm
预估价： 30,000-35,000 CHF
成交价： 24,000 CHF

积家Jaeger-LeCoultre

Reverso系列“铂金一号”镂空腕表

型号： 270.6.49
编号： 185/500
年代： 2002年
特色： 非常精美且罕见，积家“铂金X号”的腕表只推出过两款，二号同样选用了Reverso系列，并为其搭载了少有的长方形陀飞轮机芯，两款腕表之工艺均竭尽奢华细腻，这款腕表的机芯不但经过镂空及细腻的雕花装饰，其厚度也只有1.85mm，为不可多得的制表艺术佳品
表壳： 铂金，装饰艺术设计风格，可翻转结构，透明表背
表盘： 无，蓝钢柳叶形指针
机芯： Cal.849R-SQ，镂空，手工雕花装饰，19石，单金属摆轮，自身补偿扁平式游丝，鹅颈式微调
大小： 36×26mm
厚度10mm
预估价： 14,000-18,000 USD
成交价： 19,200 USD

浪琴Longines

“Lindbergh Hour Angle” 秒针设定腕表

型号： 26.279.272
编号： 5/10
年代： 1987年
特色： 精美且罕见，为1987年纪念Lindbergh首次飞跃大西洋60周年特别制作，复刻了当年的领航员腕表，限量制作10枚，配有证书
表壳： 18K黄金，可旋转外圈上配有15等分刻度，球形表冠
表盘： 白色珐琅，黑色罗马数字刻度，中心秒针设定盘，宝玑式指针
机芯： Cal.L628.1，21石，单金属摆轮，自身补偿宝玑式游丝
大小： 直径37mm
厚度11mm
预估价： 10,000-17,000 HKD
1,300-2,100 USD
成交价： 21,600 HKD
（无保留底价拍出）

浪琴Longines

CALIBER 30CH飞返计时腕表

编号： 6474724
年代： 1950年代
特色： 精美且罕见，这与下一款是同场拍卖会中连续的两个标，相同的机芯及配置，同样为全新未使用品，不同的是表盘及表壳的形状，而成交价却让人瞠目结舌，拍卖场中不愧是充满了戏剧性
表壳： 不锈钢，防磁，圆形计时按键，旋入式表背
表盘： 银色，玫瑰金阿拉伯数字及圆点时标，玫瑰金指针
机芯： Cal.30CH，18石，单金属摆轮，自身补偿宝玑式游丝
大小： 直径38mm
厚度11mm
预估价： 43,000-50,000 HKD
5,500-6,500 USD
成交价： 348,000 HKD

浪琴Longines

CALIBER 30CH飞返计时腕表

编号： 74139
年代： 1950年代
特色： 精美且罕见，这件是全新未使用品，品相完美，尽管是上世纪50年代的产品但是其尺寸并不小，也是这件拍品获得青睐的辅助条件，配有原装表盒
表壳： 不锈钢，防磁，圆形计时按键，直式表耳，旋入式表背
表盘： 银色，测速及测距刻度外圈，荧光指针
机芯： Cal.30CH，18石，单金属摆轮，自身补偿宝玑式游丝
大小： 直径38mm
厚度11mm
预估价： 43,000-50,000 HKD
5,500-6,500 USD
成交价： 144,000 HKD

浪琴Longines

“Weems” Hour Angle秒针设定飞行员腕表

编号： 21123
年代： 1930年代
特色： 精美且非常精美，Philippe Vanhorn Weems为1920至30年代具有权威的美国海军军官，他同时还是航空英雄Lindbergh的教官，他发明的Hour Angle秒针设定功能能够使腕表的秒针与飞机仪表精确的保持一致
表壳： 不锈钢，大尺寸，球形大型表冠，压紧式表背
表盘： 白色珐琅，中心秒针设定盘，宝玑式数字刻度及指针
机芯： 16 1/2''，15石，单金属摆轮，自身补偿宝玑式游丝
大小： 直径47mm
厚度17mm
预估价： 15,000-2,000 CHF
14,000-19,000 USD
成交价： 17,400 CHF

欧米茄Omega

超霸阔剑系列铂金镂空腕表

型号：AT178.0024
编号：4/21
年代：2002年
特色：极其精美且非常罕见，华丽奢华，机芯由Armin Strom镂空雕刻装饰，限量制作21枚，配有证书
表壳：铂金，外圈配有测速刻度，旋入式透明表底
表盘：18K白金，哑光白色，镂空，蓝钢刻度时标及阔剑形镂空指针
机芯：Cal.3221，手工镂空并雕刻装饰，37石，单金属摆轮，自身补偿扁平式游丝
大小：直径42mm
厚度14mm
预估价：10,000-15,000 CHF
10,000-15,000 USD
成交价：25,000 CHF

欧米茄Omega

珐琅表盘腕表

型号：2686
编号：10886457
年代：1950年
特色：精美且及其罕见，彩色珐琅装饰表盘，18K黄金腕表，配有现代欧米茄表盒
表壳：18K黄金，斜面表圈，下凹式表耳，压紧式表背
表盘：彩色珐琅，银质底盘，黄金时标及太子妃式指针
机芯：Cal.351，17石，单金属摆轮，自身补偿扁平式游丝，"撞砣"式自动上链
大小：直径35mm
厚度10.5mm
预估价：50,000-75,000 HKD
6,500-9,500 USD
成交价：66,000 HKD

欧米茄Omega

"Ploprof" 第一代潜水腕表

型号：ST166.0077
年代：1970年代
特色：精美且罕见，不规则形状大装表壳，配有仿照防鲨服制作的表带
表壳：不锈钢，带锁定装置的双向旋转外圈，旋入式表冠带有保护装置
表盘：哑光蓝色，大型荧光刻度及指针，分针特别设计为桔红色
机芯：Cal.1002，20石，单金属摆轮，自身补偿扁平式游丝
大小：45×55mm
厚度14mm
预估价：30,000-50,000 HKD
4,000-6,500 USD
成交价：39,000 HKD

欧米茄Omega

超霸系列50周年纪念腕表

型号：311.33.42.50.01.001
编号：0047/1957
年代：2007年
特色：非常精美，为超霸腕表推出50周年特别制作，配有原装木盒、天文台证书、养护工具及一条可替换不锈钢表带，限量1957枚
表壳：不锈钢，黑色测速刻度外圈，透明表底
表盘：黑色珐琅，12时位标有限量编号，荧光巴顿式指针
机芯：Cal.3201，29石，同轴擒纵系统，单金属摆轮，自身补偿扁平式游丝
大小：直径42mm
厚度13mm
预估价：3,000-5,000 USD
成交价：5,750 USD

百达翡丽Patek Philippe

罗马数字版Ref.3450万年历腕表

型号：3450
编号：2808561
年代：1985年
特色：非常精美且非常罕见，Ref.3450在1981至1986年间只制作了244枚，在瑞年显示方式上有二个不同的版本：红色颜色区分，阿拉伯数字及罗马数字，其中阿拉伯数字版本中还有极少的采用水晶转盘的版本，配有木质表盒、证书、说明书及调校针
表壳：18K黄金，斜面表圈，蓝宝石水晶表镜
表盘：哑光银色，黄金巴顿形刻度时标及太子妃式指针
机芯：Cal.27-460Q，37石，Gyromax摆轮，18K金摆砣，日内瓦印记
大小：直径38mm
厚度12mm
预估价：200,000-300,000CHF
200,000-300,000USD
成交价：212,500 CHF

百达翡丽Patek Philippe

"Celestial"腕表

型号：5102G
年代：2002年
特色：极其精美，罕见且不同寻常，2000年，百达翡丽推出了"Star Caliber 2000"怀表，向人们展示了品牌在天文学功能方面的才能，2002年，Celestial腕表首次出现在人们的视线中，通过三层蓝宝石盘面来展示北半球的月相及星空景象，配有原装表盒、证书及说明文档
表壳：18K白金，侧边由卡拉卓华十字图案装饰，旋入式透明表底
表盘：3层蓝宝石水晶，蓝色星空图案，镂空指针
机芯：Cal.240/165，45石，Gyromax摆轮，18K金微型摆砣，日内瓦印记
大小：直径43mm
厚度10mm
预估价：
1,400,000-1,700,000 HKD
180,000-220,000 USD
成交价：1,680,000 HKD

百达翡丽Patek Philippe

Ref.3974三问报时万年历腕表

型号：3974
编号：2867102
年代：1992年
特色：极其精美，罕见且重要，这个型号的腕表开始于1989年，为品牌150周年的特别款式，制作及发售的数量很少，同时，其机芯在技术上也是一次开拓，结合了三问报时、万年历及微型自动摆砣，配有原装木质表盒、说明文档、调校针及一个可替换的18K玫瑰金实心表背
表壳：18K玫瑰金，阶梯式表圈，透明表背
表盘：金制镀银，玫瑰金巴顿式时标及太子妃式指针
机芯：Cal.R 27Q，39石，Gyromax摆轮，自身补偿扁平式游丝，22K玫瑰金微型摆砣，日内瓦印记
大小：直径36mm
厚度12mm
预估价：
2,100,000-2,700,000HKD
270,000-350,000USD
成交价：3,960,000 HKD

百达翡丽Patek Philippe

双追针计时万年历腕表

型号：5004
编号：2963332
年代：2001年
特色：极其精美且重要，百达翡丽的双追针计时万年历腕表的制作开始于1995年，到2009年才完全停止生产，这款可算是"第一代"产品，工艺结构复杂，产量稀少，是品牌最值得收藏的表款之一，配有原装表盒、证书，可替换表背及调校针
表壳：18K黄金，下凹式表圈，表耳，旋入式透明表底
表盘：哑光银色，黄金数字时标及指针
机芯：Cal.CHR 2-70/150，28石，Gyromax摆轮，自身补偿宝玑式游丝，日内瓦印记
大小：直径36.4mm
厚度14.5mm
预估价：200,000-240,000CHF
成交价：210,000 CHF

沛纳海Panerai

Luminor 1950陀飞轮腕表

型号：OP6709
编号：BB12060010
年代：2007年
特色：非常精美且非常罕见，大尺寸表壳，其陀飞轮装置一反传统陀飞轮的样式，由水平旋转改为垂直旋转，限量制作100枚，配有木质表盒、证书、一条可替换表带及替换工具
表壳：不锈钢，靠垫形，表冠配有保护装置，旋入式表背
表盘：哑光黑色，荧光数字刻度及指针，配有第二时区指针及日夜显示
机芯：Cal.P2005，31石，三发条盒，单金属摆轮，自身补偿宝玑式游丝，陀飞轮框架每分钟旋转2圈
大小：直径47mm
厚度19mm
预估价：450,000-600,000 HKD
58,000-77,000 USD
成交价：560,000 HKD

沛纳海Panerai

PAM219左手版腕表

型号：OP6730
编号：K245/400
年代：2008年
特色：精美，大尺寸表壳，表冠位于9时位，限量发售400枚
表壳：不锈钢，靠垫形，透明旋入式表背，表冠配有保护装置
表盘：黑色，荧光时标及黑色巴顿式指针
机芯：Cal.OP X，17石，单金属摆轮，自身补偿扁平式游丝，鹅颈式微调
大小：直径44mm
厚度15mm
预估价：2,000-3,000 USD
成交价：4,000 USD

沛纳海Panerai

Luminor钛合金计时腕表

型号：OP6611
编号：G000/300
年代：2004年
特色：非常精美，限量300枚，大尺寸潜水员腕表，配有原装表盒、证书、可替换表带及替换工具
表壳：钛合金，靠垫形，表冠配有保护装置，旋入式表背
表盘：黑色，荧光时标及蓝钢指针
机芯：Cal.OPXVI，18石，单金属摆轮，自身补偿扁平式游丝
大小：直径44mm
厚度15mm
预估价：10,000-15,000 USD
成交价：22,500 USD

沛纳海Panerai

Marina Militare "Officine Brevettato" 腕表

型号：6152
编号：124949
年代：1950年代
特色：非常精美且非常罕见，沛纳海最早的一批潜水腕表是与劳力士公司合作开发，专供意大利海军使用的军用装配，也只有在这一类腕表的表盘上才能见到"Marina Militare"字样标识
表壳：不锈钢，斜面表圈，透明旋入式表背，表冠配有保护装置
表盘：黑色，荧光时标及巴顿式指针
机芯：Cal.16‴，刻有"Rolex"标识，15石，单金属摆轮，自身补偿扁平式游丝
大小：直径47mm
厚度21mm
预估价：60,000-80,000 USD
成交价：74,400 USD

伯爵Piaget

Emperador双时区腕表

编号：037/200
年代：2008年
特色：非常精美，具有清晰的两地时区显示功能，外观简洁雅致，配有原装表盒
表壳：18K玫瑰金，TV形，阶梯式表圈，透明式表背由6颗螺丝固定
表盘：银色，射线式黑色罗马数字刻度，中心由机刻花纹装饰，玫瑰金太子妃式指针
机芯：Cal.850P，30石，单金属摆轮，自身补偿扁平式游丝
大小：直径42mm
厚度9mm
预估价：70,000-90,000 HKD
9,000-12,000 USD
成交价：112,500 HKD

伯爵Piaget

POLO系列“Forty-Five”钛合金腕表

型号：P10605
编号：1014655
年代：2010年
特色：非常精美，大三针表盘设计，搭配大日历视窗显示，配有原装表盒、保卡、说明文档及CD，该场拍卖会是为“多发性硬化症协会”组织的公益性拍卖，该表为伯爵捐赠拍品
表壳：不锈钢及钛合金，7颗螺丝固定表背，旋入式表冠附着有橡胶
表盘：银色，大型刻度时标，白金太子妃式指针
机芯：Cal.800P，25石，单金属摆轮，自身补偿扁平式游丝
大小：直径45mm
厚度10.5mm
成交价：8,000 USD

伯爵Piaget

钻石及红宝石珠宝腕表

型号：12772
编号：314309
年代：1982年
特色：非常精美雅致且重要，为特别定制款，很可能是独一无二的款式，配有原装表盒
表壳：18K黄金，靠垫形，外圈镶嵌长方形钻石，压紧式表背
表盘：黄金，镶嵌钻石及4颗长方形红宝石
机芯：Cal.12P1，30石，单金属摆轮，自身补偿扁平式游丝，22K金微型摆砣
大小：直径34mm
厚度7mm
预估价：20,000-40,000 CHF
18,000-36,000 USD
成交价：32,400 CHF

伯爵Piaget

POLO系列“Forty-Five”两地时飞返计时腕表

型号：P10534
编号：1000533
年代：2008年
特色：非常精美，具有两地时及飞返计时功能，配有原装表盒、保卡及说明书
表壳：不锈钢及钛合金，7颗螺丝固定表背，方形按键及旋入式表冠附着有橡胶
表盘：哑光银色，荧光小时刻度及白金太子妃式指针
机芯：Cal.880P，35石头，单金属摆轮，自身补偿扁平式游丝
大小：直径45mm
厚度12mm
预估价：3,000-5,000 USD
成交价：8,400 USD

劳力士Rolex

蚝式宇宙型计时腕表

型号： 6263/6239
编号： 2330456
年代： 1970年
特色： 非常精美且非常罕见，为第一代蚝式宇宙型计时腕表，少有的无天文台认证标识表盘
表壳： 18K黄金，旋入式表背，表冠及按键保护，外圈配有测速刻度
表盘： 香槟色，黄金刻度时标及指针
机芯： Cal.727，17石，单金属摆轮，自身补偿宝玑式游丝
大小： 直径37mm
厚度14mm
预估价： 60,000-80,000 CHF
57,000-75,000 USD
成交价： 84,000 CHF

劳力士Rolex

"Libertad Independencia"硬币腕表

型号： 3612
编号： W044570
年代： 1960年代
特色： 非常精美且非常罕见，劳力士于1960年代推出制作了少量硬币腕表，同时其超薄机芯的生产也达到了行业内的顶峰，这款表参照了墨西哥50比索硬币的样式，委托Guyot设计制作，百达翡丽当时推出的硬币表也同样出自Guyot之手
表壳： 18K黄金，硬币造型，3时位隐藏开关可开启腕表表面
表盘： 香槟色，黑色罗马数字及条形时标，巴顿形蓝钢指针
机芯： Cal.651，18石，单金属摆轮，自身补偿扁平式游丝
大小： 直径38.8mm
厚度4.7mm
预估价： 8,500-10,000 USD
成交价： 9,500 USD

劳力士Rolex

Daytona不锈钢计时腕表

型号： 116520/2100
编号： P451431
年代： 2001年
特色： 非常精美，Daytona腕表一直以来都是热门表款，目前这款安帝古伦拍卖会总体评定为"AA"（very good），配有原装表盒、说明书及保修卡
表壳： 不锈钢，旋入式表背，表冠及按键保护，外圈配有测速刻度
表盘： 黑色，荧光白金时标及指针，小表盘配有银色刻度环
机芯： Cal.4130，44石，单金属摆轮，自身补偿宝玑式游丝
大小： 直径40mm
厚度12.5mm
预估价： 55,000-70,000 HKD
7,000-9,000 USD
成交价： 72,000 HKD

劳力士Rolex

"Black-Out Concept"定制版黑色Daytona腕表

型号： 116520
编号： V462095
年代： 2010年
特色： 非常精美且独一无二，"Black-Out Concept"是一家与劳力士没有任何关系的瑞士公司，他们主要的业务便是按客户的要求将任何东西变成纯黑色，除手表外还包括汽车、摩托车甚至房子，从拍卖会上来看，大家对这种经过二次加工的"非原装"腕表的认可度还是很高的
表壳： 不锈钢，经第三方PVD黑色处理，旋入式表背，表冠及按键保护，外圈配有测速刻度
表盘： 黑色镂空，荧光刻度及巴顿形指针
机芯： Cal.4130，44石，单金属摆轮，自身补偿宝玑式游丝
大小： 直径40mm
厚度12.5mm
预估价： 22,000-32,000 CHF
22,000-32,000 USD
成交价： 26,250 CHF

Urwerk

"103 Chronometer" 钛合金限量版腕表

型号：103T
年代：2009年
特色：非常精美，罕见且具有未来感，通过4个卫星碟片显示时间，为了想宝玑大师致敬，腕表背面还特别备有一个能够让用户自行调整走时精确度的螺丝，配有原装表盒及证书，限量60枚
表壳：钛合金，黑色PVD处理，表背有动力储存指示，运转秒针及设定时间的分钟辅助盘，12时位配有一个大尺寸的表冠
表盘：黑色，4个印有小时刻度的钛合金卫星碟片指示时间，钛合金十字旋转支架
机芯：Cal.3.03，基板及夹板经PVD黑色处理
大小：36×50mm
厚度14mm
预估价：200,000-270,000HKD
25,000-34,000USD
成交价：264,000 HKD

Richard Mille

"Felipe Massa" 飞返计时腕表

型号：RM011
编号：310
年代：2006年
特色：极其精美，罕见且非常不同寻常，白金及钛合金两种材质打造表壳，具有年历及飞返计时功能，配有原装表盒、证书、说明书及2条可替换表带
表壳：18K白金及钛合金，12颗钛合金螺丝装饰，透明表背由8颗螺丝固定，表冠有橡胶覆层
表盘：透明，白色阿拉伯数字时标，白金镂空巴顿形镂空指针，外圈配有测速刻度
机芯：Cal.RM011，酒桶形，PVD镀层钛合金，镂空装饰，68石，单金属摆轮，自身补偿扁平式游丝，可变惯性摆砣
大小：41×50mm
厚度16mm
预估价：35,000-55,000 USD
成交价：52,500 USD

斯沃琪Swatch

"Diaphane One Caroussel" 限量版腕表

编号：2027/2222
年代：2001年
特色：精美且罕见，限量发售2,222枚，一直以经济、廉价著称的Swatch腕表之所以能够现身拍卖会，同时又以明显高出预估价拍出，原因就在于这款表独特的机芯结构，擒纵系统以及整个传动系统成一线排列，同时能够每半小时整体旋转一周，似乎与雅典的奇想陀飞轮有异曲同工之妙，但价格却不止便宜了一点
表壳：半透明塑料及高科技铝材，蓝宝石水晶表镜，表背由8颗螺丝固定，同时镶嵌有一颗钻石
表盘：镂空，银色刻度外环，灰色刻度及镂空指针
机芯：Cal.A93.001，25石，单金属摆轮，自身补偿扁平式游丝，部分结构可自转
大小：直径42mm
厚度14mm
预估价：1,000USD-1,500USD
成交价：2,160 USD

天梭Tissot

"Staybrite" 计时腕表

编号：1122663
年代：1945年代
特色：精美且不同寻常，从未佩戴过的全新品，在当时的年代，这种大尺寸的计时腕表是非常罕见的，配有原装吊牌
表壳：不锈钢，抛光及缎面打磨，曲线形表耳
表盘：哑光银色，黑色阿拉伯数字刻度及指针，外圈有红色及蓝色的测速、测距刻度
机芯：Cal.13'''，17石，单金属摆轮，宝玑是蓝钢游丝
大小：直径37mm
厚度14mm
预估价：4,000-6,000 USD
成交价：5,000 USD

帝舵Tudor

"Oysterdate" 计时腕表

型号：94300
编号：975404
年代：1988年
特色：精美且罕见，配有原装表盒及证书
表壳：不锈钢，旋入式表背，表冠及按键保护，背面刻有"ORIGINAL OYSTER CASE BY ROLEX GENEVA"字样
表盘：黑色，荧光棒形时标及指针
机芯：Cal.7750，17石，单金属摆轮，自身补偿扁平式游丝
大小：直径39mm
厚度14mm
预估价：12,000-16,000 USD
成交价：11,500 USD

帝舵Tudor

"Heritage" 计时腕表

型号：70330
编号：J335236
年代：2009年
特色：精美，帝舵品牌全新的复刻表款，一经推出便获得了广泛好评，配有原装表盒、保卡、说明书及一条可供替换的不锈钢链带
表壳：不锈钢，旋入式表背，表冠及按键保护，双向旋转外圈
表盘：灰色，黑色小表盘，黑白双色分钟刻度环，大型荧光时标及指针
机芯：Cal.2892A2，55石，单金属摆轮，自身补偿扁平式游丝
大小：直径40mm
厚度13mm
预估价：3,000-5,000 USD
成交价：4,500 USD

豪雅Tag Heuer

Carrera系列 "Caliber 360" 限量版腕表

型号：CV5041
编号：115/500
年代：2007年
特色：精美，搭载首款也是唯一一款振频达每小时360,000次的机械机芯，配有原装表盒、天文台证书及说明书
表壳：18K玫瑰金，透明旋入式表背
表盘：黑色，玫瑰金阿拉伯数字分钟标识，玫瑰金色动力储存、30分钟及1/100秒刻度环，玫瑰金镂空剑形指针
机芯：Cal.360，52石，单金属摆轮，自身补偿扁平式游丝
大小：直径41mm
厚度16mm
预估价：4,000-6,000 USD
成交价：8,400 USD

豪雅Tag Heuer

Monaco系列 "Steve McQueen" 计时腕表

型号：1133B
编号：6676-3
年代：1970年代
特色：精美且不同寻常，豪雅的Monaco系列正是因为Steve McQueen当年佩戴的这款腕表而闻名，这种哑光蓝色表盘的款式在当时只发售了4000至4500枚
表壳：不锈钢，方形，表冠位于9时位
表盘：哑光蓝色，白色小表盘，巴顿形指针
机芯：Cal.11，17石，单金属摆轮，自身补偿扁平式游丝
大小：40×38mm
厚度14mm
预估价：4,000-6,800 CHF
4,000-6,800 USD
成交价：8,250 CHF

江诗丹顿Vacheron Constantin

“Mercator”地理学家腕表

型号：43050/1
编号：684297
年代：1999年
特色：非常精美且罕见，Mercator为知名的地理学家、地图绘制家及人文主义者，这款腕表的表盘是参照Mercator在1587年绘制的地图制作，限量发售20枚，配有原装表盒、放大镜、证书及说明书
表壳：18K黄金，阶梯式表圈，透明表背
表盘：22K黄金，以珐琅绘制地图图案，两枚回跳式黄金指针
机芯：Cal.K1120，36石，自身补偿扁平游丝，自动摆砣配有21K金边缘并刻有“Mercator 2000”字样，日内瓦印记
大小：直径36mm
厚度8.5mm
预估价：200,000-250,000 HKD
26,000-33,000 USD
成交价：325,000 HKD

江诗丹顿Vacheron Constantin

玫瑰金医生计时腕表

型号：4072
编号：321618
年代：1951年
特色：非常精美且非常罕见，除了其中的三根指针意外，全部采用玫瑰金或相同色调，配有证书及表盒
表壳：玫瑰金，下凹式表耳，压紧式表背，矩形计时按钮
表盘：双色调玫瑰金，外圈配有脉搏计刻度，玫瑰金阿拉伯数字及圆点时标，玫瑰金时、分指针，蓝钢计时指针及小秒针
机芯：Cal.V492，19石，铍合金摆轮，自身补偿宝玑式游丝
大小：直径35mm
厚度12mm
预估价：34,000-47,000 CHF
34,000-47,000 USD
成交价：52,500 CHF

江诗丹顿Vacheron Constantin

Quai de l' Ile玫瑰金日历腕表

型号：86050/000R-9342
编号：1154214
年代：2008年
特色：非常精美，与右边一款腕表出自同一系列但功能上更为简洁，为大三针搭配日历显示，配有原装表盒以及全套配件，包括证书、说明书、可替换表带、放大镜等
表壳：18K玫瑰金，7部件结构，透明旋入式表背
表盘：蓝宝石水晶，镶嵌镀玫瑰金数字刻度，微缩图案及文字，荧光巴顿形玫瑰金指针
机芯：Cal.2460QH，27石，单金属摆轮，自身补偿扁平式游丝，22K金摆砣，具有日内瓦印记
大小：直径41mm
厚度13.2mm
预估价：120,000-160,000 HKD
15,500-21,000 USD
成交价：162,500 HKD

江诗丹顿Vacheron Constantin

Quai de l' Ile钯金星期日历腕表

型号：85050/000D-9341
编号：1152633
年代：2008年
特色：极其精美，Quai de l'Ile系列腕表展示出全新的指标理念，多重防伪特征，可大批量接受定制服务等，配有原装表盒以及全套配件，包括证书、说明书、可替换表带、放大镜等
表壳：950钯金，7部件结构，透明旋入式表背
表盘：蓝宝石水晶，镶嵌镀铑数字刻度，微缩图案及文字，荧光巴顿形指针
机芯：Cal.2475SC，27石，单金属摆轮，自身补偿扁平式游丝，鹅颈式微调，22K金摆砣，具有日内瓦印记
大小：直径41mm
厚度13.2mm
预估价：180,000-230,000 HKD
23,000-30,000 USD
成交价：225,000 HKD

梵克雅宝Van Cleef & Arpels

万年历腕表

编号：112004
年代：1990年代
特色：精美，月相及万年历显示功能，自动上链
表壳：18K黄金，阶梯式表圈，“Vendôme”式表耳
表盘：白色，黑色刻度时标及巴顿式指针
机芯：Cal.888/1，33石，单金属摆轮，自身补偿扁平式游丝
大小：直径36mm
厚度9mm
预估价：4,500-6,000 USD
成交价：6,000 USD

真力时Zenith

“El Primero”系列计时腕表

型号：1205
编号：984D460
年代：1970年代
特色：精美且罕见，这款想必就是目前真力时品牌最新的旗舰表款的原型，具有36,000次/小时的高振频，表扣刻有第一任表主的姓名
表壳：不锈钢，平表圈，弧线型表耳，旋入式表背
表盘：银色，三色小表盘，荧光巴顿形时标及指针，测速刻度外圈
机芯：Cal.3019PHF，31石头，单金属摆轮，自身补偿扁平式游丝
大小：直径38mm
厚度13mm
预估价：30,000-50,000 HKD
4,000-6,500 USD
成交价：38,750 HKD

艾美Maurice Lacroix

“Pontos”系列计时腕表

型号：PT7538/48
编号：AO42316
年代：2008年
特色：精美，自动上链，具有计时及日历显示功能，配有原装表盒、保卡及说明书
表壳：不锈钢，斜面表圈，阶梯式表耳，透明表背
表盘：哑光银色，巴顿式时标及荧光指针
机芯：Cal.7750，25石，单金属摆轮，自身补偿扁平式游丝
大小：直径43mm
厚度14mm
预估价：1,500-2,500 CHF
1,400-2,400 USD
成交价：1,080 CHF
（无保留底价拍出）

NOMOS

“Tangente”系列腕表

编号：40477
年代：2002年
特色：非常精美且雅致，配有非原装表盒
表壳：不锈钢，透明表背，直线式表耳
表盘：哑光银色，黑色罗马数字及条形刻度，蓝钢巴顿式指针
机芯：Cal.1TS，17石头，单金属摆轮，自身补偿扁平式游丝
大小：直径35mm
厚度7mm
预估价：500 USD-700 USD
成交价：1,000 USD
（无保留底价拍出）

卡地亚Cartier

铂金三问报时怀表

编号： 8779
年代： 1918年
特色： 非常精美且极为罕见，二十世纪上半叶，已知的卡地亚铂金报时怀表只有20枚，受第二次世界大战影响，这款怀表是已知的卡地亚最早制作的款式，同样还是当时卡地亚制作的最纤薄之三问报时怀表，配有原装皮制表盒
表壳： 铂金，三件式，背面刻有盾形徽章及座右铭：上帝是我们唯一的救主
表盘： 镀银实金，罗马数字刻度，蓝钢宝玑式指针
机芯： Cal.LC 17/18 JSMV，29石，截断式双金属温度补偿，砝码微调摆轮，宝玑式蓝钢游丝
大小： 直径49mm
预估价： 30,000-40,000 USD
成交价： 42,000 USD

劳力士Rolex

黄金戒指表

年代： 1960年代
特色： 非常精美且不同寻常，女士戒指表，采用表冠上链方式，整体雕刻装饰，配有原装盒子
表壳： 14K黄金，两件式，戒指造型，装饰有整齐的雕刻图案
表盘： 黑色，黄金时、分指针及刻度时标，12时位黄金品牌标志
机芯： Cal.1401手动上链机芯，17石，单金属摆轮，自身补偿摆轮游丝，摆轮及擒纵轮配有避震器
大小： 直径12.7mm
预估价： 2,000-3,000 CHF
成交价： 2,400 CHF

爱彼Audemars Piguet

10项功能大复杂怀表

编号： 33980
年代： 1963年
特色： 非常雅致、重要且及其罕见，功能复杂但整体较为纤薄，具有三问报时、万年历、追针计时、月相显示等功能，另配有18K金制表链
表壳： 18K黄金，三件式
表盘： 双色调银制，配有18K黄金巴顿式指针及刻度
机芯： 18法分（约40mm）镀铑机芯，33石，截断式双金属温度补偿，砝码微调摆轮，宝玑式蓝钢游丝，鹅颈式微调
大小： 直径48mm
预估价： 50,000-80,000 CHF
50,000-80,000 USD
成交价： 56,250 CHF

江诗丹顿Vacheron Constantin

皇家天文台半猎式怀表

编号： 9457/5830
编号： 机芯358272，表壳219430
年代： 1912年
特色： 非常精美且及其罕见，据我们所知，这是现身拍卖会的皇家天文台同时搭配半猎式表壳的怀表，尺寸大且厚重，其原装表盒及证书保存完好，同样是现存极为罕见的。其名号"Chronomètre Royal"（皇家天文台）在1907年5月28日注册
表壳： 18K黄金，四件式，前盖配有字母组合图案
表盘： 白色珐琅，黑色大型罗马数字时标，金制铲形指针
机芯： 22法分"喷砂"装饰机芯，20石，截断式双金属温度补偿，砝码微调摆轮，宝玑式蓝钢游丝，鹅颈式微调
大小： 直径57.5mm
预估价： 8,000-12,000 CHF
7,600-11,500 USD
成交价： 10,200 CHF

浪琴Longines

花束珐琅怀表

编号：机芯54172834，表壳9047
年代：1970年代
特色：非常精美，为了纪念19世纪初瑞士钟表进入中国特别制作，设计工艺均参照了当时特别为中国市场制作的怀表样式
表壳：18K金，三件式，皇室风格，背面有珐琅工艺绘制的花束图案，外圈镶嵌珍珠
表盘：白色漆制，放射状罗马数字刻度，金制路易十六式指针
机芯：Cal.L878.4，"喷砂"装饰，17石，单金属砝码式微调摆轮，自身补偿扁平式游丝
大小：直径43mm
预估价：4,000-6,000 CHF
3,700-5,500 USD
成交价：6,720 CHF

宝玑Breguet

No.735两问报刻怀表

编号：735
年代：1800年代
特色：非常精美，宝玑在世时曾有一项政策，可以应顾客要求回购任何他所制作的怀表，这款怀表于1801年4月以1,200珐琅的价格售出，到了7月，原顾主将其回售给宝玑，另购了一款稍便宜的旧表，9月，这款怀表再次售出，卖家则是制作这款怀表表壳工匠的朋友
表壳：20K玫瑰金，四件式，玑镂花纹装饰
表盘：白色珐琅，宝玑式数字及指针，12时位有宝玑隐形签名
机芯：47.7mm Lepine式机芯，"喷砂"装饰，金制音锤敲击表壳报时
大小：直径51.7mm
预估价：20,000-30,000 CHF
成交价：20,000 CHF

Just & Son

春天花丛珐琅怀表

编号：3472
年代：1840年代
特色：非常精美且罕见，Leonard Just是一位专为中国市场制作钟表的伦敦制表师，他的儿子继承他的事业后，将品牌名称改为Just & Son
表壳：18K金，三件式，外圈及挂柄处均镶嵌有珍珠，背面以珐琅工艺绘制有花丛图案
表盘：白色珐琅，长形罗马数字刻度，金制铲形指针
机芯：43mm大八件机芯，通体雕刻花纹装饰，8石
大小：直径55mm
预估价：90,000-130,000 HKD
12,000-17000 USD
成交价：200,000 HKD

真力时Zenith

大自鸣钟乐报时怀表

编号：179801
年代：1915年
特色：极其精美且非常罕见，这是一款真力时报时怀表的典型代表作，采用三音簧三音锤，同时实现大自鸣报时功能，其中用到了Cesar Racine的专利
表壳：14K玫瑰金，四体式，半猎式表壳，正面饰有"AT"字母组合图案，内部刻有文字简介及技术奖章
表盘：白色珐琅，太子妃式阿拉伯数字时标，蓝钢宝玑式指针
机芯：20法分，"喷砂"装饰，30石，双发条盒，截断式双金属温度补偿，砝码微调摆轮，宝玑式蓝钢游丝
大小：直径55mm
预估价：20,000-30,000 CHF
19,000-28,000 USD
成交价：34,800 CHF

欧米茄Omega

"Julino 1972" 大型镂空计时怀表

型号： MG6715 S
年代： 1972年
特色： 非常精美且极其罕见，这款怀表当年只生产了5枚，这是首次现身拍卖会的一枚，上一任所有者Henri Meylan同时还是这款怀表的制作者，其它4枚也均现存于世
表壳： 18K黄金，三件式，正面12时位刻有"Julino 1972"字样
表盘： 金色镂空刻度环，外圈银色60秒刻度环
机芯： 镂空，通体手工雕刻花纹装饰，23石，单金属摆轮，自身补偿宝玑式游丝，鹅颈式微调
大小： 直径66mm，厚度22mm
预估价： 100,000-170,000 HKD
13,000-22,000 USD
成交价： 180,000 HKD

百达翡丽Patek Philippe

狩猎题材微绘珐琅怀表

型号： 823/003
编号： 机芯编号893171，表壳编号320042
年代： 1970年代
特色： 独一无二之作品，正反两面由Madame Bischoff临摹法国画家Carle Vernet (1758-1835) 的画作绘制而成，M.Bischoff是百达翡丽屈指可数的几位珐琅工匠之一，这款怀表可以说展现了他珐琅技艺的巅峰水准
表壳： 18K黄金，三件式，正反两面微绘珐琅装饰
表盘： 银色，黑色罗马数字时标，黑色路易十五式指针
机芯： Cal.17'''140，18石，单金属摆轮，自身补偿扁平游丝，双日内瓦印记
大小： 直径46mm
预估价： 600,000-900,000 HKD
80,000-115,000 USD
成交价： 1,100,000 HKD

Antoine Rojard

橄榄型报刻戒指表

编号： 680
年代： 1810年代
特色： 极其精美且异常罕见，传说是当时馈赠与拿破仑一世的礼物，这种微型且同时具有报时功能戒指表在当时想必是价值连城，更可称得上是一个制表奇迹，目前已知类似的作品只有两件，另一件收藏在百达翡丽博物馆中，Antoine Rojard很可能是Jean-Daniel的儿子，其专长便是制作报时钟表
表壳： 18K金，两件式，橄榄型，外圈镶嵌珍珠
表盘： 白色珐琅，宝玑式蓝钢指针，上方可见镶嵌钻石的摆轮
机芯： 尺寸29×17mm，橄榄形，双音锤，摆轮镶嵌钻石同时配以钻石端石，扁平式蓝钢游丝
大小： 37×23mm
预估价： 40,000-68,000 CHF
40,000-68,000 USD
成交价： 92,500 CHF

Victorin Piguet

大小自鸣陀飞轮怀表

编号： 55814
年代： 1900年代
特色： 极其精美且非常重要，配有陀飞轮的大型复杂怀表本身便极为罕见，只有少数极为重要的作品才有此设计，比如百达翡丽的Caliber 89怀表。Victorin Piguet (1850-1937) 1880年在日内瓦自立品牌，专长于制作高复杂功能钟表
表壳： 18K黄金，三件式，3时位大/小自鸣开关，10时位报时/静音开关
表盘： 白色珐琅，黑色放射形罗马数字时标，蓝钢铲形指针
机芯： 直径45mm，截断式双金属补偿、砝码微调摆轮，宝玑式游丝
大小： 直径57mm
预估价： 300,000-400,000 CHF
285,000-380,000 USD
成交价： 366,000 CHF

朗格A. Lange & Söhne

航海天文钟

编号：5044
年代：1940年代
特色：精美，2日（56小时）动力储存
表壳：不锈钢，装有万向头固定支架
表盘：银色，黑色阿拉伯数字时标，配有小秒盘及动力储存指示，金制铲形指针
机芯：84mm，芝麻链传动系统，双金属截断式温度补偿、砝码式微调摆轮
大小：18cm（长、宽、高）
预估价：2,500-3,500 USD
成交价：3,600 USD

积家Jaeger-LeCoultre

八日动力储存桌面钟

型号：258
年代：1960年代
特色：精美且非常罕见，直线式机芯结构，玻璃表面装饰有黄道十二宫图案
表壳：黄铜，地球仪式造型，正面表镜装饰有蜘蛛网格及金色星星刻度
机芯：直线型镂空，八天动力储存，单金属摆轮，宝玑式游丝
预估价：15,000-23,000 HKD
2,000-3,000 USD
成交价：28,750 HKD

百达翡丽Patek Philippe

机芯展示道具

型号：55
编号：47
年代：1966年
特色：精美且极其罕见，为零售商或消费者制作的机芯展示道具，只是在上世纪六十年代很短的时期内制作过，总数量应该不多于100件
外壳：铝制，机芯部分由2个黄金外圈固定
表盘：无表盘，金制太子妃式指针
机芯：Cal.27 AM-400，双日内瓦印记，18石，Gyromax摆轮，宝玑式游丝，冷热及五方位调校
大小：50×100×8.5mm
预估价：7,000-0,000 USD
成交价：8,750 USD

百达翡丽Patek Philippe

“Le Tour du Monde de Magellan”珐琅座钟

型号：797E
编号：机芯874562，表壳2189
年代：1971年
特色：非常精美且独一无二，百达翡丽的珐琅座钟至今也是每款只制作一件，因此每件都称得上是极品。这款钟是为了纪念麦哲伦逝世450周年而特别制作的，外壳以珐琅绘制了当时的航海景象及麦哲伦的航行线路，配有原装盒、介绍图册、保修单据及档案
表壳：黄铜，圆柱形，珐琅工艺装饰，拱形顶部配有太阳能电池
表盘：哑光白色，金色刻度环，黑色罗马数字及卡拉卓华十字刻度，黑色镂空指针
机芯：Cal.33石英机芯，配有光电管及锂电池
大小：21.5×12.8cm
预估价：70,000-90,000 CHF
65,000-85,000 USD
成交价：174,000 CHF

积家Jaeger-LeCoultre

“Atmos I”空气钟

型号： P.O.1
编号： 3752
年代： 1934年
特色： 非常精美且非常罕见，这款非常早期的款式被命名为“Reutter Atmos I”，如今积家再次推出了相同设计的复刻款式，更是烘托出这台座钟的经典设计及韵味
表壳： 拱形玻璃罩，下方为铬合金基座
表盘： 银白色哑光刻度环，黑色罗马数字刻度，蓝色宝玑式指针
机芯： Cal.30‴，铬合金基板，配有真空室，通过温差为座钟提供动力，直线式擒纵系统
大小： 24×35×16cm
预估价： 17,000-26,000 CHF
16,000-25,000 USD
成交价： 26,400 CHF

雅典Ulysse Nardin

精密航海怀表

编号： 2132
年代： 1980年代
特色： 精美，大型银制天文台级别航海怀表，配有原装木质航海钟式盒子
表壳： 银制三件式，硬币式外圈，透明旋入式表背
表盘： 白色，黑色罗马数字刻度，6时位小秒盘，蓝钢指针
机芯： Cal.20.3，19石，直线式擒纵系统，截断式双金属摆轮，蓝钢宝玑式游丝，鹅颈式微调
大小： 直径57mm
预估价： 1,700-2,500 CHF
1,700-2,500 USD
成交价： 1,750 CHF
（无保留底价拍出）

格拉苏蒂Glashüette

二日航海天文钟

年代： 1960年代
特色： 二战后期，格拉苏蒂划归于东德统治下，这件航海钟实则为“格拉苏蒂人民表厂”所制作，这是格拉苏蒂历史中的一段特殊时期，其产品则仍然具有鲜明的格拉苏蒂特征
表壳： 两件式，黄铜制，配有万向节平衡装置
表盘： 哑光银色，配有动力储存指示及小秒盘，抛光黄铜铲形指针
机芯： 镀金黄铜夹板，11石，芝麻链传动装置，纪尧姆合金摆轮，柱状游丝
大小： 18.5×18.5×18cm
预估价： 1,400-2,000 CHF
1,400-2,000 USD
成交价： 1,375 CHF

中国星相插屏钟

年代： 1870年代
特色： 非常精美且令人印象深刻，插屏钟又名苏钟，钟壳及搭配的桌台均由花梨木制作，通体布满了花纹雕刻装饰，桌面为可旋转设计
表壳： 花梨木，长方形，两侧有镂空雕刻图案，前面可开启钟门外框镶嵌有珍珠贝母图案装饰，背面雕刻有花蔓图案
表盘： 黄铜，圆形刻度盘，中文小时及黄道标识，周围刻有风景图案
机芯： 长方形，26.5×23cm，背面刻有花卉装饰，芝麻链传动装置
大小： 钟：55×37×29.5cm
桌：90×50×95cm
预估价： 20,000-30,000 CHF
18,000-28,000 USD
成交价： 20,400 CHF

朗格A Lange & Söhne

航海钟及Sax-O-Mat腕表组合

型号：407-B / 304.048
编号：206 / 43
年代：1940年代 / 2005年
特色：非常精美且非常罕见，这是一组航海钟及腕表的组合，细心的您可能已经发现，之所以能将这二者组合在一起拍卖，是因为这块腕表的设计正是来源于这台1940年产的航海钟。同时，这款腕表还是为了纪念WEMPE表行在纽约成立25周年而特别推出的，当年只限量发售100枚
表壳：黄铜，配有万向轴装置 / 三件式18K黄金，蓝宝石水晶表镜及表底
表盘：银白色，配有动力储存及小秒盘显示
机芯：由怀表机芯改装，双金属摆轮 / Cal.L921.6自动上链机芯，21K金微型自动摆砣
大小：18×18×18cm
直径41mm
预估价：
18,000-22,000 USD
成交价：
21,000 USD

Reuge

音乐盒

编号：A.2083
年代：1970年代
特色：非常精美，内置"四季"、"匈牙利狂想曲"、"茶花女"、"卡门"四首歌曲
外壳：曲边长方形，由胡桃木及黄檀木制作，木镶嵌工艺装饰
机芯：35×11cm，手摇上链，两片"音梳"共有144个音齿，配有"播放"、"暂停"及曲目指示器
大小：52×22×15cm
预估价：3,300-4,500 USD
成交价：5,520 CHF（无保留底价拍出）

卡地亚Cartier

小自鸣报时台钟

编号：2650
年代：1930年代
特色：极其精美且罕见，这款是卡地亚制作的第二复杂的台钟，与其最复杂的台钟相比，外观非常近似，唯一不同的是更复杂的座钟采用的是大自鸣报时，而这款钟是首次出现在拍卖会的小自鸣报时台钟，它与卡地亚的神秘钟均出自Maurice Couet之手，配有原装上链钥匙及证书
表壳：软玉，金制框架
表盘：镀银金制，太阳射线纹路装饰，白色珐琅填充刻度及指示盘，金制指针内填黑色珐琅
机芯：75×107mm，直线式擒纵系统，截断式双金属摆轮，宝玑式游丝，双音锤，双音簧报时报刻
大小：16×11.5×10cm
预估价：
1,250,000-1,600,000 HKD
160,000-200,000 USD
成交价：1,520,000 HKD

Dejardin

掐丝珐琅报刻旅行钟

年代：1880年代
特色：极其精美且非常罕见，19世纪末期，东方艺术风格在欧洲十分流行，这座台钟并不是为了出口而制作，而是为了满足那些对东方艺术感兴趣的欧洲收藏家，这款钟融合了中国及日本两种艺术风格，具有8天动力储存，打刻报时及响闹功能
表壳：黄铜，框架部分镀金，整体采用掐丝珐琅工艺装饰，玉石基座
表盘：硬玉，红色罗马数字刻度，蓝钢东方式指针
机芯：9.2×6.7cm，截断式双金属摆轮，蓝钢扁平游丝，螺旋形报时及响闹音簧
大小：21.3×10.2×9cm
预估价：20,000-27,000 CHF
20,000-27,000 USD
成交价：23,750 CHF

名表档案
Famous Watch Profile

现任总裁

A. LANGE & SÖHNE
GLASHÜTTE I/SA

品牌名称： 朗格(A.Lange & Söhne)
创立年份： 1845年
品牌产地： 德国格拉苏蒂
所属集团： 历峰集团(Richemont Group)
创 始 人： 费尔迪南多·阿道夫·朗格（Mr.Ferdinand Adolf Lange）
现任总裁： Mr.Wilhelm Schmid
官方网站： www.alangesoehne.com
价格范围： (RMB)145,000元起
主要系列： Lange Zeitwerk, Lange 1, Saxonia, 1815, Richard Lange, Datograph, Cabaret
品牌理念： 传统精粹，出类拔萃
进入中国： 2008年7月

A. DUNHILL LTD
LONDON

品牌名称： 登喜路（Alfred Dunhill）
创立年份： 1893年
品牌产地： 瑞士
所属集团： 历峰集团（Richemont Group）
创 始 人： Mr.Alfred Dunhill
现任总裁： Mr.Christopher Colfer
官方网站： www.dunhill.com
价格范围： (RMB)45,000–86,000元
主要系列： Facet, Classic, Moonphase
进入中国： 1993年

现任总裁

ANONIMO
FIRENZE

品牌名称： ANONIMO
创立年份： 1997年
品牌产地： 意大利佛罗伦萨
所属集团： FIRENZE OROLOGI S.r.l.
创 始 人： Mr.Federico Massacesi
现任总裁： Mr.Federico Massacesi
官方网站： www.anonimo.com
价格范围： (RMB)20,000–150,000元
主要系列： Basic Line, Militare Line, Professionale Line, Dino Zei Line
品牌理念： Handcrafted in Firenze/The Tradition Continues
广 告 语： The Aura of Florence
进入中国： 2008年

现任总裁

AP
AUDEMARS PIGUET
Le maître de l'horlogerie depuis 1875

品牌名称： 爱彼（Audemars Piguet）
创立年份： 1875年
品牌产地： 瑞士Jura地区Vallée de Joux
所属集团： 家族企业
创 始 人： Mr.Jules–Louis Audemars, Mr.Edward–Auguste Piguet
现任总裁： 莫菲利（Mr.Philippe Merk）
官方网站： www.audemarspiguet.com
价格范围： (RMB)100,000–3,000,000元
主要系列： 皇家橡树系列（Royal Oak），皇家橡树离岸型（Royal Oak Offshore），Jules Audemars，千禧系列（Millenary）
品牌理念： 秉持传统，追求完美，大胆创新

现任总裁

BALL
OFFICIAL STANDARD
Since 1891

品牌名称： 波尔表（Ball Watch）
创立年份： 1891年
品牌产地： 瑞士纳沙泰尔
创 始 人： Mr.Web C.Ball
现任总裁： Mr.Francisco A.Herrera
官方网站： www.ballwatch.com
价格范围： (RMB)5,000–10,000元
主要系列： Engineer, Engineer Master, Engineer Hydrocarbon, Trainmaster, Conductor, Fireman
品牌理念： 始于1891年，在恶劣环境中，依然准确无误。
广 告 语： 未尝恐惧，未算拥有过梦想——Brian Binne
进入中国： 2001年

现任总裁

BALMAIN
swiss watches
瑞 士 宝 曼 表

品牌名称： 宝曼表(Balmain)
创立年份： 1945年
品牌产地： 瑞士圣耶米山谷(Saint–Imier)
所属集团： 斯沃琪集团(Swatch Group)
创 始 人： 皮埃尔 · 宝曼(Mr.Pierre Balmain)
现任总裁： Mr.Moro Luca
官方网站： www.balmainwatches.com
价格范围： (RMB)1,950–6,300元
主要系列： 拱廊，爱恋，宝曼名媛，典雅，迷你卵石，艺术家，宝曼尼亚
品牌理念： 高贵、典雅的典范
进入中国： 2008年12月

名表档案 Famous Watch Profile

BAUME & MERCIER
GENEVE · 1830
名 士

品牌名称：名士（Baume & Mercier）
创立年份：1830年
品牌产地：瑞士日内瓦
所属集团：历峰集团（Richemont Group）
创 始 人：Mr.William Baume，Mr.Paul Mercier
现任总裁：Mr.Alain Zimmermann
官方网站：www.baume-et-mercir.com
价格范围：(RMB)15,000–182,100元
主要系列：William Baume，Capeland，Linea，Classima Executives，Hampton，Riviera，Diamant
品牌理念：唯美主义，名士只打造品质最上乘的腕表
广 告 语：名士与我（Baume & Mercier & Me）
进入中国：2005年

Bell & Ross
柏 莱 士

品牌名称：柏莱士（Bell & Ross）
创立年份：1992年
品牌产地：瑞士拉绍德封
创 始 人：Mr.Bruno Belamich，Mr.Carlos A．Rosillo
现任总裁：Mr.Carlos A.Rosillo
官方网站：www.bellross.com
价格范围：(RMB)19,000–1,915,000元
主要系列：BR01/BR03专业军用腕表，BR02潜水腕表，VINTAGE古典系列，陀飞轮腕表
品牌理念：The essential is never compromised by the superfluous
进入中国：2009年

JB 1735
BLANCPAIN

品牌名称：宝珀（Blancpain）
创立年份：1735年
品牌产地：瑞士侏罗山区
所属集团：斯沃琪集团（Swatch Group）
创 始 人：Mr.Jehan–Jacques Blancpain
现任总裁：马克·海耶克（Mr.Marc A.Hayek）
官方网站：www.blancpain.com
价格范围：(RMB)100,000–10,000,000元
主要系列：Villeret，Le Brassus，L–Evolution，Sports，Women，Specialies
品牌理念：传承经典 领驭未来。作为世界上第一个钟表品牌，自创始起，坚持以精湛手工艺与创新理念只生产机械表和圆形表。
广 告 语：瑞士传统，自乾隆立朝延绵至今……
进入中国：2001年

BOUCHERON
PARIS

品牌名称：宝诗龙（Boucheron）
创立年份：1858年
创 始 人：Mr.Federico Boucheron
现任总裁：Mr.JEAN–CHRISTOPHE BEDOS
官方网站：www.boucheron.com
价格范围：(RMB)100,000元起
主要系列：Reflet，Mec，Round，Carree，High Jewelry Watch
进入中国：2005年

BOVET
1822

品牌名称：播威（BOVET）
创立年份：1822年
品牌产地：瑞士
所属集团：播威集团（BOVET 1822 Group）
创 始 人：爱德华·播威
现任总裁：Mr.Pascal RAFFY
官方网站：www.bovet.com
价格范围：(RMB)100,000–5,000,000元
主要系列：典雅基本型，典雅复杂型，运动型
品牌理念：Born from Love，Born by Passion
进入中国：2004年

Breguet
Depuis 1775

品牌名称：宝玑（Breguet）
创立年份：1775年
品牌产地：瑞士Vallée de Joux
所属集团：斯沃琪集团（Swatch Group）
创 始 人：A.–L.Breguet
现任总裁：马克·海耶克（Mr.Marc A.Hayek）
官方网站：www.breguet.com
价格范围：(RMB)150,000元起
主要系列：Classique，Classique Grandes Complications，Tradition，Marine，Heritage，Reine de Naples，Type XX
广 告 语：宝玑，时计发明先驱。（Breguet，the innovator.）
进入中国：2004年

BREITLING 1884
百年灵

品牌名称：百年灵（Breitling）
创立年份：1884年
品牌产地：瑞士格伦兴（Grenchen），机芯厂：瑞士拉绍德封
所属集团：独立制表厂商
创 始 人：里昂·百年灵（Léon Breitling）
现任总裁：迪奥多·施奈德（Théodore Schneider）
官方网站：www.breitling.com
价格范围：(RMB)25,000–1,900,000元
主要系列：航空计时系列（NAVITIMER），御风者系列（WINDRIDER），专业系列（PROFESSIONAL），海空系列（AEROMARINE），百年灵宾利系列（BREITLING for BENTLEY）
广 告 语：无羁时刻 腕间风云（INSTRUMENTS FOR PROFESSIONALS）
进入中国：2005年1月

BUBEN&ZŌRWEG

品牌名称：富凡卓越（BUBEN & ZORWEG）
创立年份：1995年
品牌产地：德国
创 始 人：Mr.Christian Z rweg，Mr.Harald Buben
现任总裁：Mr.Christian Z rweg
官方网站：www.buben-zorweg.com
价格范围：(RMB)2,000–10,000,000元
主要系列：TIME MOVER，COLLECTION CASES，TIME MOVER COLLECTORS，OBJECTS OF TIME，FINE TIMEPIECES，SAFES，HUMIDORS，INTERIOR SYSTEMS
进入中国：2006年

BULER SWISS WATCH
瑞士 澎马表

品牌名称：澎马表（Buler）
创立年份：1945年
品牌产地：瑞士拉绍德封
创 始 人：Societe Suisse de L'Industrie HorLogere
现任总裁：刘展灏（Mr.Stanley Lau）
官方网站：www.buler.ch
价格范围：(RMB)3,000–7,000元
主要系列：Sea Quest Collection，Adventurer Collection，Sky Hero Collection，Ocean Hero Collection
品牌理念：结合运动及潮流于一身的计时仪器
广 告 语：To conquer the Eiger's North Face is to conquer the world
进入中国：1996年

BVLGARI
宝格丽

品牌名称：宝格丽（BVLGARI）
创立年份：1884年
品牌产地：瑞士纳沙泰尔（Neuchatel）
所属集团：宝格丽集团（Bulgari S.p.A.）
创 始 人：Sotirio Bulgari
现任总裁：弗朗西斯科·特拉帕尼（Mr.Francesco Trapani）
官方网站：www.bulgari.com
价格范围：(RMB)15,000元起
主要系列：Bulgari Bulgari，Sotirio Bulgari，Diagono，Assioma，Assioma D
品牌理念：宝格丽，绽放华彩的意大利珠宝商散发着永不失色的恒久魅力
进入中国：2003年

CARL F. BUCHERER
寶齊萊

品牌名称：宝齐莱（Carl F. Bucherer）
创立年份：1919年
品牌产地：瑞士琉森
所属集团：BUCHERER
创 始 人：Mr.Carl F. Bucherer
现任总裁：Mr.Sascha Morei
官方网站：www.carl-f-bucherer.com
价格范围：(RMB)80,000–2,600,000元
主要系列：马利龙，柏拉维，雅丽嘉，爱德玛尔
品牌理念：时计先驱，不随波逐流
广 告 语：Ahead of the time
进入中国：2001年

Cartier

品牌名称：卡地亚（Cartier）
创立年份：1847年
品牌产地：瑞士拉绍德封
所属集团：历峰集团（Richemont Group）
创 始 人：Mr.Louis-Francois Cartier
现任总裁：伯纳德·福纳斯（Mr.Bernard Fornas）
官方网站：www.cartier.com
价格范围：(RMB)15,000元起
主要系列：Tank，Ballon Bleu，Santos，Roadster，Pasha，Calibre，Captive，Baignoire
进入中国：1992年

现任总裁

CERTINA
swiss time maker 1888
瑞士 雪铁纳表

品牌名称： 雪铁纳（Certina）
创立年份： 1888年
品牌产地： 瑞士格伦兴
所属集团： 斯沃琪集团（Swatch Group）
创 始 人： Mr. Adolf，Mr. Alfred Kurth
现任总裁： Mr. Adrian Bosshard
官方网站： www.certina.com
价格范围： (RMB)1,900—180,000元
主要系列： 冠军系列，动能系列，荣耀系列，喜马拉雅系列，大师系列，经典系列，卡门系列，超能系列，智能系列
品牌理念： 精准，可靠
广 告 语： 只为你呈现
进入中国： 2006年

CHANEL

品牌名称： 香奈儿（CHANEL）
创立年份： 1987年
品牌产地： 瑞士拉绍德封
创 始 人： 嘉柏丽尔·香奈儿
现任总裁： 嘉柏丽尔·香奈儿
官方网站： www.chanel.com
价格范围： (RMB)30,000元起
主要系列： J12，Premiere
进入中国： 1999年

现任总裁

CHARRIOL
GENEVE
Jeweller - Watchmaker

品牌名称： 夏利豪（CHARRIOL）
创立年份： 1983年
品牌产地： 瑞士日内瓦
创 始 人： 菲利普·夏利豪（Mr. Philippe Charriol）
现任总裁： 菲利普·夏利豪（Mr. Philippe Charriol）
官方网站： www.charriol.com
价格范围： (RMB)10,000—1,000,000元
主要系列： Tourbillon，MD52，The Force，Colvmbvs，ACTOR，Rotonde，KUCHA，IRON，Alexandre，St. Tropez，Celtic，Celtica，Parisii，Darling，Edelweiss
广 告 语： 不一样的生活艺术
进入中国： 1995年

现任总裁

CHAUMET
PARIS

品牌名称： 尚美（CHAUMET）
创立年份： 1780年
品牌产地： 法国
所属集团： 路威酩轩集团（LVMH）
创 始 人： 玛莉-艾度·尼铎（Marie-Etienne Nitot）
现任总裁： 傅烈治（Mr. Thierry Fritsch）
官方网站： www.chaumet.com
主要系列： Class one，Liens，Le Grand Frisson，Lune de Miel，Dandy，Josephine
广 告 语： 情感见证230年
进入中国： 2007年

现任总裁

Chopard
萧邦

品牌名称： 萧邦（Chopard）
创立年份： 1860年
品牌产地： 瑞士Meyrin、Pforzheim、Fleurier
所属集团： 家族式企业
创 始 人： 路易-于利斯·萧邦（Mr. Louis-Ulysse Chopard）
现任总裁： 卡尔-弗雷德里克·舍费尔（Karl-Friedrich Scheufele），卡罗琳·格罗丝-舍费尔（Caroline Gruosi-Scheufele）
官方网站： www.chopard.com
价格范围： (RMB)30,000元起
主要系列： L.U.C，Mille Miglia，Happy Diamonds，Happy Spirit，Happy Sport，Imperiale，高级珠宝腕表系列，红地毯系列
品牌理念： 追求卓越的激情
进入中国： 1999年

现任总裁

CHRONOSWISS
Faszination der Mechanik
瑞寶錶

品牌名称： 瑞宝表（CHRONOSWISS）
创立年份： 1984年
品牌产地： 瑞士/德国
创 始 人： 杰特-R·朗格（Mr. Gerd-R. Lang）
现任总裁： 杰特-R·朗格（Mr. Gerd-R. Lang）
官方网站： www.chronoswiss.de
价格范围： (RMB)20,000—500,000元
主要系列： SIRIUS，CHRONOGRAPH，KAIROS，MASTERPIECES，OPUS，REGULATEUR，IMPERATOR
品牌理念： Faszination der Mechanik

CITIZEN

品牌名称：西铁城（CITIZEN）
创立年份：1930年
品牌产地：日本
所属集团：西铁城时计株式会社
创 始 人：山崎龟吉
现任总裁：中井淳（Mr.Nakai Atsushi）
官方网站：www.citizen.com.cn
主要系列：超级钛，万年历，三问报时，Promaster，XC，Stiletto，wicca，真钻
品牌理念：通过为市民所喜爱，为市民所亲近的产品，对全人类的美好生活作贡献。
广 告 语：伟大的革新，来自强大的意志力
进入中国：1958年

ck Calvin Klein

品牌名称：凯文克莱（CK）
创立年份：1997年
品牌产地：瑞士比恩
所属集团：斯沃琪集团（Swatch Group）
创 始 人：Mr. Calvin Klein
现任总裁：Arlette E.Emch
价格范围：(RMB)1,500—3,500元
主要系列：Villeret，Le Brassus，L—Evolution，Sports，Women，Specialies
品牌理念：纯净、简约、性感、摩登
进入中国：1997年

CODEX
SWISS MADE

品牌名称：豪度（Codex）
创立年份：2009年
品牌产地：瑞士比尔
所属集团：Swiss Chronometric
创 始 人：Mr.René Kohli
现任总裁：Mr.René Kohli
官方网站：www.codexwatches.com
价格范围：(RMB)6,000—600,000元
主要系列：Prestige限量版，Master限量版，Chrono，Classic，Dynamic，Renaissance
广 告 语：无男人，不豪度
进入中国：2010年9月

CORUM
LA CHAUX-DE-FONDS · SUISSE

品牌名称：昆仑（Corum）
创立年份：1955年
品牌产地：瑞士拉绍德封（La Chaux—de—Fonds）
创 始 人：Mr.Gaston Ries，Mr.René Bannwart
现任总裁：Mr.Antonio Calce
官方网站：www.corum.ch
价格范围：(RMB)40,600—10,300,000元
主要系列：海军上将杯，昆仑桥，罗马刻字，精致工艺
广 告 语：承传突破，启迪未来
进入中国：2006年

DEWITT
PASSIONNÉ D'EXCEPTION

品牌名称：迪菲伦（DeWitt）
创立年份：2002年
品牌产地：瑞士Vandoeuvres
创 始 人：热罗姆 德维特
现任总裁：Mr.Nathalie Vessyet
官方网站：www.dewitt.ch
价格范围：(RMB)160,000元起
主要系列：差动陀飞轮，恒动陀飞轮，WX—1
进入中国：2010年6月

Dior

品牌名称：迪奥（Dior）
创立年份：1947年
品牌产地：瑞士拉绍德封
创 始 人：Christian Dior
现任总裁：Laurence Nicolas
官方网站：www.diorhorlogerie.com
主要系列：Christal，La D，Chiffre Rouge

现任总裁

DOXA
瑞 士 时 度 表
1 8 8 9
SWISS MADE

品牌名称：时度（Doxa）
创立年份：1889年
品牌产地：瑞士Le Locle
创 始 人：Mr.Georges Ducommun
现任总裁：Mr.Romeo Jenny
官方网站：www.doxa-in-asia.com
价格范围：(RMB)5,000-20,000元
主要系列：Trofeo，Trofeo Limited，Shark Ceramica，ARAMIS，ATHOS，AQUAMAN，CHATEAU DES MONTS，D'ARTAGENAN，GLORIAN，LADY，Modern Vintage，Noble，Porthos，Racerman，Sub200，Trofeo
品牌理念：每时每刻，尽享精彩
进入中国：2009年9月

EBEL
玉寶錶
THE ARCHITECTS OF TIME

品牌名称：玉宝（Ebel）
创立年份：1911年
品牌产地：瑞士拉绍德封
所属集团：摩凡陀集团（Movado Group）
创 始 人：Mr.Eugène Blum，Mr.Alice Lévy
现任总裁：Mr. Marc Michel-Amadry
官方网站：www.ebel.com
价格范围：(RMB)18,000-1,500,000元
主要系列：Ebel Classic，Beluga，Brasilla，1911
广 告 语：时间建筑师
进入中国：1995年

现任总裁

Emile Chouriet
艾米龙表

品牌名称：艾米龙（Emile Chouriet）
创立年份：1685年
品牌产地：瑞士日内瓦
创 始 人：Mr.Emile Chouriet
现任总裁：Mr.Jean Depery
官方网站：www.emile-chouriet.ch
价格范围：(RMB)40,000-400,000元起
主要系列：时光之翼，当代奢华，皇室明珠，旅行者号，EC2000，奥德赛，追月
品牌理念：It is our responsibility to the people of today and tomorrow to convey to them the beauty and immortal richness of his work
广 告 语：Detail is Luxury
进入中国：1998年

现任总裁

ENICAR
OF SWITZERLAND

品牌名称：英纳格（Enicar）
创立年份：1854年
品牌产地：瑞士拉绍德封
创 始 人：Racine家族
现任总裁：高鼎国
官方网站：www.enicar.com
价格范围：(RMB)10,000元左右
主要系列：Kohinoor CH322，Versailles CH325，Neelam CH327，Sherpa CH328
品牌理念：创新理念，成就梦想
进入中国：80年代

EP
PEQUIGNET
MANUFACTURE

品牌名称：易彼 · 佰格亿（EP Pequignet）
创立年份：1973年
品牌产地：瑞士le Locle及法国Morteau
所属集团：独立品牌
创 始 人：Mr.Emile Pequignet
现任总裁：Mr.D.Leibungut
官方网站：www.baige-luxe.com
价格范围：(RMB)30,000-250,000元
主要系列：Sorella，Cameleon，Massai，Moorea，Equus，Lady，Paris Royal，Moorea Royal Triomphe，Rue Royale，Moorea Triomphe Automatic
品牌理念：独立原创，法国优雅，瑞士质量
进入中国：2008年8月

现任总裁

F.P.JOURNE
Invenit et Fecit

品牌名称：F.P.Journe
创立年份：1999年
品牌产地：瑞士日内瓦
所属集团：Montres Journe SA
创 始 人：Mr. Francois-Paul Journe
官方网站：www.fpjourne.com
价格范围：(HKD)196,000-1,406,000元
主要系列：Octa Collection，Souveraine Collection
品牌理念：发明与制造（Invenit et Fecit）
进入中国：2009年

ERNEST BOREL
1856

品牌名称：依波路（Ernest Borel）
创立年份：1856年
品牌产地：瑞士Le Noirmont
创 始 人：Mr.Jules Borel
现任总裁：Mr.Raphael Boillat
官方网站：www.ernestborel.ch
价格范围：(RMB) 4,000–80,000元
主要系列：祖尔斯，波莱尔，传奇，公爵，维纳斯，艺术家，骑士，爵士天文台，爱琴海，巴奴，布拉克，哥伦布，欧雅，豪爽，雅仕，真爱，典雅，洛奇，迪奴，星宇，乔斯，雅丽，星辉
品牌理念：浪漫，享受生活的艺术和艺术地生活
广 告 语：浪漫时刻，依波路表
进入中国：1903年

ERWIN SATTLER
MÜNCHEN

品牌名称：埃文斯特朗（Erwin Sattler）
创立年份：1958年
品牌产地：德国
创 始 人：Mr. Erwin Sattler
现任总裁：Mr. Richard Müller
官方网站：www.erwinsattler.de
价格范围：(RMB)10,000–2,000,000元
主要系列：Precision Pendulum Clocks, Regulator Pulley Clocks, Table Clocks, Marine Clock and Nautical Instruments, Grandfather Clocks, Rotalis Precision Watch Winders
品牌理念：A long time, but actually nothing, compared with the centuries a Sattler clock will last; clocks for generations
广 告 语：Clocks for generations
进入中国：2006年

Folli Follie

品牌名称：Folli Follie
创立年份：1982年
品牌产地：瑞士
所属集团：Folli Follie
创 始 人：Mr.Dimitris Koutsolioutsos, Ms.Ketty Koutsolioutsos
现任总裁：Mr.Dimitris Koutsolioutsos
官方网站：www.follifollie.com
主要系列：Hector, Olyteus, Pyramid, Minimalistic, Reflections, Clove Watch, Emotions, Urban Spin, Rapsody
品牌理念：Crazy for Life
进入中国：2002年

FRANCK MULLER
GENEVE

品牌名称：法兰穆勒（Franck Muller）
创立年份：1992年
品牌产地：瑞士日内瓦
所属集团：WPHH
创 始 人：Mr.Franck Muller
现任总裁：Mr.Vartan Sirmakes
官方网站：www.franckmuller.com.hk
价格范围：(RMB)100,000–10,000,000元
主要系列：Cintree Cuvex, Long Island, Master Aquare, Heart, Liberty, Infinity
品牌理念：Master Of Complications
广 告 语：Master Of Complications
进入中国：2005年

康斯登
FREDERIQUE CONSTANT
GENEVE

品牌名称：康斯登（Frederique Constant）
创立年份：1988年
品牌产地：瑞士日内瓦
创 始 人：Mr.Peter Star
现任总裁：Mr.Peter C. Stas
官方网站：www.frederique–constant.com.cn
价格范围：(RMB)10,000–400,000元
主要系列：Heart Beat Manufacture, Tourbillon Manufacture Silicium, Maxime Manufacture, Maxime Moonphase, Maxime Manufacture Lady, Ladies Heart Automatic, Ladies Love Heart Beat, Ladies Double Heart Beat
广 告 语：Live your Passion
进入中国：2004年

Gc
SWISS MADE

品牌名称：Gc
创立年份：1997年
品牌产地：瑞士
创 始 人：Paul Marciano
现任总裁：Ms.Cindy Livingston
官方网站：www.gcwatches.com
价格范围：(RMB)2,000–40,000元
主要系列：Diver Chic, Gc–1, Sport Class
品牌理念：Manufactures SMART LUXURY goods perfectly combining TIMELESS FASHION SWISS MADE quality standards AT SURPRISING PRICES
广 告 语：Smart Luxury
进入中国：2010年

现任总裁

GP
GIRARD-PERREGAUX
WATCHES FOR THE FEW SINCE 1791

品牌名称：芝柏（Girard—Perregaux）
创立年份：1791年
品牌产地：瑞士拉绍德封
所属集团：Sowind Group
创 始 人：Mr.J.F.波特(Jean Francois Bautte)
现任总裁：Mr.Stefano Macaluso
官方网站：www.girard—perregaux.ch
价格范围：(RMB)43,000—9,380,000元
主要系列：陀飞轮，Vintage 1945，ww.tc，GP1966，Richeville，Laureato，Sea Hawk，Cat's Eye，Lady Chronograph
品牌理念：Watches for the few since 1791
进入中国：2004年

现任总裁

Glashütte
ORIGINAL
格拉苏蒂表 德国制造

品牌名称：格拉苏蒂（Glashütte Original）
创立年份：1845年
品牌产地：德国格拉苏蒂镇
所属集团：斯沃琪集团（Swatch Group）
现任总裁：迪特·帕赫那（Mr.Dieter Pachner）
官方网站：www.glashuette—original.com
价格范围：(RMB)60,000—1,500,000元
主要系列：精髓，艺术与工艺，20世纪复古，女士系列
广 告 语：格拉苏蒂——传承165年的制表工艺
进入中国：2005年

现任总裁

GRAFF

品牌名称：格拉夫（Graff）
创立年份：1953年
品牌产地：瑞士
所属集团：格拉夫国际（Graff Diamonds International）
创 始 人：劳伦斯·格拉夫(Mr. Laurence Graff)
现任总裁：Mr.Laurence Graff
官方网站：www.graffdiamonds.com
价格范围：(RMB)100,000—100,000,000元
主要系列：蝴蝶系列（Butterfly），瀑布系列（Waterfall），钻石上的钻石系列（Diamond on the Diamond），吉普赛系列（Gypsy）
品牌理念：The most fabulous jewel in the world
进入中国：2010年

现任总裁

GRAHAM
LONDON

品牌名称：格林汉（Graham）
创立年份：1995年
品牌产地：瑞士
创 始 人：Mr.Eric Loth
现任总裁：Mr.Eric Loth
官方网站：www.graham—london.com
价格范围：(RMB)28,800—688,000元
主要系列：Swordfish，Chronofighter，Silverstone，Tourbillograph
广 告 语：Inner Force
进入中国：2007年

现任总裁

GF
GREUBEL FORSEY
INVENTEURS HORLOGERS

品牌名称：高珀富斯（Greubel Forsey）
创立年份：2004年
品牌产地：瑞士拉绍德封
所属集团：独立品牌
创 始 人：Mr.Robert Greubel，Mr.Stephen Fosey
现任总裁：Mr.Emmanuel Vuille
官方网站：www.greubelforsey.com
价格范围：(RMB)2,000,000—5,000,000元
主要系列：30度双体陀飞轮
品牌理念：打造更出色的腕表(simply to make a better timekeep)
广 告 语：Art of Invention

现任总裁

H.Moser & Cie.

品牌名称：H.Moser & Cie
创立年份：2005年
品牌产地：瑞士Schaffhausen
所属集团：Moser Schaffhausen AG
创 始 人：Mr.Roger Nicholas Balsiger，Dr.Jurgen Lange
现任总裁：Mr.Roger Nicholas Balsiger
官方网站：www.h—moser.com
价格范围：(HKD)94,000—378,000元
主要系列：321.503 Mayu，343.505 Monard，342.502 Monard Date，341.501 Moser Perpetual 1，348.901 Moser Perpetual Moon，324.607 Henry Double Hairspring

HAMILTON
THE AMERICAN BRAND SINCE 1892
汉米尔顿

品牌名称： 汉米尔顿（Hamilton）
创立年份： 1892年
品牌产地： 瑞士
所属集团： 斯沃琪集团（Swatch Group）
创 始 人： 安德鲁·汉米尔顿（Mr.Andrew Hamilton）
现任总裁： Mr.Sylvain Dolla
官方网站： www.hamilton.com.cn
价格范围： (RMB)4,000—20,000元
主要系列： 爵士，铁路，探险，卡其野战，卡其航空
品牌理念： 为走在成功路上的人们提供更具性价比和个性的腕表
广 告 语： 百年前，已与众不同
进入中国： 2006年

HARRY WINSTON
海瑞温斯顿

品牌名称： 海瑞温斯顿（Harry Winston）
创立年份： 1920年
品牌产地： 瑞士日内瓦
创 始 人： Mr.Harry Winston
现任总裁： Mr.Frédéric de Narp
官方网站： www.harry—winston.com
价格范围： (RMB)120,000—6,000,000元
主要系列： Project Z，Opus，The Avenue Collection，Premier Collection，Ocean Collection，Talk to me
广 告 语： Live the Moment
进入中国： 2008年

HERMÈS
PARIS

品牌名称： 爱马仕（Hermès）
创立年份： 1928年
品牌产地： 瑞士比尔
所属集团： 爱马仕国际集团（Hermès International Group）
创 始 人： Mr.Therrie Hermès
现任总裁： Mr.Luc Perramond
官方网站： www.hermes.com
价格范围： (RMB)14,000元起
进入中国： 1997年

HUBLOT
GENEVE

品牌名称： 宇舶（Hublot）
创立年份： 1980年
品牌产地： 瑞士日内瓦尼翁工业区
所属集团： 路威酩轩集团（LVMH）
创 始 人： Mr.Carlo Crocco
现任总裁： 让—克劳德·比弗（Mr.Jean—Claude Biver）
官方网站： www.hublot.com
价格范围： (RMB)56,000—7,000,000元
主要系列： Big Bang 宇宙大爆炸，King Power 王者至尊，Classic Fusion 经典融合，Concept 概念表
广 告 语： 融合之艺术（The Art of Fusion）
进入中国： 2009年

IWC
SCHAFFHAUSEN

品牌名称： 万国（IWC）
创立年份： 1868年
品牌产地： 瑞士Schaffhausen
所属集团： 历峰集团（Richemont Group）
创 始 人： 佛罗伦汀·阿里奥斯托·琼斯（Mr.Florentine Ariosto Jones）
现任总裁： Mr.Georges Kern
官方网站： www.iwc.com
价格范围： (RMB)30,000—3,000,000元
主要系列： 海洋，飞行员，葡萄牙，柏涛菲诺，达文西，工程师，超卓复杂，复刻版
品牌理念： 始于1868年的非凡技术与精湛工艺
广 告 语： IWC，专为男士而设
进入中国： 2003年

JAEGER-LECOULTRE
積家

品牌名称： 积家（Jaeger—LeCoultre）
创立年份： 1833年
品牌产地： 瑞士Le Sentier
所属集团： 历峰集团（Richemont Group）
创 始 人： Mr.Antoine LeCoutre
现任总裁： 朗博杰（Mr.Jerome Lambert）
官方网站： www.jaeger—lecoultre.com
价格范围： (RMB)60,000元起
主要系列： Master，Master Grand Tradition,Reverso，Reverso Squadra，Compressor，AMVOX，101 Joaillerie，Atmos
广 告 语： 加入成为真正的钟表收藏家
进入中国： 1999年

J.D
JAQUET DROZ
SINCE 1738
雅克德罗

品牌名称：雅克德罗（Jaquet Droz）
创立年份：1738年
品牌产地：瑞士拉绍德封
所属集团：斯沃琪集团（Swatch Group）
创 始 人：皮埃尔·雅克·德罗
现任总裁：马克·海耶克（Mr.Mark Hayek）
官方网站：www.jaquet-droz.com
价格范围：(RMB)75,000元起
主要系列：Legend，Urban，Majestic，Elegance，Complication，Chaux-De-Fonds
广 告 语：永恒——传世之雅Eternity-Ultimate Luxury
进入中国：2007年

珍达斐 Jean d'Eve
SWISS MADE

品牌名称：珍达斐（Jean d'Eve）
创立年份：1888年
品牌产地：瑞士拉绍德封
创 始 人：Mr.Charles Ami-Barbezat
现任总裁：刘展灏（Mr.Stanley Lau）
官方网站：www.jeandeve.ch
价格范围：(RMB)7,000-660,000元
主要系列：Sectora II Automatic Collection，Quarta Automatic Collection，Tourbillon Classic Collection
品牌理念：A Unique Point of View
广 告 语：A new interpretation of Classic
进入中国：1996年

JEANRICHARD

品牌名称：尚维沙（JeanRichard）
创立年份：1988年
品牌产地：瑞士拉绍德封
所属集团：SOWIND GROUP
创 始 人：Mr.Daniel JeanRichard
现任总裁：Mr.Massimo Macaluso
官方网站：www.jeanrichard.com
价格范围：(RMB)50,000-3,400,000元
主要系列：BRESSEL，SPORT，Haute Horlogerie，Paramount
进入中国：2006年

JUVENIA
1860
尊 皇 錶

品牌名称：尊皇（Juvenia）
创立年份：1860年
品牌产地：瑞士拉绍德封
所属集团：尊皇（香港）有限公司
现任总裁：乔纳森·达拉科特（Mr. Jonathan Darracott）
官方网站：www.juvenia.com
价格范围：(RMB) 30,000-300,000元
主要系列：收藏家系列，钻石灵感系列——星钻系列，钻石灵感系列——女伯爵系列，钻石灵感系列——丝绸系列，经典系列，神秘系列，黄金时代系列，星球系列，E系列
品牌理念：力臻完美，超凡工艺
进入中国：1994年

LONGINES®

品牌名称：浪琴（Longines）
创立年份：1832年
品牌产地：瑞士索伊米亚
所属集团：斯沃琪集团（Swatch Group）
创 始 人：奥古斯特·阿加西（Mr.Auguste Agassiz），欧内斯特·弗兰西昂（Mr.Ernest Francillon）
现任总裁：霍凯诺(Mr.Walter von Kaenel)
官方网站：www.longines.cn
价格范围：(RMB)6,000-110,000元
主要系列：名匠系列，心月系列，典藏系列，嘉岚系列，黛绰维纳系列，运动系列
广 告 语：优雅态度，真我个性Elegance is an attitude
进入中国：1867年

MAURICE LACROIX
Manufacture Horlogère Suisse
艾美

品牌名称：艾美（Maurice Lacroix）
创立年份：1961年
品牌产地：瑞士Saignelégier
现任总裁：Mr.Martin Bachmann
官方网站：www.maurice-lacroix.cn
价格范围：(RMB)16,000-280,000元
主要系列：Masterpiece，Pontos，Les Classiques
品牌理念：Follow Your Convictions
广 告 语：坚定你的信念！
进入中国：1998年

MIDO
SWISS WATCHES SINCE 1918
瑞 士 美 度 表

品牌名称：美度（Mido）
创立年份：1918年
品牌产地：瑞士侏罗山脉中心的勒克勒尔小镇
所属集团：斯沃琪集团（Swatch Group）
创 始 人：乔治·沙龙（Mr.George Schaeren）
现任总裁：Mr.Franz Linder
官方网站：www.mido.ch
价格范围：(RMB)5,000—15,000元
主要系列：布鲁纳系列，贝伦赛丽系列，完美系列，舵手系列
品牌理念：A mark of true design灵感印证永恒
进入中国：1938年

MILUS

品牌名称：美利是（Milus）
创立年份：1919年
品牌产地：瑞士Bienne
所属集团：Milus International SA
创 始 人：Mr.Paul William Junod
现任总裁：Mr.Jan Edöcs
官方网站：www.milus.com
价格范围：(RMB)20,000—2,080,000元
主要系列：Ageios，Apiana，Cirina，Eridana，Herios Triretrograde，Merea，Tirion，Tirion Triretrograde，Zetios
品牌理念：Highly Personal自我个性
进入中国：90年代

MONT BLANC

品牌名称：万宝龙（Montblanc）
创立年份：1906年
品牌产地：瑞士Jura山区的里诺（Le Locel）表厂
瑞士维莱尔镇美耐华（Minerva）表厂
所属集团：历峰集团（Richemont Group）
创 始 人：Mr.Claus—Johannes Voss，Mr.Christian Lausen，Mr.Wilhelm Dziambor
现任总裁：贝陆慈（Mr.Lutz Bethge）
官方网站：www.montblanc.com.cn
价格范围：(RMB)10,000—3,000,000元
主要系列：明星尼古拉斯·凯世，明星，运动，侧影，时光行者，巅峰
品牌理念：放缓脚步 尽享生命
广 告 语：万宝龙总有非凡故事
进入中国：2005年

MOVADO
THE ART OF DESIGN

品牌名称：摩凡陀（Movado）
创立年份：1881
品牌产地：瑞士比恩
所属集团：摩凡陀集团（Movado Group Inc）
创 始 人：Mr.Aichille Ditesheim
现任总裁：Mr.Efraim Grinberg
官方网站：www.movado.cn
价格范围：(RMB)10,000元左右
主要系列：博物馆经典系列，迷你月熊系列，协奏曲系列，贝拉系列，瑞红机械表系列，德隽系列，思锐系列
品牌理念：The Art of Design
广 告 语：Always in motion
进入中国：2004年

NOMOS
GLASHÜTTE

品牌名称：Nomos
创立年份：1990年
品牌产地：德国格拉苏蒂镇
所属集团：独立品牌
创 始 人：Mr.Roland Schwertner
现任总裁：Mr.Uwe Ahrendt
官方网站：www.glashuette.com
价格范围：(RMB)均价20,000元
主要系列：Tangente，Tangomat，Ludwig，Orion，Club，Zürich，Tetra
品牌理念：使用最好的材质，以超高标准、零缺点的宗旨来进行生产
进入中国：2009年

OLMA
瑞士奥尔马表

品牌名称：奥尔马（Olma）
创立年份：1906年
品牌产地：瑞士弗雷里耶
创 始 人：龙马珍（Mr.Numa Jeannin）
官方网站：www.olmawatches.com
价格范围：(RMB)4,600—17,800元
主要系列：王者时间（King Time），海杯（Sea Cup），快帆(Caravelle)，星钻（Starlet），经典（Classical）
品牌理念：少些昂贵，多些专业。
广 告 语：瑞士奥尔马表，生活的艺术
进入中国：2009年5月

OMEGA

品牌名称：欧米茄（Omega）
创立年份：1848年
品牌产地：瑞士比尔
所属集团：斯沃琪集团（Swatch Group）
创 始 人：路易士·勃兰特
现任总裁：欧科华（Mr.Stephen Urquhart）
官方网站：www.omegawatches.cn
价格范围：(RMB)10,000元起
主要系列：星座系列，海马系列，超霸系列，碟飞系列，博物馆系列
品牌理念：信誉、完美与开拓
广 告 语：辛迪·克劳馥的选择、妮可·基德曼的选择等。
进入中国：1895年

ORIENT

品牌名称：东方表（Orient Watch）
创立年份：1950年
品牌产地：日本
所属集团：东方时计株式会社（Orient Watch Co.，Ltd）
创 始 人：宫川二郎
官方网站：www.orientwatch.com.cn
价格范围：(RMB)1,000–20,000元
主要系列：传统系列，运动系列，时尚系列，怀表系列
品牌理念：以人为本
广 告 语：聆听生命之音
进入中国：1955年

ORIS
Swiss Made Watches
Since 1904

品牌名称：豪利时（Oris）
创立年份：1904年
品牌产地：瑞士Hölstein
创 始 人：Mr.Paul Cattin和Mr.Georges Christian联合创办
现任总裁：Mr.Ulrich Herzog
官方网站：www.oris.ch
价格范围：(RMB)8,000–30,000元
主要系列：文化系列，潜水系列，飞行系列，赛车运动系列
品牌理念：Real Watches for Real People
进入中国：2004年

PANERAI

品牌名称：沛纳海（Panerai）
创立年份：1860年
品牌产地：瑞士纳沙泰尔
所属集团：历峰集团（Richemont Group）
创 始 人：乔凡尼·沛纳海
现任总裁：安杰罗·白纳迪（Mr.Angelo Bonati）
官方网站：www.panerai.com
价格范围：(RMB)30,000–1,500,000元
主要系列：Luminor，Radiomir
广 告 语：简约其形 创新其思
进入中国：2005年

PARMIGIANI

品牌名称：帕玛强尼（Parmigiani）
创立年份：1996年
品牌产地：瑞士Fleurier
创 始 人：米歇尔·帕玛强尼
现任总裁：Mr.Jean–Marc Jacot
官方网站：www.parmigiani.ch
价格范围：(RMB)100,000元起
主要系列：Tonda，Kalpa，Pershing，Toric
进入中国：2011年1月

PATEK PHILIPPE
GENEVE

品牌名称：百达翡丽（Patek Philippe）
创立年份：1839年
品牌产地：瑞士日内瓦
创 始 人：百达(Mr.Antoine Norbert de Patek)，翡丽(Mr.Jean–Adrien Philippe)
现任总裁：泰瑞·斯登（Mr.Thierry Stern）
官方网站：www.patek.com
价格范围：(RMB)100,000元起
主要系列：Calatrava，Nautilus，Aquanaut，Ellipse d′Or，Gondolo，Twenty–4，复杂功能系列，超级复杂功能系列
品牌理念：独立自主，品质工艺，承传优质，革新创造，情感传递，珍贵稀有，尊崇传统，优质服务，恒久价值，工艺美学。
广 告 语：您从未真正拥有百达翡丽腕表，而是为子孙后代保管这枚传家之宝
进入中国：2005年

现任总裁

PIAGET

品牌名称： 伯爵（Piaget）
创立年份： 1874年
品牌产地： 瑞士侏罗山区
所属集团： 历峰集团（Richemont Group）
创 始 人： Mr.Georges–Edouard Piaget
现任总裁： Mr.Philippe Léopold–Metzger
官方网站： www.piaget.com.cn
价格范围： (RMB)45,400元起
主要系列： Altiplano，Possession，Polo，Dancer，Miss Protocole，Limelight，Black Tie，Creative Collection
品牌理念： 永远做得比要求的更好（Always Do More Than What Is Necessary）

现任总裁

RADO
SWITZERLAND
I'm an Unlimited Spirit

品牌名称： 雷达（Rado）
创立年份： 1957年
品牌产地： 瑞士Lengnau
所属集团： 斯沃琪集团（Swatch Group）
创 始 人： Dr.Luthi
现任总裁： 薄瑞祥（Mr.Matthias Breschan）
官方网站： www.rado.com
价格范围： (RMB)均价20,000元
主要系列： Sintra银钻，Ceramica整体陶瓷，Integral精密陶瓷，Centrix晶萃，D–STAR帝星，True真系列，r5.5系列，V10K系列
品牌理念： Unlimited Spirit
广 告 语： Unlimited Spirit
进入中国： 1979年

现任总裁

RALPH LAUREN
WATCH AND JEWELRY CO.

品牌名称： 拉尔夫劳伦（Ralph Lauren）
创立年份： 2008年
品牌产地： 瑞士日内瓦
创 始 人： Mr.Polo Ralph Lauren与Mr.Compagnie Financière Richemont
现任总裁： Mr.Guy Chatillon
官方网站： www.ralphlaurenwatches.com
价格范围： (RMB)74,000–205,000元
主要系列： Ralph Lauren Stirrup系列，Ralph Lauren Slim Classique系列，Ralph Lauren Sporting系列
品牌理念： 纯正的制表品牌，精湛的制表工艺和卓越的品质。
进入中国： 2010年

现任总裁

RAYMOND WEIL
GENEVE
蕾蒙威

品牌名称： 蕾蒙威（Raymond Weil）
创立年份： 1976年
品牌产地： 瑞士日内瓦
所属集团： 独立品牌
创 始 人： Mr.Raymond Weil
现任总裁： Mr.Olivier Bernheim
官方网站： www.raymondweil.com.cn
价格范围： (RMB)均价20,000元
主要系列： 经典大师，自由骑士，唐乔瓦尼，闪亮，娜美亚，帕西弗，香槟城
广 告 语： 独立是一种态度
进入中国： 2000年

现任总裁

RICHARD MILLE

品牌名称： 瑞驰迈迪（Richard Mille）
创立年份： 2001年
品牌产地： 瑞士
创 始 人： Mr.Richard Mille
现任总裁： Mr.Richard Mille
官方网站： www.richardmille.com
价格范围： (HKD)300,000元起
主要系列： RM002，RM023，RM025，RM027，RM028
广 告 语： A Racing Machine On The Wrist

现任总裁

ROAMER
OF SWITZERLAND
瑞士罗马表

品牌名称： 罗马表（Roamer）
创立年份： 1888年
品牌产地： 瑞士索洛图恩镇
创 始 人： 弗茨迈耶（Mr.Fritz Meyer）
现任总裁： Mr.Christian Frommherz
官方网站： www.roamer.com.cn
价格范围： (RMB)均价5,500元
主要系列： 信心系列，黄貂鱼系列，"R"型系列，五行太阳家族系列，梦幻陶瓷系列
品牌理念： 真正价值
广 告 语： 瑞士罗马表拥有者

MANUFACTURE ROGER DUBUIS 罗杰杜彼

品牌名称： 罗杰杜彼（Roger Dubuis）
创立年份： 1995年
品牌产地： 瑞士日内瓦
所属集团： 历峰集团（Richemont Group）
创 始 人： Mr.Roger Dubuis，Mr.Carlos Dias
现任总裁： 乔祺斯（Mr.Georges A.Kern）
官方网站： www.rogerdubuis.com
价格范围： (RMB)98,000–4,797,000元
主要系列： La Monégasque，Excalibur，Excalibur Lady，KingSquare，GoldenSquare，EasyDiver
品牌理念： 创新设计，切合潮流，尊贵罕有，尖端技术
进入中国： 2009年

ROLEX

品牌名称： 劳力士（Rolex）
创立年份： 1908年
品牌产地： 瑞士Plan–les–Ouates、Chêne–Bourg、Bienne
所属集团： 劳力士集团（Rolex SA）
创 始 人： 汉斯·威尔斯多夫（Mr.Hans Wilsdorf）
现任总裁： 迈雅诺（Mr.Bruno Meier）
官方网站： www.rolex.com
价格范围： (RMB)35,100元起
主要系列： 蚝式恒动日志型，蚝式恒动星期日历型，蚝式恒动潜航者型，蚝式恒动游艇名仕型，蚝式恒动探险家型，蚝式恒动宇宙计型迪通拿，蚝式恒动空中霸王型，蚝式恒动高贵黑彩，蚝式恒动高贵粉红彩，蚝式恒动格林威治型II
广 告 语： 时刻创永恒

SEIKO

品牌名称： 精工（Seiko）
创立年份： 1881年
品牌产地： 日本
所属集团： 精工集团（Seiko Holdings Corporation）
创 始 人： 服部金太郎（Mr.Kintaro Hattori）
现任总裁： 服部真二(Mr.Shinji Hattori)
官方网站： www.seiko.com.cn
价格范围： (RMB)2,000元起
主要系列： Grand Seiko系列，Ananta系列，Premier系列，Sportura系列，Lukia系列，Vivace系列，Superior系列
品牌理念： 创新与精炼
广 告 语： SEIKO——致力追求完美
进入中国： 1895年

SULTANA FINE SWISS WATCH SINCE 1937 瑞士 时添雅

品牌名称： 时添雅（Sultana）
创立年份： 1937年
品牌产地： 瑞士拉绍德封
创 始 人： Paul Gaston Schwarz
现任总裁： 刘展灏（Mr.Stanley Lau）
官方网站： www.sultana.ch
价格范围： (RMB)1,500–5,000元
主要系列： 斯库拉，卡摩斯，阿吉斯，艾亚妮，伊利斯
广 告 语： 殿堂演绎 非凡传奇
进入中国： 1994年

SWAROVSKI

品牌名称： 施华洛世奇（Swarovski）
创立年份： 1895年
品牌产地： 奥地利华登斯
创 始 人： 丹尼尔·施华洛世奇（Mr.Daniel Swarovski）
现任总裁： 罗伯特·布克包尔（Mr.Robert Buchbauer）
官方网站： www.swarovski.com
价格范围： (RMB)500–200,000元
主要系列： 手表，时尚首饰，坠饰，时尚配饰，手袋，家居装饰系列
品牌理念： 用热情，爱护品牌；用最好，回报顾客；用热诚，拓展业务；用全力，实践计划
进入中国： 1999年

swatch

品牌名称： 斯沃琪（Swatch）
创立年份： 1983年
品牌产地： 瑞士
所属集团： 斯沃琪集团（Swatch Group）
创 始 人： 尼古拉斯·G·海耶克（Mr.Nicolas G.Hayek）
现任总裁： Arlette–Elsa Emch
官方网站： www.swatch.com.cn
价格范围： (RMB)398元起

品牌名称： 豪雅（TAG Heuer）
创立年份： 1860年
品牌产地： 瑞士拉绍德封
所属集团： 路威酩轩集团（LVMH）
创 始 人： 爱德华·豪雅（Mr.Edouard Heuer）
现任总裁： 让克里斯多夫巴邦（Mr.Jean-Christophe Babin）
官方网站： www.tagheuer.com
价格范围： (RMB)10,000-790,000元
主要系列： 卡莱拉，超级卡莱拉，摩纳哥，竞潜，F1
品牌理念： 尊贵非凡，成就卓越
广 告 语： 豪士造时势
进入中国： 2004年

品牌名称： 蒂芙尼（Tiffany & Co.）
创立年份： 1837年
品牌产地： 瑞士Bienne
所属集团： 斯沃琪集团（Swatch Group）
创 始 人： Mr.Charlse Lewis Tiffany
官方网站： www.tiffany.com
价格范围： (RMB)16,900元起
主要系列： Atlas，Tesoro，Cocktail，Grand，Mark，Gemea，5AV，Statement
进入中国： 2009年

品牌名称： 天梭（Tissot）
创立年份： 1853年
品牌产地： 瑞士Le Locle
所属集团： 斯沃琪集团（Swatch Group）
创 始 人： Mr.Charles-Félicien
现任总裁： 弗朗索瓦·添宝（Mr.François Thiébaud）
官方网站： www.tissot.ch
价格范围： (RMB)2,000-50,000元
主要系列： T-trends，T-classic，T-tactile，T-gold，Heritage，Sports Special，T-pocket
品牌理念： 金质银价、创新源于传统
广 告 语： 创新源于传统
进入中国： 1994年

品牌名称： 梅花（Titoni）
创立年份： 1919年
品牌产地： 瑞士格林肯镇
所属集团： 史洛普家族拥有的瑞士独立企业
创 始 人： 弗里茨·史洛普（Mr.Fritz Schluep）
现任总裁： 丹尼尔·史洛普（Mr.Daniel Schluep）
官方网站： www.titoni.ch
价格范围： (RMB)6,000元起
主要系列： 大师系列，华尔街系列，宇宙系列，天星系列，动力系列，飞行系列，空中霸王系列，纤薄系列，优雅伊人系列
品牌理念： 生产设计经典，高品质而买的起的机械手表
广 告 语： 铸造完美典范
进入中国： 1959年

品牌名称： 帝舵（Tudor）
创立年份： 1946年3月
品牌产地： 瑞士
所属集团： 劳力士集团（Rolex SA）
创 始 人： 汉斯·威尔斯多夫先生（Mr.Hans Wilsdorf）
现任总裁： 迈雅诺（Mr.Bruno Meier）
官方网站： www.tudorwatch.com
主要系列： 经典系列，海洋王子型，Grantour，Heritage Advisor，Clair De Rose
广 告 语： 卓越于心，精致以形

品牌名称： 雅典（Ulysse Nardin）
创立年份： 1846年
品牌产地： 瑞士Le Locle和拉绍德封
创 始 人： Mr.Ulysse Nardin
现任总裁： 派翠克·霍夫曼（Mr.Patrik P.Hoffmann）
官方网站： www.ulysse-nardin.com
价格范围： (RMB)70,000-10,000,000元
主要系列： 陀飞轮系列，航海天文台系列，万年历系列，SONATA系列，问表系列，珐琅系列，天文系列，经典腕表系列，女款腕表系列
进入中国： 2006年

现任总裁

URWERK®
BAUMGARTNER & FREI/GENEVE

品牌名称： 和域（URWERK）
创立年份： 1997年
品牌产地： 瑞士日内瓦
创 始 人： Mr.Felix Baumgartner，Mr.Martin Frei
现任总裁： Mr.Felix Baumgartner
官方网站： www.urwerk.com
价格范围： (HKD)476,000—2,394,000元
主要系列： 103，103T，202，203，CC1

现任总裁

VACHERON CONSTANTIN
Manufacture Horlogère. Genève, depuis 1755.
江詩丹頓

品牌名称： 江诗丹顿（Vacheron Constantin）
创立年份： 1755年
品牌产地： 瑞士日内瓦
所属集团： 历峰集团（Richemont Group）
创 始 人： Mr.Jean—Marc Vacheron
现任总裁： 陶睿思（Mr.Juan—Carlos Torres）
官方网站： www.vacheron—constantin.com
价格范围： (RMB)均价200,000元
主要系列： 传承，马耳他，纵横四海，历史名作，Quai de l'Ile，阁楼工匠，女装时计，艺术大师
品牌理念： 悉力以赴，精益求精
进入中国： 2000年

现任总裁

Van Cleef & Arpels

品牌名称： 梵克雅宝（Van Cleef & Arpels）
创立年份： 1906年
品牌产地： 瑞士
所属集团： 历峰集团（Richemont Group）
创 始 人： 阿尔弗莱德·梵克、查里斯·雅宝和祖利安合·雅宝
现任总裁： Mr.Stanislas de Quercize
官方网站： www.vancleef—arpels.com
主要系列： 自然主题系列，可转换式设计，舞者与精灵主题系列，装饰艺术主题系列，Couture主题
进入中国： 2005年10月

现任总裁

VERSACE

品牌名称： 范思哲（Versace）
创立年份： 1989年
品牌产地： 瑞士
所属集团： VERTIME SA
创 始 人： Mr.Gianni Versace
现任总裁： Mr.Paolo Marai
官方网站： www.versace.com
价格范围： (RMB)10,000—1,800,000元
主要系列： DV One，Character，V—Race，Eon，Destiny，Reve

现任总裁

VICTORINOX
SWISS ARMY

品牌名称： 维氏（Victorinox Swiss Army）
创立年份： 1989年
品牌产地： 瑞士侏罗
所属集团： Victorinox Swiss Army Watch SA
创 始 人： 卡尔·埃尔森纳（Mr.Karl Elsener）
现任总裁： Mr.Alexander Bennouna
官方网站： www.victorinoxswissarmy.com
价格范围： (RMB)5,000—15,000元
主要系列： 专业系列(Professional)，动感系列(Active)，经典系列(Classic)
品牌理念： 创作灵感源于正宗瑞士军刀 与您一生相伴
广 告 语： Victorinox，your companion for life on the road（维氏，您一生的伴侣）
进入中国： 2005年

现任总裁

ZENITH
真力时

品牌名称： 真力时（Zenith）
创立年份： 1865年
品牌产地： 瑞士侏罗勒洛克勒镇
所属集团： 路威酩轩集团（LVMH）
创 始 人： 乔治·法伯·贾克（Mr.Georges Favre—Jacot）
现任总裁： 金—弗莱德里克·杜弗（Mr.Jean—Frédéric Dufour）
官方网站： www.zenith—watch.com
价格范围： (RMB)26,600—5,614,000元
主要系列： Academy，El Primero—Novelties，El Primero—Class & Chronomaster，El Primero—Lady，Elite—Novelties & Class，Elite—Lady
品牌理念： 力臻精准，源自1865
进入中国： 2005年

品牌名称： 依波（Ebohr）
创立年份： 1991年
品牌产地： 中国深圳
创 始 人： 陶立
现任总裁： 陶立
官方网站： www.ebohr.cn
价格范围： (RMB)400—70,000元
主要系列： 18K金表，机械表，全钨钢，纳米及间钨钢，天路，天翼，珍宝，运动休闲，焦点，黑色至尚
品牌理念： 精益求精，精致生活！
广 告 语： Forever Sincerity—切切真情，时刻萦绕！

品牌名称： 飞亚达（Fiyta）
创立年份： 1987年
品牌产地： 中国深圳
所属集团： 飞亚达（集团）股份有限公司
现任总裁： 徐东升
官方网站： www.fiyta.com.cn
价格范围： (RMB)1,000—300,000元
主要系列： 航天表系列，摄影师系列，极限系列，凯旋系列，大师系列，艺系列，印象城市系列，金表系列，祈福系列，恒昱系列

品牌名称： 卡纳（Kana）
创立年份： 2009年
品牌产地： 中国深圳
所属集团： 依波精品（深圳）有限公司
创 始 人： 陶立
现任总裁： 陶立
官方网站： www.kanawatch.com
价格范围： (RMB)1,000—60,000元
主要系列： 幸符，追梦之舟，云空之月，天使之眼，觅缘之虹，心海之涟，漂泊之港，罗曼之穹，秘境之窗
品牌理念： Luck in your grip！——幸运皆因信自己

品牌名称： 罗西尼（Rossini）
创立年份： 1984年
品牌产地： 中国珠海
所属集团： 中国海淀集团
现任总裁： 商建光
官方网站： www.rossini.com.cn
价格范围： (RMB)368—99,900元
主要系列： 雅尊系列，双子星系列，蓝爵系列，恒动系列，典美系列，奥俪薇系列，丝绸超薄系列，陀飞轮表，光电能电波表
品牌理念： 简洁、流畅、高贵、典雅、
广 告 语： 罗西尼——时间因我存在

品牌名称： 海鸥表（Sea—Gull）
创立年份： 1955年3月
品牌产地： 中国天津
所属集团： 天津海鸥表业集团有限公司
现任总裁： 王德明（Mr.Wang Deming）
官方网站： www.seagullwatch.com
价格范围： (RMB)1,200—268,000元
主要系列： 经典系列，运动系列，时尚系列
品牌理念： 海鸥表，传承经典，记录中国时刻！
广 告 语： 时光传承经典 经典铭记时光

品牌名称： 天王（Tianwang）
创立年份： 1988年
品牌产地： 中国深圳
所属集团： 香港伟明集团（winning group）
创 始 人： 董观明
现任总裁： 董观明
官方网站： www.tianwangwatch.cn
价格范围： (RMB)2,000—10,000元
主要系列： 风云系列，龙凤系列，金骑士系列，轮时代系列，恒隽系列，锋睿系列，名匠系列，雅仕系列，博雅系列，尚shine系列，俪姿系列，灵动系列
品牌理念： 引导积极进取的新贵生活方式
广 告 语： 因时而动，方显从容

名店写真

Famous Watchshop

A.Lange & Söhne朗格

Audemars Piguet爱彼

A.Lange & Söhne朗格

北京新宇三宝名表王府井丹耀大厦店
北京市王府井大街176号丹耀大厦1F–3F
+86–10–65253490

上海朗格专卖店
上海市淮海中路812号
+86–21–63232109

杭州亨吉利世界名表中心湖滨店
杭州市平海路124号利星广场一层
+86–571–87028693

沈阳亨吉利世界名表中心1928店
沈阳市和平区南京北街312号
+86–24–23416799

大连锦华钟表友谊商城店
大连市人民路8号
+86–411–82659898

大连锦华钟表洲际店
大连市中山区一德街10号
+86–411–82659797

Audemars Piguet爱彼

北京东方新天地AP专卖店
北京市东城区东长安街1号东方广场首层SS03
+86–10–85180028

上海东方商厦AP店
上海市漕溪北路8号
+86–21–64870000

上海英皇钟表珠宝AP店
上海市南京西路1038号梅龙镇广场111铺
+86–21–62186586

上海名表城九百店
上海市南京西路1177号
+86–21–62726903

哈尔滨亨吉利世界名表中心AP店
哈尔滨市南岗区东大直街323–1号
+86–451–53905166

长春亨得利世界名表AP专柜
长春市重庆路968号
+86–431–88968684

大连百年商城AP店
大连市中山区解放路19号F105
+86–411–82307803

大连友谊商城AP专柜
大连市中山区人民路8号1楼
+86–411–82659898

大连锦华洲际店
大连市中山区友好广场远洋洲际大厦B座6号
+86–411–82659797

西安亨吉利世界名表中心AP店
西安市南大街36号
+86–29–87263153

苏州泰华大厦AP店
苏州市人民路383号泰华商城一层爱彼专柜
+86–512–65722036

宁波天一广场AP专卖店
宁波市中山东路天一广场1号门碶闸街190号
+86–574–87253928

济南银座商城百货商场
济南市泺源大街66号银座商城百货商场
+86–531–86065639

青岛海信广场
青岛市市南区澳门路117号
+86–532–66788006

深圳万象城二期S116商铺
深圳市宝安路1881号万象城二期S116商铺
+86–755–22274726

BALL波尔

三联集团上海亨得利总店
上海市南京东路456号
+86–21–63522498

三联集团上海亨达利中联商厦店
上海市南京东路340–370号
+86–21–63502052

三联集团上海亨达利南西店
上海市南京西路1010号
+86–21–62175903

三联集团上海亨达利正大广场店
上海市浦东新区陆家嘴西路168号正大广场首层
+86–21–50471822

BALL波尔

Balmain宝曼

三联集团上海亨达利南东店
上海市南京东路772号
+86–21–63516165
三联集团上海亨得利市百一店
上海市南京东路830号第一百货一楼
+86–21–63612123
冠亚名表城上海徐家汇汇金店
上海市肇嘉浜路1000号汇金百货一楼
+86–21–64269601
冠亚名表城上海时代广场店
上海市浦东新区张杨路500号时代广场一楼
+86–21–58872203
冠亚名表城上海新世界商厦店
上海市南京西路1号新世界百货1楼
+86–21–51523469
冠亚名表城上海南西中安店
上海市静安区南京西路1113–1127号
+86–21–52287098

Balmain宝曼

北京王府井店
北京市王府井大街255号北京百货大楼一层亨得利表店
+86–10–85115758
北京新宇三宝店
北京市王府井大街172号丹耀大厦新宇三宝名表
+86–10–65253490/65238317
北京蓝色港湾店
北京市朝阳区朝阳公园路6号蓝色港湾SMM–K18
010–87764911/010–87764912
北京燕莎奥特莱斯店
北京市朝阳区东四环南路9号燕莎奥特莱斯A座一层宝曼专柜
+86–0–13911784895
上海华狮广场店
上海市淮海中路688号华狮广场
+86–21–53068221
上海杨浦东方商厦店
上海市四平路2500号东方商厦一楼
+86–21–55057430
天津海信广场店
天津市和平区解放北路188号海信广场
+86–22–23198100
重庆万州百盛店
重庆市万州区太白路94号百盛商场一楼进口钟表柜
+86–23–58156358
哈尔滨新一百购物广场店
哈尔滨市道里区石头道街118号新一百商场一层盛时表行
+86–451–87127296
长春卓展店
长春市重庆路1255号长春卓展
+86–431–88979566
石家庄先天下店
石家庄市育才街58号开元花园先天下广场一楼盛时表行
+86–311–86966912
太原王府井店
太原市小店区亲贤街99号王府井百货一层三宝名表
+86–351–7887127
太原华宇购物中心店
太原市开化寺街87号华宇购物中心一层表区
+86–351–8308326
青岛百盛店
青岛市市南区中山路44–60号百盛商场
+86–0–13869894163
武汉新世界时尚店
武汉市江汉路步行街42号老亨达利名表
+86–27–82832872
成都王府井百货大楼店
成都市总府路15号王府井百货一层盛时表行
+86–28–86751337
长沙新世界店
长沙市五一大道153号长沙新世界百货一楼老亨达利钟表
+86–731–82921198
南京东方商厦店
南京市中山南路2号东方商城2层
+86–0–18851744235
杭州大厦店
杭州市武林广场21号杭州大厦
+86–571–85063043
杭州解百店
杭州市解放路251号名表馆
+86–571–87920252

Blancpain宝珀

Boucheron宝诗龙

温州银泰百货盛时表行
温州市解放南路世贸大厦银泰百货一楼盛时表行
+86-577-88680026

厦门巴黎春天店
厦门市中山路76-132号巴黎春天一楼盛时表行
+86-592-2052092

深圳茂业店
深圳市福田区华强北路2006号茂业商场一楼盛时表行
+86-755-25195117

广州友谊国金店
广州市珠江新城珠江西路5号广州国际金融中心裙楼友谊商店
+86-20-38331795

Blancpain宝珀

北京新光天地专卖店
北京市朝阳区建国路87号新光天地商场一层
+86-10-65331360

北京赛特专卖店
北京市朝阳区建国门外大街22号
+86-10-65257366

上海南京西路专卖店
上海市南京西路1089号
+86-21-62871735

上海斯沃琪和平饭店艺术中心专卖店
上海市南京东路23号
+86-21-63299950

Boucheron宝诗龙

上海恒隆广场专卖店
上海市静安区南京西路1266号恒隆广场B106
+86-21-62889915

上海香港广场专卖店
上海市卢湾区淮海中路283号香港广场南座1-03b
+86-21-33660908

北京专卖店
北京市朝阳区建国路89号18号楼L02号耀莱新天地2层
+86-10-65331124

Breguet宝玑

北京东方君悦陀飞轮精品店
北京市东城区长安街1号东方君悦大酒店大堂首层
+86-10-85150808

北京银泰中心陀飞轮精品店
北京市朝阳区建国门外大街2号北京银泰中心111-113商铺
+86-10-85171788

北京冠亚名表城新东安店
北京市东城区王府井大街138号新东安广场一层148铺
+86-10-65280067

北京新宇三宝名表王府井旗舰店
北京市王府井大街176号丹耀大厦1-3楼
+86-10-65238317

北京新宇三宝名表赛特购物中心店
北京市建国门外大街22号赛特商场1层
+86-10-65257366

北京新宇三宝名表乐天银泰百货店
北京市东城区王府井大街88号
+86-10-59785170

宝玑精品店-宁波和义大道购物中心
宁波市和义路88号C区1048A
+86-574-57509600

宝玑精品店上海斯沃斯艺术中心
上海市外滩19号（南京东路23号）
+86-21-63299919

上海新宇钟表上海钟表商店
上海市淮海中路478-492号
+86-21-53066503

上海亨达利钟表总店
上海市南京东路372号
+86-21-63212769

上海名表城南京西路中安店
上海市南京西路1117-1127号
+86-21-52287098

大连迈凯乐大连商场天辰表行
大连市中山区青泥街57号
+86-411-82301247

沈阳大公名表中心
沈阳市和平区中山路65号
+86-24-23404588

长春国际钟表有限公司
长春市重庆路478号
+86-431-88919026

哈尔滨远大购物中心

Breguet宝玑

Bell & Ross

哈尔滨市南岗区果戈里大街378号
+86–451–88102288–203
哈尔滨麦凯乐总店金承表行
哈尔滨市道里区尚志大街73号
+86–451–58989789
重庆大都会名表城
重庆市渝中区邹容路68号大都会广场LG层42
+86–23–63726231
亨吉利深圳万象城店
深圳市罗湖区保安南路1881号华润君悦酒店D栋S123号商铺
+86–755–22279079
深圳现代表行所罗门钟表珠宝——金光华店
深圳市罗湖区嘉宾路金光华广场一楼002号
+86–755–82611299
新宇苏州美罗商城店
苏州市观前街245号
+86–512–69152866
杭州新宇三宝杭州大厦店
杭州市武林广场21号杭州大厦A座一层
+86–571–85063043
西安亨吉利豪门专卖店
西安市南大街36号
+86–29–87263151
天津海信广场店
天津市和平区解放北路188号
+86–22–23198100
成都百盛时代广场店
成都市锦江区总府路2号时代广场
+86–28–86668020
昆明金格百货汇都店
昆明市白塔路131号汇都国际B座
+86–871–3166898
青岛海信广场（奥运店）
青岛市澳门路117号青岛海信广场（奥运店）1F
+86–532–66788157
南京新宇三宝金鹰酒店大堂店
南京市汉中路89号金鹰国际商城一楼酒店大堂
+86–25–84722805
太原新宇三宝旗舰店
太原市开化寺街135号
+86–351–40844360

Bell & Ross

上海欧洲坊店
上海市虹桥路1号港汇广场101B号铺
+86–21–64071540
北京欧洲坊店
北京市东城区王府井大街138号新东安广场1层102–103号铺
+86–10–65211839
郑州东方表行
郑州市中原区中原中路220号
郑州裕达国贸精品广场一层117–118号店
+86–371–67723020
国内免费查询热线
400–120–0138

Breitling百年灵

欧洲坊新东安广场店
北京市东城区王府井大街138号
新东安广场一层102–103&106店铺
+86–10–65211839
周大福钟表——北京前门专营店
北京市崇文区前门大街32–34号
+86–10–67025660
欧洲坊上海港汇广场店
上海市虹桥路1号港汇广场101B号铺
+86–21–64071540
东方表行上海久光城市百货店
上海市南京西路1618号久百城市广场一楼S102–S103号
+86–21–62882819
大公名表中心总店
沈阳市和平区中山路65号
+86–24–23404588
亨吉利世界名表中心1928店
沈阳市和平区南京北街312号亨吉利世界名表中心
+86–24–23416598
锦华钟表百年城店
大连市中山区解放路1号百年城商场M2层
+86–411–82307803
鞍山慧通瑞士表店
鞍山市铁东区219路47甲–1号
+86–412–2280059
亨吉利世界名表中心——豪门店

Breitling百年灵

Bvlgari宝格丽

西安市南大街36号亨吉利豪门旗舰店
+86-29-87263151

金格百货汇都店
昆明市白塔路131号一层
+86-871-3166898

亨吉利世界名表中心——邦克店
昆明市青年路397号B座邦克店一楼
+86-871-3158686

亨吉利世界名表中心——国贸店
太原市府西街69号山西国贸中心一层
+86-351-8689400

广州友谊商店
南宁市青秀区金湖路59号地王国际商会中心广州友谊商店一层
+86-771-5680212

东方表行——裕达店
郑州市中原中路220号裕达国际贸易中心福福精品商场
+86-371-67723020

天元商贸精品商场店
呼和浩特市中山西路20号天元商贸精品商场
+86-471-6875222

包头百货大楼店
包头市昆区钢铁大街67号包头百货大楼一层
+86-472-5521116

中免集团——三亚免税店CDFG
三亚市下洋田榆亚大道19号
+86-898-88816666

亨吉利世界名表中心——万象城店
杭州市江干区富春路701号 万象城广场一层钟表区195商铺
+86-571-89705709

亨吉利世界名表中心——和义路店
宁波市海曙区和义路79号
+86-574-83890593

亨吉利世界名表中心—金安国际店
哈尔滨市道里区中央大街69号金安欧罗巴广场一层
+86-451-84567877

亨吉利世界名表中心——益田假日广场店
深圳市南山区深南大道9028号益田假日广场L1层57-58
+86-755-86299092

亨吉利世界名表中心——万千百货店
济南市市中区经四路5号万千百货一层名表区
+86-531-66568571

周大福钟表
苏州市工业园旺墩路268号久光百货1楼D区周大福钟表
+86-512-66961922

Bvlgari宝格丽

上海恒隆店
上海市南京西路1266号恒隆广场106室
+86-21-62882892

上海IFC店
上海市浦东世纪大道8号上海国金中心D座L1-6店铺
+86-21-50121771

北京王府店
北京市东城区金鱼胡同8号王府饭店GF-11
+86-10-65106126

北京国贸店
北京市朝阳区建国门外大街1号国贸商城一楼L107铺
+86-10-58669716

北京新光天地店
北京市朝阳区建国路87号新光天地1层M1024号店铺
+86-10-65331127

北京T3店
北京市首都国际机场3号候机楼B2E01店铺
+86-10-64558963

北京银泰店
北京市东城区王府井大街88号108店铺
+86-10-59785156

广州丽柏店
广州市环市东路367号丽柏广场235店铺
+86-20-83313267

成都仁和店
成都市人民东路59号仁和春天百货商场1楼宝格丽店铺
+86-28-86658802

南京德基店
南京市中山路18号德基广场1层L132店铺
+86-25-84764618

哈尔滨卓展店
哈尔滨市道里区安隆街106号哈尔滨卓展时代广场百货

Buben & Zorweg富凡卓越时光宝盒

Carl F. Bucherer宝齐莱

一层1126号宝格丽店
+86–451–87737366
沈阳卓展店
沈阳市沈河区北京街7–1号卓展购物中心1层1112号店铺
+86–24–22795608
天津友谊店
天津市河西区友谊路21号天津友谊商厦1层L3店铺
+86–22–88376207
苏州美罗店
苏州市观前街245苏州美罗商场一层楼0101号店铺
+86–512–69162207
深圳万象城店
深圳市罗湖区宝安南路1881号华润中心万象城S109铺
+86–755–22655908
杭州大厦店
杭州市武林广场1号杭州大厦B座1楼119室宝格丽店
+86–571–85108876
无锡商业大厦店
无锡市中山路343号无锡商业大厦A座1楼宝格丽店
+86–510–82717268
太原王府井店
太原市亲贤北街99号王府井百货一楼宝格丽店
+86–351–7887133
郑州裕达店
郑州市中原中路220号裕达福福精品商场1楼宝格丽店
+86–371–67955680

Buben & Zorweg富凡卓越时光宝盒

上海旗舰店
上海市南京西路1266号恒隆广场B117店铺
+86–21–62889503
上海欧洲坊店
上海市虹桥路1号港汇广场101B
+86–21–64071540
北京Timeless Gallery专卖店
北京市东城区金宝街9号
北京欧洲坊店
北京市朝阳区建国路79号华茂中心二座1808室
+86–10–65211839
大连专卖店
大连市中山区一德街10号
+86–411–82659797
大连Timeless Gallery专卖店
大连市中山区解放路92号大连凯宾斯基酒店大堂2号商铺单元
+86–411–82592810
大连锦华钟表
大连市中山区解放路19号百年城M2
+86–411–82307803
沈阳大公表行
沈阳市和平区中山路65号
+86–24–23404588
哈尔滨北亨钟表
哈尔滨市道里区尚志大街73号一楼钟表区
+86–451–53634889
宁波美和表行
宁波市海曙区华楼巷19号天一景A座530室
+86–574–87251199
宁波瑞星表行
宁波市中山东路166号国际购物中心107铺天一广场1号门
+86–574–87251885
深圳现代表行
深圳市人民南路金光华广场一楼L1–002号
+86–755–82611299
西安亨吉利钟表
西安市南大街36号
+86–29–87263153
山西丽华钟表店
太原市长风西街1号丽华大酒店
+86–351–6819269

Carl F. Bucherer宝齐莱

北京旗舰店
北京市东城区王府井大街138号新东安广场145B店铺
+86–10–65269009
北京SOGO二期店
北京市宣武区宣武门外大街8号庄胜崇光百货新馆一层
+86–10–63105191
西安开元商城

Chanel香奈儿

Chaumet尚美

Chopard萧邦

西安市东大街解放市场6号开元商城亨吉利世界名表中心
+86–29–87235469

上海钟表商店
上海市卢湾区雁荡路32号–34号
+86–21–63845283

哈尔滨盛时店
哈尔滨市道里区中央大街142号
+86–451–84648810

太原王府井店
太原市开化寺街87号
华宇购物中心写字楼1203室
+86–351–4075973

Chanel香奈儿

上海半岛酒店腕表珠宝店
上海市中山东一路32号上海半岛酒店首层
+86–21–63215221

上海恒隆广场腕表珠宝店
上海市南京西路1266号恒隆广场一层116商铺
+86–21–62888873

香奈儿北京国贸腕表专卖店
北京市朝阳区建国门外大街1号国贸商城首层L135
+86–10–65058028

Chaumet尚美

北京专门店
北京市朝阳区建国路87号新光天地一层M1012号店铺
+86–10–65331851

上海恒隆广场专门店
上海市静安区南京西路1266号恒隆广场B1
+86–21–62880399

上海半岛酒店专门店
上海市中山东一路32号上海半岛酒店大堂L1F铺
+86–21–63291510

上海香港广场专门店
上海市淮海中路283号香港广场商场南座1楼
+86–21–63908006

昆明金格百货-金龙专门店
昆明市白塔路90号
+86–871–3120495

苏州专门店
苏州市观前街245号美罗商城1052号铺

太原专门店
太原市亲贤北街99号 王府井百货1层尚美专柜
+86–351–7887186

厦门专门店
厦门市嘉禾路197号盘基名品中心102商铺
+86–592–25117531

广州专门店
广州市珠江新城珠江西路5号广州友谊商店1楼
+86–20–88832166

重庆专门店
重庆市江北区建新北路68号星光68广场L119号店

成都专门店
成都市人民南路二段18号美美力诚百货102号店

深圳专门店
深圳市深南大道1095号中信广场1楼1009号铺
+86–755–25942788

大连专门店
大连市人民路60号地下富丽华大酒店
+86–411–82526989

Chopard萧邦

上海恒隆专卖店
上海市南京西路1266号恒隆广场地下一层B105店铺
+86–21–61367866

上海半岛专卖店
上海市外滩中山东一路32号上海半岛酒店L1K铺
+86–21–63293058

上海国金中心专卖店
上海市世纪大道8号上海国金中心商场D座L1–13室
+86–21–50120850

北京新东安专卖店
北京市东城区王府井大街138号新东安广场101号店铺
+86–10–65242866

温州时代广场专卖店
温州市车站大道时代广场购物中心1楼
+86–577–88993633

大连专卖店
大连市人民路50号1楼120号店
+86–411–39857929

杭州大厦专卖店

Century

Citizen西铁城

杭州市武林广场1号杭州大厦购物中心A楼1楼
+86-571-85166806

深圳专卖店
深圳市罗湖区宝安南路1881号万象城S118号铺
+86-755-22277462

广州国金专卖店
广州市天河区珠江新城珠江西路5号友谊商店国金店底楼
+86-20-88832283

广州友谊专卖店
广州市环市东路369号友谊商店底楼
+86-20-83577348

Citizen西铁城

西铁城昆明专卖店
昆明市五华区沿河路7号
顺城王府井购物中心E区2层E2-05号
+86-871-3642885

Century

北京燕莎店
北京市朝阳区亮马桥东路52号燕莎友谊商城4部
+86-10-85171238

昆明金格中心店
昆明市东风路9号金格中心二楼世纪钟表柜
+86-871-3119770

杭州国大店
杭州市延安路619号国大GDA PLAZA一楼
+86-571-85069621

温州解放路店
温州市解放路141号 Century专卖店
+86-577-88287995

太原燕莎商场店
太原市小店区长风街中段705号太原燕莎友谊商场一层
+86-351-7526531

天一购物中心店
宁波市海曙区中山东路166号
+86-574-87684085

沈阳西武店
沈阳市沈河区青年大街211号西武商厦1101店铺
+86-24-23848175

郑州紫荆山店
郑州市紫荆山路1号
+86-371-63352166

Cartier卡地亚

北京乐天银泰专卖店
北京市东城区王府井大街88号乐天银泰百货109号店铺
+86-10-59785161

北京国贸商城专卖店
北京市朝阳区建国门外大街1号国贸商城一层L104铺
+86-10-65056660

北京王府半岛酒店专卖店
北京市东城区王府井金鱼胡同8号王府半岛酒店大堂
+86-10-65234261

北京百盛购物中心专卖店
北京市西城区复兴门内大街101号百盛购物中心首层
+86-10-66068288

北京时代名门专卖店
北京市朝阳区安外安立路8号时代名门商场1004-1005铺
+86-10-84986669

北京银泰中心专卖店
北京市朝阳区建国门外大街2号
银泰中心悦·生活1层106-110号、2层208-210号
+86-10-85171221

广州友谊商场专卖店
广州市环市东路369号广州友谊商店一层
+86-20-83590702

上海恒隆广场专卖店
上海市南京西路1266号恒隆广场一层133/135
+86-21-62880606

上海东一路专卖店
上海市中山东一路18号A单元
+86-21-63235577

上海香港广场专卖店
上海市卢湾区淮海中路283号
香港广场南座第一及第二层SL1-04及SL2-04商铺
+86-21-63908800

上海国际金融中心专卖店
上海市浦东新区世纪大道8号国际金融中心商场L1-2&L2-2号铺

天津海信广场专卖店
天津市和平区解放北路188号天津海信广场一层
+86-22-23198111

Cartier卡地亚

Corum昆仑

重庆美美百货专卖店
重庆市渝中区邹容路100号美美百货1027–1028店铺
+86–23–63706380
沈阳卓展购物中心专卖店
沈阳市沈河区北京街7–1号卓展购物中心一层
+86–24–22795151
沈阳商业大厦专卖
沈阳市和平区太原北街86号中兴沈阳商业大厦一层
+86–24–23412599
南京德基广场专卖店
南京市中山路18号德基广场一楼L112.L113店铺
+86–25–84764588
武汉国际广场专卖店
武汉市江汉区解放大道690号国际广场购物中心一楼
+86–27–85717612
成都仁和春天百货专卖店
成都市人民东路59号仁和春天百货人东店1楼
+86–28–86678066
太原国际精品商厦专卖店
太原市府西街45号华宇国际精品商厦102商铺
+86–351–3339698
无锡中山路专卖店
无锡市中山路168号B101铺位
+86–510–82730318
辽宁新世界大厦专卖店
大连市中山区人民路41号
新世界大厦101–102、201–202号
+86–411–88078765
长春卓展时代广场专卖店
长春市朝阳区重庆路1255号
卓展时代广场一层A–101店
+86–431–88961510
哈尔滨新世界百货商场专卖店
哈尔滨市南岗区花园街403号
新世界百货商场一层47/59商铺
+86–451–53651739
苏州泰华商场专卖店
苏州市人民路383号泰华商场西楼一层112号
+86–512–65727020
青岛海信广场专卖店
青岛市澳门路117号海信广场115/117铺
+86–532–66788118
青岛巴黎春天广场专卖店
青岛市市南区山东路9号巴黎春天广场1A01店
+86–532–85807700
杭州大厦购物中心专卖店
杭州市武林广场1号杭州大厦购物中心B–102店铺
+86–571–85105993
宁波和义大道购物中心专卖店
宁波市和义路66号和义大道购物中心1006店铺
+86–574–83899568
长沙友谊商场专卖店
长沙市五一大道368号
家润多商业股份有限公司–友谊商店A座
+86–731–85650556
昆明市金格百货汇都专卖店
昆明市白塔路131号金格百货汇都店F1铺
+86–871–3123292
深圳华润万象城专卖店
深圳市罗湖区宝安南路1881号华润万象城二期
S133，S233号商铺
+86–755–22655195
深圳中信城市广场专卖店
深圳市深南中路1095号中信城市广场
西武百货1013–1014店铺
+86–755–25943633
乌鲁木齐美美百货专卖店
乌鲁木齐市友好北路589号美美百货
+86–991–6999800

Corum昆仑

上海南京西路专卖店
上海市南京西路1266号地库一层B115号
+86–21–32508533
上海英皇钟表珠宝店
上海市静安区南京西路1038号梅龙镇广场110–112室
+86–21–62186589
北京欧洲坊集团有限公司
北京市东城区王府井大街138号
新东安广场1层102–103号及106号铺
+86–10–65286908
大连锦华钟表有限公司

Codex豪度

Dewitt

大连市中山区解放路19号百年城
+86-411-82307803
大连锦华钟表有限公司
大连市中山区人民路8号友谊商城1楼
+86-411-82659298
大连锦华钟表有限公司
大连市友好广场远洋国际大厦B座6号
+86-411-82366666
沈阳大公钟表店
沈阳市和平区中山路65号
+86-24-23404588
沈阳·1928店
沈阳市和平区南京北街312号亨吉利沈阳 · 1928店
+86-24-23416598-801
深圳亨吉利益田假日广场店
深圳市南山区深南大道9028号益田假日广场
+86-755-86013522
亨吉利杭州万象城店
杭州市江干区富春路701号万象城195号
+86-571-89705709
昆明亨吉利邦克店
昆明市青年路397号邦克大B座
+86-871-3156781
长春中孚世界名表行
长春市重庆路国联小区8B1栋
+86-431-88960033
太原丽华店
太原市长风街1号丽华大酒店1层名品中心
+86-151-35135135

Codex豪度

北京燕莎友谊商城亮马店
北京市朝阳区亮马桥路52号
+86-10-64651188
北京城乡贸易有限公司
北京市海淀区复兴路甲23号
+86-10-68296598
北京庄胜崇光百货店
北京市宣武区宣武门外大街8号
+86-10-63103388
沈阳商业城店
沈阳市沈河区中街路212-214号
+86-24-24848448
沈阳皇城恒隆广场店
沈阳市沈河区中街路182号
+86-24-23232323
乌鲁木齐友好百盛购物中心店
乌鲁木齐市友好南路668号
+86-991-2814009
乌鲁木齐友好商场店
乌鲁木齐市友好北路548号
+86-991-2814009
克拉玛依铜锣湾中盛百货店
克拉玛依市人民路31号
+86-991-2814009
天山百货大楼店
乌鲁木齐市和平北路70号
+86-991-2322222
喀什环疆新世界百货店
喀什市人民西路和克孜勒都维路交叉处
+86-998-2832568/2848158
十堰武汉武商集团股份人民商场店
十堰市人民北路1号
+86-0-13508686088

DeWitt

上海专卖店
上海市卢湾区淮海中路222号力宝广场首层101号
+86-21-33315063
北京金宝街专卖店
北京市东城区金宝街90-92号励骏酒店首层5号
+86-10-85221385
北京耀莱专卖店
北京市朝阳区建国路89号18号楼L02号耀莱新天地3层
+86-10-65331441

Dior迪奥

北京国贸商城专卖店
北京市建国门外大街1号国贸商城L119店
+86-10-65052061/65052062
北京王府饭店专卖店
北京市王府井金鱼胡同8号王府饭店商场GF-7店

Dior迪奥　　Ebel玉宝

+86-10-65106000

北京金融街购物中心专卖店
北京市西城区金城坊街2号金融街购物中心 L102-L103
+86-10-66220756/66220776

上海国金中心专卖店
上海市浦东陆家嘴世纪大道8号国金中心L1-29商铺
+86-21-50122960

上海恒隆广场女装专卖店
上海市南京西路1266号恒隆广场125-127店
+86-21-62880210

上海恒隆广场男装专卖店
上海市南京西路1266号恒隆广场101-101A商铺
+86-21-62880212

大连时代广场专卖店
大连市中山区人民路50号大连时代广场 L102、L202、L117
+86-411-39857851/39857877

沈阳卓展购物中心专卖店
沈阳市沈河区北京街7-1号沈阳卓展购物中心1129、1103
+86-24-22795709/22795701

哈尔滨麦凯乐专卖店
哈尔滨市道里区尚志大街73号麦凯乐购物中心104-105店铺
+86-451-58989725/58989751

天津友谊商场专卖店
天津市河西区友谊路21号天津友谊商城1层L11-L12
+86-22-58371900/58371908

天津伊势丹女装专卖店
天津市和平区南京路108号现代城C座一楼
+86-22-27188240

杭州大厦专卖店
杭州市武林广场1号杭州大厦购物中心B座121商铺
+86-571-85062778

杭州万象城女装专卖店
杭州市江干区富春路701号万象城 121 商铺
+86-571-89705928

南京德基广场专卖店
南京市中山路18号德基广场L135-L136店铺
+86-25-84764710/84764718

宁波和义大道购物中心专卖店
宁波市海曙区和义路66号
和义大道购物中心一层B区1004-1005店铺
+86-574-83899358/83899350

成都置地广场专卖店
成都市人民南路二段一号仁恒置地广场103-104铺
+86-28-86752508/86672019

广州丽柏专卖店
广州市东山区环市东路367号白云宾馆丽柏广场首层105店
+86-20-83311636

深圳万象城专卖店
深圳市罗湖区宝安南路1881号万象城S128店铺
+86-755-22655180/22655186

Ebel玉宝

上海东方表行
上海市南京西路1618号
九光城市广场一层S102-103
+86-21-62882819

锦华钟表——大连百年城
大连市中山区解放路1号百年城
+86-411-82307803

锦华钟表大连友谊商店
大连市中山区七一街1号
+86-411-82659898

鞍山慧通瑞士表店
鞍山市铁东区二一九路47号
+86-412-5541999

鞍山慧通瑞士表店（银座分店）
鞍山市铁东区二道街99号银座大厦一楼
+86-412-2248828

长春中乎世界名表珠宝行
长春市重庆路建和胡同79号
+86-431-889622168

苏州宝利辰表行有限公司
苏州市干将东路818号言桥小区内
+86-512-65215447

贵阳东方表行荔星名店
贵阳市中华南路52号钻石广场
+86-851-5830196

Emile Chouriet艾米龙

宁波旗舰店
宁波市天一广场2号门旗杆巷74号
+86-574-87253501

Emile Chouriet艾米龙

Ernest Borel依波路

杭州万象城店
杭州市江干区富春路701号万象城195号商铺
+86-571-89705710
沈阳1928店
沈阳市和平区南京北街312号亨吉利世界名表中心
+86-24-83830709

Ernest Borel依波路

广州正佳旗舰店
广州市天河路228号正佳商业广场一楼1B-039
+86-20-38331582
石家庄北国商城店
石家庄市中山东路188号北国商城一楼钟表部依波路专柜
青岛专卖店
青岛市中山路124号
+86-532-82821288
上海专卖店
上海市淮海中路595号
+86-21-53862954
深圳专卖店
深圳市福华三路星河CoCoPark一楼
成都亨得利店
成都市春熙路北段49号
柳州专卖店
柳州市解放南路88号银座百货
+86-772-2821708

Ebohr依波

北京前门店
北京市前门大街100号
+86-10-67022532
北京双安商场店
北京市海淀区北三环西路38号
400-186-5588
北京王府井百货店
北京市王府井大街255号
+86-10-65289028
北京翠微大厦店
北京市海淀区复兴路33号
+86-10-68167899
北京中友百货店
北京市西城区西单北大街176号
+86-10-66018899
沈阳中兴商业大厦
沈阳市和平区太原北街86号中兴大厦
+86-24-23838888
沈阳商业城股份有限公司
沈阳市沈河区中街路212-214号
+86-24-24848448
抚顺百货大楼店
抚顺市东一路4号
+86-413-2627988
长春百货大楼店
长春市朝阳区人民大街77号
+86-431-88922318
大连大商集团股份有限公司
大连市中山区青三街1号
+86-411-3633888
烟台振华商厦店
烟台市芝罘区西大街8号
+86-535-6587888
十堰市人民商场店
十堰市人民路1号
+86-719-8652793
南昌亨得利总店
南昌市东湖区胜利路步行街46号
+86-791-6613997
长沙家润多商业股份有限公司
长沙市车站中路349阿波罗广场店
+86-731-82297251
深圳茂业商厦有限公司
深圳市东门中路204号
+86-755-78222000/82185699
深圳市天虹商场店
深圳市桃园路和常兴路交汇处
+86-755-86052000
深圳嘉宾店
深圳市罗湖区嘉宾路2027号芙蓉大厦A座1楼东面铺位2号
+86-755-82177635
重庆百货大楼店
重庆市渝中区八一路170号
+86-23-63843676

重庆百货大楼沙坪商场店
重庆市沙坪坝区小新街77号重百大楼3楼
+86-23-65345588
成都亨得利钟表眼镜商场
成都市锦江区春熙路北段49号
+86-28-86656154
西安民生集团股份有限公司
西安市解放路103号
+86-29-87481956
银川新华百货商店
银川市新华东街29号
+86-951-6022866
西安西大街时代百盛店
西安市西大街107号
+86-29-87283220
南京新街口百货商店
南京市白下区中山南路3号
+86-25-84715188
南京中央商场店
南京市白下区中山南路79号
+86-25-84718288
合肥鼓楼商厦店
合肥市宿州路96号
+86-551-2687035
济南贵和商厦店
济南市历下区泉城路101号
+86-531-86086688
石家庄北国商城店
石家庄市中山东路188号
+86-311-85261502
石家庄东方城市广场店
石家庄市中山西路83号
+86-311-88661111
福州东百店
福州市八一七北路东百商场
+86-591-87560123
厦门盛名来雅百货有限公司
厦门市乌石浦SM城市广场1-2F
+86-592-5558288
南宁百货大楼店
南宁市朝阳路38号
+86-771-2098938

Erwin Sattler

北京专卖店
北京市东城区金宝街9号Timeless Gallery
大连专卖店
大连市中山区解放路92号大连凯宾斯基酒店大堂Timeless Gallery
+86-411-82592810

Fiyta飞亚达

广州正佳专卖店
广州市天河区正佳广场首层1C085号商铺飞亚达专卖店
+86-20-85505776
重庆瑞皇专卖店
重庆市渝中区民权路1号商业大厦一楼瑞皇名表飞亚达专卖店
+86-23-63709527
上海浦东机场专卖店
上海市浦东国际机场2号航站楼内 额已达专卖店
+86-21-68339913
深圳振华路专卖店
深圳市福田区振华路飞亚达大厦171号飞亚达专卖店
+86-755-83221466
深圳宝安机场专卖店
深圳市宝安机场A号楼C-W-27飞亚达专卖店
+86-755-27504442
深圳科技园专卖店
深圳市南山区高新南一道飞亚达科技大厦一楼飞亚达专卖店
+86-755-86018816
宁波天一广场专卖店
宁波市海曙区天一广场旗杆巷74号飞亚达专卖店
+86-574-87251920
成都双流机场专卖店
成都市双流机场C指廊飞亚达专卖店
+86-28-85206530
沈阳万达广告专卖店
沈阳市和平区太原南街2号万达商业广告1楼119铺飞亚达专卖店
+86-24-23580944
沈阳1928专卖店
沈阳市和平区南京北街312号飞亚达专卖店

Franck Muller法兰穆勒

F.P. Journe

+86-24-23412989

桂林机场专卖店

桂林市两江国际机场候机楼候机厅B-3飞亚达专卖店

+86-773-2844226

Franck Muller法兰穆勒

盛时表行杭州大厦店

杭州市武林广场1号（钟表部）

+86-571-85063043

昆明金格中心店

昆明市东风东路10号金格中心二层

+86-871-3119088

北京新宇三宝乐天银泰店

北京市东城区王府井大街88号

+86-10-59785170

北京赛特店

北京市建国门外大街22号赛特购物中心英皇钟表

+86-10-85110922

大连友好广场店

大连市友好广场远洋洲际大厦B座

+86-411-82659797

沈阳中山大厦店

沈阳市和平区中山路65号中山大厦1层

+86-24-31872277

深圳西武百货店

深圳市深南中路1095号中信城市广场西武百货1楼

+86-755-83689805

上海港汇广场店

上海市虹桥路1号港汇广场1楼101B

+86-21-52895501

上海国金中心法兰穆勒旗舰店

上海市浦东新区陆家嘴金融贸易区世纪大道8号

国金中心D座（商场裙房）首层L1-17室

+86-21-50120768

上海南京西路法兰穆勒专卖店

上海市南京西路1266号恒隆广场B109店铺

+86-21-62886676

F.P. Journe

北京专卖店

北京市朝阳区建国门外大街2号

银泰中心悦·生活3层303-305号

+86-10-85172036

Frederique Constant康斯登

北京城乡贸易中心店

北京市海淀区复兴路甲23号北京城乡贸易中心一层亨得利专柜

+86-10-68296609

北京翠微大厦店

北京市海淀区复兴路33号翠微大厦一层

+86-10-68282228

北京龙德广场翠微百货店

北京市昌平区立汤路186号龙德广场翠微百货一层盛时表行

+86-10-84818170

北京双安商场店

北京市海淀区北三环西路38号双安商场一层新宇亨得利

+86-10-62138820

北京王府井百货大楼盛时表行

北京市王府井大街255号王府井百货大楼一层钟表部

+86-10-85115758

长春卓展时代广场百货店

长春市重庆路1255号长春卓展2楼美度（康斯登）专柜

+86-431-88486763

大庆百货大楼盛时表行

大庆市萨尔图区会战大街22号

+86-459-6662218

福州东百店

福州市八一七北路84号东百一楼首饰部盛时表行

+86-591-87554706

哈尔滨盛时旗舰店

哈尔滨市道里区红霞街3号

+86-451-84648810*3038

哈尔滨新世界百货店

哈尔滨市南岗区花园街403号新世界百货一层盛时表行

+86-451-53651692

杭州大厦店

杭州市武林广场21号杭州大厦A1楼名表馆

+86-571-85063043

呼和浩特天元商厦店

呼和浩特市中山西路20号钟表部

Frederique Constant康斯登

Europe Watch欧洲坊

+86-471-6875222

呼和浩特维多利商厦店
呼和浩特市中山西路3号1层钟表部
+86-471-2263319

吉林国际表行
吉林市重庆路888 1层
+86-432-4937777

锦州市鑫海员钟表名店
锦州市凌河区解放路四段六号
+86-416-2131099

昆明百货大楼新纪元店
昆明市东风西路昆明百货大楼新纪元店钟表柜

柳州五星商厦店
柳州市中山中路1号五星大厦一楼名表区

南京德基广场盛时表行
南京市中山路18号德基广场2楼L213盛时表行店铺
+86-25-84763452

盘锦新玛特超级表行
盘锦市兴隆台区新玛特购物广场西门一楼
+86-427-2866168

亨达利钟表上海南东店
上海市南京东路772号
+86-21-63222998

上海亨得利钟表公司
上海市南京东路456号亨得利钟表公司一楼
+86-21-63522500

沈阳秋林旗舰店
沈阳市和平区中山路90号秋林公司一楼
+86-24-23834888

太原丰乐名表店
太原市开化寺街62号1层钟表部
+86-351-4075973

太原华宇购物中心盛时表行
太原市开化寺街87号华宇购物中心一层名表区
+86-351-8308326

太原三宝名表
太原市开化寺街135号三宝名表
+86-351-4084360

太原王府井商厦
太原市亲贤北街99号王府井商厦一层新宇三宝钟表
+86-351-7887127

世纪名表乌鲁木齐中山路店
乌鲁木齐市中山路299号世纪名表康斯登柜台

扬州金鹰国际购物中心
扬州市汶河南路120号金鹰国际购物中心1F盛时表行
+86-514-87367005

郑州金博大店
郑州市北二七路200号新玛特购物广场一楼
进口表康斯登柜台
+86-0-13592581716

重庆新世纪百货
重庆市渝中区邹容路123号重庆新世纪百货一楼钟表柜
+86-23-89881703

Europe Watch欧洲坊

北京新东安市场店
北京市东城区王府井大街138号
新东安市场1层102-103号及106号铺
+86-10-65211839

上海港汇广场店
上海市虹桥路1号港汇广场101B号铺
+86-21-64071540

Glashütte Original格拉苏蒂

北京名表城新东安分店
北京市东城区王府井大街138号新东安广场一层148号铺
+86-10-65280067

北京燕莎友谊商城店
北京市朝阳区亮马桥路52号燕莎商场4层新宇表店
+86-10-64673950

北京新宇赛特店
北京市建国门外大街22号赛特购物中心1层新宇表店
+86-10-65257366

北京英皇崇光店
北京市宣武门外大街8号庄盛崇光百货新馆1层英皇表店
+86-10-63105191

北京君悦店
北京市东城区东长安街1号
东方君悦酒店大堂首层瑞士陀飞轮精品店
+86-10-85150808

北京银泰店
北京市朝阳区建国门外大街2号

Glashütte Original格拉苏蒂

Harry Winston海瑞温斯顿

银泰中心瑞士陀飞轮精品店111—113商铺
+86—10—85171788

格拉苏蒂专卖店
北京市东城区东长安街1号东方新天地W2一层
+86—10—85180618

大连锦华钟表
大连市中山区七一街1号友谊商城写字楼1005室大连锦华公司
+86—411—82690035—187

沈阳卓展时代广场百货店
沈阳市沈河区北京街7—1号卓展商场1层中孚表店
+86—24—22795588

沈阳1928店
沈阳市南京北街312号
+86—24—23416598—806

沈阳秋林店
沈阳市和平区中山路90号新宇表店
+86—24—23834888

山西国贸中心店
太原市府西街69号国贸大厦1层亨吉利公司
+86—351—8689400

长春市中孚店
长春市朝阳区建和胡同79号中孚表店
+86—431—88948168/88960033

哈尔滨欧罗巴店
哈尔滨市道里区中央大街69号金安欧罗巴广场1层亨吉利表店
+86—451—84567877

哈尔滨新宇三宝店
哈尔滨市南岗区建设街51号新宇表店
+86—451—53659800

天津亨得利钟表眼镜店
天津市滨江道145号亨得利表店
+86—22—27110108

亨吉利名表中心西安豪门店
西安市南大街36号亨吉利名表公司
+86—29—87263153

乌鲁木齐世纪金花百货店
乌鲁木齐市友好路35号世纪金花亨吉利专柜
+86—991—4857076

呼和浩特维多利商厦店
呼和浩特市中山西路3号维多利商厦1层恒达利源表店
+86—471—2263319

上海迪生钟表珠宝店
上海市遵义南路6号1楼
+86—21—62199319

上海瑞士陀飞轮专卖店
上海市中山东一路18号1楼
+86—21—63238853

上海东方商厦店
上海市漕溪北路8号1楼瑞士名表馆
+86—21—64870000—1305

杭州万象城亨吉利店
杭州市江干区富春路701号万象城195号商铺
+86—571—89705710

杭州大厦新宇表行
杭州市下城区武林广场21号杭州大厦C楼2D
+86—571—85063043

南京金鹰国际商城店
南京市汉中路89号金鹰国际商城1楼（酒店大堂旁）
+86—25—84722805

昆明金龙百货店
昆明市白塔路90号
+86—871—3119081

成都群光广场店
成都市锦江区春熙路8号群光广场1楼迪生钟表珠宝
+86—28—6597 0067

重庆美达实业有限公司
重庆市渝中区邹荣路68号大都会广场LG层格拉苏蒂专卖店
+86—23—6372 6231

深圳现代表行所罗门钟表珠宝
深圳市罗湖区人民南路金光华广场1楼002~003单元
+86—755—8261 1129

Harry Winston海瑞温斯顿

北京王府半岛酒店专卖店
北京市王府半岛酒店王府井金鱼胡同8号
+86—10—85115595

昆明金格百货时光店
昆明市北京路985号昆明金格百货时光店首层F1027店
+86—0871—5692520

大连锦华钟表远洋洲际旗舰店
大连市中山区友好广场远洋洲际大厦B座6号
+86—411—82659797

Girard-Perregaux芝柏

Girard-Perregaux芝柏

上海恒隆广场芝柏表专卖店
上海市静安区南京西路1266号恒隆广场地下一层
+86-21-62886345

上海金鹰店
上海市静安区陕西北路278号金鹰国际购物中心一楼

上海永安百货店
上海市黄浦区南京东路635号永安百货一楼
+86-21-63615296

上海久百城市广场店
上海市静安区南京西路1618号
久光久佰城市广场一层S102-103号
+86-21-62882819

上海港汇广场店
上海市徐汇区虹桥路1号港汇广场101B号铺
+86-21-64071540

北京金融街芝柏表专卖店
北京市西城区金城坊街2号金融街购物中心L1-02室
+86-10-66220280

北京东方广场店
北京市东城区东长安街1号东方广场首层A109
+86-10-85186024

北京百盛购物中心店
北京市西城区复兴门内大街101号百盛购物中心新区一层
+86-10-66083420

北京新东安广场店
北京市东城区王府井大街138号新东安广场一层102-103号铺
+86-10-65211839

大连麦凯乐总店
大连市中山区青泥街57号麦凯乐大连总店一层
+86-411-82301247

青岛麦凯乐总店
青岛市南区香港中路69号麦凯乐青岛总店一层
+86-532-89896928

沈阳商贸饭店芝柏表店
沈阳市和平区中华路68号商贸饭店一层
+86-24-23412559

合肥万千百货店
合肥市包河区马鞍山路130号万千百货一楼
+86-551-2891586

大庆新玛特店
大庆市高新区纬二路39号大庆新玛特购物精品广场一层钟表部
+86-459-6296191

福州大洋晶典店
福州市鼓楼区817北路268号大洋晶典一楼
+86-591-88590680

哈尔滨南岗店
哈尔滨哈尔滨市南岗区东大直街323-1号
+86-451-53905166

哈尔滨金安国际店
哈尔滨市道里区中央大街69号金安国际购物广场一楼
+86-451-84567877

深圳万象城店
深圳市罗湖区宝安南路1881号华润万象城二期S145号铺
+86-755-82668369

深圳益田假日广场店
深圳市南山区深南大道9028号益田假日广场一层57-58号铺
+86-755-86299092

沈阳1928店
沈阳市和平区南京北街312号
+86-24-83830709

长沙百联东方店
长沙市芙蓉区黄兴中路188号百联东方广场一层
+86-731-2254296

昆明邦克大厦店
昆明市五华区青年路397号邦克大厦B座一楼
+86-871-3158686

昆明金龙店
昆明市盘龙区白塔路90号
+86-871-3120495

乌鲁木齐金花店
乌鲁木齐沙依巴克区友好北路35号世纪金花经营一部亨吉利专柜
+86-991-4857076

大同丽盛名品广场店
大同市小南街5号丽盛名品广场一层
+86-352-2047191

太原山西国贸商城店
太原市杏花岭区府西街69号山西国贸商城一层
+86-351-8689400

南昌百盛店
南昌市东湖区中山路177号百盛百货一层
+86-791-6733236

Hamilton汉米尔顿

Hublot宇舶

宁波天一广场店
宁波市海曙区中山东路166号宁波天一国际购物中心一楼
+86-574-87684196

保定保百购物广场店
保定市朝阳北大街916号保百购物广场一层
+86-312-3186420

郑州裕达店
郑州市中原区中原中路220号郑州裕达国际贸易中心
福福精品商场2层L228-229号
+86-371-67723681

Hamilton汉米尔顿

上海港汇广场专卖店
上海市虹桥路1号港汇广场地下1层
+86-21-64075229

上海东方商厦南京东路店
上海市南京东路800号东方商厦一层
+86-21-63610161

上海华狮广场店
上海市淮海中路688号-02号亨达利钟表
+86-21-53066238

上海新世界店
上海市南京西路2-88号名表城
+86-21-51523469

上海正大广场店
上海市陆家嘴西路168号正大广场1层亨得利钟表
+86-21-50471822

北京崇文门新世界百货店
北京市崇文门外大街3号新世界商场A一层
+86-10-67080576

北京翠微大厦店
北京市海淀区复兴路33号翠微大厦1层
+86-10-68282228

北京王府井三宝店
北京市东城区王府井大街176号丹耀大厦
+86-10-65238482

北京王府井百货大楼店
北京市王府井大街255号百货大楼1层
+86-10-85115758

北京新东安市场店
北京市东城区王府井大街138号新东安市场1层名表城
+86-10-65280390

北京东方广场店
北京市东城区东长安街1号东方新天地1层
+86-10-85186024

北京燕莎奥特莱斯购物中心店
北京市朝阳区东四环南路9号燕莎奥特莱斯A座
+86-10-86986516

北京中友百货店
北京市西单北大街中友百货1层英皇钟表
+86-10-66015367

杭州大厦店
杭州市武林广场21号杭州大厦C楼2层
+86-571-85063043

杭州解百店
杭州市解放路251号解放百货新世纪商厦
+86-571-87920252

杭州亨得利钟表店
杭州市解放路216-218号
+86-571-87067216

沈阳中兴店
沈阳市和平区太原北街86号中兴沈阳商业大厦2层
+86-24-23410898

沈阳秋林三宝店
沈阳市和平区中山路90号
+86-24-23834888

Hublot宇舶

上海恒隆广场专卖店
上海市南京西路1266号恒隆广场B-112
+86-21-62889362

北京东方新天地专卖店
北京市东长安街1号东方新天地首层AA01
+86-10-85153613

北京欧洲坊店
北京市王府井大街138号APM（新东安广场）1层102-103
+86-10-65286908

大连锦华钟表
大连市中山区解放路19号百年商城店
+86-411-82307803

大连锦华钟表远洋洲际旗舰店
大连市中山区友好广场远洋洲际大厦B座6号

IWC万国

Jean d'Eve珍达斐

Jaeger—LeCoultre积家

+86—411—82657979

新宇三宝杭州大厦店

杭州市武林广场21号杭州大厦A楼1层

+86—571—85063043

IWC万国

上海淮海中路专卖店

上海市卢湾区淮海中路804号

+86—21—33950880

上海IFC

上海市浦东新区世纪大道8号

国金中心商场L1—15商铺

+86—21—50120970

上海南京西路专卖店

上海市静安区南京西路1177号

+86—21—62726903

北京东方广场店

北京市东城区东长安街1号一层1/F A502

+86—10—85188066

北京新光天地店

北京市朝阳区建国路87号新光天地M1030店铺

+86—10—65331512

北京金融街购物中心店

北京市西城区金城坊街2号L119

+86—10—66220396

Jean d' Eve珍达斐

北京海外品牌珠宝中心店

北京市朝阳区东三环中路7号财富中心购物中心1层1—15/16号

+86—10—66537981/66537881

成都新世界百货迎时尚名表店

成都市锦江区顺城大街8号成都新世界百货1楼迎时尚专柜

+86—28—86679267

宁波周大福钟表

宁波市海曙区中山东路151号东方商厦1楼周大福钟表

+86—574—87255807

Jaeger-LeCoultre积家

上海淮海路旗舰店

上海市淮海中路802号

+86—21—61959839

北京王府井新东安广场旗舰店

北京市王府井大街138号新东安广场128店铺

+86—10—65282809

上海南京西路旗舰店

上海市南京西路1149号

上海恒隆广场旗舰店

上海市南京西路1266号恒隆广场地下一层B103室

+86—21—62880688

北京金融街旗舰店

北京市西城区金城坊街2号金融街购物中心L101—2室

+86—10—66220282

宁波天一广场专卖店

宁波市中山东路166号天一国际购物中心1F

+86—574—87684066

沈阳卓展专卖店

沈阳市沈河区北京街7—1号卓展购物中心1层中孚名表

+86—24—22795588

Juvenia尊皇

北京专卖店

北京市王府井大街138号一层148号铺

+86—10—65280390

北京名表城东方广场店

北京市东城区东长安街一号东方新天地商场首层A109

+86—10—85186024

上海亨达利正大店

上海市陆家嘴西路168号一层亨达利正大店

+86—21—50471822

上海名表城新世界店

上海市南京西路2—88号新世界购物广场

+86—21—51523469

上海名表城时代广场店

上海市浦东新区张扬路500号华润时代广场首层107—109

+86—21—58872203

上海专卖店

上海市南京西路1113号

+86—21—62562270

上海亨达利南京东路店

上海市南京东路372号亨达利钟表公司

Juvenia尊皇

Jaquet Droz雅克德罗

+86–21–63502052

上海名表城汇金店
上海市肇嘉浜路1000号
+86–21–64269601

上海亨得利南京东路店
上海市南京东路亨得利钟表公司总店

天津名表城远东百货店
天津市南开区东马路168号远东百货一层
+86–22–27350115

重庆冠亚名表城王府井百货店
重庆市渝中区民权路166号王府井百货一楼
+86–23–63800783

重庆名表城世纪星光店
重庆市江北建新北路68号世纪星光百货L308号铺
+86–23–67853915

成都名表城富力天汇店
成都市上西顺城街289号2楼2023号铺
+86–28–86659912

沈阳名表城中街店
沈阳市沈河区中街路148号
+86–24–24841192

沈阳名表城皇城恒隆广场店
沈阳市沈河区中街路128号皇城恒隆广场105–106室
+86–24–31099293

沈阳名表城中兴大厦店
沈阳市和平区太原北街86号
中兴沈阳商业大厦钟表眼镜商场
+86–24–23411678

沈阳专卖店
沈阳市和平区中华路68号商贸酒店一层名表城
+86–24–23832831

沈阳名表城新世界店（南京街）
沈阳市和平区南京街2号新世界百货二楼
+86–24–31872036

成都名表城假日店
成都市总府路31号四川宾馆一楼名表城
+86–28–86617797

太原丽华名品
太原市长风大街1号丽华大酒店一层
+86–351–6819269

阜新新玛特店
阜新市海洲区解放大街56号阜新新玛特一楼钟表区
+86–418–2899162

盘锦名表城兴隆大厦店
盘锦市兴隆台区中兴路103号二楼
+86–427–2811433

乌鲁木齐冠亚名表城丹璐时尚广场店
乌鲁木齐市中山路106号丹璐时尚广场底层
+86–991–2842422

尊皇无锡专卖店
无锡市崇安区中山路531号

Jaquet Droz雅克德罗

新宇三宝名表北京王府井旗舰店
北京市王府井大街172号
+86–10–65239460

新宇三宝名表北京赛特购物中心店
北京市建国门外大街22号赛特商场1楼
+86–10–65257366

北京陀飞轮东方君悦店
北京市长安东路1号东方君悦酒店1层
+86–10–85150808

北京陀飞轮银泰中心店
北京市建国门外大街2号银泰中心111–113店铺
+86–10–85171788

上海外滩18号陀飞轮精品店
上海市黄浦区中山东一路外滩18号103店铺
+86–21–63238853

新宇三宝沈阳秋林店
沈阳市和平区中山路90号
+86–24–23834888

山西太原新宇三宝店
太原市开化寺街135号
+86–351–4084360–605

大连天辰表行麦凯乐总店
大连市中山区青泥街57号
+86–411–82301247

新宇三宝杭州大厦店
杭州市武林广场21号杭州大厦A栋1楼
+86–571–85063043

Kana卡纳

沈阳中兴大厦店
沈阳市和平区太原北街86号中兴大厦
+86-24-23838888

锦州百货大楼店
锦州市中央大街2段67号
+86-416-3154862

西安民生店
西安市解放路103号民生百货大楼
+86-29-87481956

西安开元店
西安市东大街开元商城
+86-29-87219204

银川新华百货东方红店
银川市新华东街建发东方红广场
+86-951-6099262

福州东百店
福州市八一七北路东百商场
+86-591-87560123

厦门盛名来雅百货有限公司
厦门市乌石浦SM城市广场1-2F
+86-592-5558288

晋江市吉成来雅百货有限公司
晋江市青阳街道和平路时代广场A栋1F-4F
+86-595-82035899

乌鲁木齐友好百盛店
乌鲁木齐市友好南路668号百盛购物中心
+86-991-4522731

海南民生百货店
海口市海秀路望海商城
+86-898-66787624

杭州百货大楼店
杭州市延安路546号
+86-571-85158800

石家庄北国商城店
石家庄市中山东路188号
+86-311-85261502

石家庄东方城市广场店
石家庄市中山西路83号
+86-311-88661111

南宁百货大楼店
南宁市朝阳路38号
+86-771-2098938

十堰人民路店
十堰市人民路1号
+86-719-8652793

武汉世贸广场店
武汉市汉口解放大道686号世贸广场购物中心
+86-27-85448816

济南贵和商厦店
济南市历下区泉城路101号
+86-531-86086688

济南银座商城有限公司
济南市历下区泺源大街66号
+86-531-86065990

南京中央商场店
南京市白下区中山南路79号
+86-25-84718288

南京商厦店
南京市玄武区龙蟠路2号
+86-25-85659920

北京翠微大厦店
北京市海淀区复兴路33号
+86-10-68167899

北京王府井钟表城
北京市东城区王府井大街186号
+86-10-65289028

重庆百货大楼店
重庆市渝中区八一路170号
+86-23-63843676

重庆江北商场店
重庆市江北区建新北路16号
+86-23-6760000

深圳华强茂业店
深圳市福田区华强北路2006号
+86-755-83210000

深圳茂业商厦有限公司
深圳市东门中路204号
+86-755-78222000/82185699

南昌亨得利钟表眼镜公司
南昌市东湖区胜利路步行街46号
+86-791-6613997

Longines浪琴表

Mido美度

烟台振华商厦店
烟台市芝罘区西大街8号
+86–535–8584188

Longines浪琴表

上海宏伊广场品牌直营店
上海市南京西路299号宏伊广场首层
+86–21–33665282

北京华瑞钟表王府井步行街旗舰店
北京市王府井大街269号
+86–10–65129396

沈阳皇城恒隆广场旗舰店
沈阳市沈河区中街路128号
+86–24–23232323–8106

周大福广州天河城专卖店
广州市天河路208号天河城1107铺
+86–20–85591985

Mido美度

上海亨达利钟表公司总店
上海市南京东路372号
+86–21–63502052

上海龙之梦购物中心专卖店
上海市长宁路1018号龙之梦购物中心一楼
+86–21–32528262

上海港汇广场店
上海市徐汇区虹桥路1号B1

南京中央商场店
南京市中山南路79号美度表柜台
+86–25–84711153

广州广百中怡店
广州市天河区天河路200号广州广百中怡店一楼钟表区
+86–20–62882013

成都亨得利店
成都市春熙路北段49号
+86–28–86663988–231

杭州银泰武林店
杭州市延安路530号银泰百货2F钟表柜台
+86–571–85170488

杭州百货大楼店
杭州市延安路546号杭州百货大楼一楼
+86–571–85108502

北京英皇中友店
北京市西城区西单北大街178号华南大厦中友百货
+86–10–66015367

北京名表城新东安店
北京市东城区王府井大街138号新东安市场一层148铺
+86–10–65225228

北京百货大楼店
北京市东城区王府井大街255号
+86–10–85260621

天津海信广场店
天津市和平区解放北路188号
+86–22–23198100

济南银座商城店
济南市乐源大街66号百货商场
+86–531–86065639

西安开元商城店
西安市东大街开元商城
+86–29–68881705

兰州巍雅斯名表行
兰州市东方红广场国芳百货北侧
+86–931–8890166

沈阳中兴商业城店
沈阳市和平区太原北街86号

哈尔滨远大购物中心店
哈尔滨市南岗区果戈里大街378号

长春卓展时代广场店
长春市重庆路1255号
+86–0431–88486763

呼和浩特天元店
呼和浩特市中山西路98号天元商厦
+86–471–6600989

郑州百盛购物广场店
郑州市东太康路72号百盛购物中心
+86–371–66207885

南昌百货大楼店
南昌市中山路1号钟表柜台
+86–791–6251136

武汉世贸中心店
武汉市汉口解放大道686号世贸1F钟表柜
+86–0–13006148768（柜台电话）

Movado摩凡陀

Milus美利是

石家庄先天下广场店
石家庄市中山东路326先天下购物广场
+86–311–85936689

合肥百盛店
合肥市淮河路77号合肥百盛逍遥广场名表柜台
+86–551–2616030

福州中城大洋百货一店
福州市鼓楼区八一七北路133号
中城大洋百货首层亨吉利钟表
+86–591–83036969

长沙王府井店
长沙市黄兴中路66号长沙王府井一楼钟表区
+86–731–84892336

Movado摩凡陀

哈尔滨远大购物中心店
哈尔滨市南岗区果戈里大街378号
+86–451–88102288–201

沈阳中兴名表城店
沈阳市和平区太原北街86号
+86–24–23411678

大连锦华百年城店
大连市中山区解放路19号
+86–411–82307803

北京东方广场名表城店
北京市东长安街1号东方商场首层A109号铺
+86–10–85186024

天津亨得利钟表眼镜公司店
天津市和平区滨江道145号
+86–22–27111471

呼和浩特天元商厦店
呼和浩特市中山西路20号
+86–471–6875222

新疆世纪瑞士名表行
乌鲁木齐市中山路88号
+86–991–2819621

温州五马名表城店
温州市五马街4号
+86–577–88223461

郑州新玛特购物广场金博大店
郑州市二七路200号金博大购物中心一层西门富豪表行
+86–371–66616216

武汉新世界百货国贸店
武汉市汉口建设大道566号
+86–27–15202706275

华狮广场亨达利钟表店
上海市淮海中路688号
+86–21–53068221

重庆海逸酒店
重庆市渝中区邹容路68号大都会广场
海逸酒店LG1层英皇钟表珠宝
+86–23–63828329

成都亨得利钟表眼镜有限公司店
成都市春熙路北段49号
+86–28–86663988–206

昆明金格百货金龙店
昆明市白塔路90号
+86–871–3120495

长春国际钟表店
长春市重庆路478号
+86–431–88919026

Milus美利是

北京周大福钟表珠宝公司
北京市崇文区前门大街20号周大福珠宝北京前门综合旗舰店
+86–10–67025660

沈阳大公名表伊势丹店
沈阳市和平区太原北街84号伊势丹百货
+86–24–23409588

武汉大公名表
武汉市解放大道686号世贸广场一楼
+86–27–85448509

佛山周大福钟表珠宝公司
佛山市顺德区大良街道办事处清晖路148号
新世界中心商场首层1106–1107号
+86–757–22222802

昆明金格百货汇都店
昆明市白塔路131号
+86–871–3642818

乌鲁木齐周大福钟表珠宝公司
乌鲁木齐市友好北路669号1栋1层1–1号周大福专营店
+86–991–6999405

Montblanc万宝龙

中信泰富旗舰店
上海市南京西路1168号中信泰富广场109&218铺
+86–21–52136611

东方广场精品店
北京市东长安街1号东方广场一层A402&A406
+86–10–85180250/85151696

金鹰国际商城店
南京市汉中路89号金鹰国际购物中心一层
+86–25–84700427

无锡八佰伴店
无锡市中山路168号无锡八佰伴一楼
+86–510–82731852

杭州大厦店
杭州市武林广场1号杭州大厦B楼1层67号铺
+86–571–85174687

深圳万象城店
深圳市罗湖区宝安南路1881号
华润中心万象城S135–136、S138号商铺
+86–755–22300691/22300692

广州友谊总店
广州市环市东路369号友谊商店首层
+86–20–83489199

厦门磐基店
厦门市思明区嘉禾路197号
磐基国际名品中心一层115–116号
+86–592–5314912/5314902

成都仁和总店
成都市宾隆街1号仁和春天百货1F
+86–28–86656211/86730466

重庆大都会店
重庆市渝中区邹容路68号大都会广场L142
+86–23–63836116

武汉新世界中心店
武汉市汉口解放大道634号新世界百货一楼
+86–27–68838310

西安中大店
西安市南大街30号中大国际一层
+86–29–87203716

天津友谊店
天津市河西区友谊路21号友谊商厦一层L7A铺
+86–22–88378876/88376885

青岛阳光店
青岛市香港中路38号阳光百货一层
+86–532–86677180

宁波和义大道购物中心店
宁波市和义路2号和义大道购物中心一层1019–1021铺
+86–574–87253538

温州时代广场购物中心店
温州市车站大道与锦绣路交叉口1楼
+86–577–88993687

大连百年城万宝龙店
大连市中山区解放路19号百年商城F106
+86–411–82308289

黑龙江远大购物中心店
哈尔滨市南岗区果戈里大街378号远大购物中心名表区
+86–451–88102288–206

石家庄北国先天下广场店
石家庄市中山东路326号一层万宝龙店
+86–311–85936176

长春市卓展购物中心
长春市重庆路99号
+86–431–88486921

沈阳卓展时代广场店
沈阳市沈河区北京街1号1层万宝龙专卖店
+86–24–22795678

山西天美名店购物中心店
太原市新建路39号
+86–351–8225453

鞍山市慧通钟表销售有限公司
鞍山市铁东区二一九路47甲–1号
+86–412–2280059/8280059

昆明金格中心店
昆明市东风东路9号
+86–871–3119003

Nomos

上海南京西路店
上海市南京西路1117–1127号名表城中安店2层
+86–21–52287881

昆明金格百货店
昆明市白塔路90号金格百货金龙店1层

Normana

Omega欧米茄

+86–871–3120495

北京新东安商场店

北京市东城区王府井大街138号新东安商场1层148铺

+86–10–65280390

鞍山慧通瑞士表店

鞍山市铁东区二一九路47甲–1号

+86–412–2280059

大连新玛特店

大连市中山区青三街1号新玛特购物广场一层

+86–411–83678957

Normana

北京乐天银泰店

北京市东城区王府井大街88号乐天银泰二层VALENTE专柜

+86–10–59785279

北京金融街店

北京市西城区金城坊街2号一层、二层

+86–10–66220233 / 66220215

上海南京西路店

上海市静安区南京西路1131、1133号

+86–21–62174566

深圳西武百货店

深圳市福田区深南中路1093号

中信城市广场西武百货一楼1028b、Normana店

+86–755–25944068

天津百货大楼店

天津市和平区和平路172号一楼

+86–22–27222765

昆明金格时光店

昆明市北京路985号金格中心时光店一层

+86–871–5693755

昆明金格中心店

昆明市东风路9号金格中心二楼世纪钟表柜

+86–871–3119770

杭州西湖银泰店

杭州市延安路98号Normana店

+86–571–87002047

太原燕莎商场店

太原市小店区长风街中段705号太原燕莎友谊商场一层

+86–351–7526531

宁波天一购物中心店

宁波市海曙区中山东路166号

+86–574–87684085

宁波金光百货店

宁波市中山东路285号宁波金光百货1楼F1–32号

+86–574–87066016

沈阳美美店

沈阳市和平区中华路67号S–113A

+86–24–31310055

沈阳恒隆店

沈阳市沈河区中街路128号第一层118号商铺

+86–24–31099363

沈阳西武店

沈阳市和平区青年大街211号沈阳西武百货一楼

+86–24–23881893

沈阳中兴店

沈阳市和平区太原北街86号

成都仁恒置地店

成都市锦江区人民南路二段1号仁恒置地广场购物中心123号

+86–28–86715545

成都群光百货店

成都市春熙路南段8号群光百货1楼

+86–28–65000018

郑州紫荆山店

郑州市紫荆山路1号

+86–371–63352166

大连富丽华店

大连市中山区人民路60号

+86–411–82811825

广州友谊国金店

广州市珠江新城珠江西路5号广州国际金融中心裙楼商场

+86–20–88832202

内蒙古天元店

呼和浩特市中山西路20号天元商场1楼

+86–471–6600891

哈尔滨卓展店

哈尔滨市道里区安隆街106号

+86–451–87737299

Omega欧米茄

北京T3航站楼欧米茄旗舰店

北京市首都国际机场3号航站楼T3E

Oris豪利时

Orient东方表

Piaget伯爵

二层国际出发隔离区中央大堂
+86–10–64558959
北京金宝汇欧米茄旗舰店
北京市东城区金宝街88号金宝汇110店铺
+86–10–85221863
北京新光天地欧米茄旗舰店
北京市朝阳区建国路87号新光天地M1002商铺
+86–10–65331616
北京东方广场欧米茄旗舰店
北京市东长安街1号
东方广场东方新天地A201B商铺
+86–10–85187188
北京金融街欧米茄旗舰店
北京市西城区金城坊街2号金融街购物中心L101–3商铺
+86–10–66220101
上海南京西路1111号欧米茄旗舰店
上海市南京西路1111号
+86–21–62878686
上海久光百货欧米茄旗舰店
上海市静安区南京西路1618号久光百货1楼D153
+86–21–62887021
上海淮海中路864号欧米茄旗舰店
上海市淮海中路864号
+86–21–54046288
上海新天地欧米茄旗舰店
上海市黄陂南路331号企业天地商业中心
+86–21–63406018
上海和平饭店欧米茄旗舰店
上海市南京东路23号（外滩19号）
+86–21–63299905
广州花园大酒店欧米茄旗舰店
广州市环市东路368号花园酒店商铺G
+86–20–83652992

Oris豪利时

上海亨达利钟表总店
+86–21–63502052
上海亨得利钟表公司
+86–21–63528741
上海亨吉利永安百货店
+86–21–63510217
上海亨吉利龙之梦百货店
+86–21–61157477
上海东方商厦徐汇店
+86–21–64870000–1326
杭州大厦新宇店
+86–571–85160139
武汉新宇老亨达利总店
+86–27–82835972
西安亨吉利豪门店
+86–29–87263151
西安开元商城店
+86–29–87235469
成都亨得利店
+86–28–86663988–244
重庆亨吉利江北新世纪百货店
+86–23–89188879
沈阳中兴商业大厦店
+86–24–23417088
鞍山慧通瑞士表店
+86–412–2280059
长春豪利时专卖店
+86–431–88941776
长春中孚名表卓展店
+86–431–88486691
巍雅斯名表眼镜行
+86–931–8890166
昆明金格百货金龙店
+86–871–3120495
太原亨吉利国贸店
+86–351–8689400
广州友谊商店环市东店
+86–20–83483015
广州天河城百货3楼东方表行
+86–20–85593312

Orient东方表

北京王府井百货大楼
北京市东城区王府井大街255号
+86–10–85210621
郑州百货大楼
郑州市北二七路49号

Parmigiani帕玛强尼

Panerai沛纳海

Patek Philippe百达翡丽

+86–371–63335858

长春新天地
长春市亚泰大街1138号
+86–431–85856977

世纪名表中山路店
乌鲁木齐市中山路299号
+86–991–2819621

嘉茂天津湾店
天津市河西区南北大街1号
+86–22–27306370

Piaget伯爵

上海恒隆伯爵专卖店
上海市静安区南京西路1266号恒隆广场102B
+86–21–34284670–110

上海淮海中路798伯爵专卖店
上海市淮海中路798号
+86–21–33950989

上海半岛酒店伯爵专卖店
上海市中山东一路32号L1B号店铺
+86–21–63295558

上海IFC专卖店
上海市浦东新区世纪大道8号上海国金中心商场L1–12店铺
+86–21–50121690

杭州万象城专卖店
杭州市江干区四季青街道富春路701号
万象城L1–165号商铺
+86–571–89705028

北京王府半岛酒店伯爵专卖店
北京市东单北大街金鱼胡同8号王府半岛酒店GF–8
+86–10–65129065

北京东方广场伯爵专卖店
北京市东城区东长安街1号
东方广场东方新天地商场首层A102号铺
+86–10–85182332

北京新光天地伯爵专卖店
北京市朝阳区建国路87号新光天地一层120号铺
+86–10–65331486

广州友谊伯爵专卖店
广州市越秀区环市东路369号广州友谊商店
+86–20–83587785

青岛海信广场奥运店
青岛市澳门路117号青岛海信广场奥运店一层钟表部
+86–532–66788157

西安中大国际名品广场店
西安市南大街30号中大国际名品广场A118店铺
+86–29–87203027

苏州泰华店
苏州市人民路383号苏州泰华商城一层111号
+86–512–65725190

长沙美美百货店
长沙市芙蓉中路一段478号
运达国际广场美美百货一层S105
+86–731–84779422

Parmigiani帕玛强尼

上海专卖店
上海市卢湾区淮海中路222号力宝广场首层102号
+86–21–33315062

北京金宝街专卖店
北京市东城区金宝街90–92号励骏酒店首层1–2号
+86–10–85221583

北京耀莱专卖店
北京市朝阳区建国路89号,18号楼L02号耀莱新天地首层
+86–10–65331343

上海IFC专卖店
上海市浦东新区世纪大道8号上海国金中心商场L1–12店铺
+86–21–50121690

杭州万象城专卖店
杭州市江干区四季青街道富春路701号
杭州万象城L1–165号商铺
+86–571–89705028

Panerai沛纳海

北京专卖店
北京市朝阳区建外大街2号银泰商业中心首层105号商铺
+86–10–85171263

上海国金中心专卖店
上海市浦东陆家嘴世纪大道8号上海国金中心L1–16号铺
+86–21–50121680

上海恒隆广场专卖店
上海市南京西路1266号恒隆广场B102号铺位

Rado雷达

Roamer罗马

Raymond Weil蕾蒙威

+86–21–62880100

Patek Philippe百达翡丽

上海专卖店
上海市中山东一路外滩18号1楼
+86–21–63296846

北京专卖店
北京市前门东大街前门23号1号楼
+86–10–65255868

Rado雷达

唐山百货大楼店
唐山市新华东道125号唐山百货大楼一层
+86–315–2821952

乌鲁木齐世纪金花店
乌鲁木齐市友好北路686号世纪金花亨吉利世界名表中心
+86–991–4857076

内蒙古维多利国际广场店
呼和浩特市新城区新华东街8号维多利国际广场
一层名表中心
+86–471–2823861

济南银座商城店
济南市泺源大街66号
+86–531–86065639

北京当代商城店
北京市海淀区中关村大街40号当代商城1层
+86–10–62696120

宁波第二百货商店
宁波市中山东路220号中百第二百货商店钟饰商场
+86–574–87258621

温州银泰雷达旗舰店
温州市解放南路荷花路口银泰百货一楼
+86–577–88680026

温州旗舰店
温州市五马街1号
+86–577–88216822

河南富豪表行大商新玛特金博大店
郑州市二七路200号金博大购物中心
+86–0–13592581716

上海新世界百货店
上海市南京西路2–88号
+86–21–53755127

上海淮海路旗舰店
上海市淮海中路540号
+86–21–53067739

江苏镇江八佰伴店
江苏市镇江市中山东路334号一楼
+86–511–88975686

苏州世家名表店
苏州市观前邵磨针巷88号
+86–512–65158999

无锡八佰伴商贸店
无锡市中山路168号
+86–510–82747516

无锡商业大厦店
无锡市中山路343号B栋1楼
+86–510–82790539

大庆新玛特广场店
大庆市开发区纬二路39号
+86–459–6296279

沈阳商贸饭店专卖店
沈阳市和平区中华路68号
+86–418–2899162

Roamer罗马

深圳宝安国际机场专卖店
深圳市宝安区深圳机场B号候机楼BS2–26
+86–755–27770078

Raymond Weil蕾蒙威

上海南京西路店
上海市南京西路1117–1127号名表城中安店2楼
+86–21–52287881

上海亨吉利世界名表中心店
上海市南京东路635号永安百货1楼亨吉利世界名表中心
+86–21–63510217

大连百年城店
大连市中山区解放路1号百年商城锦华钟表
+86–411–82307803

鞍山新玛特店
鞍山市铁东区胜利南路42号大商新玛特市府店一层
+86–412–7120059

鞍山慧通瑞士表店
鞍山市铁东区219路47甲1号鞍山慧通瑞士表店
+86-412-2280059

武汉亨吉利世界名表中心店
武汉市武昌区珞瑜路6号
群光百货商场1楼亨吉利世界名表中心
+86-27-87168507

石家庄先天下购物广场店
石家庄市中山东路326号先天下购物广场1层钟表部
+86-311-85936576

沈阳亨吉利世界名表中心店
沈阳市和平区南京北街312号1928大厦亨吉利世界名表中心
+86-24-23416598-805

昆明金格中心店
昆明市东风东路9号昆明金格中心
+86-871-3119081

昆明邦克店
昆明市青年路397号邦克大厦B座2楼亨吉利世界名表中心
+86-871-3158282

哈尔滨百盛购物中心店
哈尔滨市道里区中央大街222号百盛购物中心1楼
+86-451-85981245

南昌亨吉利世界名表中心店
南昌市西湖区中山路177号百盛购物中心1楼
+86-791-6733236

西安亨吉利世界名表中心店
西安市东大街解放市场6号
开元商场亨吉利世界名表中心
+86-29-87235469

南通侨鸿国际购物中心店
南通市人民中路9号侨鸿国际购物中心1楼
+86-513-85593886

呼和浩特维多利国际广场店
呼和浩特市新华东街8号维多利国际广场1楼
+86-471-2823861

Richard Mille

上海专卖店
上海市卢湾区淮海中路222号力宝广场首层101号
+86-21-62889112

北京专卖店
北京市东城区金宝街90-92号励骏酒店首层1-2号
+86-10-85221583

北京耀莱店
北京市朝阳区建国路89号18号楼L02号耀莱新天地三层
+86-10-65331343

Roger Dubuis罗杰杜彼

上海专卖店
上海市卢湾区淮海中路810号
+86-21-33950818

大连锦华钟表公司
大连市中山区七一街1号友谊商城1楼
+86-411-82632417

鞍山慧通瑞士表店
鞍山市铁东区二一九路47甲-1号
+86-412-2280059

SeaGull海鸥

天津专卖店
天津市河西区友谊路5号（北方金融大厦底商）
+86-22-28359218

天津专卖店
天津市和平区开封道16号(小白楼欧式风情街)
+86-22-23301950

北京专卖店
北京市东城区东长安街1号东方新天地A110
+86-10-85151969

沈阳专卖店
沈阳市沈河区哈尔滨路118号华府天地购物中心1层
+86-24-22595992

哈尔滨专卖店
哈尔滨市南岗区红旗大街301号红博会展购物广场1层
+86-451-82273176

太原专卖店
太原市杏花岭区府西街25号
+86-351-3532851

郑州专卖店
郑州市金水区金水路曼哈顿广场裙楼A1080号
+86-371-60190111

南京专卖店
南京市白下区中山东路198号（龙台国际大厦底商）

Seiko精工

Swatch斯沃琪

TAG Heuer豪雅

+86—25—84659028

杭州专卖店

杭州市上城区华光路30号（邻高银街）

+86—571—86909218

深圳专卖店

深圳市罗湖区南湖路深华商业大厦1层1022号

+86—755—82684354

厦门专卖店

厦门市湖里区嘉禾路386号东方财富广场B栋1层

+86—592—5214295

Seiko精工

青岛新宇亨得利专卖店

青岛市中山路164号

+86—532—82838816

杭州时间廊专卖店

杭州市江干区富春路701号万象城购物中心B1层115号

+86—571—89705773

上海东方表行久光城市广场店

上海市静安区南京西路1618号久光百货1层

+86—21—62882819

昆明金格中心

昆明市东风东路9号

+86—871—3119088

Swatch斯沃琪

上海精品店

上海市外滩19号和平饭店艺术中心Swatch精品店

+86—21—63299936

TAG Heuer豪雅

上海淮海路旗舰店

上海市淮海中路837号

+86—21—64732997

上海南京西路旗舰店

上海市南京西路1033—1037号

+86—21—62556686

上海恒隆广场精品店

上海市南京西路1266号恒隆广场B107铺

+86—21—32160199

北京新光天地旗舰店

北京市建国路87号新光天地一层M1026铺

+86—10—65307316

沈阳商贸酒店旗舰店

沈阳市和平区中华路68号1楼104铺

+86—24—23419338

Tissot天梭

上海香港广场专卖店

上海市卢湾区淮海中路282号香港广场商场北座NL2—06a室

+86—21—63850188

上海新天地时尚店

上海市卢湾区马当路245号1楼118室

+86—21—33312809

上海悦达889专卖店

上海市普陀区万航渡路889号1楼L1—20室

+86—21—32527806

上海正大广场专卖店

上海市浦东新区陆家嘴路168号1楼GF08室

+86—21—50472833

上海龙之梦专卖店

上海市长宁区长宁路1018号1楼1038铺

+86—21—52122395

上海宏伊广场专卖店

上海市黄浦区南京东路299号1楼114铺

+86—21—33665138

上海353广场专卖店

上海市黄浦区南京东路353号1楼

+86—21—33313762

上海96广场专卖店

上海市浦东新区东方路796号96广场176室

青岛亨得利专卖店

青岛市南区中山路140号

+86—532—82817730

南京水游城专卖店

南京市白下区健康路1号水游城1楼M11室

+86—25—82233582

宁波酷购商城

宁波市海曙区药行路152号1楼

杭州万象城专卖店

杭州市江干区富春路701号万象城购物中心B1—112铺

+86—571—89705785

Tissot天梭　Tianwang天王

武汉亨得利专卖店
武汉市江岸区解放大道1311号长江大酒店1楼
+86–27–83620316

济南万达广场专卖店
济南市魏家庄经四路5号万达广场101B
+86–531–88925515

郑州百货大楼专卖店
郑州市金水区北二七路49号1楼
+86–371–66610897

郑州大商新玛特国贸专卖店
郑州市金水区花园路38号1楼
+86–371–65701569

北京西单大悦城
北京市西单北大街131号西单大悦城1F20
+86–10–59716085

北京银座MALL
北京市东直门外大街48号银座百货一层02号商铺
+86–10–84549135

北京东方广场旗舰店
北京市东城区东方广场一层AA03天梭旗舰店
+86–10–85181181

北京三里屯专卖店
北京市朝阳区新三里屯南区S4—19a
+86–10–64153955

北京中关村店
北京市中关村大街15号中关村广场购物中心
地下二层C233商铺
+86–10–51721187

北京来福士广场店
北京市东城区东直门南大街1号
来福士购物中心一层11号商铺
+86–10–84098756

北京世贸天阶店
北京市朝阳区光华路9号一号楼L124单元
+86–10–65871381

北京朝北大悦城专卖店
北京市朝阳区朝阳北路101号楼大悦城1F12B
+86–10–85518701

北京新中关购物广场店
北京市海淀区中关村大街19号新中关大厦L119B
+86–10–82483783

沈阳中街玫瑰酒店专卖店
沈阳市沈河区中街路201号
+86–24–24898000

沈阳百盛购物广场专卖店
沈阳市和平区中华路21号
+86–24–83280858

广州天河城广场专卖店
广州市天河城北门1108A铺
+86–20–85599326

广州正佳专卖店
广州市天河路正佳广场首层天梭专卖店
+86–20–85505382

广州中山四路专卖店
广州市中山四路228号西侧裙楼第1层
+86–20–83061591

深圳万象城专卖店
深圳市罗湖区宝安南路1881号华润中心万象城B66号
+86–755–82691466

深圳太阳城专卖店
深圳市罗湖区东门解放路2001号利联太阳广场
+86–755–82393610

南宁水晶城专卖店
南宁市琅东区金湖路61号梦之岛水晶城
+86–771–5597271

昆明正义坊专卖店
昆明市青年路82号
+86–871–8369148

昆明亨达利专卖店
昆明市宝善街156号裕锦立体停车库1
+86–871–3662527

重庆解放碑瑞皇专卖店
重庆市渝中区民权路1号
+86–23–63817676

Tianwang天王

厦门专卖店
厦门市思明区中山路444号
+86–592–2057080

成都专卖店
成都市成华区二环路东一段SM广场1楼

北京百货大楼

Titoni梅花表

Tiffany & Co.蒂芙尼

北京市王府井大街255号
+86–10–65125966
长沙阿波罗广场
长沙市八一西路23号
+86–731–2282467
西安银川新华百货分店
银川市新华东街29号
+86–29–6041512/6099035
大庆新玛特
大庆市开发区纬二路39号
+86–459–6296000
大同华林新天地
大同市城区红旗广场A区
+86–352–5326709
广州正佳店
广州市天河路228号
+86–20–81356162
深圳东门茂业商场
深圳市东门中路2047号
+86–755–25166151
哈尔滨秋林公司
哈尔滨市南岗区东大直街100号
+86–451–53601228
海南明珠广场
海口市海秀路16号明珠广场
+86–898–36660666
内蒙天元商场
呼和浩特市中山西路20号
+86–471–6600933

Titoni梅花表

重庆旗舰店
重庆市渝中区民权路89号日月光中心广场L1009–010号商铺
+86–23–63803939
上海旗舰店
上海市南京东路34号和平饭店北楼1楼西商场B1–B3商铺
+86–21–33660598
北京专卖店
北京市东城区王府井大街东方新天地商场首层A103A店铺
+86–10–85186194
广州专卖店（天河正佳店）
广州市天河路228号正佳广场首层1D110号
+86–20–38330633
汕头专卖店
汕头市金环路南国商城西侧七号
+86–754–88167208
深圳专卖店
深圳市罗湖区南湖路深华商业大厦1009铺
+86–755–82376667
长春专卖店
长春市朝阳区重庆路1234号
+86–431–88940976
济南专卖店
济南市经二路588号嘉华购物广场首层
+86–531–87908851
郑州专卖店
郑州市北二七路49号郑州百货大楼
+86–371–66610897

Tiffany & Co.蒂芙尼

北京银泰瑞士陀飞轮精品店
北京市朝阳区建国门外大街2号
银泰中心111–113商铺
+86–10–85171788
北京君悦瑞士陀飞轮精品店
北京市东城区东长安街1号东方君悦酒店
+86–10–85150808
北京王府井新宇三宝丹耀店
北京市王府井大街176号丹耀大厦1–3F
+86–10–65253490
北京乐天银泰新宇三宝店
北京市东城区王府井大街88号一层
+86–10–59785170
北京百盛英皇珠宝店
北京市西城区复兴门内大街101号百盛购物中心新区一层
+86–10–66083420
上海外滩瑞士陀飞轮精品店
上海市黄浦区中山东一路18号第一层B2单元
+86–21–63238853
沈阳秋林新宇三宝店
沈阳市和平区中山路90号
+86–24–23834888

Ulysse Nardin雅典

Vacheron Constantin江诗丹顿

Van Cleef & Arpels梵克雅宝

哈尔滨邮局新宇三宝店
哈尔滨市南岗区建设街51号
+86-451-53659800

杭州万象城亨吉利店
杭州市江干区富春路701号万象城195号商铺
+86-571-89705710

温州世贸盛时表行店
温州市大南路银泰百货一楼盛时表行
+86-577-88680026

Ulysse Nardin雅典

上海外滩18号旗舰店
上海市中山东一路18号1楼106室
+86-21-63211271

上海永安百货店
上海市南京东路635号永安百货1楼亨吉利世界名表中心
+86-21-63615296

上海南京西路店
上海市南京西路1117-1129号上海名表城
+86-21-52287098

北京东方广场旗舰店
北京市东城区东长安街东方广场东方新天地SS02B商铺
+86-10-85188828

北京西单商场店
北京市西城区西单北大街120号
西单商场1层亨吉利世界名表中心
+86-10-66011216

北京王府井百货店
北京市东城区王府井大街255号
王府井百货大楼一卖场钟表
+86-10-85260621

北京周大福前门店
北京市崇文区前门大街32-34号2楼
+86-10-67025660

北京王府井新宇三宝店
北京市东城区王府井大街176号丹耀大厦1-3层
+86-10-65253490

大连天辰表行迈凯乐总店
大连市中山区青泥街57号
+86-411-82301247

天津滨江道店
天津市和平区滨江道145号亨得利钟表眼镜公司
+86-22-27116690

西安城亨国际酒店
西安市碑林区南大街36号亨吉利世界名表中心
+86-29-87263151

西安金鹰百货店
西安市高新技术产业开发区
科技路37号金鹰国际购物中心一楼
+86-29-88348107

哈尔滨东大直街店
哈尔滨市东大直街323-1号
+86-451-53905312

大庆新玛特店
大庆市萨尔图区新村纬二路大庆新玛特一楼亨吉利名表中心
+86-459-6296279

杭州利星名品店
杭州市平海路124号利星名品广场一楼亨吉利世界名表中心
+86-571-87028693

杭州万象城店
杭州市江干区富春路701号万象城一楼亨吉利世界名表中心
+86-571-89705709

沈阳大公名表总店
沈阳市和平区中山路65号
+86-24-23404588

长春国际钟表店
长春市重庆路478号长春国际钟表
+86-431-88919026

昆明邦克店
昆明市青年路397号邦克大厦B座亨吉利世界名表中心
+86-871-3158686

深圳华润君悦酒店
深圳市罗湖区宝安南路1881号华润君悦酒店
D栋S145，S147，S148，S249号商铺
+86-755-22279079

深圳益田假日店
深圳市南山区深南大道9028号益田假日广场L1-57、58
+86-755-86299092

福州大洋冠亚店
福州市鼓楼区817北路268号福州大洋百货商场一楼
+86-591-88590808

南昌亨得利店

Victorinox维氏

Versace 范思哲

南昌市胜利路26号亨得利
+86–791–6641143
长沙百联广场店
长沙市黄兴中路188号百联广场大厦一楼
亨吉利世界名表中心
+86–731–82254296
太原亨吉利世界名表中心店
太原市府西街69号山西国际贸易中心一层
+86–351–8689400
唐山百货大楼店
唐山市新华东道125号
+86–315–2821952
宁波天一广场店
宁波市海曙区中山东路166号天一广场国际购物中心
雅典专卖店
+86–574–87684196
合肥万千百货店
合肥市包河区马鞍山路130号万千百货1楼亨吉利名表中心
+86–551–2891586

Vacheron Constantin江诗丹顿

中国专卖店
上海市淮海中路796号江诗丹顿之家
+86–21–33950800

Van Cleef & Arpels梵克雅宝

北京国贸精品店
北京市建国门外大街1号国贸商城L118A–119A店
+86–10–65051919
北京王府井精品店
北京市王府井大街255号王府井百货首层
+86–10–85162800
上海恒隆广场精品店
上海市南京西路1266号恒隆广场102A店
+86–21–62888100
上海淮海路精品店
上海市淮海路800号
+86–21–61959860
上海国金精品店
上海市世纪大道8号国金中心商场首层
+86–21–50120828

杭州大厦精品店
杭州市武林广场1号杭州大厦A座首层
+86–571–85062929

Victorinox维氏

上海虹桥机场店
上海市申昆路1500号DF320商铺（虹桥机场2号航站楼）
+86–21–24282209
上海中信泰富店
上海市南京西路1168号421铺
+86–21–52929943
深圳万象城直营店
深圳市罗湖区宝安南路1881号华润君悦酒店D栋S223铺
+86–755–22655250

Valentino华伦天奴

北京王府半岛酒店
北京市王府井金鱼胡同8号王府半岛酒店地下一层商铺L5
+86–10–65230886
上海久光百货店
上海市静安区南京西路1618号二层
上海恒隆广场店
上海市南京西路1266号恒隆广场2楼210A店
+86–21–62887896
杭州大厦店
杭州市环城北路华浙广场3号杭州大厦D馆一层
+86–571–85064119
包头百货店
包头市市辖区钢铁大街67号
昆明傲城百货店
昆明市人民中路39号傲城大厦

Versace范思哲

北京珠宝手表专卖店
北京市朝阳区建国路81号华茂购物中心1层
厦门手表专柜
厦门市湖滨北建业路8号马哥孛罗东方大酒店1层
苏州手表专柜
苏州市观前街美罗商城1层
无锡手表专柜
无锡市中山路三阳百盛购物中心1层

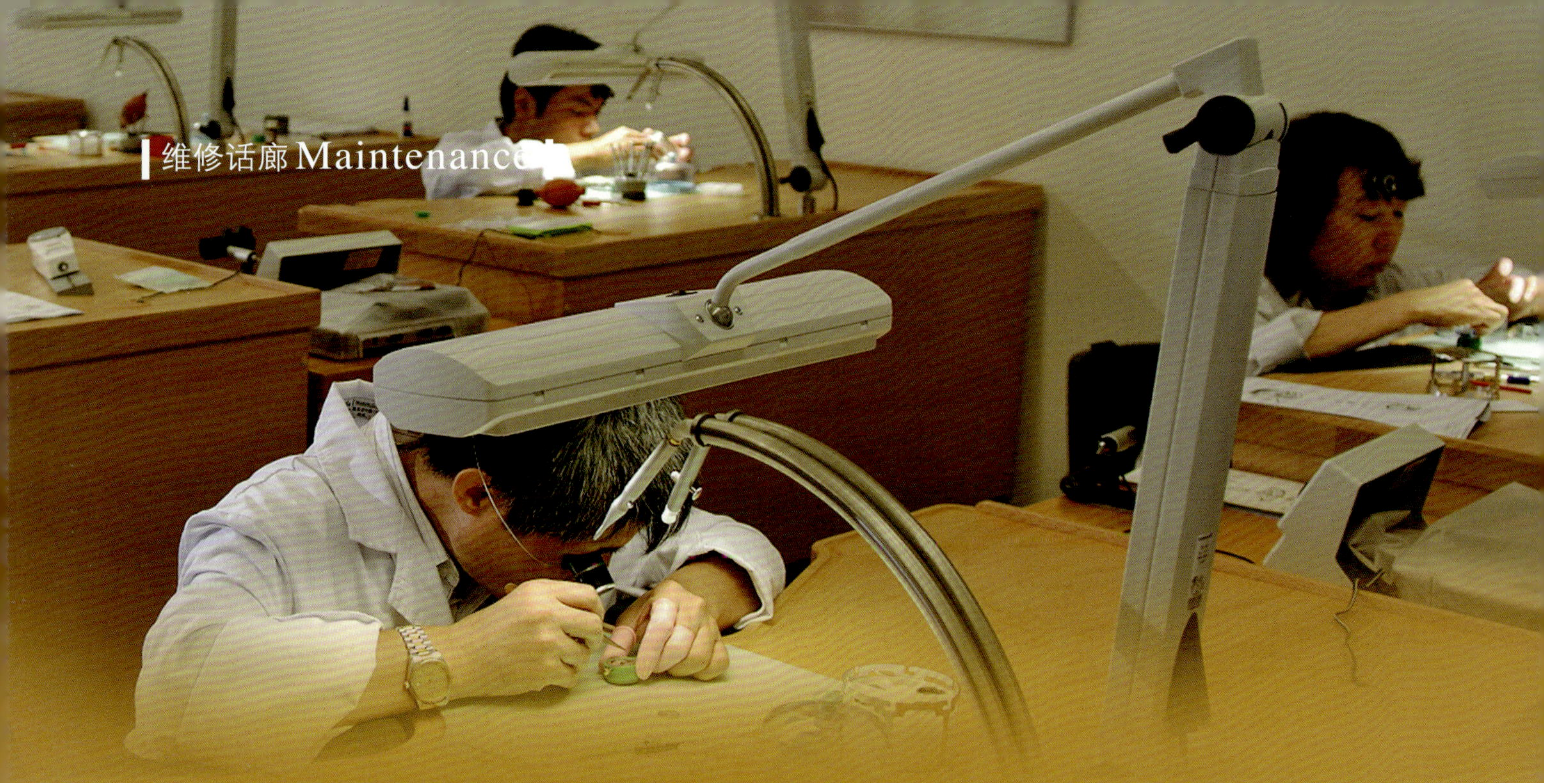

Maintenance
维修话廊

维修服务中心	电话
A.Lange & Söhne朗格	
上海市淮海中路812号	021-63232109
Audemars Piguet爱彼	
上海市南京西路388号仙乐斯广场2101室	021-63345958
Ball波尔	
北京市王府井大街138号新东安市场一层148号铺	010-65280390
上海市南京西路993号锦江向阳大楼12层	021-62175616/62176020
上海市南京东路456号亨得利钟表公司客户服务中心	021-63516338
广州市天河北路183号大都会广场2316室	020-87552522
沈阳市沈河区中街路148号冠亚名表城沈阳中街店	024-24842977
Baume & Mercier名士	
上海市淮海中路1325号爱美高大厦5楼501室	021-61612888
北京市崇文区崇外大街3号新世界北座办公楼601室	010-67094888
Blancpain宝珀	
中国售后服务热线	400-670-1735
Breitling百年灵	
上海市南京西路1038号梅龙镇广场办公楼27层2704-2706A室	021-63522670
Bvlgari宝格丽	
上海市南京西路1266号恒隆广场106商铺	021-62882892
上海市浦东世纪大道8号上海国金中心D座L1-6店铺	021-50121771
北京市东城区金鱼胡同8号王府半岛酒店1层GF-11	010-65106126
北京市朝阳区建国门外大街1号国贸商城1层L107铺	010-58669716
北京市朝阳区建国路87号新光天地1层M1024号店铺	010-65331127
北京市东城区王府井大街88号乐天银泰百货1层108店铺	010-59785156
北京市首都国际机场3号候机楼B2E01店铺	010-64558960/2
天津市河西区友谊路21号天津友谊商厦1层L3店铺	022-88376207
广州市环市东路367号丽柏广场235店铺	020-83313267
深圳市罗湖区宝安南路1881号华润中心万象城S109铺	0755-22655908
沈阳市沈河区北京街7-1号卓展购物中心1层1112号店铺	024-22795608
成都市人民东路59号仁和春天百货商场1层	028-86658802
南京市中山路18号德基广场1层L132店铺	025-84764618
苏州市观前街245苏州美罗商场1层0101号店铺	0512-69162207
Carl F. Bucherer宝齐莱	
上海市雁荡路34号	021-63845283
上海市淮海中路98号金钟广场14楼	021-60919590
北京市东城区王府井大街172号丹耀大厦B1层	010-65256100
Century	
上海市浦东大道桃林路18号环球广场A座23层售后维护中心	021-51525555

维修服务中心	电话
Chanel香奈儿	
北京市朝阳区建国门外大街1号国贸商城首层L135	010-65058028
上海市中山东一路32号上海半岛酒店首层	021-63215221
上海市南京西路1266号恒隆广场一层116商铺	021-62888873
Chaumet尚美	
北京市东城区王府井大街新东安市场办公室2座1117室	010-65256373
Cartier卡地亚	
北京市东城区王府井大街88号乐天银泰百货109号店铺	010-59785161
北京市朝阳区建国门外大街1号国贸商城一层 L104铺	010-65056660
北京市东城区王府井金鱼胡同8号王府半岛酒店大堂	010-65234261
北京市西城区复兴门内大街101号百盛购物中心首层	010-66068288
北京市朝阳区安外安立路8号时代名门商场1004-1005铺	010-84986669
北京市朝阳区建国门外大街2号银泰中心悦·生活1层106-110号，2层208-210号	010-85171221
广州市环市东路369号广州友谊商店一层	020-83590702
上海市南京西路1266号恒隆广场一层133/135	021-62880606
上海市中山东一路18号A单元	021-63235577
上海市卢湾区淮海中路283号香港广场南座第一及第二层SL1-04及SL2-04商铺	021-63908800
上海市浦东新区世纪大道8号国际金融中心商场L1-2&L2-2号商铺	
天津市和平区解放北路188号天津海信广场一层	022-23198111
重庆市渝中区邹容路100号美美百货1027-1028店铺	023-63706380
沈阳市沈河区北京街7-1号卓展购物中心一层	024-22795151
沈阳市和平区太原北街86号中兴－沈阳商业大厦一层	024-23412599
南京市中山路18号德基广场一楼L112.L113店铺	025-84764588
武汉市江汉区解放大道690号国际广场购物中心一楼	027-85717612
成都市人民东路59号仁和春天百货人东店1楼	028-86678066
太原市府西街45号华宇国际精品商厦102商铺	0351-3339698
大连市中山区人民路41号大连新世界大厦101-102、201-202号	0411-88078765
长春市朝阳区重庆路1255号长春卓展时代广场一层A-101店	0431-88961510
哈尔滨市南岗区花园街403号新世界百货商场一层47/59商铺	0451-53651739
无锡市中山路168号B101铺位	0510-82730318
苏州市人民路383号泰华商场西楼一层112号	0512-65727020
青岛市澳门路117号海信广场115/117 铺	0532-66788118
青岛市市南区山东路9号巴黎春天广场 1A01店	0532-85807700
杭州市武林广场1号杭州大厦购物中心B-102店铺	0571-85105993
宁波市和义路66号和义大道购物中心1006店铺	0574-83899568
长沙市五一大道368号家润多商业股份有限公司——友谊商店A座	0731-85650556
深圳市罗湖区宝安南路1881号华润万象城二期S133，S233号商铺	0755-22655195
深圳市深南中路1095号中信城市广场西武百货1013-1014店铺	0755-25943633
昆明市白塔路131号金格百货汇都店F1铺	0871-3123292
乌鲁木齐市友好北路589号美美百货	0991-6999800

维修服务中心	电话
CITIMEX集团代理：Buben & Zorweg富凡卓越、Valentino华伦天奴、Erwin Sattler	
上海市南京西路580号南证大厦B座816-818室希迪唛商贸（上海）有限公司	021-62679386/62678931
Citizen西铁城	
北京市顺义区天竺空港工业区天纬二街天柱路维修服务中心	010-80486655
北京市崇文区前门大街139号维修服务站	010-63151930
上海市淮海中路二百永新大厦7011室维修服务中心	021-64716622
Chopard萧邦	
上海市南京西路1266号恒隆广场地下一层 B105店铺	021-61367866
上海市外滩中山东一路32号上海半岛酒店L1K铺	021-63293058
上海市世纪大道8号上海国金中心商场D座L1-13室	021-50120850
北京市东城区王府井大街138号新东安广场101号店铺	010-65242866
温州市车站大道时代广场购物中心1楼	0577-88993633
大连市人民路50号1楼120号店	0411-39857929
杭州市武林广场1号杭州大厦购物中心A楼1楼	0571-85166806
深圳市罗湖区宝安南路1881号万象城S118号铺	0755-22277462
广州市天河区珠江新城珠江西路5号友谊商店国金店底楼	020-88832283
广州市环市东路369号友谊商店底楼	020-83577348
Corum昆仑	
上海市黄浦区广东路689号海通证券大厦1806室	021-63410610
Dior迪奥	
北京市建国门外大街1号国贸商城L119店	010-65052061/65052062
北京市王府井金鱼胡同8号王府饭店商场GF-7店	010-65106000
北京市西城区金城坊街2号金融街购物中心 L102-L103	010-66220756/66220776
上海市南京西路1266号恒隆广场101-101A商铺	021-62880212
上海市南京西路1266号恒隆广场125-127店	021-62880210
上海市浦东陆家嘴世纪大道8号国金中心L1-29商铺	021-50122960
大连市中山区人民路50号大连时代广场L102、L202、L117铺	0411-39857851/39857877
哈尔滨市道里区尚志大街73号麦凯乐购物中心104-105店铺	0451-58989725/58989751
天津市河西区友谊路21号天津友谊商城1层L11-L12铺	022-58371900/58371908
天津市和平区南京路108号现代城C座一楼	022-27188240
沈阳市沈河区北京街7-1号沈阳卓展购物中心1129、1103铺	024-22795709/22795701
杭州市武林广场1号杭州大厦购物中心B座121商铺	0571-85062778
杭州市江干区富春路701号万象城121商铺	0571-89705928
南京市中山路18号德基广场L135-L136店铺	025-84764710/84764718
宁波市海曙区和义路66号和义大道购物中心一层B区1004-1005店铺	0574-83899358/83899350
成都市人民南路二段一号仁恒置地广场103-104铺	028-86752508/86672019
广州市东山区环市东路367号白云宾馆丽柏广场首层105店	020-83311636
深圳市罗湖区宝安南路1881号万象城S128店铺	0755-22655180/22655186

维修服务中心	电话
Ebel玉宝	
上海市徐汇区零陵路899号飞洲国际广场11K室	021-54258071
北京市东城区王府井大街138号新东安市场办公楼2座1117号	010-65256373
成都市人民东路61号仁和大厦12楼06室	028-86713917
广州市环市东路371-375号世界贸易中心大厦南塔919-920室	020-83507128
深圳市中信城市广场西武百货大楼一楼1028C	0755-25944438
Europe Watch欧洲坊	
北京市东城区王府井大街138号新东安市场1层102-103号及106号铺	010-65211839
上海市虹桥路1号港汇广场101B号铺	021-64071540
F.P. Journe	
北京市朝阳区建国门外大街2号北京银泰中心悦·生活3层303-305号	010-85172036
Emile Chouriet艾米龙	
南昌市八一大道357号财富广场一楼亨吉利世界名表中心	0791-6237582
沈阳市和平区南京北街312号亨吉利世界名表中心	024-23416598-805
乌鲁木齐市民主路22号	0991-2825616
北京市西城区西单北大街120号西单商场一层亨吉利世界名表中心	010-66563138
西安市南大街36号	029-87280583
南京市中山南路122号大洋百货一楼亨吉利世界名表中心	025-84738677
重庆市江北区建新北路37号世纪新都一层亨吉利世界名表中心	023-89188879
上海市南京东路635号永安百货一楼亨吉利世界名表中心	021-63510217
长沙市黄兴中路88号平和堂一楼亨吉利世界名表中心	0731-2564261
深圳市深南中路3024号格兰云天大酒店一层免税商场亨吉利世界名表中心	0755-83365968
Ernest Borel依波路	
广州市林和西路3-15号耀中广场620室依波路品牌专业维修中心	020-38880791
北京市东城区王府井大街99号世纪大厦A821室依波路维修部	010-65139196
上海市浙江中路400号春申江大厦1702室依波路表维修部	021-63518017/63519047
天津市和平区滨江道145号亨得利钟表眼镜有限公司	022-27114432/27220497
重庆市渝中区民权路1号瑞皇名表维修站	023-63737878
广州市天河路228号正佳商业广场一楼B区039号依波路旗舰店维修站	020-38331582
深圳市深南中路3024号格兰云天大酒店免税商场一楼	0755-83365968
石家庄市中山东路188号北国商城六楼仕博名表维修中心	0311-85261075
郑州市太康路24号1栋楼1层139号富豪表行郑州新宇三宝店	0371-66289039/63711039
太原市柳巷南路19号贵都世纪广场	0351-8212206
呼和浩特市中山西路39号维多利商厦钟表中心	0471-2263319
沈阳市沈河区市府大路433号峰景国际商务会馆1-16-5号	024-22744386
哈尔滨市南岗区花园街403号新世界百货商场一楼名表中心	0451-53651692
西安市碑林区东大街解放市场6号开元商城世界名表维修中心	029-87256995
乌鲁木齐市中山路299号瑞士名表特约维修中心	0991-2334003
苏州市观前邵磨针巷88号世家名表中心	0512-65229666
青岛市中山路124号依波路专卖店	0532-82821288

维修服务中心	电话
武汉市汉口江岸区42号老亨达利世界名表有限公司	027-82835972
长沙市人民中路9号友阿百货	0731-82034921
成都市福兴街1号华敏翰尊国际大厦1411依波路表维修部	028-86719522
Fiyta飞亚达	
中国售后服务热线	400-700-5858
哈尔滨市南岗区东大直街319号哈尔滨秋林公司一楼	
沈阳市太原街万达广场一楼119铺飞亚达专卖店	
大连市中山区友好街42号大商家家广场一楼	
北京市西单北大街120号西单商场一楼	
天津市和平区哈密道康达公寓B座7楼3号	
西安市东大街解放市场6号开元商场一楼名表区	
榆林市新建南路116号荣福祥名表专卖店	
郑州市紫荆山路61号裕鸿国际C座2018	
青岛市热河路59号交运大厦B座20楼1号房	
济南市经四路3号济南振华商厦一楼	
南京市白下区洪武路38号正洪大厦1401室	
杭州市庆春路159号中河大厦507房	
温州市鹿城区五马街12号温州中百商城一楼	
成都市成华区春熙路49号亨得利钟表店二楼	
南昌市东湖区胜利路28号亨得利钟表眼镜公司二楼	
重庆市渝中区青年路18号新世纪解放碑商都钟表维修站	
重庆市渝中区民权路22号飞亚达专卖店内	
重庆市民权路1号飞亚达瑞煌名表维修中心	
贵阳市中华中路117号龙港国际中心五楼	
广州市天河区正佳广场首层1C085号商铺	
昆明市东风东路昆明百货大楼新楼（A座）5楼	
呼和浩特市中山西路1号内蒙古维多利商业管理有限公司一层飞亚达专柜维修站	
Frederique Constant 康斯登	
中国售后服务热线	400-670-0168
上海市雁荡路34号上海上钟	021-63845283
上海市淮海中路98号金钟广场14楼1409室	021-60919590
北京市东城区王府井大街172号丹耀大厦新宇三宝名表	010-65256100
Glashütte Original格拉苏蒂	
中国售后服务热线	400-670-1845/010-85180618
Graham格林汉	
上海市浦东区东方路710号汤臣金融大厦3楼	021-58307664
Harry Winston海瑞温斯顿	
上海市浦东区东方路710号汤臣金融大厦3楼	021-58307664
Hublot宇舶	
上海市淮海中路98号金钟广场14楼1409室名表服务中心	021-60919590

维修服务中心	电话
北京市东城区王府井大街172号丹耀大厦B1层名表服务中心	010-65256100
IWC万国表	
上海市淮海中路804号万国表专卖店	021-33950880
上海市淮海中路1325号爱美高大厦5楼501室客服中心	021-61612888
上海市浦东新区世纪大道8号上海国金中心商场L1-15商铺	021-50120970
北京市崇文区崇文门外大街 3 号新世界北办公楼601室客服中心	010-67094888
北京市东长安街1号一层1/F A502	010-85188066
北京市朝阳区建国路87号新光天地M1030店铺	010-65331512
北京市西城区金城坊街2号L119	010-66220396
Jaeger-LeCoultre积家表	
上海市雁荡路34号上海上钟	021-63845283
上海市淮海中路98号金钟广场14楼1409室（客服总部）	021-60919590
上海市淮海中路1325号爱美高大厦5层	021-61612807
北京市崇文区崇文门外大街3号新世界办公楼B座601室	010-67094806
北京市东城区王府井大街172号丹耀大厦 B1层	010-65256100
Jean d' Eve珍达斐	
北京服务中心	010-65102109
上海市外高桥保税区泰谷路88号718室服务中心	021-64663361
Juvenia尊皇	
北京市东城区东长安街1号东方新天地商场首层A109	010-85186024
成都市总府路31号四川宾馆一楼	028-86617797
上海市南京西路1113号	021-62562270
上海市南京东路372号亨达利钟表公司	021-63502052
沈阳市和平区中华路68号商贸酒店一层105室	024-23832831
Maurice Lacroix艾美	
上海市淮海中路98号金钟广场14楼	021-60919595
北京市亨得利名表服务中心	010-65256100
Mido美度	
中国售后服务热线	400-670-1918
北京市建国门外大街22号16层纳沙泰尔手表服务中心	
上海市天钥桥路30号美罗大厦409-412室纳沙泰尔手表服务中心	
广州市环市东路371-375号世贸大厦南塔921-924室纳沙泰尔手表服务中心	
沈阳市和平区中华路69-1号富丽华商务中心11楼纳沙泰尔手表服务中心	
哈尔滨市道里区中央大街142号新宇三宝	
武汉市汉口解放大道686号世贸广场一楼新韵钟表有限公司	
长春市亚泰富苑购物中心	
成都市春熙路北段49号成都亨得利	
大连市中山区解放路1号大连百年城锦华钟表	
杭州市解放路216-218号杭州亨得利	
南京市中山南路79号南京中央商场一楼维修站	

维修服务中心	电话
温州市五马街4号温州五马名表店	
苏州市邵磨针巷88号世家钟表店	
呼和浩特市中山西路98号天元商厦1楼钟表部	
嘉兴市和兴南路366号新金陵钟表眼镜有限公司	
宁波市海曙区中山东路220号第二百货商店汇美钟表	
西安市东大街开元商城1层钟表区	
临沂市解放路中段71号亨得利瑞士名表城	
唐山市路北区新华东道125号唐山百货大楼钟表维修部	
天津市和平区滨江道145号亨得利	
Milus美利是	
北京市崇文区前门大街20号周大福珠宝北京前门综合旗舰店	010-67025660
沈阳市和平区太原北街84号伊势丹百货	024-23409588
武汉市解放大道686号世贸广场一楼	027-85448509
佛山市顺德区大良街道办事处清晖路148号新世界中心商场首层1106-1107号	0757-22222802
昆明市白塔路131号	0871-3642818
乌鲁木齐市友好北路669号1栋1层1-1号周大福专营店	0991-6999405
Montblanc万宝龙	
北京市崇文区崇文门外大街3号新世界北办公楼601室	010-67094888
上海市淮海中路1325号爱美高大厦5楼501室	021-61612888
Movado摩凡陀	
上海市徐汇区零陵路899号飞洲国际广场11K室	021-54258071
北京市东城区王府井大街138号新东安市场办公楼2座1117号	010-65256373
成都市人民东路61号仁和大厦12楼06室	028-86713917/86713918
广州市环市东路369号1号楼广州友谊商业大厦901室	020-83507128
深圳市中信城市广场西武百货大楼二楼2018W	0755-25944438
Nomos	
上海市延安东路618号东海商业中心16楼——捷成（中国）贸易有限公司上海分公司	021-23064958
Normana	
上海市浦东大道桃林路18号环球广场A座23层售后维护中心	021-51525555
Omega欧米茄	
中国售后服务热线	400-670-1848
北京市朝阳区建国门外大街22号赛特大厦16层纳沙泰尔手表服务中心	
上海市天钥桥路30号美罗大厦4楼纳沙泰尔手表服务中心	
广州市环市东路371-375号世界贸易大厦南塔921-923室纳沙泰尔手表服务中心	
沈阳市和平区中华路69-1号富丽华国际商务中心11楼纳沙泰尔手表服务中心	
北京市朝阳区建国路87号新光天地M1002商铺	010-65331616
北京市东长安街1号东方广场东方新天地A201B商铺	010-85187188
北京市西城区金城坊街2号金融街购物中心L101-3商铺	010-66220101
上海市南京西路1111号	021-62878686
上海市黄陂南路331号企业天地商业中心	021-63406018

维修服务中心	电话
广州市环市东路368号花园酒店商铺G	020-83652963
Orient东方表	
北京市朝阳区静安东里12号院1号楼A216	010-64612675
Oris豪利时	
上海市中山西路2020号华宜大厦2号楼1602室	021-64863680-811
Panerai沛纳海	
北京市崇文门外大街3号新世界北办公楼601室	010-67094888
上海市淮海中路1325号爱美高大厦501室	021-61212888
Patek Philippe百达翡丽	
上海市中山东一路外滩18号1楼	021-63296846
北京市前门东大街前门23号1号楼	010-65255868
Piaget伯爵	
上海市徐汇区淮海中路1325号美高大厦5层501室	021-61612888
北京市崇文区崇文门外大街3号新世界写字楼B座办公楼601室	010-67094888
Roamer罗马	
北京市东城区王府井大街50号慎昌表行	010-85116173
上海市南京东路456号B1层三联名表维修中心	021-63211802
广州市越秀区文明路62号盛桦钟表	020-83345244
天津市和平区滨江道145号亨得利	022-27114432
保定市朝阳大街916号保定百货购物广场	0312-3361114
太原市柳巷南路39号柳南商贸中心茂业百货	0351-8212206
太原市长风街中段705号和信时尚商城	13613416242
呼和浩特市中山西路7号民族商场亨吉利	0471-6932598
沈阳市和平区中山路70号新华大厦1314室杭州瑞表维修	024-31872185
南京市中山南路79号B1层中央商场名表技术服务中心	025-84726065
常熟市方塔街106号百盛商场名表维修中心	0512-52229910
青岛市中山路119号亨得利	0532-82805856
杭州市上城区江城路883-885号天域名表维修中心	0571-87800121
武汉市汉口区解放大道686号世贸广场	027-85446836
长沙市湘府中路二段517号通程商业广场	0731-85570151
海口市龙昆北路2号生生百货	0898-68581751
昆明市东风西路瓦仓庄118号昆都怡嘉合A栋1110室	0871-3620074
昆明市东风西路99号新纪元名表维修中心	0871-3643629
玉溪市红塔区东风中路1号美佳华商业广场	0877-2062342
成都市春熙北段49号亨得利	028-86663988-212
成都市总府路15号王府井百货进口表维修中心	028-86621188-8627
重庆市渝中区民权路1号瑞皇钟表维修中心	023-63737878
贵阳市中华中路117号龙港大厦东区五楼瑞时表修堂	0851-5211020
西安市东大街解放市场6号开元商城	029-87256995
兰州市东方红广场国芳百货北门东侧巍雅斯名表	0931-8890166

维修服务中心	电话
银川市玉皇阁南街国芳百盛西门南侧8号营业房巍雅斯名表	0951-6099121
乌鲁木齐市友好北路518号友好商场	0991-4832332
深圳市罗湖区新园路7号半岛大厦709室瑞罗钟表（深圳）有限公司	0755-82396936
Raymond Weil蕾蒙威	
北京市西城区西单北大街120号西单商场一层	010-66563138
上海市延安东路618号东海商业中心16楼	021-23064958
上海市雁荡路34号新宇钟表	021-63863318
深圳市深南中路华润中心万象城145商铺	0755-82668565
西安市南大街36号亨吉利世界名表中心西安豪门店	029-87280583
武汉市武昌区珞瑜路6号群光百货商场1楼吉利世界名表中心武汉群光店	027-87168507
Roger Dubuis罗杰杜彼	
上海市淮海中路1325号爱美高大厦5楼501室	021-61612888
SeaGull海鸥	
中国售后服务热线	400-819-9611
天津市南开区复康路11号	022-23592359
北京市崇文区前门大街34号周大福钟表3楼	010-67029660-8027
沈阳市沈河区市府大路286号B座21-3	024-22722503
沈阳市沈河区中街商业城1楼	024-24848448-2311
哈尔滨市南岗区红旗大街301号红博会展购物广场1层	0451-57638777
大连市中山区青三街1号大连商场3层	0441-83880315
太原市长治路泷之钟表行(奥林匹克花园南门东10米)	0351-7337110
郑州市金水区金水路曼哈顿广场裙楼A1080号	0371-60190111
兰州市东方红广场国芳百货1楼北侧巍雅斯名表眼镜行	0931-8890166
上海市浦东新区商城路800号1608室	021-58365233
南京市白下区中山东路198号（龙台国际大厦底商）	025-84659028
深圳市罗湖区南湖路深华商业大厦1层1022号	0755-82684354
厦门市湖里区嘉禾路386号东方财富广场B栋1层	0592-5214295
Seiko精工	
上海市静安区华山路2号中华企业大厦24楼	400-690-5589
Tianwang天王表	
深圳市福田区上梅林梅林路海康大厦天虹商场1楼	0755-82860819
广州市北京路325号天王表专卖店	020-83312275
哈尔滨市南岗东大直街319号秋林公司一楼秋林名表	0451-53606993
北京市宣内大街甲6号美爵大酒店亨得利钟表店	010-66087581
上海市徐汇区凯旋路2200号凯旋大厦504室	021-63077727
武汉市汉口中山大道1015号亨得利钟表店二楼	027-82834057
郑州市紫荆山百货一楼钟表部	0371-66205262
南京市白下区户部街33号天之都大厦3403室	025-84515496
重庆市邹容路123号新世纪百货公司一楼（特约）	023-63620543
长沙市八一西路23号阿波罗商业（车站）广场一楼钟表部	0731-84718615

维修服务中心	电话
温州市五马街4号五马商场钟表城	0577-88213840
Tissot天梭表	
中国售后服务热线	400-670-1853
Titoni梅花表	
北京市东城区王府井大街东方新天地商场首层A103A店铺	010-85186194
上海市南京东路409-459号置地广场11楼1104室	021-63605010
上海市南京东路34号和平饭店北楼一楼西商场B1-B3商铺	021-33660598
广州市天河路228号正佳广场首层1D110号	020-38330633
汕头市金环路南国商城西侧7号	0754-88167208
深圳市罗湖区南湖路深华商业大厦1009铺	0755-82376667
长春市朝阳区重庆路1234号	0431-88940976
济南市经二路588号嘉华购物广场首层	0531-87908851
郑州市北二七路49号郑州百货大楼	0371-66610897
Ulysse Nardin雅典	
上海市静安区南京西路1038号梅龙镇广场1601室	021-62878700
Vacheron Constantin江诗丹顿	
上海市淮海中路796号江诗丹顿客户服务中心	021-33950800
Van Cleef & Arpels梵克雅宝	
上海市淮海中路1325号501室	021-61612888
北京市崇文门外大街3号新世界写字楼B座601室	010-67094888
Versace范思哲	
上海市江宁路293号18楼C座弗赛钜国际贸易（上海）有限公司	021-52288833
Victorinox维氏	
上海市云岭东路599弄18号8楼维氏钢刀商业（中国）有限公司	400-820-2720
斯沃琪集团维修服务中心	
上海市天钥桥路30号美罗大厦4楼	021-24125000
北京市朝阳区建国门外大街22号赛特大厦16层	010-65239135
广州市环市东路371-375号世界贸易中心大厦南塔921-924室	020-87323330
沈阳市和平区中华路69-1号富丽华国际商务中心11楼	024-23589898

中国百家商场(专卖店)钟表零售信息监测网

Announcement

权威发布

2010年百家商场手表零售量前20名品牌

The Top Twenty Watch Retail Quantity of China in 2010

零售量排序 Retail Quantity List	品牌 Brand		零售量市场占有率% Occupation Rate Watch Retail Quantity (%)	零售额市场占有率% Occupation Rate Watch Retail Amount (%)	零售额排序 Retail Amount List
	中文名称	English			
	总计	**Total**	**100.00**	**100.00**	
1	罗西尼	Rossini	11.98	2.40	10
2	天王	Tianwang	10.62	2.64	8
3	依波	Ebohr	9.54	2.13	13
4	卡西欧	Casio	7.81	2.04	14
5	天梭	Tissot	7.67	6.12	5
6	飞亚达	Fiyta	5.26	1.99	15
7	斯沃琪	Swatch	4.98	0.76	19
8	西铁城	Citizen	4.65	2.45	9
9	浪琴	Longines	4.49	11.50	3
10	梅花	Titoni	1.93	3.49	7
11	欧米茄	Omega	1.93	16.30	1
12	英纳格	Enicar	1.54	2.29	12
13	帝舵	Tudor	1.36	6.65	4
14	雷达	Rado	1.33	5.07	6
15	美度	Mido	1.04	1.39	16
16	依波路	Ernest Borel	0.99	1.17	17
17	童年时	Kiddie Time	0.96	0.04	82
18	雷诺	Rarone	0.91	0.19	47
19	CK	CK	0.86	0.41	26
20	劳力士	Rolex	0.82	14.00	2
	合计	**Total**	**80.69**	**83.03**	
	其他	**The rest**	**19.31**	**16.97**	

2010年手表零售量前20名品牌市场表现对比

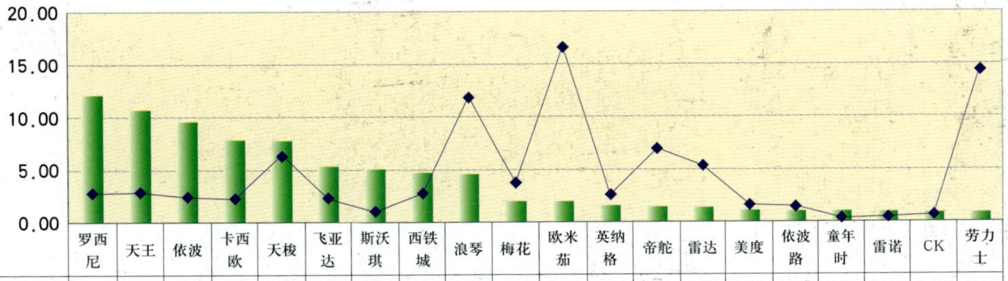

	罗西尼	天王	依波	卡西欧	天梭	飞亚达	斯沃琪	西铁城	浪琴	梅花	欧米茄	英纳格	帝舵	雷达	美度	依波路	童年时	雷诺	CK	劳力士
零售量%	11.98	10.62	9.54	7.81	7.67	5.26	4.98	4.65	4.49	1.93	1.93	1.54	1.36	1.33	1.04	0.99	0.96	0.91	0.86	0.82
零售额%	2.40	2.64	2.13	2.04	6.12	1.99	0.76	2.45	11.50	3.49	16.30	2.29	6.65	5.07	1.39	1.17	0.04	0.19	0.41	14.00

2010年手表零售量前20名品牌市场占有率%

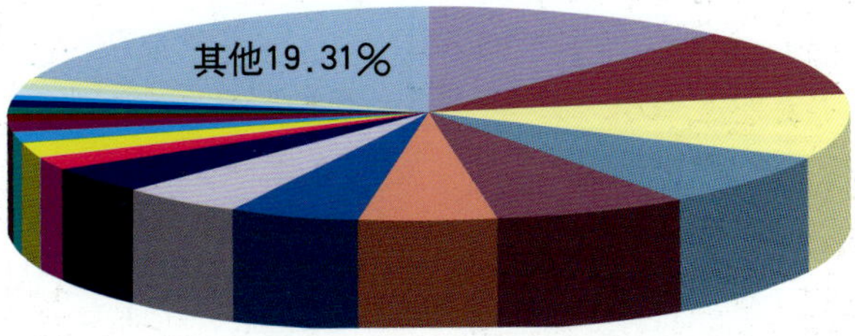

2010年百家商场手表零售额前20名品牌

The Top Twenty Watch Retail Amount of China in 2010

零售额排序 Retail Amount List	品牌 Brand		零售额市场占有率% Occupation Rate Watch Retail Amount (%)	零售量市场占有率% Occupation Rate Watch Retail Quantity (%)	零售量排序 Retail Quantity List
	中文名称	English			
	总计	**Total**	**100.00**	**100.00**	
1	欧米茄	Omega	16.30	1.93	11
2	劳力士	Rolex	14.00	0.82	20
3	浪琴	Longines	11.50	4.49	9
4	帝舵	Tudor	6.65	1.36	13
5	天梭	Tissot	6.12	7.67	5
6	雷达	Rado	5.07	1.33	14
7	梅花	Titoni	3.49	1.93	10
8	天王	Tianwang	2.64	10.62	2
9	西铁城	Citizen	2.45	4.65	8
10	罗西尼	Rossini	2.40	11.98	1
11	卡地亚	Cartier	2.33	0.21	51
12	英纳格	Enicar	2.29	1.54	12
13	依波	Ebohr	2.13	9.54	3
14	卡西欧	Casio	2.04	7.81	4
15	飞亚达	Fiyta	1.99	5.26	6
16	美度	Mido	1.39	1.04	15
17	依波路	Ernest Borel	1.17	0.99	16
18	积家	Jaeger-LeCoultre	0.98	0.04	95
19	斯沃琪	Swatch	0.76	4.98	7
20	万国	IWC	0.62	0.05	89
	合计	**Total**	**86.32**	**78.25**	
	其他	**The rest**	**13.68**	**21.75**	

2010年手表零售额前20名品牌市场表现对比

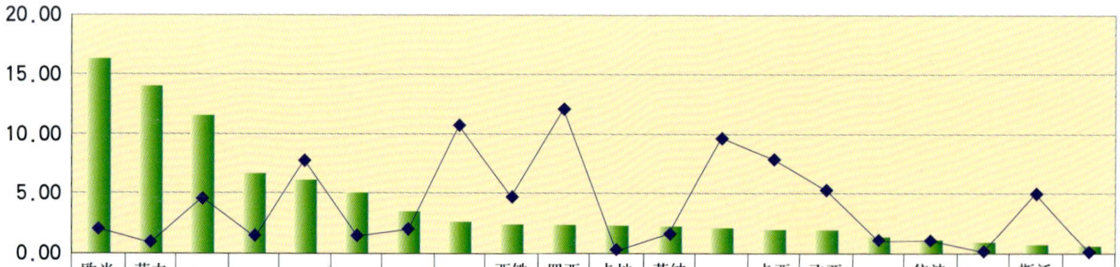

	欧米茄	劳力士	浪琴	帝舵	天梭	雷达	梅花	天王	西铁城	罗西尼	卡地亚	英纳格	依波	卡西欧	飞亚达	美度	依波路	积家	斯沃琪	万国
零售额%	16.30	14.00	11.50	6.65	6.12	5.07	3.49	2.64	2.45	2.40	2.33	2.29	2.13	2.04	1.99	1.39	1.17	0.98	0.76	0.62
零售量%	1.93	0.82	4.49	1.36	7.67	1.33	1.93	10.62	4.65	11.98	0.21	1.54	9.54	7.81	5.26	1.04	0.99	0.04	4.98	0.05

2010年手表零售额前20名品牌市场占有率%

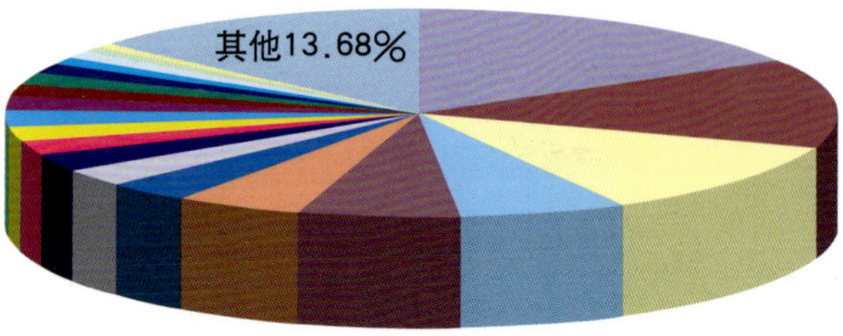

2010年百家商场国产手表零售量前20名品牌

The Top Twenty Domestic Watch Retail Quantity of China in 2010

零售量排序 Retail Quantity List	品牌 Brand		占国产零售量% Occupation Rate of Domestic Watch Retail Quantity(%)	占国产零售额% Occupation Rate of Domestic Watch Retail Amount(%)	零售额排序 Retail Amount List
	中文名称	English			
	总计	**Total**	**100.00**	**100.00**	
1	罗西尼	Rossini	25.67	23.44	2
2	天王	Tianwang	22.76	25.74	1
3	依波	Ebohr	20.44	20.76	3
4	飞亚达	Fiyta	11.28	19.39	4
5	童年时	Kiddie Time	2.06	0.35	12
6	雷诺	Rarone	1.96	1.82	6
7	天海霸	Tianba&Harpo	1.62	0.86	7
8	精铁时	Kingtis	1.34	0.38	11
9	格雅	Geya	0.92	0.45	10
10	海鸥	SeaGull	0.90	2.01	5
11	史努比	Snoopy	0.76	0.08	22
12	圣伯莱	Simbolo	0.68	0.17	17
13	大帝豪	Dadihao	0.66	0.22	16
14	宝时捷	Poscer	0.61	0.56	8
15	美诺	Menoch	0.55	0.22	15
16	金雀	Jinque	0.48	0.09	21
17	古尊	Golden	0.47	0.48	9
18	百圣牛	Baishengniu	0.39	0.06	25
19	莱茵	Rhine	0.35	0.31	14
20	天美时	Timex	0.29	0.35	13
	合计	**Total**	**94.20**	**97.75**	
	其他	**The rest**	**5.80**	**2.25**	

2010年国产手表零售量前20名品牌市场表现对比

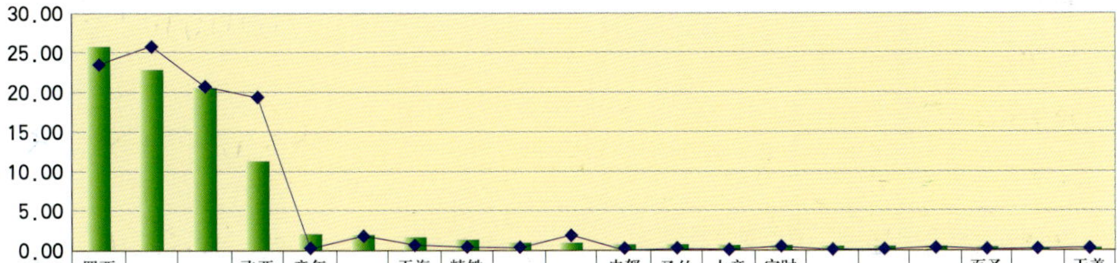

	罗西尼	天王	依波	飞亚达	童年时	雷诺	天海霸	精铁时	格雅	海鸥	史努比	圣伯莱	大帝豪	宝时捷	美诺	金雀	古尊	百圣牛	莱茵	天美时
零售量%	25.67	22.76	20.44	11.28	2.06	1.96	1.62	1.34	0.92	0.90	0.76	0.68	0.66	0.61	0.55	0.48	0.47	0.39	0.35	0.29
零售额%	23.44	25.74	20.76	19.39	0.35	1.82	0.86	0.38	0.45	2.01	0.08	0.17	0.22	0.56	0.22	0.09	0.48	0.06	0.31	0.35

2010年国产手表零售量前20名品牌市场占有率%

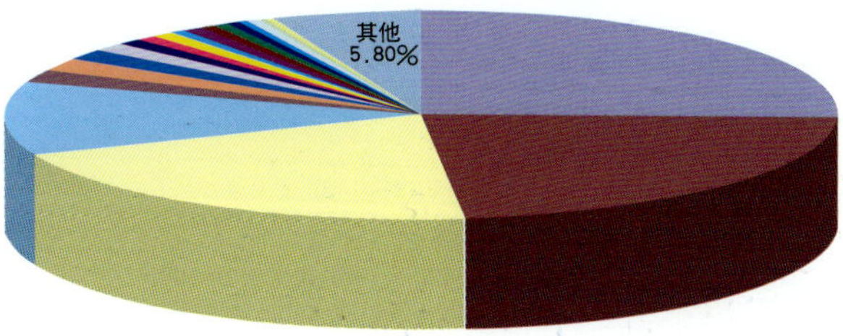

2010年百家商场国产手表零售额前20名品牌

The Top Twenty Domestic Watch Retail Amount of China in 2010

零售额排序 Retail Amount List	品牌 Brand		占国产零售额% Occupation Rate of Domestic Watch Retail Amount (%)	占国产零售量% Occupation Rate of Domestic Watch Retail Quantity (%)	零售量排序 Retail Quantity List
	中文名称	English			
	总计	**Total**	**100.00**	**100.00**	
1	天王	Tianwang	25.74	22.76	2
2	罗西尼	Rossini	23.44	25.67	1
3	依波	Ebohr	20.76	20.44	3
4	飞亚达	Fiyta	19.39	11.28	4
5	海鸥	SeaGull	2.01	0.90	10
6	雷诺	Rarone	1.82	1.96	6
7	天海霸	Tianba&Harpo	0.86	1.62	7
8	宝时捷	Poscer	0.56	0.61	14
9	古尊	Golden	0.48	0.47	17
10	格雅	Geya	0.45	0.92	9
11	精铁时	Kingtis	0.38	1.34	8
12	童年时	Kiddie Time	0.35	2.06	5
13	天美时	Timex	0.35	0.29	20
14	莱茵	Rhine	0.31	0.35	19
15	美诺	Menoch	0.22	0.55	15
16	大帝豪	Dadihao	0.22	0.66	13
17	圣伯莱	Simbolo	0.17	0.68	12
18	奥华仕	Aohuashi	0.10	0.20	26
19	星皇	Starking	0.10	0.15	28
20	依仕曼	Yishiman	0.09	0.08	30
	合计	**Total**	**97.80**	**93.00**	
	其他	**The rest**	**2.20**	**7.00**	

2010年国产手表零售额前20名品牌市场表现对比

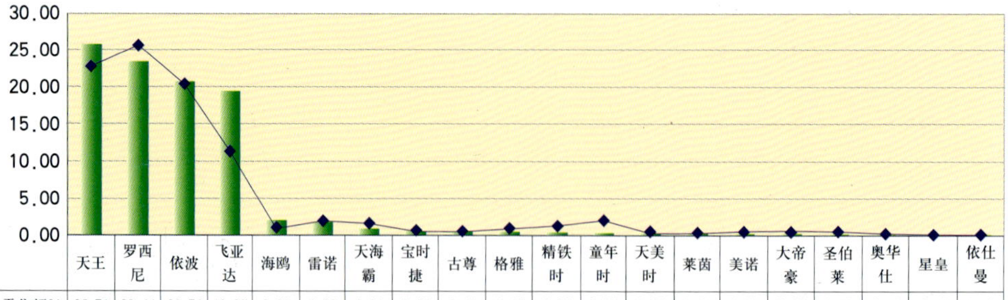

	天王	罗西尼	依波	飞亚达	海鸥	雷诺	天海霸	宝时捷	古尊	格雅	精铁时	童年时	天美时	莱茵	美诺	大帝豪	圣伯莱	奥华仕	星皇	依仕曼
零售额%	25.74	23.44	20.76	19.39	2.01	1.82	0.86	0.56	0.48	0.45	0.38	0.35	0.35	0.31	0.22	0.22	0.17	0.10	0.10	0.09
零售量%	22.76	25.67	20.44	11.28	0.90	1.96	1.62	0.61	0.47	0.92	1.34	2.06	0.29	0.35	0.55	0.66	0.68	0.20	0.15	0.08

2010年国产手表零售额前20名品牌市场占有率%

2010年百家商场进口手表零售量前20名品牌

The Top Twenty Import Watch Retail Quantity of China in 2010

零售量排序 Retail Quantity List	品牌 Brand		占进口零售量% Occupation Rate of Import Watch Retail Quantity(%)	占进口零售额% Occupation Rate of Import Watch Retail Amount(%)	零售额排序 Retail Amount List
	中文名称	English			
	总计	**Total**	**100.00**	**100.00**	
1	卡西欧	Casio	14.64	2.28	11
2	天梭	Tissot	14.39	6.82	5
3	斯沃琪	Swatch	9.35	0.85	15
4	西铁城	Citizen	8.72	2.73	8
5	浪琴	Longines	8.42	12.82	3
6	梅花	Titoni	3.63	3.89	7
7	欧米茄	Omega	3.62	18.17	1
8	英纳格	Enicar	2.89	2.55	10
9	帝舵	Tudor	2.56	7.41	4
10	雷达	Rado	2.49	5.65	6
11	美度	Mido	1.96	1.55	12
12	依波路	Ernest Borel	1.85	1.30	13
13	CK	CK	1.61	0.45	22
14	劳力士	Rolex	1.53	15.60	2
15	东方双狮	Orient	1.40	0.27	36
16	罗马	Roamer	1.05	0.66	18
17	凡高	Vankor	1.04	0.25	39
18	绿琴	Lukcom	0.98	0.31	33
19	精工	Seiko	0.96	0.39	27
20	天骏	Tangin	0.96	0.29	35
	合计	**Total**	**84.03**	**84.21**	
	其他	**The rest**	**15.97**	**15.79**	

2010年进口手表零售量前20名品牌市场表现对比

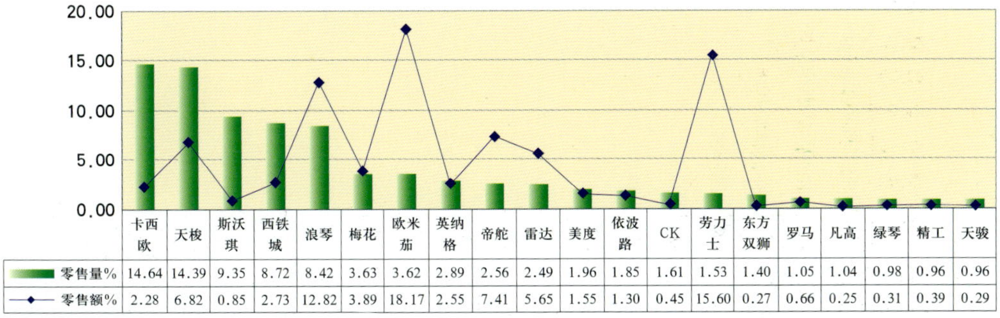

2010年进口手表零售量前20名品牌市场占有率%

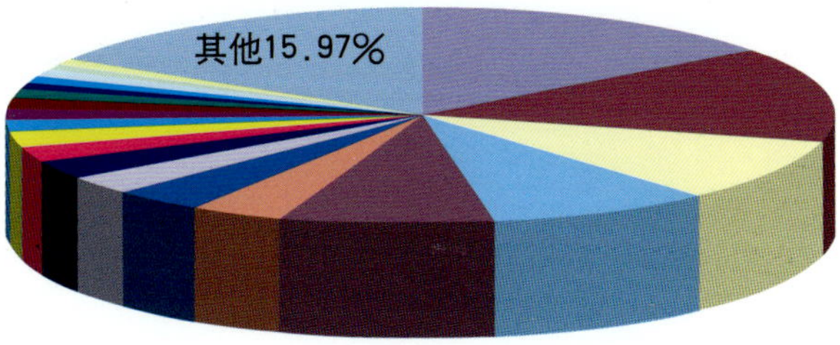

2010年百家商场进口手表零售额前20名品牌

The Top Twenty Import Watch Retail Amount of China in 2010

零售额排序 Retail Amount List	品牌 Brand		占进口零售额% Occupation Rate of Import Watch Retail Amount(%)	占进口零售量% Occupation Rate of Import Watch Retail Quantity(%)	零售量排序 Retail Quantity List
	中文名称	English			
	总计	**Total**	**100.00**	**100.00**	
1	欧米茄	Omega	18.17	3.62	7
2	劳力士	Rolex	15.60	1.53	14
3	浪琴	Longines	12.82	8.42	5
4	帝舵	Tudor	7.41	2.56	9
5	天梭	Tissot	6.82	14.39	2
6	雷达	Rado	5.65	2.49	10
7	梅花	Titoni	3.89	3.63	6
8	西铁城	Citizen	2.73	8.72	4
9	卡地亚	Cartier	2.59	0.39	34
10	英纳格	Enicar	2.55	2.89	8
11	卡西欧	Casio	2.28	14.64	1
12	美度	Mido	1.55	1.96	11
13	依波路	Ernest Borel	1.30	1.85	12
14	积家	Jaeger–LeCoultre	1.09	0.08	66
15	斯沃琪	Swatch	0.85	9.35	3
16	万国	IWC	0.69	0.10	61
17	豪利时	Oris	0.68	0.42	31
18	罗马	Roamer	0.66	1.05	16
19	艾米龙	Emile Chouriet	0.62	0.57	27
20	豪雅	Tag Heuer	0.59	0.27	39
	合计	**Total**	**88.53**	**78.90**	
	其他	**The rest**	**11.47**	**21.10**	

2010年进口手表零售额前20名品牌市场表现对比

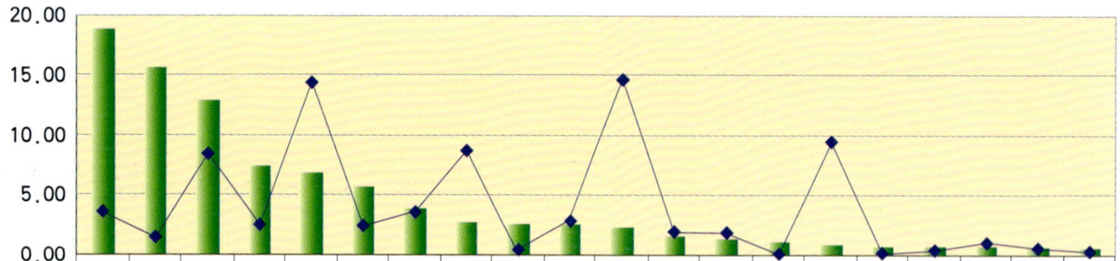

	欧米茄	劳力士	浪琴	帝舵	天梭	雷达	梅花	西铁城	卡地亚	英纳格	卡西欧	美度	依波路	积家	斯沃琪	万国	豪利时	罗马	艾米龙	豪雅
零售额%	18.17	15.60	12.82	7.41	6.82	5.65	3.89	2.73	2.59	2.55	2.28	1.55	1.30	1.09	0.85	0.69	0.68	0.66	0.62	0.59
零售量%	3.62	1.53	8.42	2.56	14.39	2.49	3.63	8.72	0.39	2.89	14.64	1.96	1.85	0.08	9.35	0.10	0.42	1.05	0.57	0.27

2010年进口手表零售额前20名品牌市场占有率%

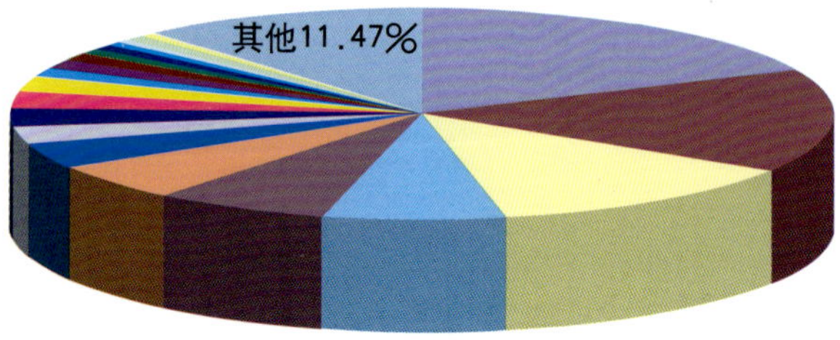

2010年百家商场手表零售国产进口比重构成%

The Proportion Constitution of Domestic and Import Watch in China in 2010

项目 Item	零售量比重% Proportion Rate of Retail Quantity(%)			零售额比重% Proportion Rate of Retail Amount(%)		
	2010年	2009年	±	2010年	2009年	±
总计Total	100.00	100.00		100.00	100.00	
国产品牌Domestic Watch	46.66	48.88	−2.22	10.25	11.60	−1.35
进口品牌Import Watch	53.34	51.12	2.22	89.75	88.40	1.35

2010年手表零售量国产、进口品牌构成%

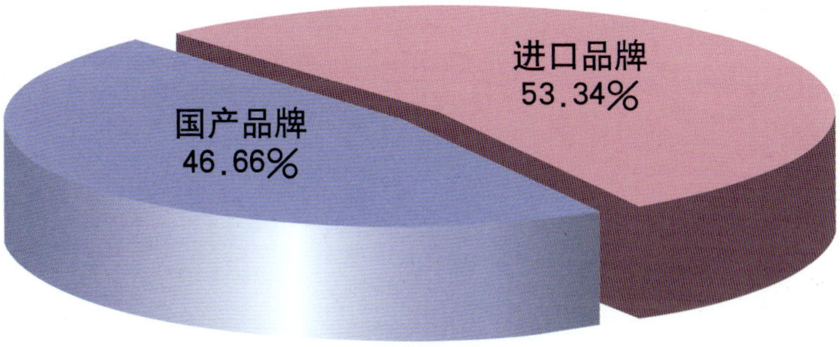

2010年手表零售额国产、进口品牌构成%

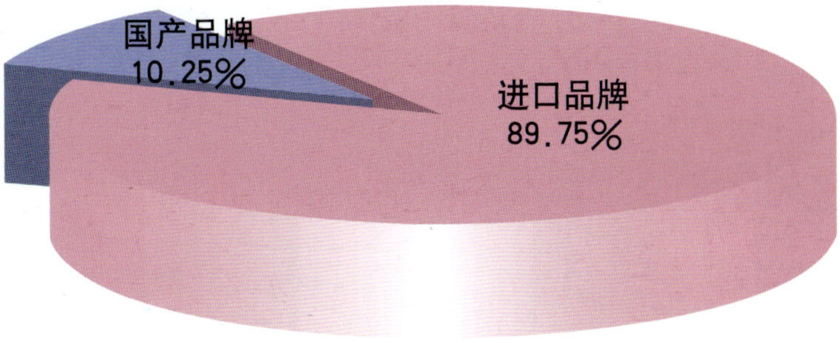

2010年百家商场手表零售价格档次构成%

The Watch Retail Price Grade Constitution in China in 2010

价格档次 Price Grade (RMB Yuan)	平均价格(元) Average Price(RMB Yuan)			占零售量比重% Occupation Rate of Retail Quantity(%)			占零售额比重% Occupation Rate of Retail Amount(%)		
	2010年	2009年	±	2010年	2009年	±	2010年	2009年	±
100元以下	83	80	3	2.92	3.79	−0.87	0.06	0.08	−0.02
101−200元	162	162	0	4.18	5.25	−1.07	0.16	0.23	−0.07
201−600元	428	421	7	15.59	18.99	−3.40	1.52	2.16	−0.64
601−1000元	802	793	9	18.69	20.98	−2.29	3.42	4.49	−1.07
1001−5000元	2177	2175	2	41.20	36.39	4.81	20.48	21.38	−0.90
5001−10000元	7260	7223	37	8.05	6.93	1.12	13.35	13.53	−0.18
10001−30000元	17063	17461	−398	6.76	5.66	1.10	26.36	26.70	−0.34
30001−60000元	39919	39260	659	1.79	1.34	0.45	16.35	14.26	2.09
60001−100000元	75335	74606	729	0.63	0.52	0.11	10.85	10.49	0.36
100000元以上	172375	171388	987	0.19	0.15	0.04	7.45	6.68	0.77
总计Total	4379	3702	677	100.00	100.00		100.00	100.00	

2010年手表零售价格档次构成%

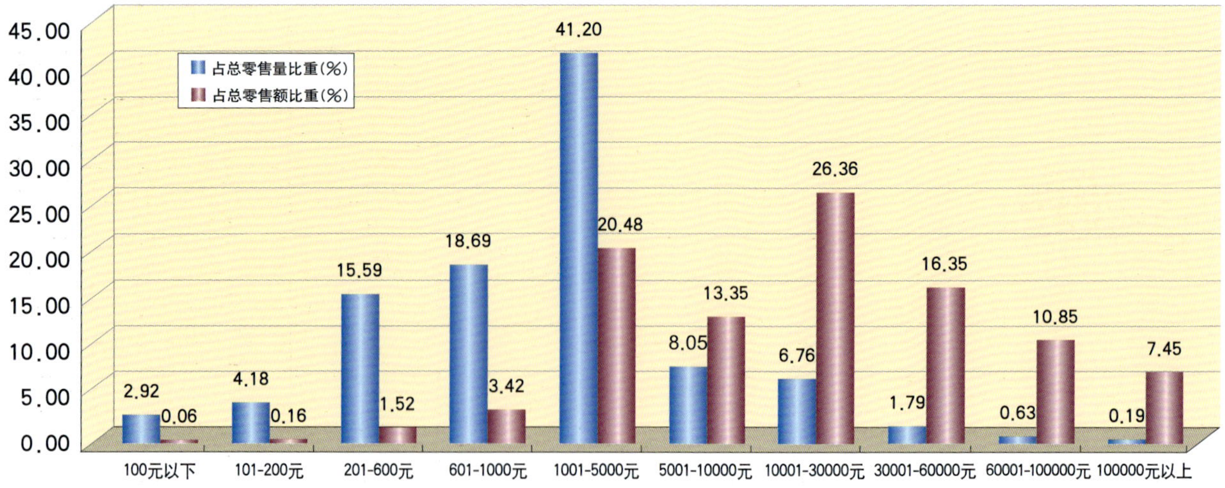

2010年百家商场手表零售价格各档次前20名品牌

The Top Twenty Watch of Each Retail Price Grade in 2010

序号 List	零售量前20名品牌 The Top Twenty Watch Brands of Retail Quantity				零售额前20名品牌 The Top Twenty Watch Brands of Retail Amount			
	品牌 Brand		占本品牌% Occupation Rate of Their Own Brand(%)	平均价格 Average Price	品牌 Brand		占本品牌% Occupation Rate of Their Own Brand(%)	平均价格 Average Price
	中文名称	English			中文名称	English		
100元以下								
1	依波	Ebohr	6.87	93	依波	Ebohr	0.65	93
2	天王	Tianwang	6.08	92	天王	Tianwang	0.52	92
3	罗西尼	Rossini	4.60	91	罗西尼	Rossini	0.48	91
4	童年时	Kiddie Time	18.77	59	童年时	Kiddie Time	6.86	59
5	史努比	Snoopy	45.01	39	史努比	Snoopy	16.45	39
6	钻石	Zuanshi	52.32	82	钻石	Zuanshi	32.17	82
7	百圣牛	Baishengniu	22.11	79	格雅	Geya	1.64	88
8	格雅	Geya	8.90	88	百圣牛	Baishengniu	12.25	79
9	海鸥	SeaGull	7.51	58	圣伯莱	Simbolo	3.05	80
10	圣伯莱	Simbolo	9.26	80	精铁时	Kingtis	1.10	86
11	迪士尼	Disney	30.37	48	海鸥	SeaGull	0.20	58
12	芭比	Barbie	18.28	48	迪士尼	Disney	11.78	48
13	精铁时	Kingtis	3.53	86	芭比	Barbie	6.32	48
14	大帝豪	Dadihao	3.83	87	大帝豪	Dadihao	1.03	87
15	天海霸	Tianba&Harpo	1.12	89	天海霸	Tianba&Harpo	0.19	89
16	亨利士	Henglishi	100.00	76	亨利士	Henglishi	100.00	76
17	今时	Jinshi	12.50	94	今时	Jinshi	3.69	94
18	叮铛	Dingdang	12.41	96	叮铛	Dingdang	8.52	96
19	伯尼	Berny	59.26	67	飞亚达	Fiyta	0.002	100
20	天美时	Timex	1.54	65	伯尼	Berny	35.23	67
101—200元								
1	依波	Ebohr	6.76	190	依波	Ebohr	1.32	190
2	童年时	Kiddie Time	53.57	154	童年时	Kiddie Time	50.57	154
3	精铁时	Kingtis	66.99	148	精铁时	Kingtis	36.08	148
4	天王	Tianwang	2.89	197	天王	Tianwang	0.52	197
5	罗西尼	Rossini	1.94	181	罗西尼	Rossini	0.40	181
6	金雀	Jinque	99.94	178	金雀	Jinque	99.92	178
7	史努比	Snoopy	48.92	149	史努比	Snoopy	68.95	149
8	圣伯莱	Simbolo	47.69	161	圣伯莱	Simbolo	31.61	161
9	大帝豪	Dadihao	44.78	153	皮尔登	Pierdeng	100.00	195
10	百圣牛	Baishengniu	67.41	148	大帝豪	Dadihao	21.17	153
11	皮尔登	Pierdeng	100.00	195	百圣牛	Baishengniu	69.75	148
12	芭比	Barbie	77.12	155	芭比	Barbie	85.86	155
13	天海霸	Tianba&Harpo	9.20	172	天海霸	Tianba&Harpo	3.08	172
14	瑞纳戈	Ruinage	91.12	173	瑞纳戈	Ruinage	76.91	173
15	迪士尼	Disney	65.94	149	迪士尼	Disney	80.24	149
16	钻石	Zuanshi	38.00	129	亚时达	Eista	26.34	178
17	精准	Jingzhun	98.58	124	钻石	Zuanshi	36.99	129
18	卡西欧	Casio	0.51	119	精准	Jingzhun	96.99	124
19	亚时达	Eista	35.81	178	卡西欧	Casio	0.05	119
20	米奇	Mickey	91.60	154	米奇	Mickey	91.33	154

2010年百家商场手表零售价格各档次前20名品牌

The Top Twenty Watch of Each Retail Price Grade in 2010

序号 List	零售量前20名品牌 The Top Twenty Watch Brands of Retail Quantity				零售额前20名品牌 The Top Twenty Watch Brands of Retail Amount			
	品牌 Brand		占本品牌% Occupation Rate of Their Own Brand(%)	平均价格 Average Price	品牌 Brand		占本品牌% Occupation Rate of Their Own Brand(%)	平均价格 Average Price
	中文名称	English			中文名称	English		
201—600元								
1	罗西尼	Rossini	35.51	432	罗西尼	Rossini	17.48	432
2	斯沃琪	Swatch	55.10	467	斯沃琪	Swatch	38.64	467
3	依波	Ebohr	21.64	414	依波	Ebohr	9.18	414
4	天王	Tianwang	13.91	431	天王	Tianwang	5.51	431
5	卡西欧	Casio	15.71	490	卡西欧	Casio	6.72	490
6	天海霸	Tianba&Harpo	69.34	381	天海霸	Tianba&Harpo	51.53	381
7	飞亚达	Fiyta	6.79	475	飞亚达	Fiyta	1.95	475
8	雷诺	Rarone	33.43	435	雷诺	Rarone	16.26	435
9	格雅	Geya	69.65	394	格雅	Geya	57.76	394
10	童年时	Kiddie Time	27.64	250	美诺	Menoch	99.67	391
11	美诺	Menoch	99.28	391	童年时	Kiddie Time	42.46	250
12	大帝豪	Dadihao	45.38	422	大帝豪	Dadihao	59.15	422
13	圣伯莱	Simbolo	38.06	305	奥华仕	Aohuashi	100.00	463
14	精铁时	Kingtis	19.10	341	精铁时	Kingtis	23.72	341
15	FLIK FLAK	FLIK FLAK	96.45	320	宝时捷	Poscer	15.88	411
16	金豪	Jinhao	100.00	321	尼维达	Nivada	6.02	462
17	宝时捷	Poscer	34.09	411	圣伯莱	Simbolo	47.91	305
18	奥华仕	Aohuashi	100.00	463	FLIK FLAK	FLIK FLAK	95.84	320
19	尼维达	Nivada	16.60	462	金豪	Jinhao	100.00	321
20	亚时达	Eista	63.54	273	古尊	Golden	12.85	466
601—1000元								
1	罗西尼	Rossini	34.45	781	罗西尼	Rossini	30.65	781
2	天王	Tianwang	31.73	784	天王	Tianwang	22.87	784
3	卡西欧	Casio	36.12	851	卡西欧	Casio	26.81	851
4	依波	Ebohr	27.50	822	依波	Ebohr	23.14	822
5	斯沃琪	Swatch	35.51	781	斯沃琪	Swatch	41.61	781
6	飞亚达	Fiyta	25.08	847	飞亚达	Fiyta	12.85	847
7	雷诺	Rarone	39.69	776	雷诺	Rarone	34.44	776
8	浪诗	Rabex	77.77	822	浪诗	Rabex	66.72	822
9	尼维达	Nivada	26.67	851	尼维达	Nivada	17.81	851
10	天海霸	Tianba&Harpo	15.06	729	莱茵	Rhine	59.75	761
11	莱茵	Rhine	66.56	761	天海霸	Tianba&Harpo	21.40	729
12	东方双狮	Orient	12.58	850	东方双狮	Orient	7.58	850
13	古尊	Golden	40.24	755	绿琴	Lukcom	5.90	884
14	绿琴	Lukcom	15.47	884	古尊	Golden	30.85	755
15	爵尼	Genie	20.12	816	西铁城	Citizen	0.59	874
16	西铁城	Citizen	1.56	874	爵尼	Genie	8.50	816
17	格林	Grand Prix	15.84	844	格林	Grand Prix	7.39	844
18	诺贝尔	Nobel	15.26	858	诺贝尔	Nobel	8.63	858
19	凡高	Vankor	10.18	829	凡高	Vankor	4.78	829
20	宝时捷	Poscer	16.63	838	宝时捷	Poscer	15.80	838

2010年百家商场手表零售价格各档次前20名品牌

The Top Twenty Watch of Each Retail Price Grade in 2010

序号 List	零售量前20名品牌 The Top Twenty Watch Brands of Retail Quantity				零售额前20名品牌 The Top Twenty Watch Brands of Retail Amount			
	品牌 Brand		占本品牌% Occupation Rate of Their Own Brand(%)	平均价格 Average Price	品牌 Brand		占本品牌% Occupation Rate of Their Own Brand(%)	平均价格 Average Price
	中文名称	English			中文名称	English		
1001—5000元								
1	天梭	Tissot	92.25	3191	天梭	Tissot	84.24	3191
2	天王	Tianwang	44.81	1617	西铁城	Citizen	91.67	2209
3	西铁城	Citizen	95.57	2209	天王	Tianwang	66.62	1617
4	卡西欧	Casio	47.25	1544	飞亚达	Fiyta	74.11	1838
5	飞亚达	Fiyta	66.65	1838	卡西欧	Casio	63.68	1544
6	依波	Ebohr	36.67	1603	依波	Ebohr	60.16	1603
7	罗西尼	Rossini	23.09	1803	罗西尼	Rossini	47.39	1803
8	CK	CK	99.97	2068	英纳格	Enicar	20.23	3747
9	东方双狮	Orient	82.94	1536	依波路	Ernest Borel	36.76	3644
10	英纳格	Enicar	35.13	3747	CK	CK	99.99	2068
11	依波路	Ernest Borel	52.25	3644	罗马	Roamer	50.51	3627
12	天骏	Tangin	92.56	2219	精工	Seiko	75.90	2531
13	斯沃琪	Swatch	9.32	1411	美度	Mido	18.18	3618
14	精工	Seiko	88.78	2531	天骏	Tangin	93.72	2219
15	凡高	Vankor	76.28	1866	拜戈	Balco	87.92	2866
16	绿琴	Lukcom	78.36	2232	东方双狮	Orient	90.28	1536
17	格林	Grand Prix	82.16	1970	绿琴	Lukcom	75.42	2232
18	罗马	Roamer	64.30	3627	凡高	Vankor	80.58	1866
19	拜戈	Balco	93.87	2866	格林	Grand Prix	89.47	1970
20	诺贝尔	Nobel	79.66	1591	汉米尔顿	Hamilton	41.87	3879
5001—10000元								
1	浪琴	Longines	47.52	8086	浪琴	Longines	34.24	8086
2	梅花	Titoni	80.15	7486	梅花	Titoni	75.91	7486
3	英纳格	Enicar	55.05	7077	英纳格	Enicar	59.88	7077
4	美度	Mido	68.32	6504	美度	Mido	76.32	6504
5	天梭	Tissot	6.75	6481	天梭	Tissot	12.52	6481
6	依波路	Ernest Borel	45.38	6465	依波路	Ernest Borel	56.63	6465
7	雷达	Rado	19.30	8634	雷达	Rado	9.96	8634
8	罗马	Roamer	33.84	5816	艾米龙	Emile Chouriet	46.31	7821
9	艾米龙	Emile Chouriet	47.33	7821	罗马	Roamer	42.62	5816
10	汉米尔顿	Hamilton	38.11	6468	摩凡陀	Movado	64.94	7094
11	摩凡陀	Movado	69.11	7094	汉米尔顿	Hamilton	46.68	6468
12	西铁城	Citizen	2.33	6058	豪利时	Oris	27.34	8253
13	豪利时	Oris	39.36	8253	西铁城	Citizen	6.13	6058
14	天王	Tianwang	0.53	6332	天王	Tianwang	3.06	6332
15	精工	Seiko	9.70	6394	精工	Seiko	20.95	6394
16	古驰	Gucci	75.06	6485	总统	Revue Thommen	73.48	8841
17	罗西尼	Rossini	0.34	6491	古驰	Gucci	70.52	6485
18	飞亚达	Fiyta	0.67	7285	罗西尼	Rossini	2.53	6491
19	依波	Ebohr	0.37	6628	飞亚达	Fiyta	2.97	7285
20	波尔	Ball	48.00	7378	波尔	Ball	46.94	7378

2010年百家商场手表零售价格各档次前20名品牌

The Top Twenty Watch of Each Retail Price Grade in 2010

序号 List	零售量前20名品牌 The Top Twenty Watch Brands of Retail Quantity				零售额前20名品牌 The Top Twenty Watch Brands of Retail Amount			
	品牌 Brand		占本品牌% Occupation Rate of Their Own Brand(%)	平均价格 Average Price	品牌 Brand		占本品牌% Occupation Rate of Their Own Brand(%)	平均价格 Average Price
	中文名称	English			中文名称	English		
10001–30000元								
1	浪琴	Longines	51.03	13956	浪琴	Longines	63.45	13956
2	帝舵	Tudor	96.14	20754	帝舵	Tudor	93.40	20754
3	雷达	Rado	75.36	17446	雷达	Rado	78.59	17446
4	欧米茄	Omega	36.67	24101	欧米茄	Omega	23.90	24101
5	梅花	Titoni	12.33	12714	梅花	Titoni	19.83	12714
6	英纳格	Enicar	9.65	12866	豪雅	Tag Heuer	89.36	17415
7	豪利时	Oris	60.52	14216	豪利时	Oris	72.39	14216
8	豪雅	Tag Heuer	82.66	17415	英纳格	Enicar	19.09	12866
9	天梭	Tissot	1.00	11288	名士	Baume & Mercier	79.52	18142
10	名士	Baume & Mercier	87.07	18142	卡地亚	Cartier	9.16	22750
11	艾米龙	Emile Chouriet	18.74	14020	艾美	Maurice Lacroix	70.35	17007
12	艾美	Maurice Lacroix	80.69	17007	天梭	Tissot	3.22	11288
13	卡地亚	Cartier	19.87	22750	艾米龙	Emile Chouriet	32.87	14020
14	万宝龙	Montblanc	65.32	17866	万宝龙	Montblanc	57.41	17866
15	爱马仕	Hermès	91.51	17573	爱马仕	Hermès	80.44	17573
16	蕾蒙威	Raymond Weil	55.83	16601	宝齐莱	Carl F. Bucherer	27.29	23171
17	宝齐莱	Carl F. Bucherer	49.88	23171	蕾蒙威	Raymond Weil	67.86	16601
18	飞亚达	Fiyta	0.47	15134	劳力士	Rolex	0.97	24536
19	美度	Mido	2.39	12802	飞亚达	Fiyta	4.34	15134
20	劳力士	Rolex	2.96	24536	万国	IWC	13.06	24108
30001–60000元								
1	欧米茄	Omega	57.29	39158	欧米茄	Omega	60.66	39158
2	劳力士	Rolex	32.19	43833	劳力士	Rolex	18.80	43833
3	卡地亚	Cartier	63.26	44094	卡地亚	Cartier	56.54	44094
4	雷达	Rado	5.06	35421	雷达	Rado	10.71	35421
5	帝舵	Tudor	3.59	34704	帝舵	Tudor	5.83	34704
6	浪琴	Longines	0.58	35505	万国	IWC	38.86	45129
7	万国	IWC	45.18	45129	浪琴	Longines	1.83	35505
8	宝齐莱	Carl F. Bucherer	33.25	39699	宝齐莱	Carl F. Bucherer	31.18	39699
9	积家	Jaeger-LeCoultre	22.93	50663	积家	Jaeger-LeCoultre	11.26	50663
10	名士	Baume & Mercier	11.13	33995	真力时	Zenith	32.75	41363
11	万宝龙	Montblanc	14.26	35184	万宝龙	Montblanc	24.67	35184
12	真力时	Zenith	39.33	41363	艾美	Maurice Lacroix	24.44	40436
13	艾美	Maurice Lacroix	11.79	40436	名士	Baume & Mercier	19.05	33995
14	飞亚达	Fiyta	0.11	38132	雅典	Ulysse Nardin	15.52	48071
15	雅典	Ulysse Nardin	39.22	48071	尊皇	Juvenia	30.42	45538
16	尊皇	Juvenia	23.12	45538	飞亚达	Fiyta	2.60	38132
17	萧邦	Chopard	52.24	40860	萧邦	Chopard	45.56	40860
18	宝格丽	Bvlgari	36.23	40934	宝格丽	Bvlgari	44.75	40934
19	爱马仕	Hermès	7.23	42852	爱马仕	Hermès	15.50	42852
20	芝柏	Girard-Perregaux	20.00	45166	芝柏	Girard-Perregaux	7.11	45166

2010年百家商场手表零售价格各档次前20名品牌

The Top Twenty Watch of Each Retail Price Grade in 2010

序号 List	零售量前20名品牌 The Top Twenty Watch Brands of Retail Quantity				零售额前20名品牌 The Top Twenty Watch Brands of Retail Amount			
	品牌 Brand		占本品牌% Occupation Rate of Their Own Brand(%)	平均价格 Average Price	品牌 Brand		占本品牌% Occupation Rate of Their Own Brand(%)	平均价格 Average Price
	中文名称	English			中文名称	English		
60001—100000元								
1	劳力士	Rolex	55.15	75632	劳力士	Rolex	55.57	75632
2	欧米茄	Omega	3.99	76009	欧米茄	Omega	8.19	76009
3	卡地亚	Cartier	11.44	71013	卡地亚	Cartier	16.46	71013
4	积家	Jaeger—LeCoultre	44.59	77964	积家	Jaeger—LeCoultre	33.70	77964
5	万国	IWC	18.02	74671	万国	IWC	25.65	74671
6	真力时	Zenith	34.00	70376	芝柏	Girard—Perregaux	33.17	82391
7	芝柏	Girard—Perregaux	51.11	82391	真力时	Zenith	48.17	70376
8	宝齐莱	Carl F. Bucherer	10.17	76690	宝齐莱	Carl F. Bucherer	18.43	76690
9	尊皇	Juvenia	17.92	75145	尊皇	Juvenia	38.90	75145
10	宝珀	Blancpain	32.50	82567	宝珀	Blancpain	18.50	82567
11	雅典	Ulysse Nardin	24.51	78516	雅典	Ulysse Nardin	15.84	78516
12	帝舵	Tudor	0.18	74904	爱彼	Audemars Piguet	13.44	82551
13	爱彼	Audemars Piguet	24.66	82551	帝舵	Tudor	0.64	74904
14	雷达	Rado	0.16	67481	格拉苏蒂	Glashütte Original	29.57	77291
15	格拉苏蒂	Glashütte Original	37.84	77291	雷达	Rado	0.64	67481
16	宝玑	Breguet	19.23	82058	宝玑	Breguet	10.77	82058
17	飞亚达	Fiyta	0.02	95906	飞亚达	Fiyta	1.16	95906
18	浪琴	Longines	0.02	71772	浪琴	Longines	0.15	71772
19	萧邦	Chopard	11.94	70321	萧邦	Chopard	17.92	70321
20	百年灵	Breitling	25.93	68272	百年灵	Breitling	40.17	68272
100000元以上								
1	劳力士	Rolex	9.71	190625	劳力士	Rolex	24.66	190625
2	欧米茄	Omega	2.04	131063	欧米茄	Omega	7.25	131063
3	积家	Jaeger—LeCoultre	32.17	176228	积家	Jaeger—LeCoultre	54.96	176228
4	卡地亚	Cartier	5.43	162046	卡地亚	Cartier	17.84	162046
5	爱彼	Audemars Piguet	75.34	174035	爱彼	Audemars Piguet	86.56	174035
6	宝珀	Blancpain	60.00	190594	宝珀	Blancpain	78.82	190594
7	宝玑	Breguet	78.85	164603	雅典	Ulysse Nardin	68.46	235686
8	雅典	Ulysse Nardin	35.29	235686	芝柏	Girard—Perregaux	59.72	262487
9	万国	IWC	8.38	140450	宝玑	Breguet	88.56	164603
10	宝齐莱	Carl F. Bucherer	6.70	146009	万国	IWC	22.42	140450
11	芝柏	Girard—Perregaux	28.89	262487	宝齐莱	Carl F. Bucherer	23.10	146009
12	江诗丹顿	Vacheron Constantin	85.71	197292	江诗丹顿	Vacheron Constantin	92.76	197292
13	格拉苏蒂	Glashütte Original	32.43	170403	格拉苏蒂	Glashütte Original	55.88	170403
14	伯爵	Piaget	92.31	159582	伯爵	Piaget	95.28	159582
15	朗格	A.Lange & Söhne	100.00	172147	朗格	A.Lange & Söhne	100.00	172147
16	萧邦	Chopard	7.46	137566	萧邦	Chopard	21.91	137566
17	真力时	Zenith	3.33	122056	真力时	Zenith	8.19	122056
18	万宝龙	Montblanc	1.06	115553	万宝龙	Montblanc	6.05	115553
19	海鸥	SeaGull	0.06	190000	海鸥	SeaGull	5.57	190000
20	艾米龙	Emile Chouriet	0.04	275000	艾米龙	Emile Chouriet	1.49	275000

2010年百家商场国产手表零售产地构成

The Domestic Watch Retail Producing Area Constitution in China in 2010

排序 List	产地 Producing Area		占国产手表零售量比重% Proportion Rate of Domestic Watch Retail Quantity(%)			平均价格（元） Average Price(RMB Yuan)			占国产手表零售额比重% Proportion Rate of Domestic Watch Retail Amount(%)		
	中文	English	2010年	2009年	±	2010年	2009年	±	2010年	2009年	±
	国产	Domestic	100.00	100.00		962	878	84	100.00	100.00	
1	深圳	Shenzhen	63.58	63.38	0.20	1069	983	86	70.70	70.93	−0.23
2	珠海	Zhuhai	27.40	26.12	1.28	854	765	89	24.32	22.76	1.56
3	上海	Shanghai	3.06	3.87	−0.81	252	190	62	0.80	0.84	−0.04
4	天津	Tianjin	0.91	1.25	−0.34	2115	1797	318	2.01	2.57	−0.56
5	福州	Fuzhou	0.76	0.93	−0.17	105	108	−3	0.08	0.11	−0.03
6	广州	Guangzhou	0.55	0.70	−0.15	435	415	20	0.25	0.33	−0.08
7	东莞	Dongguan	0.38	0.77	−0.39	1120	841	279	0.44	0.74	−0.30
8	北京	Beijing	0.03	0.02	0.01	934	1438	−504	0.03	0.03	
9	漳州	Zhangzhou	0.0003			719			0.0002		

2010年国产手表零售产地构成

	深圳	珠海	上海	天津	福州	广州	东莞	北京	漳州
占国产零售量%	63.58	27.40	3.06	0.91	0.76	0.55	0.38	0.03	0.0003
占国产零售额%	70.70	24.32	0.80	2.01	0.08	0.25	0.44	0.03	0.0002

2010年百家商场进口手表零售产地构成

The Import Watch Retail Producing Area Constitution in China in 2010

排序 List	产地 Producing Area		占进口手表零售量比重% Proportion Rate of Import Watch Retail Quantity(%)			平均价格（元） Average Price(RMB Yuan)			占进口手表零售额比重% Proportion Rate of Import Watch Retail Amount(%)		
	中文	English	2010年	2009年	±	2010年	2009年	±	2010年	2009年	±
	进口	Import	100.00	100.00		7368	6402	966	100.00	100.00	
1	瑞士	Switzerland	71.13	69.96	1.17	9656	8490	1166	93.22	92.78	0.44
2	日本	Japan	25.72	26.78	–1.06	1620	1466	154	5.66	6.13	–0.47
3	美国	America	0.82	1.01	–0.19	1169	1127	42	0.13	0.18	–0.05
4	意大利	Italy	0.56	0.30	0.26	2388	2533	–145	0.18	0.12	0.06
5	香港	Hong Kong	0.28	0.15	0.13	1136	1131	5	0.04	0.03	0.01
6	希腊	Greece	0.22	0.17	0.05	2257	2053	204	0.07	0.06	0.01
7	芬兰	Finland	0.05	0.05		4424	3779	645	0.03	0.03	
8	法国	France	0.03	0.07	–0.04	1861	874	987	0.01	0.01	
9	德国	Germany	0.02	0.06	–0.04	54298	20343	33955	0.16	0.19	–0.03
10	台湾	Taiwan	0.01	0.04	–0.03	850	770	80	0.001	0.005	–0.004

2010年进口手表零售产地构成

	瑞士	日本	美国	意大利	香港	希腊	芬兰	法国	德国	台湾
占进口零售量%	71.13	25.72	0.82	0.56	0.28	0.22	0.05	0.03	0.02	0.01
占进口零售额%	93.22	5.66	0.13	0.18	0.04	0.07	0.03	0.01	0.16	0.001

2010年百家商场手表零售主销品牌主销型号

The Main Models of Salable Brands of Watch in China in 2010

零售量排序 Retail Quantity List	型号 Model Number	占本品牌零售量比重% Occupation Rate of Their Own Retail Quantity(%)	平均价格 Average Price	占本品牌零售额比重% Occupation Rate of Their Own Retail Amount(%)	零售额排序 Retail Amount List
劳力士Rolex		100.00	75053	100.00	
1	11623363203	5.93	78935	6.24	1
2	11623163201	3.43	82977	3.79	2
3	17917363133	2.52	64654	2.17	5
4	11623363203J	2.49	76180	2.53	3
5	11623463200	2.42	50958	1.65	8
6	11623363203G	2.25	79591	2.38	4
7	11620072200	1.73	42762	0.99	17
8	17917163131	1.66	70185	1.56	9
帝舵Tudor		100.00	21363	100.00	
1	762136248310DI	5.25	25957	6.37	1
2	230136211310DI	4.41	25375	5.24	2
3	2101362583	3.62	17513	2.97	4
4	210136258310DI	3.22	23812	3.59	3
5	2301362113	2.81	19422	2.55	5
6	7621362483	2.74	19771	2.53	6
7	924136243310DI	2.38	21371	2.38	7
8	740336247310DI	2.02	24422	2.31	8
欧米茄Omega		100.00	36982	100.00	
1	12320200	2.20	28296	1.68	3
2	12320246	2.13	28949	1.66	4
3	12021000	1.70	31514	1.45	7
4	12621500	1.65	26155	1.17	9
5	12320400	1.64	48646	2.16	1
6	12320352	1.52	47962	1.97	2
7	12320276	1.42	30824	1.18	8
8	43741500	1.39	40026	1.51	6
雷达Rado		100.00	16729	100.00	
1	R13726712	1.63	20457	1.99	2
2	R13724702	1.54	22102	2.04	1
3	R13726702	1.54	19891	1.83	3
4	R27857702	1.30	14337	1.12	8
5	R27653172	1.13	9629	0.65	16
6	R13724712	1.03	21977	1.36	4
7	R27655172	1.03	9430	0.58	19
8	R27857152	0.97	12310	0.72	13

2010年百家商场手表零售主销品牌主销型号

The Main Models of Salable Brands of Watch in China in 2010

零售量排序 Retail Quantity List	型号 Model Number	占本品牌零售量比重% Occupation Rate of Their Own Retail Quantity(%)	平均价格 Average Price	占本品牌零售额比重% Occupation Rate of Their Own Retail Amount(%)	零售额排序 Retail Amount List
浪琴Longines		100.00	11223	100.00	
1	L42094116	1.30	7160	0.83	4
2	L26284786	0.91	13352	1.08	2
3	L42092117	0.87	8428	0.65	8
4	L42214116	0.87	6585	0.51	17
5	L47214116	0.83	6754	0.50	20
6	L47744126	0.75	9031	0.60	10
7	L47744726	0.75	9184	0.61	9
8	L47743377	0.66	12365	0.73	5
天梭Tissot		100.00	3494	100.00	
1	T41148333	2.57	4005	2.95	1
2	T17158652	2.08	3277	1.95	3
3	T41148353	2.08	4008	2.38	2
4	T95148331	1.89	2692	1.46	4
5	T95148351	1.21	2871	1.00	11
6	T95118331	1.10	2750	0.87	14
7	T97148331	1.10	4136	1.30	5
8	T17158632	1.07	3285	1.01	9
梅花Titoni		100.00	7904	100.00	
1	787SY019	2.03	8631	2.22	1
2	787SYDB019	1.71	9963	2.15	2
3	787S307	1.22	7958	1.23	5
4	83930S272	1.00	7929	1.00	9
5	83929S316	0.99	8049	1.01	8
6	83930S271	0.98	7908	0.98	10
7	787GDB306	0.92	10926	1.27	4
8	83738S343	0.91	7301	0.84	13
西铁城Citizen		100.00	2303	100.00	
1	NH8290—59E	1.05	2118	0.97	2
2	NH8240—57A	1.02	1741	0.77	4
3	NH8330—56A	0.87	2222	0.84	3
4	NH8290—59B	0.83	2119	0.77	5
5	NJ2167—52A	0.71	1706	0.53	12
6	NH8260—50A	0.69	1675	0.50	13
7	NH8240—57L	0.62	1696	0.46	17
8	NH8330—56E	0.60	2287	0.59	9

北京市

东方新天地-宝珀表专卖店	东长安街1号东方新天地首层
东方新天地-万国专卖店	东长安街1号东方新天地首层
东方新天地-雷达专卖店	东长安街1号东方新天地首层1区
东方新天地-天梭专卖店	东长安街1号东方新天地首层1区
东方新天地-浪琴专卖店	东长安街1号东方新天地首层1区
东方新天地-江诗丹顿专卖店	东长安街1号东方新天地首层
东方新天地-伯爵专卖店	东长安街1号东方新天地首层
东方新天地-欧米茄专卖店	东长安街1号东方新天地首层
东方新天地-劳力士专卖店	东城区东长安街1号
东方新天地-爱彼专卖店	东城区东长安街1号
东方新天地-冠亚名表城	东城区东长安街1号
新光天地-劳力士专卖店	朝阳区建国路87号1层
新光天地-欧米茄专卖店	朝阳区建国路89号M1002铺
新光天地-宝珀专卖店	朝阳区建国路89号M1003铺
新光天地-万国表专卖店	朝阳区建国路89号M1030铺
新光天地-伯爵专卖店	朝阳区建国路89号新光天地1层
新光天地-CHAUMET专卖店	朝阳区建国路89号M1012铺
新东安市场-江诗丹顿专卖店	王府井大街138号148铺
新东安市场-冠亚名表城	王府井大街138号办公楼
宝齐莱北京旗舰店	王府井大街138号145B店铺
新东安市场-欧洲坊钟表店	王府井大街138号102-103及106店铺
新东安市场-EEC Timezone专卖店	王府井大街138号121店铺
欧米茄（金宝汇）专卖店	东城区金宝街88号金宝汇1层110铺
银泰中心-瑞士陀飞轮精品店	朝阳区建外大街2号银泰中心111-113商铺
银泰中心-F.P.Journe腕表专卖店	朝阳区建外大街2号银泰中心悦生活3层303-305号
百达翡丽北京专卖店	前门东大街23号1号楼
燕莎友谊商城-钟表柜组	朝阳区亮马桥路52号
燕莎友谊商城-劳力士店	朝阳区亮马桥路52号
燕沙友谊商城金源店-钟表柜组	海淀区远大路1号
王府半岛酒店-钟表品牌专卖店	东单北大街金鱼胡同8号
王府井大饭店	王府井大街57号
安贞华联-钟表柜组	朝阳区安贞西里5区4号
安贞华联-香港名表中心	朝阳区安贞西里
望京华联-钟表柜组	朝阳区广顺北大街33号
阜成门华联-钟表柜组	阜外大街1号
当代商城-钟表柜组	海淀区中关村大街40号
当代商城-欧米茄专柜	海淀区中关村大街40号1层
双安商场-亨得利钟表	海淀区北三环西路38号1层
翠微大厦-亨得利钟表	海淀区复兴路33号翠微大厦1层
翠微大厦牡丹园店-亨得利钟表	海淀区花园路2号19号楼1层
王府井百货大楼-亨得利钟表	王府井大街255号
城乡贸易中心	海淀区复兴路甲23号城乡贸易中心亨得利钟表
新世界百货-亨得利钟表	崇文门外大街3号1层
周大福北京前门钟表旗舰店	崇文区前门大街32-34号
丹耀大厦-亨得利钟表	王府井大街176号丹耀大厦
亨吉利世界名表中心	朝阳区朝阳公园6号SOLANA蓝色港湾一层14-13
亨吉利世界名表中心	西城区金城坊街2号金融街购物中心L101-2室
亨吉利世界名表中心	朝阳区十里堡甲3号西单商场1层
亨吉利世界名表中心	朝阳区左家庄北路58号Marst领寓大厦国展天虹1层
亨吉利世界名表中心	海淀区学清路甲8号北京物美大世界圣熙8号购物中心1层
亨吉利世界名表中心	海淀区丹棱街甲1号1层F101-26-27
亨吉利世界名表中心	宣武区广安门外大街168号朗琴国际大厦天虹百货1楼
亨吉利世界名表中心	海淀区清河安宁庄北平房20号蓝岛金隅百货1层
亨吉利世界名表中心	通州区梨园镇云景东里347号蓝岛大厦1层
亨吉利世界名表中心	怀柔区府前街14号物美京北大世界2层西厅
亨吉利世界名表中心	西单北大街120号
东方银座-钟表柜组	东直门外大街48号
方庄贵友大厦-钟表柜组	丰台区方庄芳星园2区6号
百盛购物中心—英皇钟表	复兴门内大街101号
百盛老馆—卡地亚专柜	复兴门内大街101号
百盛老馆—爱马仕专柜	复兴门内大街101号
长安商场-钟表柜组	复兴门外大街15号
甘家口大厦-钟表柜组	海淀区三里河路17号
北京国际饭店	建国门内大街9号
好苑建国商务酒店	建国门内大街19号
建国饭店	建国门外大街5号
京伦饭店	建国门外大街3号
香格里拉饭店	紫竹院路29号
赛特饭店	建国门外大街23号
赛特购物中心-钟表柜组	建国门外大街23号
贵友大厦-钟表柜组	建国门外大街甲5号
卡地亚专卖店	建国门外大街1号国贸1楼L104铺
梵克雅宝专卖店	建国门外大街1号国贸商城L118A-119A店
蓝岛大厦-钟表柜组	朝阳区朝外大街8号
顺义国泰商业大厦-钟表柜组	顺义新顺南大街2号
西单中友百货-钟表柜组	西单北大街178号
庄胜崇光百货SOGO-钟表柜组	宣武门外大街8号
盈科太平洋商厦-钟表柜组	工体北路甲2号
中百华瑞钟表公司	西直门北大街60号首刚国际大厦19层
菜市口百货—钟表柜组	宣武区广内大街306号
恒达利源钟表公司	宣武区太平街6号富力摩根中心D座5层

上海市

东方商厦–钟表柜组	漕溪北路8号
新宁购物中心–钟表柜组	长宁路823号
西郊百联–亨得利钟表	长宁区仙霞路88号西郊百联1楼
虹桥百盛–钟表柜组	长宁区遵义南路100号
太平洋淮海店–英皇钟表珠宝	淮海中路333号太平洋百货4层
上海钟表商店	淮海中路478–492号
上海新宇钟表公司	淮海中路98号金钟广场7层
江诗丹顿之家	淮海中路796号
伯爵专卖店	淮海中路798号
万国表专卖店	淮海中路804号
罗杰杜彼专卖店	淮海中路810号
朗格表专卖店	淮海中路812号
豪雅表淮海旗舰店	淮海中路837号
上海市中联商厦–钟表柜组	黄埔区京东路340号
上海豫园旅游商城	黄浦区方滨中路269号
华联商厦–钟表柜	金沙江路788号
东方表行–上海久百城市广场店	静安区南京西路1618号久光—久百城市广场1层S102–S103号
冠亚名表城	静安区南京西路993号锦江向阳大楼12楼
时汇商贸公司	零陵路899号飞洲国际广场
英皇钟表珠宝	卢湾区淮海中路811–813号
上海三联集团	南京东路463号曼克顿广场11楼
欧米茄旗舰店	南京东路635号永安百货1楼
亨得利钟表	南京东路456号亨得利钟表6楼
亨得利钟表	沪闵路7388号南方商城友谊百货
亨吉利世界名表中心	静安区南京西路1266号恒隆广场地下1层B116室
亨吉利世界名表中心	长宁路1018号1楼
亨吉利世界名表中心	南京东路635号永安百货1楼
亨吉利世界名表中心	卢湾区淮海中路282号香港广场商场北座NL2–06A室
亨吉利世界名表中心	浦东新区泸南公路3459号上海南汇万千百货1楼
亨达利钟表南东店	南京东路772号
亨达利钟表正大店	陆家嘴西路168号正大广场1F
亨达利钟表店	南京东路372号
亨达利钟表南西店	南京西路1010号
上海一百–亨得利钟表	南京东路830号第一百货1F
英皇钟表珠宝	南京西路1038号梅龙镇广场首层
宝珀上海南京西路旗舰店	南京西路1089号
江诗丹顿专卖店	南京西路1113号
Normana上海南京西路旗舰店	南京西路1131、1133号
南京西路–冠亚名表城	南京西路1177号
豪雅南京西路旗舰店	南京西路1033–1037号
梵克雅宝恒隆广场店	南京西路1266号恒隆广场102A店
香奈儿恒隆广场腕表珠宝店	南京西路1266号恒隆广场1层116店
豪雅表专卖店	南京西路1266号恒隆广场地下1层
昆仑表上海专营店	南京西路1266号恒隆广场B115号
沛纳海专卖店	南京西路1266号恒隆广场B102号
宝诗龙专卖店	南京西路1266号恒隆广场B106号
法兰穆勒专卖店	南京西路1266号恒隆广场地下1层
伯爵专卖店	南京西路1266号恒隆广场102B
宝格丽专卖店	南京西路1266号恒隆广场1层106精品店
欧米茄专卖店	南京西路2–88号新世界1楼
亚太名表有限公司	南京西路616号
新宇钟表东方商厦店	四平路2500号东方商厦1楼
萧邦国金中心专卖店	世纪大道8号上海国金中心D座1层L1–13铺
太平洋百货四楼–钟表柜组	天目西路218号
天山商厦有限公司–钟表柜组	天山路789号
恒达利源钟表公司	西藏中路728号美欣大厦808室
上海钟表店维修中心	雁荡路34号
上海钟表店	雁荡路489号
亨得利八佰伴店	张扬路501号八佰伴商厦6F
汇金店–名表城	肇嘉浜路1000号
雅典表（上海）专卖店	中山东一路18号1楼
百达翡丽上海专卖店	中山东一路18号底楼
宝诗龙专卖店	中山东一路18号1楼
虹桥都市工业大厦	中山西路1291号B2
斯沃斯艺术中心–瑞士陀飞轮精品店	外滩19号
斯沃斯艺术中心–宝玑精品店	外滩19号
欧洲坊钟表店	徐家汇虹桥路1号港汇广场101B号
GRAFF专卖店	中山东一路32号上海半岛酒店L10号
虹桥友谊商城一楼–钟表柜组	遵义南路6号

天津市

劝业场集团–钟表柜组	和平路290号
亨得利钟表公司	和平区滨江道145号
滨江商厦黄金钟表商场	和平区滨江道193号
华联商厦股份有限公司–钟表柜组	和西区大沽南路501号
百货大楼–钟表柜组	和平区和平路172号
天津市钟表公司	和平区台儿庄路5号
海鸥陀飞轮专卖店	河西区友谊路5号
海鸥陀飞轮专卖店	和平区开封道18号
友谊名都商厦盛时表行	经济技术开发区第一大街
金元宝商厦钟表部	塘沽区解放路668号
卡地亚专柜	友谊路21号友谊商厦1层
亨吉利世界名表中心	河东区津滨大道53号万千百货1楼

重庆市

新世纪百货–亨吉利世界名表中心	江北区建新北路1号世纪新都1层
新世纪百货–亨吉利世界名表中心	九龙坡区杨家坪步行街瑞城商都
新世纪百货–亨吉利世界名表中心	沙平坝区双巷子9号凯瑞商都
亨吉利世界名表中心	南岸区南坪西路58号上海城百联东方商厦1楼

亨吉利世界名表中心	南岸区江南大道8号万千百货1楼
亨吉利世界名表中心	大渡口区青松路1011号新世纪百货大渡口商都1楼
英皇钟表珠宝	江北区洋河路10号北城天街远东百货平街层
英皇钟表珠宝	渝中区五一路重庆海逸酒店平街层
市百货大楼–钟表柜组	渝中区民权路2号
名表城王府井百货店	渝中区民族路166号1层
美达表业	渝中区枇杷山正街221号
美美时代百货–迎时尚名表店	渝中区邹容路100号3楼3E009C
商社新世纪百货公司–钟表柜组	渝中区邹容路123号
英皇钟表珠宝	渝中区邹容路68号大都会太平洋百货LG层
欧米茄专卖店	渝中区邹容路68号大都会广场LG楼

四川省

成都市

亨得利钟表眼镜有限公司	春熙北段49号
人民商场集团股份有限公司–钟表柜组	东御街19号
仁和春天百货–钟表柜组	成都市人民东路59号
时汇商贸公司	人民东路61号仁和大厦
华瑞钟表公司	人民东路61号仁和大厦16楼
华瑞钟表成都摩尔百盛	沙湾路258号
王府井百货–钟表柜组	总府路15号
迪生钟表珠宝	总府路31号西武百货1楼

河北省

保定市

保定时代商厦–钟表柜组	朝阳路18号
保定百货大楼–钟表柜组	裕华西路18号
亨吉利世界名表中心	朝阳南大街58号茂业百货1楼

邯郸市

亨得利钟表	人民东路208号美特国贸名品1层

冀州市

百货钟表有限公司	和平路2号

石家庄市

北国商城先天下广场盛时表行	育才街58号先天下广场1楼
北国商城–钟表柜组	中山东路188号
世贸名品商场一楼劳力士专柜	中山东路303号
东方城市广场–钟表柜组	中山西路83号

唐山市

百货大楼–钟表柜组	唐山市新华东道125号

山西省

太原市

亨得利钟表眼镜公司	解放路15号
山西丰乐瑞士名表中心	开化寺街华宇购物中心办公楼12层
伯爵专卖店	府西街169号华宇国际精品商厦1层
联洋百货–钟表柜组	柳巷南路99号
梅园百盛–钟表柜组	氦贤北街189号
五一百货大楼–钟表柜组	五一路1号
亨吉利世界名表中心	府西街69号国贸商城
海鸥陀飞轮专卖店	杏花岭区府西街25号

大同市

银星金店一楼	大同市大东街8号楼
亨吉利世界名表中心	大同市小南街5号丽盛名品广场
亨吉利世界名表中心	大同市大西街八号云岗大厦1层

内蒙古自治区

呼和浩特市

维多利商厦–钟表柜组	中山西路39号
民族商场–钟表柜组	中山西路69号
亨吉利世界名表中心	中山西路7号民族商场珠宝化妆部
亨吉利世界名表中心	新华东街万千百货1层
王府井百货–钟表柜组	中山西路86号
天元商厦–钟表柜组	中山西路98号
海亮百货–钟表部	内蒙古呼和浩特中山西路1号

包头市

王府井百货–钟表柜组	昆区钢铁大街69号
亨吉利世界名表中心	青山区万达广场万千百货1层

辽宁省

锦州市

海员钟表店	凌河区解放路4段6号

鞍山市

鞍山慧通瑞士表店	铁东区219路47号
鞍山慧通瑞士表店–银座分店	铁东区二道街99号银座大厦1层

大连市

天河百盛购物中心–钟表柜组	沙河口区西安路22－38号
时尚百盛商业发展有限公司	西岗区中山路261号1楼钟表
锦华钟表	中山区71街友谊商城写字楼1005室
锦华钟表百年城店	中山区解放路1号
百年商城欧米茄专卖店	中山区解放路9号102号店铺
麦凯乐商场–钟表文化馆	中山区青泥街57号麦凯乐商场5楼
大商集团新玛特购物广场1楼名表廊	中山区青三街1号
新友谊商店–钟表柜组	中山区人民路62号
友好大厦–钟表柜组	中山区友好路158号2010室

大石桥市

龙兴大厦–亨得利钟表	大石桥市人民大街龙兴大厦

丹东市

丹东亨得利钟表店	丹东市振兴区七经街36号

抚顺市

百货大楼–钟表柜组	新抚区东一路4号

海城市

浦临购物1楼–钟表柜组	浦临购物1楼

盘锦市

超级钟表眼镜店	兴隆台区商业街超级眼镜店
名表城	兴隆台区中兴路103号2楼

辽阳市	
紫金山瑞士名表行	曙光路97号
沈阳市	
新玛特休闲购物广场1楼钟表柜组	大东区小东路1号
中兴沈阳商业大厦-钟表柜组	和平区太原北街86号
积家专卖店	和平区太原北街86号中兴商业大厦1楼
联营公司-钟表柜组	和平区中华路63号
新世界百货-钟表柜组	和平区中华路88号
大公名表中心	和平区中山路65号
秋林瑞士钟表中心	和平区中山路90号
亨吉利世界名表中心	和平区南京北街312号
亨吉利世界名表中心	铁西区兴华南街58-20号铁西万达广场万千百货1楼
亨吉利世界名表中心	沈河区青年大街185号茂业百货1楼
千盛购物中心钟表商场	皇姑区长江街99号
兴隆大家庭时尚流行馆钟表部	沈河区中街路115号
东方表行	沈河区中街路137号首层
中街名表城	沈河区中街路148号
大明府钟表眼镜有限公司	沈河区中街路167号
中街商业城-钟表柜组	沈河区中街路212号
亨得利钟表眼镜有限责任公司	沈河区中街路137号
海鸥陀飞轮专卖店	沈河区哈尔滨路118号华府天地1层

吉林省

长春市	
中孚世界名表行	重庆路建和胡同79号
欧亚商都-瑞士名表中心	工农大路1128号1楼A座
国际商业中心-钟表柜组	辽宁路2号
百货大楼-亨吉利世界名表中心	人民大街1881号
亨吉利世界名表中心	朝阳区重庆路1234号
亨吉利世界名表中心	红旗街616号万千百货1楼
亨得利钟表店	重庆路968号
卓展时代广场购物中心	重庆路99号

黑龙江省

大庆市	
百货大楼盛时表行	萨尔图区会战大街22号
亨吉利世界名表中心	东风新村经二路新玛特购物钟表部
鸡西市	
大商新玛特购物广场-钟表柜组	红军路71号
牡丹江市	
波斯特购物中心-钟表柜组	太平路58号
齐齐哈尔市	
百货大楼-钟表部	卜奎大街55号
哈尔滨市	
远大购物中心-钟表柜组	南岗区荣市街18号
超金达公司	南岗区邮政街79号6001室
中央红集团-钟表柜组	道里区埃德蒙顿路73号
新一百购物广场-钟表柜组	道里区石头道街118号
盛时钟表有限公司	道里区中央大街142号
百盛-钟表柜组	道里区中央大街222号
亨吉利世界名表中心	道里区中央大街69号金安欧罗巴广场
新世界百货-盛时表行	花园街403号新世界百货
亨吉利世界名表中心	香坊区赣水路哈尔滨万千百货1楼
松雷商厦-钟表柜组	南岗区东大直街329号
新宇三宝表行	南岗区建设街51号
中央红集团-钟表柜组	中央大街100号
海鸥陀飞轮专卖店	道里区西十二道街中央大街53号红博中央购物广场
佳木斯市	
百货大楼-钟表柜组	长安路603号
时间廊表店	通江街中段203-3号
七台河市	
七台河市捷夫瑞士名表中心	桃山区步行街东13号

浙江省

杭州市	
瑞表连锁维修有限公司	中闽大厦1802室
杭州亨得利钟表公司	解放路216号
解百新世纪商厦(名表馆)	解放路251号
亨吉利世界名表中心	平海路124号利星广场1楼
亨吉利世界名表中心	江干区富春路701号万象城195号
杭州大厦购物中心-钟饰商场	武林广场21号
新宇钟表公司	武林广场21号杭州大厦C楼
银泰百货大楼-钟表柜组	延安路530号
百大集团黄金钟照商场	延安路546号
海鸥陀飞轮专卖店	上城区华光路30号
嘉兴市	
戴梦得购物中心-金陵钟表	建国中路589-591号
宁波市	
美和表行	海曙区碶闸街197号天一广场1号门
东方商厦一楼-钟表柜组	中山东路151号
新江厦商城-钟表柜组	中山东路301号
欧米茄旗舰店	碶闸街196号天一广场1号门
迎时尚名表店	中山东路137号新世界百货汇美店
天一国际中心-江诗丹顿专卖店	中山东路166号F-1-106-1
天一国际中心-格拉苏蒂专卖店	中山东路166号F-1-116
钟表眼镜公司	中山东路181号5楼
欧米茄专柜	和义路66号和义大道B区1楼
积家表专卖店	中山东路279号金光中心1层
第二百货-亨吉利世界名表中心	中山东路220号中百第二百货商店
艾米龙专卖店	海曙区天一广场2号门旗杆巷74号
雅典表/芝柏表专卖店	海曙区中山东路166号国际购物中心
亨吉利世界名表中心	海曙区和义路79号
艾米龙专柜	海曙区中山东路181一楼
亨吉利世界名表中心	江北区江北大道168号万达广场万千百货1楼

美和钟表行	中山东路279号金光百货F106
绍兴市	
国商大厦–钟表部	解放北路449号
亨吉利世界名表中心	绍兴县柯桥钱陶公路799号万达广场万千百货1楼
台州市	
耀达百货一楼名表柜组	市府大道289号
温州市	
时代广场–钟表柜组	车站大道时代广场487号1楼
温州钟表店	解放南路495号
开太百货–钟表柜组	人民东路1号
华宇钟表有限公司	人民中路环球大厦1208室
中百商城—钟表柜组	五马街12号中百商城
五马名表城	五马街4号

安徽省

淮南市	
亨得利钟表眼镜有限公司	田家庵淮滨路
合肥市	
新宇亨得利名表中心	长江东路1104号古井假日酒店926室
百盛逍遥广场有限公司–钟表柜组	淮河中路77号
乐普生商厦一二楼钟表柜组	绿都商城B区
商之都商厦–钟表柜组	宿州路8号
亨吉利世界名表中心	包河区马鞍山路130号万千百货1楼

江苏省

昆山市	
亨得利名表店	亭林路122号
江阴市	
百货大楼–钟表柜组	人民中路100号
南京市	
金鹰国际购物中心–新宇钟表	汉中路89号金鹰国际商城
同曦假日百货–钟表柜组	江宁区胜太东路8号
亨吉利世界名表中心	山西路1号苏宁银河国际购物中心1楼
太平商场–钟表柜组	太平南路279号
山西路百货大楼–钟表柜组	中山北路107—141号
大洋百货–亨吉利世界名表中心	中山南路122号大洋百货1楼
亨吉利世界名表中心	江东中路98号南京万千百货1楼
东方表行（南京东方商城店）	中山南路2号东方商城首层
新街口百货–钟表柜组	中山南路3号
中央商场–钟表柜组	中山南路79号
海鸥陀飞轮专卖店	白下区中山东路198号龙台国际大厦
南通市	
金鹰国际购物中心–钟表柜组	南大街28号
苏州市	
美罗城–钟表柜组	观前街246号
世家名表店	人民路383号苏州泰华商城1层
世家名表有限公司	干将西路93号国涛商务大厦6层
国际商城–钟表柜组	石路18号
亨吉利世界名表中心	工业园区苏雅路388号新天翔广场天虹百货1楼B座
常州市	
新世纪商城–钟表柜组	北大街2–8号
亨得利钟表眼镜有限公司	南大街10号
购物中心金钟商场–钟表柜组	延陵西路1–7号
亨吉利世界名表中心	武进区花园街与广电路交叉口常州茂业百货1楼
泰兴市	
鼓楼购物中心–钟表柜组	鼓楼西路2号
无锡市	
八佰伴永丰大厦钟表柜组	清杨路27号永丰大厦1620室
亨达利钟表店	西直街8号
八百伴一楼钟表柜组	中山路168号
新世界百货名表城	中山路341号
亨吉利世界名表中心	滨湖区梁溪路万达广场万千百货1楼
徐州市	
蓝天商业大楼–钟表柜组	淮海东路184号
金鹰国际购物中心–亨得利钟表	彭城广场北侧金鹰国际购物中心1层名表馆
扬州市	
时代广场–钟表柜组	文昌中路269号6楼
淮安市	
亨吉利世界名表中心	清河区翔宇东路万达广场万千百货1楼

湖南省

长沙市	
友谊阿波罗–钟表柜组	八一路1号
友谊商店–钟表柜组	五一大道368号友谊商店B座1楼
友谊商城–钟表柜组	雨花区劳动东路2号
东方表行	黄兴中路王府井百货首层
亨得利钟表眼镜公司	黄兴中路64号
亨吉利世界名表中心	黄兴中山路188号百联东方广场1楼
亨吉利世界名表中心	韶山北路488号负1楼
平和堂–亨吉利世界名表中心	黄兴中路88号平和堂1楼
湘潭市	
亨吉利世界名表中心	雨湖区建设北路8号大洋百货 1 楼
衡阳市	
亨吉利世界名表中心	雁峰区解放路121号大洋百货1楼

福建省

福州市	
大洋百货–亨吉利世界名表中心	鼓楼区八一七北路268号
东街口百货大楼–钟表柜组	八一七北路84号
新华都百货–钟表柜组	东街8号
亨吉利世界名表中心	鼓楼区八一七北路133号中城大洋百货商场1楼
亨吉利世界名表中心	鼓楼区五一中路18号大洋天地1楼

亨吉利世界名表中心	台江区敖峰路万达广场万千百货1楼

泉州市

新华都购物广场－钟表柜组	丰泽区平安北路泉州商城

厦门市

巴黎春天百货－钟表柜组	中山路76－132号
高斌钟表行	禾祥西路560号
信达免税商场－钟表柜组	湖里区兴隆路信源大厦1楼
盛昌钟表店	思明西路1号
华联百货商店－钟表柜组	夏禾路939号
华联商厦－钟表柜组	中山路1号
海鸥陀飞轮专卖店	湖里区嘉禾路386号东方财富广场B栋1层

江西省

南昌市

亨吉利世界名表中心	八一大道357号财富广场1楼
洪城大厦－钟表柜组	北京西路156号
亨得利钟表眼镜公司	胜利路26号
百货大楼－钟表柜组	中山路1号
亨吉利世界名表中心	红谷滩丽景路388号天虹商场1楼
亨吉利世界名表中心	中山路177号南昌百盛购物中心1楼

晋江市

亨吉利世界名表中心	罗山福埔SM国际广场来雅百货

山东省

德州市

德州喜来登名品商场－钟表柜组	德州市湖滨北路128号
德州百货大楼－钟表柜组	德州市湖滨南路14号

东营市

银座购物广场一楼－钟表柜组	东营市济南路银座购物广场
东营市百货大楼－钟表柜组	东营市西四路239号

济南市

银座北园购物广场－钟表柜组	北园大街483号
华联商厦金店－钟表商场	经二路571号
亨达利钟表眼镜有限公司	经二纬四路221号
人民商场－钟表柜组	经四路东首13号
银座商城钟表部	泺源大街66号
贵和商厦－钟表柜组	泉城路147号
贵和购物中心－钟表柜组	天地坛街1号
银座商城八一店－钟表柜组	中区英雄山路15号
亨吉利世界名表中心	市中区经四路5号万千百货1楼

济宁市

亨得利钟表	古槐路33－3号（潘家大楼北邻）
贵和购物中心F1层名表馆	太白路16号

临沂市

亨得利瑞士名表城	解放路中段71号

青岛市

新宇亨得利有限公司	南京路16号
华联商厦－钟表柜组	市南区费县路6号
永旺佳世客住余本部	市南区香港中路72号
亨达利钟表眼镜珠宝公司	市南区中山路142号
阳光百货1层－钟表柜组	香港中路38号
亨得利钟表	中山路144号
第一百盛－名表中心	中山路44－60号
青岛新宇亨得利精工专卖店	南区中山路144号
劳力士专卖店	东海路50号海信广场奥运店1楼

泰安市

银座－钟表柜组	东岳大街81号
泰安市亨得利钟表眼镜有限公司	财源大街西段

烟台市

百盛购物中心青岛亨得利名表店	南大街166号
振华商厦－钟表柜组	西大街8号

淄博市

银座商城－钟表柜组	柳泉路与共青团路交叉路口128号

河南省

洛阳市

王府井百货－亨吉利世界名表中心	西工区中州中路429号王府井百货1楼
亨吉利世界名表中心	涧西区辽宁路万达广场万千百货1层

郑州市

金博大购物中心1楼－钟表柜组	北二七路200号
百货大楼－钟表柜组	北二七路49号
东方表行（裕达店）	中原中路220号裕达国际贸易中心精品广场首层117－119号
丹尼斯百货－钟表柜组	人民路2号
华联商厦－钟表柜组	二七路230号
华联股份公司郑州分公司－钟表柜组	黄河路26号
紫荆山百货大楼－钟表柜组	紫荆山路1号
海鸥陀飞轮专卖店	金水区金水路曼哈顿广场A1080号

焦作市

焦作新亚商厦－钟表组	焦作市解放中路137号

商丘市

亨达利钟表有限公司	商丘市团结路79－80号

安阳市

世纪名表行	文峰南街29号（文峰塔东南50米）

湖北省

武汉市

亨达利钟表眼镜有限公司	汉口中山大道557－559号
老亨达利世界名表中心	江汉路42号
亨吉利世界名表中心	江汉区中山大道756号大洋百货1楼
亨吉利世界名表中心	武昌区珞瑜路6号群光百货商场1楼
亨吉利世界名表中心	江汉区唐家墩路万千百货1层
亨吉利世界名表中心	东湖新技术开发区光谷世界城光谷街3号1区101号大洋百货1楼
亨吉利世界名表中心	汉阳区王家湾龙阳大道十升路特1号大洋百货1楼
广场－钟表专柜	解放大道688号

王府井百货大楼-钟表柜组	中山大道858号佳丽广场

襄阳市

亨吉利世界名表中心	樊城区长虹北路9号万达广场万千百货1层

宜昌市

亨吉利世界名表中心	伍家岗区沿江大道万千百货1层

广东省

广州市

广百股份-钟表柜组	北京路295号广百股份有限公司1楼
新大新商场-钟表柜组	北京路新大新商场
友谊商店-钟表柜组	环市东路369号
王府井百货大楼-钟表柜组	农林下路40号
时汇公司	环市东路1371—375号世界贸易中心大厦
亨达利钟表眼镜商场	北京路261号
广百劳力士专柜	北京路295号广百百货
英纳格表柜	北京路295号广百百货2楼
精工表柜	北京路295号广百百货2楼
精时钟表店	环市东路348号东楼首层
萧邦专卖店	环市东路369号广州友谊商店1层
依波路专卖店	天河区天河路200号
浪琴专卖店	天河区天河路200号广百百货1楼
亨吉利世界名表中心	天河区天河路208号天河城1楼180—181号
东山广场新大新表行	先烈中路63号东山广场裙楼4层
越秀区钟表眼镜商场	越秀区北京路261号
李占记钟表首饰商行	中山四路344—348号
新大新-雷达表柜	中山五路4号北京路新大新2楼
时代广场友谊商店-楼名表区	天河北路28号
恒宝广场-时间廊	荔湾区宝华路133号恒宝广场1楼
天河城广场-时间廊	天河区天河路208号天河城广场1楼
动感新天地-时间廊	越秀区北京路312号动感新天地1楼
东方表行	天河路208号天河广场3楼

深圳市

帝舵表专营店	罗湖嘉宾路阳光酒店1楼H号
万象表行	罗湖区宝安南路1881号华润万象城负1楼B71
东方表行-茂业百货东门店	罗湖区东门深南东路中建大厦
梅花表行	深华商业大厦1009商铺
东方表行（罗湖店）	深南东路2105号中建大厦1楼
时汇西武百货-钟表柜组	深南中路1095号中信城市广场1楼
特免喜运佳-福田西武店	深南中路1095号中信城市广场1楼
亨吉利世界名表中心	深南中路3024号格兰云天大酒店1层免税商场
亨吉利世界名表中心	公明新区公明街道建设中路36号公明天虹商场1楼
亨吉利世界名表中心	福田区福华1路新怡景商业中心城1层RL1030—1032
亨吉利世界名表中心	罗湖区新园路17号迎宾商厦2楼
亨吉利世界名表中心	南山区高新南一道飞亚达科技大厦19层东座
亨吉利世界名表中心	南山区深南大道9028号益田假日广场L1层57—58
亨吉利世界名表中心	南山区文心五路保利文化广场C区1楼
亨吉利世界名表中心	南山区海德一道海岸城购物中心263号商铺
亨吉利世界名表中心	南山区南油大道海雅百货1楼
亨吉利世界名表中心	宝安区二十五区前进路1楼
亨吉利世界名表中心	宝安区四十四区富源商贸中心
亨吉利世界名表中心	福华三路星河国际天虹购物广场1楼
亨吉利世界名表中心	深南中路华润中心万象城186商铺
亨吉利世界名表中心	罗湖区宝安南路1881号华润君悦酒店D栋S145\S249号商铺
亨吉利世界名表中心	南山区商业文化中心区海德二道茂业时代广场1楼
海鸥陀飞轮专卖店	罗湖区南湖路深华商业大厦1层1022号铺

中山市

周玉赞表业	石岐华柏路16号之1

东莞市

亨吉利世界名表中心	东纵大道91号威尼斯广场天虹商场1楼
亨吉利世界名表中心	黄江镇莞樟路板湖村富康花园天虹商场1楼

珠海市

粤财假日酒店	吉大景山路188号
经济特区国营外币免税商场-钟表柜组	吉大景山路220号

惠州市

亨得利表行	南坛东路12号1楼
亨吉利世界名表中心	惠城区麦地路58号天虹商场1楼

广西壮族自治区

南宁市

百货大楼-钟表柜组	朝阳路39号
梦之岛购物中心-钟表柜组	古城路5号
亨得利钟表眼镜有限责任公司	新华街15号3楼

陕西省

西安市

凯悦(阿房宫)酒店	东大街158号
亨吉利世界名表中心	高新科技路37号金鹰国际购物中心1层
民生集团-钟表柜组	解放路103号
中大国际名品广场A118店名表廊	南大街30号
开元商城-亨吉利世界名表中心	东大街解放市场6号
亨吉利世界名表中心	南关正街88号长安国际巴黎春天店1层

亨吉利世界名表中心-西安豪门店	南大街36号
亨吉利世界名表中心	高新技术产业开发区科技路55号世纪金花购物中心
亨吉利世界名表中心	莲湖区西大街桥梓口208号唐人街A座世纪金花美居生活家1层
亨吉利世界名表中心	新城区解放路中段111号西安民乐园万千百货1层

宝鸡市

亨吉利世界名表中心	渭滨区经二路154号宝鸡开元商城1层

海南省

海口市

第一百货商场-钟表柜组	海秀大道8号
乐普生商厦-钟表柜组	海秀路7号
生生百货商场-钟表柜组	龙昆北路2号珠江广场

三亚市

大东海夏日百货-钟表柜组	榆亚大道
亨吉利世界名表中心	解放三路668号明珠广场1楼

贵州省

贵阳市

神奇百盛购物中心-钟表柜组	中华南路1号
亨达利钟表眼镜公司	富水中路16号天业大厦B座10校
时代广场-钟表柜组	中华中路38号
亨吉利世界名表中心	富水南路2号贵阳星力购物广场1层
亨吉利世界名表中心	南明区解放路100号鸿通城购物中心
亨吉利世界名表中心	机场路18号亨特城市广场1楼

云南省

昆明市

金格百货-钟表柜组	白塔路90号
百货大楼-钟表柜组	东风西路99号
亨吉利世界名表中心	青年路397号邦克大厦B座
亨吉利世界名表中心	青年路8号昆明金鹰购物中心店1楼
亨吉利世界名表中心	五华区光华街2号正义路082号
柏联广场名表中心	三市街6号

曲靖市

亨吉利世界名表中心	麒麟区麒麟南路365号金城百货1楼

西藏藏族自治区

拉萨市

百货大楼-钟表柜组	宇拓路1号

宁夏回族自治区

银川市

亨吉利世界名表中心	新华东街97号新华百货股份有限公司1楼
亨吉利世界名表中心	兴庆区解放街新华百货建发现代城店
新华百货-钟表柜组	新华东街29号
国芳百货-钟表柜组	玉泉阁南街国芳百货6-8号
亨吉利世界名表中心	兴庆区新华东街96号东方红商场1楼

甘肃省

兰州市

巍雅斯名表中心	城关区临夏路静安大厦西11楼
巍雅斯名表中心	东方红广场国际博览中心北侧1楼

临洮县

巍雅斯名表中心	辛店镇106号

青海省

西宁市

大十字百货-钟表柜组	东大街53号
西大街百货大楼-钟表柜组	西大街43号

新疆维吾尔自治区

乌鲁木齐市

亨吉利世界名表中心	民主路217号
亨吉利世界名表中心	友好北路688号世纪金花经营一部
星宝国际名表有限公司	中山路105号建银大厦1005室
丹璐时尚百货名表城	中山路161号丹璐时尚广场1层
世纪名表乌鲁木齐-中山路店	中山路299号
友好商场1楼-钟表柜组	友好北路14号
友好百盛购物中心1楼国际名表厅	友好南路30号

库尔勒市

世纪名表行-库尔勒人民店	大十字人民商场

昌吉市

世纪名表昌吉飞马店	乌伊西路2号飞马财富购物广场
世纪名表昌吉汇嘉店	延安北路198号东方广场汇嘉时代百货部

喀什市

世纪名表喀什汇嘉店	人民西路32号汇嘉时代购物广场

克拉玛依市

世纪名表克拉玛依汇嘉店	准噶尔路218号新天地商业街9号楼汇嘉时代百货

香港特别行政区

海鸥陀飞轮专卖店	九龙弥敦道311号康侨大厦
F.P.Journe专卖店	中环遮打道10号太子大厦1楼
罗杰杜彼专卖店	金钟道88号太古广场3层330铺
东方表行	中环德辅道中141号中保大厦3楼
时间廊	九龙新蒲岗太子道东698号宝光商业中心
景福钟表珠宝	德辅道中30-32号景福大厦
欧洲坊钟表店	九龙尖沙咀东部么地道65号安达中心地下
THG时计钟表集团	九龙弥敦道32号帝国酒店D铺

欢迎订阅

《名表famouswatch》杂志和钟表书籍订阅单（回执联）

订户全称		收　件　人	
详细地址		邮政编码	
		电　　话	
订阅种数		订杂志起止时间	年　　月至　　　　年　　月

单价	□《名表famouswatch》杂志	全年7期　120元	均不含挂号费
	□《2011–2012年名表年鉴》	每本　260元	
	□《2010年名表年鉴》	每本　260元	
	□《计时宝典》永久珍藏版	待定	
	□《钟表艺术》永久珍藏版	每本　368元	
	□《陀飞轮宝典》永久珍藏版	每本　300元	

合计金额（大写）：　　　　　　　　　　元整　￥＿＿＿＿＿＿＿＿

该款项已于2011年　　月　　日通过邮局（　）还是银行（　）汇出。

注：（1）回执联务必用正楷详细填写邮政编码、单位全称、收件人及所在省、市、县、街道门牌号码。

（2）此联填写后务必邮寄或传真至本刊，以免影响按时发刊。

（3）如需挂号《名表famouswatch》杂志全年加收20元挂号费；

《名表年鉴》、《钟表艺术》和《陀飞轮宝典》每本各加收20元挂号费或速递费。

地　址：北京市西城区闹市口大街1号院3号楼419室

联系人：孟庆净　海燕　黄伟华　　　邮　编：100031

电　话：010—58528205　58528200　　传　真：010—58528200

电　邮：famouswatch@126.com